좋은 기업을 넘어 위대한 기업으로

GOOD TO GREAT
Why Some Companies Make the Leap... and Others Don't
by Jim Collins

Copyright © 2001 by Jim Collins
Korean translation copyright © 2002 by Gimm-Young Publishers, Inc.
All rights reserved.
Including the rights of reproduction in whole or in part in any form.

This Korean edition is published by arrangement with
Jim Collins c/o Curtis Brown, Ltd., New York through KCC, Seoul.

위대한 기업과 괜찮은 기업을 가르는 결정적 차이는 무엇인가

좋은 기업을 넘어

짐 콜린스 ㅣ 이무열 옮김
JIM COLLINS

Good *to* Great

위대한 기업으로

김영사

좋은 기업을 넘어 위대한 기업으로 Good to Great

1판 1쇄 발행 2002.6.29.
1판 106쇄 발행 2020.11.26.
2판 1쇄 발행 2021.3.22.
2판 12쇄 발행 2024.11.2.

지은이 짐 콜린스
옮긴이 이무열

발행인 박강휘
편집 임여진 디자인 정윤수
발행처 김영사
등록 1979년 5월 17일(제406-2003-036호)
주소 경기도 파주시 문발로 197(문발동) 우편번호 10881
전화 마케팅부 031)955-3100, 편집부 031)955-3200 | 팩스 031)955-3111

값은 뒤표지에 있습니다.
ISBN 978-89-349-8979-0 03320

홈페이지 www.gimmyoung.com   블로그 blog.naver.com/gybook
인스타그램 instagram.com/gimmyoung   이메일 bestbook@gimmyoung.com

좋은 독자가 좋은 책을 만듭니다.
김영사는 독자 여러분의 의견에 항상 귀 기울이고 있습니다.

이 책을 '좋은 회사에서 위대한 회사로' 연구팀에게 바친다.

Good *to* Great

차례

'좋은 회사에서 위대한 회사로(Good-to-Great)' 연구팀 멤버들, 2000년 1월

· 첫째 줄 : 비키 모수르 오스굿, 앨리슨 싱클레어, 스테파니 A. 주드, 크리스틴 존스
· 둘째 줄 : 에릭 하겐, 듀에인 C. 더피, 폴 와이스먼, 스콧 존스, 웨이지아(이브) 리
· 셋째 줄 : 니콜라스 M. 오스굿, 제니 쿠퍼, 리 윌뱅크스, 앤서니 J. 치리코스
· 넷째 줄 : 브라이언 J. 베이글리, 짐 콜린스, 브라이언 C. 라슨, 피터 밴 젠드린, 레인 호닝
· 사진에서 빠진 팀원들 : 스콧 시더버그, 모튼 T. 핸슨, 앰버 L. 영

서문

이 원고를 마무리할 무렵, 콜로라도주 볼더의 우리 집 바로 남쪽에 있는 엘도라도 스프링스 캐니언의 가파른 바윗길을 달려 올라간 적이 있었다. 나는 평소에도 줄곧 즐겨 앉아 경치를 구경하던 곳에서 발을 멈추었다. 아직까지 눈 코트를 뒤집어쓰고 있는 고지대의 전원 풍경이 한눈에 들어왔다. 그때 별난 의문 하나가 불쑥 머릿속에 떠올랐다. 얼마를 받으면 내가 이 책의 출간을 포기할 수 있을까?

지난 5년간을 오로지 이 연구 과제와 씨름하며 이 책을 쓰는 데 모든 것을 바쳐온 걸 감안하면, 이것은 대단히 흥미로운 질문이었다. 이걸 묻어두도록 나를 유혹할 수 있는 금액이 없진 않겠지만, 1억 달러의 문턱을 넘어설 즈음 아쉽게도 길을 되돌아 내려올 시간이 되었다. 그 엄청난 금액조차도, 그 정도면 이 프로젝트를 포기할 수 있겠다는 확신을 주진 못했다. 나는 어쩔 수 없는 교육자다. 그런 까닭에 우리가 터득해온 것을 전 세계 사람들과 함께 나누지 않는다는 건 상상조차 할 수 없다. 그리고 이 작품을 세상에 내놓는 것도 바로 그런 배움과 가르침의 정신에서다.

수도승 생활을 자처하며 은둔자처럼 숨어 지내던 삶을 청산하고 돌아온 뒤, 나는 사람들로부터 '무엇이 그들에게 도움이 되고 무엇이 그렇지 않은가' 하는 질문을 즐겨 듣곤 했다. 나는 여러분이 이 책에서 값진 것을 많이 찾아내고, 그것을 하고 있는 일에 꼭 적용하기를 바란다. 회사일이 아니더라도 사회활동이나 자신의 삶에 응용했으면 하는 것이 내 바람이다.

콜로라도주 볼더에서,
짐 콜린스

Good

1

────────────

좋은 것은
위대한 것의 적

to
Great

죽음을 그토록 어렵게 만드는 것, 그것은 채워지지 않는 호기심이다.

– 베릴 마크햄, 《서부의 밤 West With the Night》[1]

좋은 것good은 큰 것great, 거대하고 위대한 것의 적이다.

거대하고 위대해지는 것이 그토록 드문 이유도 대개는 바로 이것 때문이다.

거대하고 위대한 학교는 없다. 대개의 경우 좋은 학교들이 있기 때문이다. 거대하고 위대한 정부는 없다. 대개의 경우 좋은 정부가 있기 때문이다. 위대한 삶을 사는 사람은 아주 드물다. 대개의 경우 좋은 삶을 사는 것으로 만족하기 때문이다. 대다수의 회사들은 위대 해지지 않는다. 바로 대부분의 회사들이 제법 좋기 때문이다. 그리 고 그것이 그들의 주된 문제점이다.

이 문제가 내게 사무치게 또렷이 다가온 것은 1996년 한 리더 그 룹이 모여 저녁식사를 하면서 조직의 성취도에 대해 토론하고 있을 때였다. 매킨지 & 컴퍼니McKinsey & Company의 샌프란시스코 지사 장인 빌 미헌Bill Meehan이 내 앞으로 몸을 숙이며 속마음을 스스럼

없이 털어놓았다.

"알아요, 짐. 이 분야에서 일하는 사람들은《성공하는 기업들의 8가지 습관 Built to Last》을 아주 높이 평가하지요. 당신과 제리 포라스는 매우 뛰어난 연구와 저술 능력을 보여주었어요. 하지만 불행히도 그건 쓸모 가 없답니다."

나는 호기심이 동해서 미헌에게 설명을 부탁했다.

"당신들이 쓴 회사들은 대부분 항상 위대한 기업들이었습니다. 그 들은 좋은 회사에서 위대한 회사로 전환시킬 필요가 없는 기업들이 었어요. 그들에겐 처음부터 위대한 기업의 체질을 만든 데이비드 패 커드David Packard나 조지 머크George Merck 같은 대부들이 있었습니 다. 하지만 도중에 정신을 차리고 보니 자기네가 좋은 회사이긴 하 지만 위대한 회사는 아니라는 사실을 깨달은 대다수 기업들은 어떡

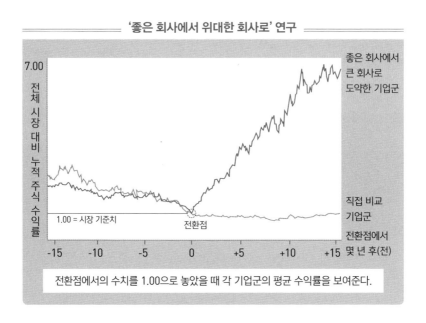

'좋은 회사에서 위대한 회사로' 연구

전체 시장 대비 누적 주식 수익률

7.00

좋은 회사에서 큰 회사로 도약한 기업군

1.00 = 시장 기준치

전환점

직접 비교 기업군

전환점에서 몇 년 후(전)

-15   -10   -5   0   +5   +10   +15

전환점에서의 수치를 1.00으로 놓았을 때 각 기업군의 평균 수익률을 보여준다.

하죠?"

나는 미헌이 자신의 말을 강조하기 위해 '쓸모없다'는 과장된 표현을 쓰긴 했지만 그의 중요한 관찰이 옳았다는 것, 즉 정말 위대한 기업들은 항상 위대한 기업들이었다는 것을 이제 실감하고 있다. 그리고 대다수의 좋은 회사들은 위대하진 않지만 좋은 회사인 상태로 남는다. 미헌의 지적은 귀중한 선물임이 입증되었다. 이 책 전체의 토대가 된 물음의 씨앗이 거기서 뿌려졌다. 바로 이것이다. 좋은 회사good company는 위대한 회사great company가 될 수 있을까?* 만일 그렇다면 어떻게? '그저 좋기만 한' 병은 치유 가능한가?

그 운명의 저녁식사 후 5년, 우리는 이제 좋은 회사에서 위대한 회사로의 전환이 반드시 일어나고 그 전환을 일으키는 기본 변수에 대해 많은 것을 알아냈노라고 의심 없이 말할 수 있다. 연구팀과 나는 빌 미헌의 도전적인 물음에서 영감을 얻어 5년간의 연구 작업, 좋은 기업에서 위대한 기업으로 도약하는 내부 작용을 탐구하는 긴 여행에 착수했다.

14쪽의 도표를 보면 프로젝트의 개념을 한눈에 파악할 수 있다.** 프로젝트의 본래 취지에 맞추어, 우리는 좋은 성과에서 위대한 성과로의 도약을 달성하고 최소 15년간 그 성과를 지속시켜온 기업들을

• 여기서 'great company'는 '거대하고 위대한 회사'라는 뜻으로 썼다. 가볍게 '대기업' 이나 '거대기업'으로도 옮길 수 있겠지만, 여기 나오는 'good company'도 이미 규모로는 대기업의 반열에 오른 기업들이어서 오해를 부를 소지가 있고, 또 여기 나오는 'great company'를 거대기업으로 옮길 경우 의미가 충분히 전달되지 못하는 느낌이 있었다. 그래서 'great company'를 '위대한 회사'로 옮기기로 했다. 회사는 물론 모든 조직을 수식하는 이 책의 '위대한'은 대부분 'great'의 번역어다. 간혹 문맥에 따라 '큰'으로 쓰기도 했다.

•• 14쪽과 17쪽의 도표가 어떻게 만들어졌는지에 대한 설명은 책 뒷부분에 있는 제1장 주에 실어두었다.

식별해냈다. 그리고 그 기업군을 조심스럽게 선정한 표준 비교 기업군, 즉 도약에 실패했거나 성공했다 하더라도 그 성과를 지속시키는 데 실패한 회사들과 비교했다. 이어서 도약에 성공한 기업군과 비교 기업군의 비교를 통해 본질적이고 차별화되는 작용 요인들을 발견해냈다.

최종 심사를 통과하고 연구 대상이 된 도약 성공군 회사들은 실로 놀라운 성과를 보여주었다. 전환점 이후 15년 동안에 전체 시장 대비 평균 6.9배에 이르는 누적 주식 수익률을 달성한 것이다.[2] 그것을 좀더 폭넓게 조망해보자면, 제너럴 일렉트릭(많은 사람들이 20세기 말 미국의 최고 기업으로 여기는 회사)은 1985년에서 2000년까지의 15년 동안에 시장 평균을 2.8배 앞질렀다.[3] 더 실감나게 비교하자면, 당신이 만일 1965년, 전환점에 이를 때까지 전체 시장 수익률 정도였던 도약 성공 기업군의 뮤추얼 펀드에 1달러를 투자하고 그와 동시에 전체 시장 주식 펀드에도 1달러를 투자했다면, 2000년 1월 1일 도약 성공 기업군 펀드에 넣은 1달러는 전체 시장 대비 56배에 달하는 471달러가 되었다는 뜻이다.[4]

이는 실로 놀라운 수치다. 이런 성과가 이전에는 전혀 뛰어난 실적을 보인 적이 없던 회사들에서 나왔다는 걸 감안하면 더더욱 놀랍다. 한 예로, 월그린즈Walgreens를 보자. 월그린즈는 40년 이상 전체 시장 수익률을 오르내리며 좌충우돌하던 지극히 평범한 회사였다. 그러다가 1975년에 알 수 없는 어딘가에서 빵 하고 터지며 기어오르기 시작하더니… 오르고… 또 오르고… 또 오르더니… 마침내 줄곧 오르기만 했다. 1975년 12월 31일에서 2000년 1월 1일까지, 월그린즈에 투자한 1달러는 테크놀러지의 슈퍼스타인 인텔에 투자한

1달러보다 두 배 가까운 수익을 올렸다. 제너럴 일렉트릭보다는 근 5배, 코카콜라보다는 근 8배, (1999년 말에 급등한 나스닥 주식을 포함한) 전체 주식시장보다는 15배가 넘는 수익이었다.*

그토록 오랫동안 특별한 점이 전혀 없었던 기업이 도대체 어떻게 해서 세계 최고의 조직들을 앞지르는 성과를 내는 기업으로 변할 수 있었을까? 에커드Eckerd처럼 똑같은 기회와 똑같은 자원을 가진 같은 업종의 다른 회사들이 하나같이 도약에 실패할 때, 월그린즈는 어떻게 도약에 성공할 수 있었을까? 이 단 하나의 사례에도 우리 연

투자한 1달러의 누적 주식 수익 (1965~2000)

좋은 회사에서 위대한 회사로 도약한 기업군 : $471

직접 비교 기업군 : $93

전체 시장 : $56

① 1965년 1월 1일 각 기업군에 똑같이 1달러씩 배분되었다.
② 전환점에 이르기까지는 모든 기업군이 시장 평균 주식 수익률을 올렸다.
③ 2000년 1월 1일 기준, 각 펀드의 누적 가치다.
④ 배당금은 재투자하고 주식 분할시에는 정산했다.

• 이 책을 통틀어 사용된 주식 수익률 계산에는 투자자에 대한 총 누적 수익이 반영되어 있는데, 배당금은 재투자되고 주식 분할시에는 정산되었다. '전체 주식시장(종종 간단히 줄여서 '시장')'은 뉴욕증권거래소, 아메리카증권거래소, 나스닥에서 거래된 주식 전체를 반영한다. 데이터의 출처와 계산 방식에 대해서는 제1장의 주를 보라.

구의 정수가 담겨 있다.

이 책은 월그린즈나 우리가 연구한 특별한 회사들에 관한 책이 아니다. 이 책에서 다루는 것은 바로 '좋은 회사가 위대한 회사가 될 수 있을까? 만일 그렇다면 어떻게?'라는 의문과 어떤 조직에도 적용할 수 있는, 시간을 초월한 보편적인 해답의 추구다.

> 5년간의 우리의 탐구는 여러 가지 통찰의 결과를 낳았다. 그중 상당수는 놀라웠고 전통적인 가르침과 정면으로 배치되기도 한다. 가장 커다란 결론은, 우리가 발굴해낸 개념 체계를 진지하게 응용한다면 어떤 조직이라도 그 규모와 실적을 충분히 키울 수 있고 위대한 조직으로 발돋움할 수도 있다는 것이다. 우리는 그렇게 믿는다.

이 장의 나머지 부분에서는 우리의 여행 이야기를 전하고 연구 방법을 개괄하며, 발굴한 핵심 내용을 맛보기로 보여줄 것이다. 제2장에서는 본론으로 들어가 전체 연구 중 가장 도발적인 부분의 하나인 '단계5의 리더십' 이야기를 전개할 것이다.

그칠 줄 모르는 호기심

사람들이 자주 묻는다. "어떤 동기로 이 거대한 연구 프로젝트에 착수하게 됐죠?"

대답은 '호기심'이다. 의문을 품고 답을 찾아 배에 오르는 일보다 더 흥미로운 일은 없다. 마치 루이스와 클라크(미국 서부 개척기 시대의 탐험가)처럼 배에 올라 서쪽으로 가자며 이렇게 말하는 것은 정말 흥분되는 일이다.

"거기에 도달해서 무엇을 발견할지 우린 모른다. 하지만 우리가 돌아올 때에는 당신에게 확실하게 이야기해줄 수 있을 것이다."

호기심에 이끌려 길을 나선 우리의 여정을 축약해서 얘기하자면 다음과 같다.

단계 1: 탐색

가슴에 의문을 품고서 나는 연구팀을 모으기 시작했다. 이 책에서 '우리'라는 표현은 연구팀을 일컫는다. 모두 21명이 프로젝트의 핵심 부분에서 함께 일했는데, 대개 한 번에 4~6명이 팀을 이루어 작업했다.

첫 번째 과제는 14쪽의 도표에서 예시한, 좋은 기업에서 위대한 기업으로의 도약 패턴을 보여주는 회사들을 찾아내는 일이었다. 우리는 다음과 같은 기본 패턴을 보이는 회사들을 찾아 6개월간 '죽음의 행진 같은 재무 분석'에 몰두했다. 바로 전환점을 기준으로 15년간의 누적 주식 수익률이 전체 주식시장과 같거나 그보다 못한 실적을 보이다가, 이후 15년간 시장의 최소 3배에 달하는 누적 수익률을 보인 회사들이었다.

15년을 선택한 것은 한 상품의 히트에 따른 기적이나 행운이 15년까지 계속되지는 못하기 때문이고, 또 최고 경영자들의 평균 재임기간이 15년을 넘진 못하기 때문이다(위대한 회사들과 우연히 단 한 사람의 위대한 리더를 갖게 된 회사들을 구별할 수 있게 해준다). 시장의 3배라는 기준을 선택한 것은 가장 널리 알려진 거대기업들의 실적이 대부분 그에 미치지 못하기 때문이다. 참고로, 다음 '후작 집단marquis set'의 기업들(3M, 보잉, 코카콜라, GE[제너럴 일렉트릭], 휴렛 패커드[휼렛 패커드], 인텔, 존슨 & 존슨, 머크[메르크], 모토로라[모토롤라], 펩시, 프록터 & 갬블, 월마트, 월트 디즈니)의 뮤추얼 펀드는 1985년에서 2000년 사이에 시장의 2.5배 수익을 올렸다. 썩 나쁜 집단은 아닌데 말이다.

우리는 1965년에서 1995년 사이에 '포춘Fortune 500'에 등장한 많은 기업 중에서 체계적으로 선별해서, 마침내 '좋은 회사에서 위대한 회사로 도약한good-to-great' 기업들 11개를 찾아냈다(부록 1.A에 그 선정 과정을 상세하게 묘사해두었다). 하지만 다음 두 가지는 여기서 간단히 언급해야겠다. 첫째, 업계와 독립적으로 도약에 성공한 패턴을 보인 기업들만 골랐다. 즉, 산업 전체가 같은 패턴을 보일 경우 그 회사는 제외했다. 둘째, 우리는 누적 주식 수익률 외의 추가적

좋은 회사에서 위대한 회사로 도약한 사례들

회사	전환점에서 전환 후 15년까지의 성적*	전환의 해~ 전환의 해 +15년
애보트(애벗)	시장의 3.98배	1974~1989
서킷 시티	시장의 18.50배	1982~1997
패니 메이(패니 마이)	시장의 7.56배	1984~1999
질레트	시장의 7.39배	1980~1995
킴벌리 클라크	시장의 3.42배	1972~1987
크로거	시장의 4.17배	1973~1988
뉴코어(뉴커)	시장의 5.16배	1975~1990
필립 모리스	시장의 7.06배	1964~1979
피트니 보즈	시장의 7.16배	1973~1988
월그린즈	시장의 7.34배	1975~1990
웰스 파고(웰즈 파고)	시장의 3.99배	1983~1998

* 전체 주식시장 대비 누적 주식 수익률

인 선정 기준, 즉 사회적 영향력이나 종업원 복지와 같은 기준들을 적용할 것인지에 대해 토론했다. 하지만 그런 기준들을 아무런 편견 없이 합리적이고 일관된 방식으로 적용할 방법이 없었기 때문에 우리는 결국 좋은 회사에서 위대한 회사로 도약한 성과만을 기준으로 삼기로 결정했다. 사실 이 책의 마지막 장에서 나는 기업 가치corporate values와 지속적으로 큰 성과를 내는 '위대한 회사' 간의 관계를 언급한다. 그러나 우리의 연구 작업은 어디까지나 좋은 조직체가 어떻게 하면 줄곧 커다란 수익을 올리는 위대한 조직체로 전환할 수 있는가 하는 문제에 초점을 맞추고 있다.

처음에 우리는 리스트를 보고 깜짝 놀랐다. 패니 메이(패니 마이)가 GE나 코카콜라를, 월그린즈가 인텔을 앞지를 거라고 누가 감히 생각할 수 있었겠는가? 이 놀라운 리스트(한편으로 이보다 더 초라한 리스트는 찾기 힘들 것이다)는 단번에 우리에게 중요한 교훈을 일깨워주었다. 전혀 불가능할 것 같은 상황에서도 좋은 조직이 위대한 조직으로 전환하는 것은 가능하다. 이것은 위대한 기업에 대해 우리가 기존에 갖고 있던 관념을 재검토하게 만든 많은 놀라운 사실 가운데 첫 번째였다.

단계 2: 무엇과 비교하나?

다음으로 우리는 전체 연구과정에서 어쩌면 가장 중요할지도 모를 작업에 착수했다. 좋은 회사에서 위대한 회사로 도약한 기업들을 조심스럽게 선정한 '비교 기업들'과 대조하는 일이었다. 우리 연구의 핵심은 "도약에 성공한 회사들의 공통점이 무엇인가?"가 아니었다. 정말 중요한 문제는 "도약에 성공한 회사들이 공통으로 비교 기업들과 구별되는 점이 무엇인가?" 하는 것이었다. 이렇게 한번 생각해보자. 당신이 올림픽 경기의 금메달리스트를 만드는 게 과연 무엇인지 연구해보고 싶다고 하자. 만일 금메달리스트들만을 조사한다면 그들에겐 모두 코치가 있다는 사실을 알아내게 될 것이다. 그러나 올림픽 팀으로 출전했지만 메달은 딴 적이 없는 운동선수들을 조사해보아도 역시 코치가 있다는 사실을 알아내게 될 것이다! 핵심 문제는 "금메달리스트들이 메달을 따지 못한 선수들과 체계적으로 구별되는 점이 무엇이냐?"는 것이다.

우리는 두 집단의 비교 기업군을 선정했다. 첫 번째 집단은 '직접 비교 기업군direct comparisons'으로, 좋은 회사에서 위대한 회사로 도약한 기업들과 같은 업종이고 전환 시점에서의 기회도 똑같이 주어지고 자원도 거의 같았지만 도약에 성공하지 못한 기업들로 이루어졌다(자세한 선정 과정에 대해서는 부록 1.B를 보라). 두 번째 집단은 '지속 실패 비교 기업군unsustained comparisons'으로, 한때 좋은 회사에서 큰

전체 조사 집단

좋은 회사에서 위대한 회사로 도약한 기업군	직접 비교 기업군	지속 실패 비교 기업군
애보트	업존	
서킷 시티	사일로	
패니 메이	그레이트 웨스턴	
질레트	워너 램버트	버로즈
킴벌리 클라크	스콧 페이퍼	크라이슬러
크로거	A&P	해리스
뉴코어	베들레헴 스틸	해즈브로
필립 모리스	R. J. 레이놀즈	러버메이드
피트니 보즈	어드레서그래프	텔레딘
월그린스	에커드	
웰스 파고	뱅크 오브 아메리카	

회사로 도약하는 데 성공했지만 상승 궤도를 유지하는 데 실패하여 지속성에 문제가 있는 회사들로 이루어졌다(부록 1.C를 보라). 이렇게 해서 28개 기업이 선정되었다. 좋은 회사에서 위대한 회사로 도약한 기업 11개, 직접 비교 기업 11개, 지속 실패 비교 기업 6개였다.

단계 3: 블랙박스 내부

그 다음 각 사례에 대한 심층 분석으로 관심을 돌렸다. 우리는 28개 기업에 대해 발표된 기사들을 모두 그러모았다. 50년, 아니 그 이상도 더 거슬러 올라갔다. 우리는 그 모든 자료들을 전략, 기술, 리더십 등등의 범주 안에 체계적으로 입력시켰다. 그런 다음 좋은 회사에서 위대한 회사로 도약한 기업에서 전환 시점에 책임 있는 요직에 있던 경영진들 대부분을 인터뷰했다. 그와 함께 광범위한 질적·양적 분석에 착수했다. 신입사원에서 경영진의 보수까지, 경영 전략에서 기업 문화까지, 해고에서 리더십의 스타일까지, 재무 제표에서 인사 이동까지 모든 것을 살펴보았다. 인터뷰와 분석이 모두 끝나기까지, 프로젝트 전체에 10.5작업년(10.5명이 1년 일한 만큼의 기간)이 걸렸다. 우리는 근 6,000건의 기사를 읽고 체계화해 입력했으며, 2,000쪽이 넘는 인터뷰 녹취록을 작성했고, 3억 8,400만 바이트에 달하는 컴퓨터 데이터를 만들었다(우리의 모든 분석과 작업의 세부 목록에 대해서는 부록 1.D를 보라).

우리는 이 연구 작업이 블랙박스 안을 들여다보는 것과 유사하다고 생각하게 되었다. 길을 따라 나아가는 걸음걸음이 마치 전구를 하나하나 달아 빛을 비추어가며 좋은 회사에서 위대한 회사로의 도약 과정에서 일어나는 내부 작용을 샅샅이 살피는 것과 같았다.

데이터를 입수한 뒤 우리는 매주 연구팀의 정례 토론회를 열기 시작했다. 연구팀 멤버들과 나는 28개 회사 각각에 대해서 기사와 분석, 인터뷰, 입력한 조사 내용들 모두를 체계적으로 읽어갔다. 나는 특정한 회사에 대해 발표를 하면서 잠정 결론을 이끌어내고 또 팀원들에게 질문을 던지곤 했다. 그러고 나서 우리는 토론하고 언쟁하고 책상을 치고 목소리를 높이고, 쉬면서 곰곰이 생각해보고, 그리고 다시 토론하고, 쉬면서 생각하고, 토론하며 의견을 모으고, 그리고 다시 한 번 "그게 도대체 무엇을 뜻하는지" 토론을 벌이곤 했다.

> 이 책의 모든 개념들은 경험적 추리를 통해 실제 자료에서부터 직접 이끌어 낸 것임을 이해해야 한다. 우리는 시험하거나 입증할 가설을 갖고서 이 프로젝트에 착수하지 않았다. 우리는 맨땅에서, 증거 자료로부터 직접 도출되는 이론을 세우고자 했다.

우리가 사용한 방법의 핵심은 좋은 회사에서 위대한 회사로 도약한 사례들을 비교 사례들과 체계적으로 대조해나가는 것이었다. 항상 "뭐가 다른 거지?" 하고 물으며, 우리는 또 '짖지 않는 개들'에 특별히 신경을 썼다. 셜록 홈즈의 고전《실버 블레이즈의 모험 The Adventure of Silver Blaze》에서 홈즈는 '한밤중 개의 이상한 행동'을 핵심 단서로 삼는다. 한밤중에 개가 아무런 행동도 하지 않았는데, 홈즈에게는 그것이야말로 이상한 사건이었다. 그는 이를 근거로 주범은 틀림없이 그 개를 잘 아는 사람이라는 결론을 이끌어낸다.

오랜 연구 작업을 통해, 우리가 전에는 발견하지 못했던 것 중에 좋은 회사가 위대한 회사로 도약하는 과정의 내부 작용을 알려주는 최상의 단서들 몇 개가 있었음을 깨닫게 되었다. 블랙박스 안에 발을 들여놓고 전구를 켜는 순간, 우리가 본 것만큼이나 보지 못한 것에도 깜짝 놀라는 일이 빈번하게 일어났다. 예를 들자면 이런 것들이다.

▶ 외부에서 저명한 리더들을 영입하는 것은 좋은 회사에서 위대한 회사로 도약하는 데 오히려 부정적인 영향을 끼쳤다. 도약에 성공한 11개 회사 중 10개 회사의 CEO들은 회사 내부 출신인 반면, 비교 기업들은 6배나 자주 외부에서 CEO를 영입했다.

▶ 우리는 경영진에 대한 고액의 보수가 위대한 회사로의 도약과 연관이 있음을 증명할 만한 자료를 전혀 발견하지 못했다. 경영진의 보수 체계가 기업 성공의 핵심 동인이라는 생각은 데이터에 근거를 두지 않은 것이었다.

▶ 전략 그 자체만으로는 좋은 회사에서 위대한 회사로 도약한 기업들과 비교 기업들을 구별할 수 없었다. 두 집단의 회사들 모두 분명한 전략을 갖고 있었고, 도약에 성공한 기업들이 비교 기업들보다 장기 전략

수립에 더 많은 시간을 들였다는 증거는 없었다.

▶ 좋은 회사에서 위대한 회사로 도약한 기업들은 성장하기 위해 무엇을 해야 할지를 일차적인 목표로 삼지 않았다. 그들은 무엇을 하지 말아야 할지, 무엇을 그만두어야 할지에 대해서도 똑같이 관심을 기울였다.

▶ 기술과 기술에 따른 변화는 좋은 회사에서 위대한 회사로 전환하는 데 불을 댕기는 것과는 사실상 아무런 관련이 없다. 기술이 전환을 가속할 수는 있지만, 기술이 전환을 일으킬 수는 없다.

▶ 인수합병은 좋은 회사에서 위대한 회사로 전환하는 데 사실상 아무런 역할도 하지 않는다. 평범한 두 회사를 합친다고 위대한 회사가 만들어지는 건 아니다.

▶ 좋은 회사에서 위대한 회사로 도약한 기업들은 변화를 이용하거나 사람들에게 동기를 부여하거나 연합을 이루어내는 데 별로 관심을 쏟지 않았다. 조건만 잘 갖추어지면, 책임감commitment이나 연합alignment, 동기 부여motivation, 변화change의 문제는 대부분 녹아 없어진다.

▶ 좋은 회사에서 위대한 회사로 도약한 기업들은 무슨 이름이나 슬로건, 출범식, 프로그램을 거창하게 내걸고 그들의 전환을 공표한 적이 없다. 그중 일부는 실제로, 도약 당시에는 변화의 규모를 깨닫지도 못했다고 한다. 나중에 되돌아보니 변화가 일어난 게 분명하더라는 것이다. 그렇다. 그들은 혁명을 통해서가 아니라 결과적으로 진정 혁명적인 도약을 일구어냈다.

▶ 좋은 회사에서 위대한 회사로 도약한 기업들은 대체로 거대한 업종의 회사들이 아니었다. 오히려 일부는 보잘것없는 업종의 기업들이었다. 우연히 로켓의 원뿔 끝에 앉아 도약하게 된 회사는 단 한 경우도 없었

다. 기업의 성장은 상황의 함수가 아니라 대개 의식적인 선택의 문제인 것으로 밝혀졌다.

단계 4: 혼돈에서 개념으로

나는 온갖 데이터와 분석, 토론, 그리고 셜록 홈즈의 '짖지 않는 개들'로부터 필요한 것들을 취해 이 책의 최종 결론을 이끌어내는 단순한 방법을 따르고자 했다. 나는 앞으로 나아갔다 되돌아오고, 생각을 짜내어 데이터에 견주어보고, 생각을 수정하고, 뼈대를 만들고, 그것이 근거의 무게를 못 이겨 부서져내리는 것을 보고 다시 또 뼈대를 세우는 지겨운 반복 과정을 통해 최선의 답을 찾아나갔다. 모든 것이 단단한 개념 체계 안에 확실하게 자리를 잡을 때까지 이 과정이 계속 반복되었다. 우리는 살아가면서 한두 가지 강점을 갖게 되는데, 나의 강점은 정리되지 않은 정보 뭉치를 가져와 그 패턴을 살펴 난장판 속에서 질서를 끌어내는, 즉 혼돈 속에서 개념을 추출해내는 능력인 것 같다.

그러나 최종 체계 속의 개념들은 내 '견해'가 아니라는 것을 다시 한 번 강조하고 싶다. 나 역시 스스로의 심리와 편견을 연구에서 완전히 배제할 수는 없기 때문에, 최종 체계 속의 결론들은 제각기 엄격한 기준을 거친 뒤에야 연구팀에서 의미 있는 것으로 받아들이는 절차를 거쳤다. 최종 체계 속의 중요한 개념들은 전환 시점에 도약에 성공한 회사들의 경우에는 100% 모두에서, 비교 기업들의 경우에는 30% 미만에서만 변화의 변수로 대두된 것들이다. 예외는 없었다. 이 검증을 통과하지 못한 어떤 통찰도 이 책에서 장chapter 수준의 개념으로는 자리잡지 못했다.

다음으로, 개념 체계를 전체적으로 조망해보면서 이 책의 나머지 부분에 나오는 내용들을 가볍게 훑어보기로 하자(31쪽의 도표를 보라). 전환 과정을 축적buildup과 뒤이은 돌파breakthrough 과정으로 생각하라. 이 과정은 다시 세 개의 폭넓은 단계로 나뉘는데, 바로 규율 있는disciplined 사람들, 규율 있는 사고, 규율 있는 행동이다. 각각의 세 단계 안에 두 가지 핵심 개념이 있다. 31쪽 도표에 나오고 뒤에 설명된 개념들이다. 이 체계 전체를 둘러싸고 있는 것은 우리가 '플라이휠flywheel'이라고 이름 붙인 개념으로, 좋은 회사에서 위대한 회사로 나아가는 전 과정의 틀을 잡아준다.

단계5의 리더십 | 좋은 회사를 위대한 회사로 전환시키는 데 필요한 리더십의 유형을 발견하고 우리는 큰 충격을 받았다. 헤드라인을 장식하며 명사가 되는, 대단한 개성을 가진 도도한 리더들과 비교하면 좋은 기업을 위대한 기업으로 도약시킨 리더들은 마치 화성에서 온 사람들 같았다. 나서지 않고 조용하며 조심스럽고 심지어 부끄럼까지 타는 이 리더들은 개인적 겸양과 직업적 의지의 역설적인 융합을 보여주었다. 그들은 패튼 장군이나 시저보다는 링컨이나 소크라테스에 더 가까웠다.

사람 먼저… 다음에 할 일 | 좋은 회사를 위대한 회사로 도약시킨 리더들은 새로운 비전과 전략부터 짤 거라고 우리는 예상했다. 그러나 뜻밖에도 그들은 적합한 사람을 태우고 부적합한 사람을 내리게 하며 적임자를 버스의 적합한 자리에 앉히는 일부터 시작했다. 그리고 나서야 버스를 어디로 몰고 갈지 생각했다. "사람이 가장 중요한 자산"

이라는 옛 격언은 틀린 것으로 밝혀졌다. '적합한' 사람이 중요하다.

냉혹한 사실을 직시하라(그러나 믿음은 잃지 마라) | 우리는 무엇이 위대한 회사로 나아가는 길을 찾게 해주는가에 대해서, 기업 전략에 관한 어떤 책보다도 전쟁포로들의 경험이 더 많은 걸 가르쳐준다는 사실을 알아냈다. 좋은 회사에서 위대한 회사로 도약한 기업들은 모두 우리가 '스톡데일 패러독스Stockdale Paradox'라고 명명한 것을 기꺼이 수용했다. 즉, "어려움이 있어도 결국엔 우리가 성공할 수 있고 또 성공하리라는 흔들리지 않는 믿음을 지녀야 하며, 그와 동시에 눈앞의 현실 속에 있는 가장 냉혹한 사실들을 직시할 수 있는 규율을 가져야만 한다"는 것이다.

고슴도치 콘셉트(세 가지 범주에서 추출한 단순한 개념) | 좋은 회사에서 위대한 회사로 나아가자면 역량이라는 걸림돌을 뛰어넘는 것이 필요하다. 단지 뭔가가 당신의 핵심 사업이라고 해서, 단지 몇 년간, 아니 어쩌면 몇십 년간 그 일을 해왔다고 해서 당신이 반드시 그 일에서 세계 최고가 될 수 있는 것은 아니다. 그리고 당신의 핵심 사업에서 세계 최고가 될 수 없다면 그 사업은 절대로 위대한 회사의 토대가 될 수 없다. 그것은 교차하는 세 원을 깊이 이해한 결과 끌어낸 한 가지 단순한 개념으로 대체돼야만 한다.

규율의 문화 | 모든 회사에는 문화가 있고 일부 회사에는 규율이 있지만, 규율의 문화를 갖고 있는 회사는 매우 드물다. 규율 있는 사람들에게는 계층제가 필요 없다. 규율 있는 사고를 하면 관료제가 필요

없다. 규율 있는 행동을 하면 지나친 통제가 필요 없다. 규율의 문화를 기업가 윤리와 결합시키면 커다란 성취라는 연금술을 얻는다.

기술 가속 페달 | 좋은 회사에서 위대한 회사로 도약한 기업들은 기술의 역할에 대해 달리 생각한다. 도약에 성공한 기업들은 기술을, 전환에 불을 댕기는 일차적인 수단으로 활용하지 않는다. 그러나 역설적으로, 그들은 조심스럽게 선정한 기술을 응용하는 면에서는 선구자들이었다. 우리는 기술 그 자체는 도약이나 몰락의 일차적이고 근원적인 원인이 아니라는 것을 알아냈다.

플라이휠과 파멸의 올가미 | 혁명이나 극적인 변화 프로그램, 가혹한 구조조정에 착수하는 기업들은 거의 확실하게 좋은 회사에서 위대한 회사로 도약하는 데 실패한다. 궁극적인 결과가 아무리 극적이라 하더라도 좋은 회사에서 위대한 회사로의 전환은 한순간에 진행되는 법이 없다. 단 한 차례의 결정적인 행동, 원대한 프로그램, 한 가지 기발한 혁신, 뜻밖의 행운, 기적의 순간 같은 것은 전혀 없었다. 오히려 그 과정은 돌파점에 이를 때까지, 그리고 그 이후에도 거대하고 무거운 플라이휠을 한 방향으로 한 바퀴 한 바퀴 돌리며 굽힘 없이 밀고 나가면서 추진력을 축적해가는 것과 같았다.

'좋은 회사에서 위대한 회사로'에서 '창업에서 수성까지 Built to last**'로** | 아이러니로 들릴지 모르지만 나는 지금《좋은 기업을 넘어 위대한 기업으로 Good to Great》를《성공하는 기업들의 8가지 습관 Built to Last》의 속편이라기보다는 전편에 가깝다고 본다. 이 책은 좋은 조직을 줄곧

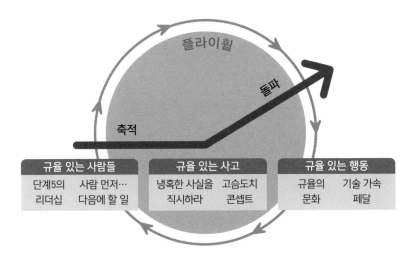

큰 성과를 일구어내는 위대한 조직으로 전환시키는 방법을 다룬다. 《성공하는 기업들의 8가지 습관》은 큰 성과를 내는 회사를 만들고 또 그 회사를 '아이콘'의 위업을 달성한, 영속하는 위대한 회사로 전환시키는 방법을 다룬다. 그 최종 변신을 이루자면 단순한 돈벌이를 넘어서는 핵심 가치와 목적이 있어야 하고, 거기에 그 핵심을 보존하고 발전을 자극하는 핵심 동인이 결합돼야만 한다.

'좋은 회사에서 위대한 회사로'의 개념 ➡ 지속적인 큰 성과 ＋ '창업에서 수성까지'의 개념 ➡ 영속하는 위대한 기업

당신이 이미 《성공하는 기업들의 8가지 습관》의 학도라면,《좋은 기업을 넘어 위대한 기업으로》의 연구 결과에 몰입할 때 두 연구 사이의 정확한 연결 고리에 대한 의문을 잠시 접어두기 바란다. 마지막 장에서 내가 이 문제로 돌아가 두 연구를 한데 묶을 것이다.

좋은 기업에서 위대한 기업으로 도약하는,
시간을 초월한 '물리학'

하루는 회의차 모인 인터넷 경영진에게 연구 발표를 하는데, 발표가 끝나자마자 한 손이 불쑥 올라왔다.

"그 연구 결과가 새로운 경제에도 계속 적용될까요? 낡은 생각들은 모두 집어던지고 무無에서부터 다시 시작해야 하는 것 아닌가요?"

타당한 의문이다. 우리는 정말 극적인 변화의 시대를 살고 있다. 나 역시 이 책에 몰두하기 전에는 너무도 자주 그런 의문이 들어 제발 내 앞에서 이 문제가 사라져줬으면 했다.

그렇다. 세상은 변하고 있고 앞으로도 계속 변할 것이다. 그러나 그렇다고 시간을 초월하는 원리를 찾는 일을 그만두어야 하는 건 아니다. 이렇게 생각해보라. 공학이 계속 발전하고 변하는 동안에도 물리학의 법칙들은 거의 변함없이 남아 있다. 나는 우리의 작업을, 세상이 어떻게 변한다 해도 진리로 남고 의미를 가질, 시간을 초월한 원리, 위대한 조직의 변함없는 물리학 법칙 찾기라고 생각하고 싶다. 그렇다. 특정한 응용 방식은 변하지만(공학), 인간 조직의 성취에 관한 불변의 법칙(물리학)은 오래 지속될 것이다.

진실은, 신경제에도 새로운 건 하나도 없다는 것이다. 전기나 전화, 자동차, 라디오, 트랜지스터의 발명을 목격한 사람들이 그걸 보고 새로운 경제라고 느꼈던 심정이 오늘날 우리의 심정보다 덜했을까? 그리고 매번 그 새로운 경제가 연출될 때마다, 최고의 리더들은 일정한 기본 원칙들을 엄격하고 규율 있게 고수해왔다.

혹자는 오늘날 변화의 규모나 속도가 이전 어느 때보다도 크다는 점을 지적할 것이다. 아마 그럴 것이다. 그러나 그렇다고 해도, 우리의 '좋은 회사에서 위대한 회사로' 연구에 나오는 몇몇 기업은 새로운 경제의 어떤 것에도 필적할 만한 변화의 속도와 맞섰다. 한 예로, 1980년대 초 탈규제deregulation의 쇠망치가 내리치면서 금융업계는 약 3년 사이에 완전히 바뀌었다. 금융업계에 실로 신경제가 도래한 것이다! 그러나 웰스 파고(웰즈 파고)는 탈규제가 일으킨 빠른 속도의 변화 한복판에서 이 책의 모든 결론을 미리부터 빠짐없이 적용하여 큰 성과를 일구어냈다.

> 다음에 이어지는 장들에 몰입하게 될 때, 핵심 포인트 하나를 머리에 새겨 두라. 이 책은 낡은 경제에 관한 책이 아니다. 새로운 경제에 관한 책도 아니다. 나아가 이 책에 소개된 특정 회사, 또는 비즈니스 그 자체에 관한 책도 아니다. 이 책은 궁극적으로는 한 가지, 즉 좋은 것에서 위대한 것으로 도약하는, 시간을 초월하는 원리에 관한 책이다. 뭐든 당신의 조직에 가장 잘 들어맞는 연구 결과를 활용하여, 좋은 조직을 줄곧 큰 성과를 내는 위대한 조직으로 전환시키는 방법을 알려주는 책이다.

놀랍게 들릴지 모르지만, 나는 이 책이 본질적으로는 경영 연구서라고 생각지 않는다. 근본적으로는 비즈니스 서적이라고도 보지 않는다. 이 책은 그보다는 무엇이 분야에 관계없이 영속하는 위대한 조직을 만들어내는지를 찾아나서는 책이다. 나는 위대한 것과 좋은 것, 탁월한 것과 평범한 것의 근본적인 차이를 무척 알고 싶다. 그 블랙박스 안에 발을 들여놓는 수단으로 기업을 이용하게 된 것은 순전히 우연이다. 내가 기업을 선택한 것은 공개적으로 거래가 이루어지는 기업이 다른 유형의 조직과는 달리 연구 대상으로 두 가지 커다란 장점을 갖고 있기 때문이다. 성과를 정의하는 데 있어 폭넓은 합의가 이루어져 있고(따라서 조사 집단을 엄선할 수 있다), 접근하기 쉬운 데이터가 풍부하다.

'좋은 것이 크고 위대한 것의 적'이라는 사실은 단지 비즈니스만의 문제는 아니다. 그것은 인간의 문제다. 우리가 만일 좋은 것에서 위대한 것으로 도약하는 문제의 암호를 풀어내기만 한다면, 그것은 어떤 유형의 조직에 적용하더라도 틀림없이 모종의 가치를 발하게 될 것이다. 좋은 학교가 위대한 학교가 될 수도 있다. 좋은 신문이 위대한 신문이 될 수도 있다. 좋은 교회가 위대한 교회가 될 수도 있다. 좋은 정부 기관이 위대한 기관이 될 수도 있다. 그리고 좋은 회사가 위대한 회사가 될 수도 있다.

그래서 나는 좋은 조직을 위대한 조직으로 전환시키는 게 도대체 무엇인지 찾아나서는 지적 모험에 여러분을 동반자로 초대한다. 나는 또한 여러분 스스로 이 책의 내용에 의문을 제기하고 또 도전하기를 권한다. 내가 좋아하는 교수 한 분이 이렇게 말한 적이 있다.

"가장 좋은 학생은 교수를 무조건 믿지 않는 학생이다."

일리 있는 말이다. 그러나 그는 이런 말도 했다.

"데이터가 의미하는 것이 마음에 들지 않는다는 이유만으로 데이터를 거부해서는 안 된다."

나는 이 책에서 여러분이 충분히 심사숙고할 수 있도록 모든 것을 제공한다. 무조건 받아들이라는 게 아니다. 당신이 바로 판사이자 배심원이다. 증거로 하여금 직접 말하게 하자.

Good

2

단계5의 리더십

to
Great

누구에게 공이 돌아갈지 개의치 않는다면
당신은 인생에서 그 무엇이라도 성취할 수 있다.

－해리 S. 트루먼[1]

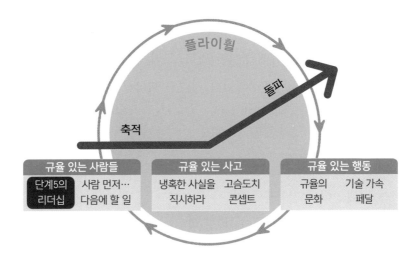

1971년, 다윈 스미스Darwin E. Smith라는 이름의 평범해 보이는 한 남자가 지난 20년간 주가가 전체 시장에 비해 36%나 떨어진 케케묵은 제지 회사, 킴벌리 클라크Kimberly-Clark의 사장이 되었다.

부드러운 기질의 사내社內 변호사이던 스미스는 이사회가 옳은 선택을 한 건지 확신이 없었다. 한 이사가 그를 옆으로 끌고 가 그에겐 그 자리에 필요한 몇 가지 자질이 결여돼 있다는 점을 상기시켜주자 더더욱 그런 느낌이 들었다.[2] 그러나 그는 CEO였고, 20년이나 CEO 자리를 지켰다.

그리고 그 20년은 대단한 기간이었다. 그 기간에 스미스는 기절할 만한 변혁을 일구어내 킴벌리 클라크를 세계 최고의 종이 소비재 회사로 탈바꿈시켰다. 그의 책임 아래 킴벌리 클라크는 전체 시장의 4.1배에 달하는 누적 주식 수익률을 달성했다. 경쟁 회사인 스콧 페이퍼와 프록터 & 갬블을 가볍게 누르고, 코카콜라나 휴렛 패커드,

3M, 제너럴 일렉트릭과 같은 쟁쟁한 기업들까지도 앞지르는 실적이었다.

이는 인상적인 성공으로서, 좋은 회사가 위대한 회사로 도약한 20세기의 가장 좋은 사례 중 하나였다. 그러나 다윈 스미스에 대해 아는 사람은 거의 없다. 경영이나 기업의 역사를 열심히 연구하는 학도들조차도 아는 게 거의 없다. 그는 아마 그런 식으로 사는 게 좋았을 것이다.

거만한 기색이라고는 눈곱만큼도 찾아볼 수 없는 사람이던 스미스는 배관공이나 전기공들과도 허물없이 지냈고, 휴가는 위스콘신 농장의 별채 오두막에서 땅을 파고 바위를 들어 옮기며 보냈다.[3] 그는 영웅이나 재계의 명사 신분에 어울리는 소양을 갈고 닦은 적이 없었다.[4] 기자가 그에게 자신의 경영 스타일에 대해서 말해 달라고 묻자, J. C. 페니[미국의 대형 소매점]에서 난생처음 양복을 사 입은 시골 소년처럼 유행에 동떨어진 차림을 한 스미스는 바보 같아 보이는 검은 테 안경 너머로 기자를 멍하니 바라보기만 했다. 길고 불안한 침묵 뒤에 스미스는 간단히 말했다.

"괴짜지요."[5]

〈월스트리트저널〉은 다윈 스미스에 관한 특집기사를 한 번도 쓰지 않았다.

그렇다고 스미스가 조금 유약한 사람이 아닐까 생각한다면 그건 엄청난 오산이다. 그의 어색한 수줍음이나 가식 없는 태도는 삶에 대한 격하고 금욕적이기까지 한 불굴의 의지와 짝을 이루고 있었다.

인디애나의 가난한 시골에서 자란 스미스는 대학 시절 내내 인터내셔널 하비스터International Harvester의 주간 근무조로 일하면서 밤에 인디애나 대학을 다녔다. 어느 날 작업 중에 손가락 하나가 잘려나가는 사고를 당했다. 그는 그날 밤에도 학교에 갔고 이튿날에는 직장에 다시 나왔다는 이야기가 전해진다. 그 이야기는 조금 과장됐을지 모르지만, 손가락 하나를 잃은 일로 해서 졸업이 늦춰지지 않은 것만은 분명하다. 그는 풀타임 근무를 계속하며 밤에 학교를 다녔고, 하버드 로스쿨Law School에 입학했다.[6] 한참 시간이 흘러 CEO가 된 지 두 달 뒤, 의사는 스미스에게 비강암과 후두암 진단을 내리며 길어야 일 년 밖에 살지 못할 거라고 선고했다. 그는 이사회에 이 사실을 알리면서, 자기는 아직 죽지 않았으며 불시에 곧 죽을 계획도 없음을 분명히 했다. 스미스는 자신에게 요구되는 작업 스케줄을 완벽하게 수행하면서 매주 위스콘신에서 휴스턴으로 방사선 치료를 받으러 다녔다. 그리고 25년을 더 살았는데, 그중 대부분은 CEO로서였다.[7]

　스미스는 킴벌리 클라크를 재건하는 데도 그와 똑같은 불굴의 결의를 보였다. 회사의 역사에서 가장 극적인 결정을 내릴 때는 특히 그랬다. 제지 공장을 파는 일이었다.[8] CEO가 된 직후, 스미스와 그의 팀은 전통적인 핵심 사업, 즉 코팅한 종이가 별 볼 일 없어질 운명에 처했다고 결론을 내렸다. 경제성도 나빴고 경쟁력도 약했다.[9] 그러나 그들은 만일 킴벌리 클라크가 소비자용 종이 제품 산업이라는 불 속에 뛰어들 경우, 프록터 & 캠블 같은 세계적인 경쟁회사들이 킴벌리 클라크를 도약이냐 멸망이냐의 외길로 몰고 갈 거라고 추론했다.

　그래서 마치 상륙하자마자 배를 불태워 둘 중 하나의 선택, 즉 성공하느냐 아니면 죽느냐의 선택만을 남겨놓는 장군처럼 스미스는

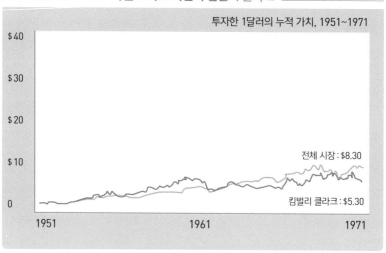

다윈 스미스 이전의 킴벌리 클라크

투자한 1달러의 누적 가치, 1951~1971

전체 시장 : $8.30

킴벌리 클라크 : $5.30

1951　　　　　1961　　　　　1971

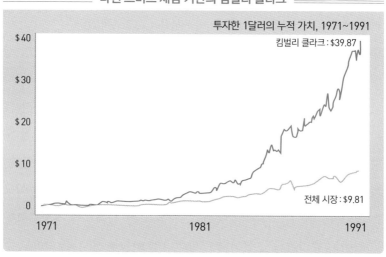

다윈 스미스 재임 기간의 킴벌리 클라크

투자한 1달러의 누적 가치, 1971~1991

킴벌리 클라크 : $39.87

전체 시장 : $9.81

1971　　　　　1981　　　　　1991

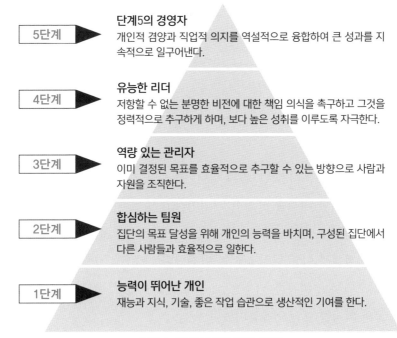

단계5의 경영자
개인적 겸양과 직업적 의지를 역설적으로 융합하여 큰 성과를 지속적으로 일구어낸다.

유능한 리더
저항할 수 없는 분명한 비전에 대한 책임 의식을 촉구하고 그것을 정력적으로 추구하게 하며, 보다 높은 성취를 이루도록 자극한다.

역량 있는 관리자
이미 결정된 목표를 효율적으로 추구할 수 있는 방향으로 사람과 자원을 조직한다.

합심하는 팀원
집단의 목표 달성을 위해 개인의 능력을 바치며, 구성된 집단에서 다른 사람들과 효율적으로 일한다.

능력이 뛰어난 개인
재능과 지식, 기술, 좋은 작업 습관으로 생산적인 기여를 한다.

5단계
4단계
3단계
2단계
1단계

경영 능력의 5단계 계층 구조

제지 공장들을 팔겠다는 결정을 공표했다. 한 임원은 이를 두고 자기가 지금까지 보아 온 CEO의 결정들 중에서 가장 대담한 결정이었다고 회고했다. 위스콘신주 킴벌리의 제지 공장마저도 팔아버리고 하기스Huggies나 크리넥스Kleenex 같은 브랜드에 투자하며 모든 역량을 소비재 사업에 쏟아부었다.[10]

비즈니스 매체들은 이 조치를 어리석다고 평했고, 월스트리트의 애널리스트들은 주식을 평가절하했다.[11] 25년 뒤, 킴벌리 클라크는 스콧 페이퍼를 완전히 소유했고 8개의 제품 범주 중 6개 부문에서 프록터 & 갬블을 앞질렀다.[12] 스미스는 물러나면서 자신의 이례적인 성취에 대해 간단하게 잘라 말했다.

"나는 직무에 합당한 사람이 되기 위해 끊임없이 노력했습니다."[13]

뜻밖의 수확

다윈 스미스는 우리가 단계5의 리더, 즉 개인적인 극도의 겸양과 직업적인 강렬한 의지를 융합한 개인이라고 명명한 유형의 전형적인 사례다. 우리는 좋은 회사에서 위대한 회사로 도약한 모든 기업의 전환 시점에서 이 유형의 리더를 발견했다. 그들도 스미스처럼 나서지 않으면서도 회사를 키우는 데 필요한 일이면 무슨 일이든 하는 불굴의 의지를 보인 인물들이었다.

> 단계5의 리더들은 자아의 욕구를 자신한테서 떼어내 큰 회사를 세우는 보다 큰 목표로 돌린다. 단계5의 리더들은 자아나 이기심이 없는 것이 아니다. 그들은 실로 믿을 수 없을 만큼 야심적이다. 그러나 그들의 야심은 자기 자신이 아니라 조직에 최우선으로 바쳐진다.

'단계5'라는 용어는 우리가 식별해낸 경영 능력의 계층 구조에서 가장 높은 수준을 말한다(앞쪽의 도표를 보라). 꼭 1단계에서 5단계까지 차례대로 이동할 필요는 없지만(낮은 단계 중 일부를 나중에 채우는 것도 가능할 것이다) 충분히 성숙된 단계5의 리더들은 피라미드의 다섯 층 모두를 구현하고 있다. 여기서 5단계 모두를 길게 늘어놓진 않겠다. 1단계에서 4단계까지는 사실 설명이 거의 필요 없는 데다 다른 저자들이 폭넓게 논하고 있는 것들이기 때문이다. 대신 이 장에서는 우리 연구의 비교 기업 리더들과 비교하여 좋은 회사에서 위대한 회사로 도약한 기업의 리더들이 보여준 구별되는 특성들, 즉 단계5의 특성들에 초점을 둘 것이다.

그러기에 앞서, 잠깐 주제에서 벗어나 중요한 정황 하나만 짚고 넘어갔으면 한다. 우리는 단계5의 리더십이나 그 비슷한 어떤 것도 찾고 있지 않았다. 사실 나는 연구팀에 최고 경영자들의 역할을 중시하지 말라는 지시를 분명하게 내려놓았던 터였다. 오늘날 일상화돼 있는 '리더에게 공을 돌리거나 리더를 비난하는' 지나치게 단순화된 사고를 피해가려는 생각에서였다.

비유하자면, "리더십이 모든 것의 답이다"라는 식의 관점은 암흑 시대에 물리 세계에 대한 우리의 과학적 이해를 퇴보시킨 "신이 모든 것의 답이다"식 관점의 현대판이다. 1500년대에 사람들은 자신들이 이해할 수 없는 모든 사건을 신에게 돌렸다. 왜 흉년이 들었을까? 신이 그렇게 했다. 왜 지진이 일어났을까? 신이 그렇게 했다. 행성을 제자리에 붙들고 있는 것은 무엇일까? 신이다. 그러나 계몽의 시대에 이르러 우리는 보다 과학적인 이해, 즉 물리학, 화학, 생물학 등등을 추구하기 시작했다. 우리가 무신론자가 돼서 그렇게 되었다는 말은 아니지만, 우리는 이제 우주가 어떻게 움직이는지에 대해 보다 깊이 이해하게 되었다.

마찬가지로 우리가 매번 모든 것을 '리더십' 탓으로 돌린다면 우리는 1500년대 사람들과 조금도 다를 바 없다. 우리의 무지함을 스스로 인정하는 것일 뿐이다. 우리가 리더십을 믿지 않는 사람이 돼야 한다는 게 아니다(리더십은 사실 중요하다). 하지만 매번 좌절할 때마다 "그래, 답은 리더십인 게 틀림없어!"로 되돌아가며 두 손을 들어버린다면 위대한 회사를 움직이는 동인에 대한 보다 깊고 과학적인 이해로부터 스스로를 차단해버리는 셈이 된다.

하여, 나는 프로젝트 초기부터 계속 주장했다.

"경영진은 무시하세요."

그러나 연구팀은 계속 받아쳤다.

"아닙니다! 경영진에 대한 범상치 않은 뭔가가 계속 튀어나와요. 무시할 수가 없습니다."

나는 다시 받아치곤 했다.

"하지만 비교 기업에도 리더들이 있잖아요. 개중에는 대단한 지도자도 일부 있고요. 도대체 뭐가 다르다는 거죠?"

밀고 당기며 토론이 격해졌다.

늘 그랬듯이, 마침내 데이터가 이겼다.

좋은 회사를 위대한 회사로 도약시킨 경영자들은 모두 다 같은 천에서 잘려 나온 조각들이었다. 회사가 소비재 회사였느냐 생산재 회사였느냐, 위기 상황이었느냐 안정된 상태였느냐, 서비스 업체였느냐 재화 생산업체였느냐는 상관없었다. 언제 전환이 일어났느냐, 얼마나 큰 회사였느냐도 상관없었다. 좋은 회사에서 위대한 회사로 도약한 기업들은 전환 시점에 모두 단계5의 리더십을 갖추고 있었다. 나아가, 단계5의 리더십의 부재는 비교 기업군의 고질적인 패턴으로 드러났다.

만일 단계5의 리더십이 전통적인 가르침, 특히 "회사를 변화시키는 데는 개성이 뚜렷한 전설적인 구세주가 필요하다"는 믿음에 정면으로 반하는 것이라면, 이것이 관념적 발견이 아니라 경험적 발견임에 유의하기 바란다.

겸양 + 의지 = 단계5

단계5의 리더는 이중성에 대한 연구다. 겸손하면서도 의지가 굳고, 변변찮아 보이면서도 두려움이 없는 이중성이다. 이 개념을 재빨리 파악하려면 미국 대통령 에이브러햄 링컨(미국 역사상 보기 드문 단계5의 대통령 중 한 사람)을 생각해보라. 그는 자신의 자아가, 영속하는 위대한 나라라는 보다 큰 대의를 향한 자신의 일차적인 야망에 걸림돌이 되게 한 적이 없었다. 하지만 링컨의 개인적 겸양과 수줍은 성격, 서투른 매너를 나약함의 표현으로 잘못 짚은 사람들은 25만 남부연합 지지자와 링컨 자신을 포함한 36만 미합중국인의 목숨을 앞에 두고서 자신들이 크나큰 오해를 범했음을 깨달았다.[14]

좋은 회사를 위대한 회사로 도약시킨 CEO들을 에이브러햄 링컨과 비교하는 것은 다소 무리일는지 모르겠으나, 그들은 똑같은 이중성을 보였다. 1975년부터 1991년까지 질레트Gillette의 CEO였던 콜먼 모클러Colman Mockler의 경우를 보자.

모클러 재임기간에 질레트는 회사의 도약 기회를 무산시키려는 세 번의 공격에 직면했다. 두 번의 공격은 '시가 씹는 습격자', 로널드 페렐먼Ronald Perelman이 이끄는 레블론Revlon의 적대적 인수 입찰이라는 형태로 찾아왔다. 페렐먼은 회사들을 산산조각내서는 정크 본드junk bond(일반적으로 신용등급이 낮은 기업이 발행하는 위험성이 높은 채권을 뜻한다)로 대금을 지급하고 또 다른 적대적 기업인수 자금을 마련하는 것으로 악명이 자자한 인물이었다.[15] 세 번째 공격은 투자 그룹, 코니스턴 파트너즈Coniston Partners로부터 왔다. 그들은 질레트 주식의 5.9%를 사들여서는 최고 입찰자에게 회사를 팔아넘겨 자기네 지분에 대한 단기 수익을 챙기려는 요량으로, 이사회를 장악하기 위한 대리전에 착수했다.[16]

질레트가 만일 페렐먼이 제시한 가격에 넘어갔더라면, 주주들은 그 즉시 주식 보유분에 대해 44%의 수익을 거두었을 것이다.[17] 23억 달러의 단기 주식 수익과 1억 1,600만 주의 수치를 놓고 본다면, 대부분의 경영자들은 그에 항복하여 보유 주식을 넘기는 대가로 수억 달러를 주머니에 챙겨 넣고는 인심 좋은 황금 낙하산에 몸을 싣기를 주저하지 않았을 것이다.[18]

콜먼 모클러는 자신 역시 주식 보유분에 대해 꽤 많은 돈을 챙길 수 있었음에도 항복하지 않고, 대신 질레트의 도약을 위해 싸우는 길을 택했다.

조용하고 조심스러우며 늘 공손하던 모클러는 귀족 같이 점잖은 신사라는 평판을 듣고 있었다. 그러나 모클러의 조심스러운 성격을 나약함으로 오해한 사람들은 막판에 자기들이 한방 맞았다는 사실을 깨달았다. 대리전 과정에서 질레트의 최고 경영진들은 수천 명의 개인 투자자들을 하나하나 접촉하고 전화를 계속 돌렸다. 그리고 승리했다.

자, 당신은 이렇게 생각할는지 모른다.

"하지만 그건 꼭 주주들의 이익을 저버리고 자기네 이익만을 위해 싸우는 이기적인 철밥통 경영처럼 보이는데."

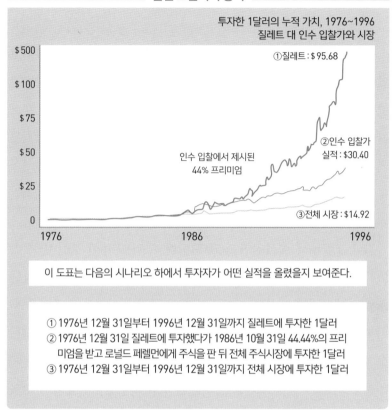

투자한 1달러의 누적 가치, 1976~1996
질레트 대 인수 입찰가와 시장

①질레트 : $95.68

인수 입찰에서 제시된
44% 프리미엄

②인수 입찰가
실적 : $30.40

③전체 시장 : $14.92

이 도표는 다음의 시나리오 하에서 투자자가 어떤 실적을 올렸을지 보여준다.

① 1976년 12월 31일부터 1996년 12월 31일까지 질레트에 투자한 1달러
② 1976년 12월 31일 질레트에 투자했다가 1986년 10월 31일 44.44%의 프리
미엄을 받고 로널드 페렐먼에게 주식을 판 뒤 전체 주식시장에 투자한 1달러
③ 1976년 12월 31일부터 1996년 12월 31일까지 전체 시장에 투자한 1달러

겉보기에는 그렇게 보일지 모른다. 그러나 두 가지 중요한 사실이
있었다.

첫째, 모클러와 그의 팀은 혁신적이고 기술적으로도 진일보한 시
스템(뒤에 센서Sensor와 마하3Mach3로 알려진다)에 대한 막대한 투자에
회사의 미래를 걸었다. 만일 인수 작업이 성공했더라면 이 프로젝트
들은 아마 틀림없이 축소 또는 폐기되었을 테고, 그러면 우리들 중
센서나 마하3로 면도를 하고 있는 사람은 아무도 없었을 것이다. 그

리고 수억 인구가 매일같이 짤막한 수염과 고통스런 싸움을 계속하고 있었을 것이다.[19]

둘째, 인수전이 벌어지던 시점에 센서는 비록 비밀리에 개발되고 있어 주가에 반영되진 않았지만, 이미 미래의 상당한 수익을 약속하고 있었다. 센서를 염두에 두고서, 이사진과 모클러는 미래의 주가가 공격자들이 제시한 프리미엄 가격보다도 훨씬 더 시가를 앞지를 거라고 믿었다. 회사를 팔아넘기는 일은 짧은 기간에 주식을 팔아치울 주주들을 기쁘게 했을지는 모르지만, 장기 주식 보유자들에게는 너무 무책임한 조치였을 것이다.

결국 모클러와 이사진이 옳았다는 게, 그것도 눈이 부실 만큼 옳았다는 게 입증되었다. 어떤 단기 주식 보유자가 1986년 10월 31일 로널드 페렐먼이 제시한 44% 프리미엄 가격을 받아들여 주식을 넘긴 다음 그 전액을 1996년 말까지 10년 동안 전체 시장에 투자했다고 한다면, 그는 모클러, 질레트와 함께 남은 주주에 비해 1/3의 수익을 올리는 것으로 드러났다.[20] 만일 모클러가 공격자들에게 항복하고 주머니에 수억 달러를 챙긴 다음 경영에서 손을 떼고 편안한 여생을 즐겼더라면, 회사와 고객들, 그리고 주주들은 실로 매우 소홀한 대접을 받았을 것이다.

슬프게도 모클러는 자기 노력의 열매를 충분히 향유할 수 없었다. 1991년 1월 25일, 질레트 팀은 〈포브스〉 신간 표지의 견본 한 장을 받았다. 거기에는 모클러가 머리 위에 커다란 면도날 하나를 치켜들고서 의기양양한 자세로 산꼭대기에 서 있고, 산 아래 기슭에는 패배자들이 풀 죽어 앉아 있는 모습을 묘사한 아티스트의 작품이 실려 있었다. 다른 이사들이 대중 앞에 나서기를 부끄러워하는 모클러(아마도 처음엔 표지에 사진이 찍혀 나가는 것을 거절했을 게 분명하다)를 놀리며, 그가 '승리자 코난Conan the Triumphant'의 기업판처럼 묘사된 것을 보고 즐거워했다. 자기 사무실로 돌아온 모클러는 자신의 16년 싸움이 대중 앞에 널리 알려진 것을 본 지 단 몇 분 뒤, 갑작스런 심장마비로 바닥에 쓰러져 죽었다.[21]

모클러가 일하다 죽는 쪽을 선택했을지 아닌지의 여부는 모르지만, 나는 그가 최고 경영자로 일하는 방식을 바꾸지 않았으리라고 확신한다. 그의 차분한 용모는 강렬한 속마음, 즉 자신이 손댄 것은 뭐든지(꼭 뭔가를 얻으려 해서가 아니라 그저 그 밖의 다른 경우는 상상할 수 없기에) 가능한 한 최선의 상태로 만들어놓고야 마는 헌신적인 열정을 숨겨두고 있었다. 쉬운 길을 택하여, 젖소에서 젖을 짜내듯 단물이나 줄곧 빨아먹으려는 사람들에게 회사를 넘겨주어 도약의 잠재력을 파괴하는 것은 콜먼 모클러의 가치 체계 안에 들어 있는 선택이 아니었을 것이다. 링컨이 평화만을 추구하다가 영속하는 위대한 나라를 만들 기회를 영원히 잃어버리는 길을 택하지 않았던 것과 마찬가지다.

회사에 바치는 야망: 성공을 겨냥한 후계자 세우기

1981년 데이비드 맥스웰David Maxwell이 패니 메이Fannie Mae의 CEO가 됐을 때, 회사는 영업일당 100만 달러의 손실을 내고 있었다. 다음 9년 동안 맥스웰은 패니 메이를 월스트리트의 최고 회사들과 어깨를 겨루는 고효율의 문명 속으로 끌어들여, 영업일당 400만 달러를 벌어들이며 전체 주식시장을 3.8배나 앞질렀다. 맥스웰은 자기가 너무 오래 머물면 회사에 나쁜 영향을 끼칠 것이라고 느껴 아직

전성기에 있을 때 퇴임하고, 능력 있는 후계자 짐 존슨Jim Johnson에게 회사를 물려주었다. 그 직후, 패니 메이의 눈부신 실적을 근거로 2,000만 달러로 불어난 맥스웰의 퇴직 상여금이 의회의 쟁점으로 떠올랐다(패니 메이는 정부의 승인하에 운영되는 회사다). 맥스웰은 후계자에게 편지를 보내, 논쟁이 워싱턴에서 역작용을 일으켜 회사의 미래를 위태롭게 할 수도 있겠다는 우려를 표명했다. 그러고는 존슨에게 잔액 550만 달러를 자기한테 지급하지 말고, 전액 '패니 메이 저소득자 주택 재단'에 기부하라고 주문했다.[22]

데이비드 맥스웰은 다윈 스미스나 콜먼 모클러와 마찬가지로, 단계5의 리더의 핵심 특성을 잘 보여주었다. 야망을 회사에 최우선으로 바치고 자신의 부나 개인의 명성보다는 회사의 성공에 더 관심을 가진 것이다. 단계5의 리더들은 회사가 다음 세대에 훨씬 더 승승장구하기를 바라고, 그 성공의 뿌리에 자신들의 노력이 자리잡고 있다는 것을 대부분의 사람들이 알지 못할 거라는 생각에 편안해한다. 단계5의 리더 중 한 사람은 이렇게 말했다.

"나는 언젠가 세계에서 가장 위대한 기업 중 하나를 바라보면서 '나도 저기서 일한 적이 있었지' 하고 말할 수 있는 날이 오길 바랍니다."

그에 비해서 비교 기업의 리더들은 자기 개인의 위대함에 대한 평판에 더 관심이 큰 나머지, 회사의 차세대 후계자를 세우는 데 실패하는 경우가 많다. 당신이 떠난 뒤 그곳이 풍비박산하는 것보다 당신 자신의 개인적 위대함을 더 잘 입증해보이는 방법이 달리 있겠는가?

> 비교 기업군의 3/4 이상에서, 우리는 경영자가 실패하는 후계자를 세우
> 거나 아니면 나약한 후계자를 택하거나 아니면 둘 다인 경우를 발견했다.

　그중에는 '가장 큰 개' 증후군을 보이는 사람들도 있었다. 그들은 자기가 가장 큰 개로 남아 있는 한, 개장 속의 다른 개들은 신경 쓰지 않는다. 한 비교 기업의 CEO는 후계자 후보들을 "헨리 8세가 마누라들 대하듯" 다루었다고 전한다.[23]

　지속 실패 비교 기업의 하나인 러버메이드Rubbermaid의 사례를 보자. 러버메이드는 무명의 회사에서 일약 〈포춘〉의 '미국이 가장 칭송하는 회사' 연간 리스트 제1순위까지 올랐다가, 마찬가지로 순식간에 초라한 모양새로 허물어진 뒤 뉴웰에 인수되어 겨우 목숨을 부지한 회사다. 이 진기한 스토리를 만들어낸 스탠리 골트Stanley Gault라는 이름의 탁월한 리더는 1980년대 말에 회사의 성공과 동의어가 되었다. 러버메이드에 관해 수집한 312개 기사에서 골트는 시종일관 맹렬하게 돌진하는 자기 중심적인 경영자로 등장한다. 한 기사에서 그는 폭군이라는 비난에 대해 이렇게 응수한다.

　"맞는 말입니다. 하지만 난 성실한 폭군입니다."[24]

　변화를 선도하는 문제에 관한 골트의 발언을 직접 엮어 쓴 다른 기사에서는 '나'라는 단어가 44번이나 나오는 반면에("나는 돌격을 지휘할 수 있었지요", "나는 12가지 목표를 작성했습니다", "내가 목표를 걸어 놓고 설명했어요"), '우리'라는 단어는 16번밖에 나오지 않는다.[25] 골트는 자신의 경영 성공을 자랑할 이유를 두루 갖고 있었다. 러버메이드는 그의 지휘 하에 40사분기 동안 연속해서 수익이 상승하는 기록을

만들어냈다. 인상적이고 또 칭송받을 만한 실적이었다.

그러나 핵심은 바로 이것이다. 골트는 자기 없이도 클 수 있는 회사를 남겨놓지 못했다. 그가 선택한 후계자는 1년밖에 자리에 있지 못했고, 다음 후계자는 경영팀의 층이 너무 얇아 허둥지둥 새로운 제2인자를 찾아낼 때까지 일시적으로 4가지 업무를 두 어깨에 걸머지고 있어야 했다.[26] 골트의 후계자들은 경영진의 부족만이 아니라 전략의 부족과도 맞서 싸워야 했다. 결국 회사는 전략 부재로 말미암아 무너지게 된다.[27]

물론 당신은 이렇게 말할지 모른다.

"그래요. 골트 이후에 러버메이드는 박살났지만, 바로 그 점이 리더로서 그의 개인적 위대함을 입증해주지 않나요?"

바로 그거다! 골트는 정말 대단한 단계4의 리더였다. 어쩌면 최근 50년 동안에 가장 뛰어난 인물일 것이다. 그러나 그는 단계5의 리더가 아니었다. 그리고 그것이 러버메이드가 번쩍하는 짧은 순간에 좋은 회사에서 큰 회사로 도약했다가 마찬가지로 순식간에 큰 회사에서 형편없는 회사로 전락해버린 핵심 이유 중 하나다.

감탄을 자아내는 겸손함

비교 기업 리더들이 지극히 자기 중심적인 것과는 대조적으로, 도약을 성공시킨 리더들이 자신들 이야기를 얼마나 삼가는지를 보고 우리는 충격을 받았다. 좋은 회사를 위대한 회사로 도약시킨 리더들은 인터뷰 중에 우리가 끼어들지 않는 한 회사나 다른 경영진의 공헌에 대해서만 이야기했다. 그들의 공헌에 대해 듣고 싶었던 우리의 기대는 번번이 빗나갔다. 마침내 그들 자신에 대해 말해달라고 조르면,

이런 식으로들 말하곤 했다.

"나는 내가 거물처럼 비치길 원치 않습니다."

"이사회에서 그런 대단한 후계자들을 선택하지 않았더라면 당신이 오늘 이렇게 날 만나 이야기하고 있지도 않을 겁니다."

"내가 그렇게 유능했다고요? 아, 그건 너무 이기적인 말처럼 들리는데요. 내 생각엔 난 그런 찬사를 받을 자격이 없어요. 우리가 축복을 받아 훌륭한 사람들을 얻었던 거지요."

"이 회사에는 나보다도 내 일을 더 잘할 수 있는 사람이 많습니다."

그것은 흔한 거짓 겸양이 아니었다. 좋은 회사를 위대한 회사로 도약시킨 리더들과 함께 일하거나 그들에 대해 글을 쓴 사람들은 '조용한, 자신을 낮추는, 겸손한, 조심스러운, 수줍어하는, 정중한, 부드러운, 나서기 싫어하는, 말수가 적은, 자신에 관한 기사를 믿지 않는' 등의 단어나 표현을 계속 썼다. 다음은 파산 직전에 있던 뉴코어Nucor를 세계에서 가장 성공한 철강 회사로 탈바꿈시키는 일을 감독한 CEO, 켄 아이버슨Ken Iverson을 이사인 짐 래버첵Jim Hlavacek이 묘사한 글이다.

켄은 매우 겸손하고 자신을 낮추는 사람이다. 나는 자신이 하는 일에 그렇게 성공하고도 그토록 겸손한 사람은 일찍이 보지 못했다. 참고로, 나는 여러 대기업에서 많은 CEO들을 위해 일한다. 그는 정말 소박한 사람이다. 그 점은 그가 늘 좁은 개집에다 개를 키우는 것과 같은 작은 일들에서도 드러난다. 그의 집은 검소하고, 오랫동안 살아온 집이다. 그의 집에는 간이 차고밖에 없는데, 어느 날 그가 내게 신용카드로 차창의 성에를 긁어내다가 카드가 부러졌다고 불평을 하는 거였다. "해결책이 있잖아요, 켄. 차고를 만드세요." 그러자 그가 말했다. "아, 무슨 소릴. 그건 그런 엄청난 대접을 받을 물건이 아닌걸…." 그는 그렇게 겸손하고 소박하다.[28]

'포춘 500' 기업 중에서 이 연구의 선정 기준에 정확하게 부합하는 기업이 고작 11개뿐이었다는 점에서, 좋은 회사를 위대한 회사로 도약시킨 11명의 CEO는 금세기의 대단히 훌륭한 CEO들이다. 그러나 그들의 탁월한 성과에도 불구하고 그들에게 주목해온 사람은 한 사람도 없다시피 하다! 조지 케인, 앨런 워츨, 데이비드 맥스웰, 콜먼 모클러, 다윈 스미스, 짐 헤링, 라일 에버링엄, 조 컬먼, 프레드 앨런, 코크 월그린, 칼 라이하르트. 이 비범한 경영자들 중에서 당신이 이제껏 이름을 들어본 사람이 몇이나 되는가?

> 조사 과정에서 수집한 5,979개 기사 전체를 체계적인 도표로 만들어보니, 좋은 회사에서 위대한 회사로 도약한 기업들의 전환기 관련 기사들이 비교 기업들의 경우보다 두 배나 적었다.[29] 더욱이, 도약을 성공시킨 CEO들에게 초점을 맞춘 기사는 거의 찾아볼 수 없었다.

좋은 회사를 위대한 회사로 도약시킨 리더들은 전설적인 영웅이 되고 싶어 하지 않았다. 그들은 존경받는 위치에 올라서거나 가까이 할 수 없는 아이콘이 되기를 갈망하지 않았다. 얼핏 보기에 그들은 특별한 성과를 조용히 만들어내는 보통 사람들처럼 보였다.

비교 기업 리더들 중에는 이와 극명한 대조를 보이는 사람들이 있다. 킴벌리 클라크의 비교 기업인 스콧 페이퍼Scott Paper는 앨 던랩Al Dunlap이라는 CEO를 영입했다. 다윈 스미스와는 매우 다른 천에서 잘라낸 조각 같은 사람이었다. 던랩은 자신의 가슴팍을 소리 나게 치며, 들으려고 하는 사람이라면 누구에게나(그리고 별로 듣고 싶어하지 않는 많은 사람한테까지) 자신이 이룬 업적을 이야기했다. 〈비즈니스위크〉에 실린 기사에서 그는 스콧 페이퍼 정상에서의 19개월에 대해 이렇게 자랑했다.

"스콧에 관한 이야기는 전례 없이 가장 성공적이고 신속한 전환을 이룬 사례의 하나로 미국 비즈니스 역사의 연보들을 장식하게 될 겁니다. 상대적으로 다른 전환 사례들을 빛바래게 하면서 말이죠."[30]

〈비즈니스위크〉에 따르면, 던랩은 스콧 페이퍼에서 603일 동안 일한 대가로 1억 달러를 챙겼다(하루에 16만 5,000달러다). 주로 노동자들을 자르고, 연구 개발 예산을 절반으로 줄이고, 팔아치울 준비를 하기 위해 회사에 성장 스테로이드를 계속 투여하는 방법을 통해서였다.[31] 회사를 팔아넘기고 엄청난 돈을 재빨리 주머니에 챙긴 다음, 던랩은 자신에 관한 책을 한 권 썼다. 거기서 그는 자신의 별명인 '세로줄 정장의 람보'를 널리 퍼뜨린다.

"나는 람보 영화를 사랑합니다. 성공 가능성은 제로지만 항상 이기는 한 사나이가 여기 있습니다. 람보는 머리통이 박살날 거라고 예상하며 출구라고는 전혀 없는 상황 속으로 들어갑니다. 그러나 그는 멀쩡합니다. 마침내 그는 성공을 거두고 악당들을 처치합니다. 전쟁 속에서 평화를 만들어내는 거지요. 내가 하는 일이 바로 그겁니다."[32]

다윈 스미스 역시 람보 영화를 즐겼을지도 모른다. 그러나 그가 극장에서 걸어나오면서 아내한테 이렇게 말했을지는 의심스럽다.

"있지, 난 진짜 이 람보 캐릭터와 관계가 있나 봐. 그 친구를 보면 꼭 나 같단 말이야."

> 스콧 페이퍼 이야기는 우리 연구에서 극적인 이야기 중 하나이긴 하지만, 그리 유별난 사례는 아니다. 비교 기업들 중 2/3 이상에서 우리는 회사가 소멸하거나 계속 평범한 기업으로 남는 데 공헌하는, 개인적 자아가 엄청나게 큰 이들의 존재를 확인했다.[33]

우리는 지속 실패 비교 기업군, 즉 유능하지만 자기 중심적인 리더 하에서 회사가 실적의 도약을 보이다가 결국에는 쇠락하고 만 사례들에서 이런 패턴이 특히 강하게 나타난다는 것을 알아냈다. 예컨대 리 아이아코카Lee Iacocca는 재앙의 문턱에서 크라이슬러Chrysler를 구해, 미국의 비즈니스 역사상 가장 유명한(그리고 충분히 그럴 만한) 전환을 이루어냈다. 크라이슬러는 그의 재임기간 중반에 이를 즈음 시장의 2.9배까지 실적이 치솟았다. 그러나 그 뒤 아이아코카는 자신을 미국 비즈니스 역사상 가장 유명한 CEO로 만드는 쪽으로 관심을 돌렸다.

〈인베스터즈 비즈니스 데일리 Invester's Business Daily〉와 〈월스트리트 저널〉은 아이아코카가 '투데이 쇼'나 '래리 킹' 같은 토크쇼에 얼마나 자주 출연했는지, 80여 개의 광고에서 자기를 어떻게 스타로 부각시켰는지, 미국 대통령으로 출마한다는 생각을 얼마나 즐겼는지("크라이슬러 경영은 국가 경영보다도 더 큰 일이었습니다… 나는 6개월이면 국가 경제를 지휘할 수 있어요"라고 말한 적도 있다), 자기 자서전을 얼마나 널리 선전했는지에 대한 일지를 작성했다. 책《아이아코카》(황소자리, 2005)는 700만 부가 팔려나가며 그를 일약 스타의 반열로 끌어올려, 일본에 갔을 때에는 도착 즉시 수만 명의 팬이 몰려들어 환호하는 사태를 빚기도 했다.[34]

아이아코카의 개인적인 주가는 치솟았지만, 크라이슬러의 주가는 그의 재임기간 후반부에 전체 시장 대비 31%나 떨어졌다.

슬프게도 아이아코카는 중앙을 떠나 제왕 같은 경영자의 특권을 내놓는 게 괴로웠다. 그가 퇴임을 하도 많이 연기하자, 크라이슬러 의 임직원들 사이에서는 아이아코카가 "나는 크라이슬러 사의 영원 한 회장이다"라고 발표했다는 농담이 나돌기 시작했다.[35] 그러다가 마침내 진짜로 물러날 때, 그는 전용 제트기와 스톡 옵션을 계속 제 공해달라고 이사회에 요구했다.[36] 훗날 그는 유명한 기업인수 기술 자 커크 커코리언Kirk Kerkorian과 힘을 합쳐 크라이슬러에 대한 적대 적 인수 입찰에 손을 댄다.[37]

크라이슬러는 아이아코카가 퇴임한 후 5년 만에 일시적인 영광을 다시 경험했으나, 회사의 밑바닥에 깔려 있는 약점들로 인해 결국 독 일 자동차회사 다임러 벤츠에 팔리고 말았다.[38] 독립 회사 크라이슬 러가 소멸한 책임이 전적으로 아이아코카에게 있는 것은 아니지만 (다음 세대의 경영진은 회사를 독일인들에게 파는 치명적인 결정을 내렸다), 한 가지 사실만은 분명하게 남는다. 1980년대 초반에 시작한 아이아코 카의 눈부신 전환은 실적을 지속시키는 성과를 낳지 못했고, 크라이 슬러는 결국 영속하는 위대한 회사가 되는 데 실패했다는 것이다.

해야 할 일은 해내는 강렬한 의지

단계5의 리더십은 단지 자신을 낮추는 겸양만을 이야기하지 않는다는 사실을 이해해야 한다. 단계5의 리더십은 강렬한 의지, 회사를 키우는 데 필요한 것은 무슨 일이든 한다는 금욕에 가까운 결의도 함께 이야기한다.

사실, 연구팀 내에서는 좋은 회사를 위대한 회사로 도약시킨 리더들을 어떻게 묘사할 것인지를 두고 오랫동안 토론이 벌어졌다. 우리가 처음 생각한 것은 '이기심 없는 경영자'나 '서번트(하인)형 리더' 같은 용어였다. 그러나 이 표현에 팀원들이 격렬하게 반대했다. 앤서니 치리코스는 이렇게 말했다.

"그런 용어들은 사실을 제대로 표현하지 못합니다. 그건 그들이 나약하거나 유순하다는 느낌을 주는데, 내가 생각하는 다윈 스미스나 콜먼 모클러는 그렇지 않아요. 그들은 회사를 키우는 데 필요한 거라면 무슨 일이든 할 사람들입니다."

그러자 이브 리가 제안했다.

"그냥 '단계5의 리더'라고 부르는 건 어때요? 우리가 '이기심 없는'이나 '서번트형' 같은 딱지를 붙인다면 사람들이 전적으로 잘못된 생각을 갖게 됩니다. 우린 사람들이 온전한 개념을 갖고서 동전의 양면을 모두 보게 할 필요가 있어요. 겸손한 측면만 보다가는 온전한 개념을 놓치기 쉽습니다."

단계5의 리더들은 성과를 만들어내고자 하는 치유 불가능한 욕구에 감염되어 광적으로 일을 몰아간다. 회사를 키우는 데 필요한 일이라면, 제지 공장도 팔고 형제도 해고한다.

조지 케인George Cain이 애보트Abbott(애벗) 연구소의 CEO가 됐을 때, 현금을 날라주던 에리스로마이신을 팔아 여러 해를 살아온 이 회사는 제약 회사들 중 맨 아래 4분위에 속한 정체된 기업이었다. 케인은 회사에 자극을 주고 사람들을 고무하는 개성은 갖고 있지 못했지만, 그에겐 그보다 훨씬 강력한 뭔가가 있었다. 바로 높은 기준이었다. 그는 어떤 형태의 평범함도 참을 수 없었고, "이 정도면 됐지 뭐" 하는 식의 생각을 가진 사람은 그 누구건 용납하지 않았다. 다음으로 케인은 애보트의 평범함을 초래한 핵심 원인 중 하나를 타파하는 일에 착수했다. 바로 족벌주의, 정실인사였다. 이사진과 경영팀을 자신이 찾아낼 수 있는 가장 좋은 사람들로 짜임새 있게 재편성한 뒤, 케인은 가족 관계도 장기 근속도 회사에서 중책을 맡는 일과는 아무 관계가 없을 것임을 분명히 했다. 자신이 책임을 맡고 있는 영역에서 업계 최고의 경영자가 될 능력이 없다면 봉급이 깎일 거라는 이야기였다.[39]

그런 엄격한 재편 작업은 외부에서 영입한 경영자가 회사의 방향을 틀려고 할 때나 있을 법한 일이었으나, 케인은 18년 베테랑의 내부자이자 애보트 전임 사장의 아들로 가족 구성원이었다. 케인 가문의 휴일 모임은 아마도 몇 년간 긴장의 연속이었을 것이다("미안하지만 자넬 해고해야겠네. 그건 그렇고, 칠면조 한 조각 더 주랴?"). 하지만 결국에 가서는 가족 성원들 모두가 보유 주식이 거둔 실적에 매우 기뻐했다. 케인이 이익증대 장치를 가동시켜, 전환 시점인 1974년부터 2000년 사이에 시장의 4.5배에 이르는 주주 수익을 창출해냈던 것이다. 업계의 슈퍼스타인 머크나 화이자Pfizer(파이저)를 가볍게 따돌린 실적이었다.

애보트의 직접 비교 기업인 업존Upjohn 역시 조지 케인과 같은 시기에 가족 리더십 하에 있었다. 업존의 CEO는 조지 케인과 달리 족벌주의에서 초래된 평범함을 타파하려는 의지를 보인 적이 없었다. 애보트가 모든 요직을 가족 배경과 상관없이 최고의 인재들에게 맡기는 작업을 마칠 때까지도, 업존은 여전히 B급의 가족 성원들에게 중책을 맡겨 두고 있었다.[40] 전환 시점까지 애보트와 사실상 똑같은 회사로 주식 실적도 똑같던 업존은 그 뒤 21년 사이에 애보트에 비해 89%나 뒤지는 수익률을 보이다가 1995년 파머샤Pharmacia에 합병당하고 만다.

또 한 가지 흥미로운 사실은 다윈 스미스와 콜먼 모클러, 조지 케인은 모두 회사 내부 출신이었다는 것이다. 스탠리 골트와 앨 던랩, 리 아이아코카는 요란한 팡파르를 울리며 외부에서 구세주로 영입돼 들어왔다. 우리의 보다 체계적인 연구 결과에 이 점이 나타난다. 자료에 입각한 증거는 좋은 회사를 위대한 회사로 도약시키려면 외부의 리더를 들여와 회사를 흔들어댈 필요가 있다는 생각을 뒷받침해주지 않는다. 실제로는, 저명한 외부 인사를 영입해 변화를 추구하는 것은 좋은 회사에서 위대한 회사로의 지속적인 전환과 부정적인 상관 관계를 보이는 것으로 드러났다(부록 2.A를 보라).

> 좋은 회사를 위대한 회사로 도약시킨 CEO 11명 중 10명은 회사 내부 출신이었고, 그중 셋은 가족 세습 경영자였다. 비교 기업들은 6배나 자주 외부 인사들을 영입했다. 그러나 그들은 지속적인 큰 성과를 일구어내는 데 실패했다.[41]

내부 주도 변화의 최고 사례는 찰스 '코크' 월그린 3세Charles R. 'Cork' Walgreen 3rd에서 찾아볼 수 있다. 그는 초라하던 월그린즈Wal-greens를 1975년 말에서 2000년 1월 1일 사이에 주식시장 평균보다 15배 이상 앞서는 회사로 전환시켰다.[42] 경영팀 내에서 월그린즈의 식품 서비스 사업에 대해 여러 해 동안 대화와 토론을 벌인 뒤, 코크는 경영팀이 마침내 분명하고도 납득할 만한 분수령에 도달했음을 느꼈다. 월그린즈의 찬란한 미래는 요식업이 아니라 편의점형 약국 convenient drugstore에 있다는 거였다. 1998년 월그린에 이어 CEO가 된 댄 존트Dan Jorndt는 그 다음에 일어난 일을 이렇게 묘사했다.

코크가 기획위원회의 한 모임에서 말했다. "좋아요. 이제 난 모래 위에 선을 긋겠습니다. 우린 5년 안에 레스토랑 사업에서 완전히 손을 떼게 될 겁니다." 당시 우리는 500개가 넘는 레스토랑을 갖고 있었다. 그때 핀 하나가 떨어지는 소리가 들렸다. 그가 말을 이었다. "모두들 시계가 째깍거리고 있다는 걸 알고 있었으면 합니다…." 6개월 뒤의 차기 기획위원회 모임에서 누군가가 레스토랑 사업에서 철수할 시간은 5년밖에 없는데 세월만 보내고 있다는 점을 언급했다. 코크는 정말 큰 소리로 떠드는 사람이 아니었다. 그는 테이블을 조용히 두드리고 나서 말했다. "보세요. 4년 반입니다. 내가 5년이라고 말한 건 6개월 전이에요. 이제 4년 반 남았습니다." 그리고 그 이튿날, 레스토랑 사업에서 철수하는 작업이 정말 카운트다운에 들어갔다. 그는 조금도 흔들림이 없었다. 코크는 추호도 의심하지 않았다. 그는 예언 같은 걸 하는 법이 없었다.[43]

킴벌리 클라크의 제지 공장을 판 다윈 스미스와 마찬가지로, 코크 월그린의 결정도 금욕적인 의지를 필요로 했다. 요식업이 가장 큰 비즈니스라서가 아니었다(그것이 결산표의 맨 끝줄에 상당한 이익을 보태 주긴 했지만). 진짜 문제는 정서적인 것이었다.

월그린즈는 무엇보다도 맥아로 만든 밀크셰이크를 고안해낸 회사였고, 요식업은 그의 할아버지 대까지 거슬러 올라가는 가문의 오랜 전통이었다. CEO 자신의 이름까지 딴 코키즈Corky's라는 레스토랑 체인도 있었다. 하지만 상관없었다. 월그린즈가 세계 최고가 될 수 있는 분야에 자원을 집중하기 위해 가문의 오랜 전통을 눈앞에 두고 날아올라야 한다면, 코크는 그렇게 할 것이다. 조용히, 끈질기게, 단순하게.[44]

단계5의 리더들의 조용하고도 끈질긴 성격은 식품 서비스 사업체를 팔아치운다거나 기업 매수꾼들에 맞서 싸우는 것과 같은 큰 결정만이 아니라, 진짜 일꾼처럼 근면하게 일하는 개인적 스타일에서도 눈에 띄게 드러났다. 가문의 작은 회사를 넘겨받아 서킷 시티Circuit City로 전환시킨 2세대 경영자 앨런 워즐Alan Wurtzel은 이런 특징의 정수를 완벽하게 파악하고 있었다. 서킷 시티의 비교 기업의 맞수 CEO와 자신의 차이를 이야기해달라는 물음에 워즐은 간단하게 잘라 대답했다.

"쇼에 나가는 말과 쟁기 끄는 말이라고 할 수 있지요. 그가 쇼에 나가는 말에 가까웠다면 나는 쟁기 끄는 말에 가까웠어요."[45]

창문과 거울
앨런 워즐의 '쟁기 끄는 말' 평은 다른 두 가지 점에 비추어서도 흥미롭다. 첫째, 그는 예일 대학 법학박사 학위 소지자였다. 그의 '쟁기 끄는 말' 같은 성격이 지능의 결여와는 아무런 관련이 없다는 건 분명했다. 둘째, 그의 '쟁기 끄는 말' 같은 접근 방식이야말로 진짜 최고의 쇼를 보여주기 위한 무대를 마련했다. 그걸 이런 식으로 풀어보자. 전설적인 잭 웰치Jack Welch가 1981년에 제너럴 일렉트릭GE을 접수한 바로 그날, 당신이 서킷 시티에 1달러를 투자할 건가 아니면 GE에 1달러를 투자할 건가를 선택해야 했고 그것을 2000년 1월 1일까지 갖고 있었다면, 서킷 시티를 선택하는 쪽이 6배는 훨씬 나았을 것이다.[46]

쟁기 끄는 말로서는 그리 나쁜 실적이 아니었다.

이런 놀라운 성과를 냈으니 앨런 워츨이 당연히 자신의 탁월한 결단을 거론했을 거라고 예상할 것이다. 그러나 우리가 회사의 변환을 성공시킨 5대 요인을 중요한 순서대로 열거해달라고 하자, 워츨은 깜짝 놀랄 답을 했다. 첫째 요인은 운이라는 거였다.

"우리는 큰 산업 안에 있었습니다. 그것도 등을 밀어주는 바람을 맞으면서요."

우리는 업계의 평균치를 능가하는 실적을 기준 삼아 좋은 회사에서 위대한 회사로 도약한 기업들을 선정했다는 점을 들이대며 계속 밀어붙였다. 더욱이 비교 기업인 실로Silo 역시 같은 산업 안에 같은 바람을 맞으며 있었고, 돛은 아마 더 컸을 것이다! 우리는 몇 분 동안이나 그 점에 대해 논했지만, 워츨은 계속해서 자신의 성공 중 많은 부분을 자신이 마침 적시 적소에 있었던 것만으로 돌리고 싶어 했다. 나중에 전환을 지속적으로 끌어갈 수 있게 한 요인들에 대해 이야기해달라고 하자 그가 말했다.

"머리에 맨 먼저 떠오르는 건 운입니다. 나는 운 좋게도 적합한 후계자를 찾을 수 있었습니다."[47]

운. 논하기에 얼마나 묘한 요인인가! 그러나 좋은 회사를 위대한 회사로 도약시킨 경영자들은 우리와의 인터뷰에서 운을 많이 거론했다. 뉴코어(뉴커)의 한 경영진과 인터뷰를 하면서, 회사가 어떻게 그런 훌륭한 결정을 내려 그토록 좋은 성적을 냈는지 묻자 그 사람은 이렇게 대답했다.

"내 생각엔 그저 운이 좋았던 것 같아요."[48]

필립 모리스Philip Morris 전환기의 단계5 CEO, 조지프 컬먼 3세Joseph F. Cullman 3rd는 회사 성공의 공을 자신에게 돌리는 것을 단호하게 거절했다. 자신이 운이 좋아서 훌륭한 동료와 후계자, 전임자들을 갖게 된 덕분이라는 거였다.[49] 그가 쓴 책(동료들의 강요에 못 이겨 쓰기 시작했고 회사 바깥에까지 널리 배포할 의도는 조금도 없었던 책)조차도 《나는 운 좋은 놈 I'm a Lucky Guy》이라는 별난 제목을 달고 있다. 글의 앞부분에는 이렇게 씌어 있다.

"나는 생애 첫 출발부터 운이 아주 좋은 놈이었다. 훌륭한 부모를 만났고, 좋은 유전자를 갖고 태어났고, 사랑에도 운이 따랐고, 사업에도 운이 좋았으며, 1941년 초 예일의 한 급우가 내 명령서를 바꾸는 바람에 탑승자 전원이 사망한 침몰한 배 대신 워싱턴 D.C.에 출두하게 된 것도 행운이었고, 해군에 근무한 것도 운이 좋아서였으며, 또 85세까지 살아 있는 것도 행운이다."[50]

우리는 처음엔 행운을 이토록 강조하는 것이 당혹스러웠다. 무엇보다도 도약에 성공한 회사들이 비교 기업들에 비해 더 많은 행운(또는 더 많은 불운)의 세례를 받았다는 어떤 증거도 발견할 수 없었던 것이다. 다음에 우리는 비교 기업의 경영자들한테서 그에 대비되는 패턴을 발견하기 시작했다. 그들은 불운에 상당한 책임을 돌리며 그들이 처한 상황의 어려움을 자주 한탄했다.

베들레헴 스틸Bethlehem Steel과 뉴코어를 비교해보자. 두 회사 모두 철강 산업에서 사업을 하면서 구별하기 힘든 제품들을 생산했다. 두 회사 모두 값싼 수입 철강과의 경쟁이라는 도전에 직면했다. 그러나 두 회사의 경영진은 똑같은 환경에 대해 전혀 다른 견해를 갖고 있었다.

베들레헴 스틸의 CEO는 1983년 "우리가 당면한 첫 번째 문제도 수입 제품, 두 번째, 세 번째 문제도 수입 제품입니다"[51]라며 회사가 안고 있는 문제들을 모두 수입 제품 탓으로 돌렸다. 뉴코어의 켄 아이버슨과 동료들은 그렇지 않았다. 똑같은 수입 제품의 도전을 축복으로, 행운의 종소리로 여겼다("우린 운이 좋은 것 아닌가요? 철강은 무겁고, 또 그걸 배에다 싣고 대양을 가로질러 와야 하니, 우리에겐 큰 이익이지요!").

아이버슨이 보기에 미국 철강 산업이 직면한 첫 번째이자 두 번째이자 세 번째 문제는 수입 제품이 아니라 경영이었다.[52] 그는 1977년 어리둥절한 얼굴로 모여든 철강 산업 동료 경영자들 앞에서 미국 철강 산업이 직면한 진짜 문제는 경영이 혁신과 보조를 맞추는 데 실패했다는 사실에 있다고 말하면서, 수입 제품에 대한 정부의 보호 무역 조치를 공개적으로 비난하기까지 했다.[53]

운에 대한 강조는 우리가 '창문과 거울'이라고 부르기로 한 패턴의 일부인 것으로 밝혀진다.

단계5의 리더들은 일이 잘 풀릴 때에는 창문 밖을 내다보면서 자기 자신 외의 요인들에 찬사를 돌린다(그리고 찬사를 돌릴 특별한 사람이나 사건을 찾을 수 없을 경우에는 행운 탓으로 돌린다). 일이 잘 풀리지 않을 때에는 거울을 들여다보며 자신에게 책임을 돌리고 결코 운이 나쁜 걸 탓하지 않는다.

비교 기업의 리더들은 정반대의 행동을 보인다. 그들은 결과가 좋지 않을 때에는 창문 밖을 내다보면서 자기 자신 외의 무엇이나 누군가에게 책임을 돌리고, 일이 잘될 때는 거울 앞에서 우쭐대면서 자신에게 찬사를 돌린다. 이상하게도 창문과 거울은 객관적인 현실을 반영하지 않는다. 창문 밖의 사람들은 모두 다 안쪽의 단계5의 리더들을 똑바로 가리키면서 "그가 핵심이었습니다. 그의 지도와 리더십이 없었다면 우린 큰 회사가 되지 못했을 겁니다"라고 말한다. 그리고 단계5의 리더는 창문 밖을 똑바로 가리키면서 "이것을 가능케 한 저 대단한 사람들, 그리고 행운을 보세요. 나는 운이 좋은 놈입니다"라고 말한다. 물론 둘 다 옳다. 그러나 단계5의 리더들은 결코 그 사실을 인정하지 않는다.

단계5의 리더십 기르기

얼마 전에 나는 한 고위 경영자 모임에서 단계5의 리더의 발견을 함께 나누었다. 최근에 최고 경영자가 된 한 여자가 손을 들고 말했다.

"나는 당신이 좋은 회사를 위대한 회사로 도약시킨 리더들에 대해 하는 말을 믿습니다. 하지만 난 심란합니다. 거울을 들여다보건대 난 단계5의 리더가 아닌 게 분명하거든요. 어떤 면에서도 아직은 아니에요. 내가 이 자리를 차지한 이유 중에는 나의 자아 욕구도 한 부분을 차지합니다. 당신은 지금 내가 단계5의 리더가 아닌 한 우리 회사를 위대한 회사로 만들 수 없다고 말씀하시는 건가요?"

나는 대답했다. "반드시 단계5의 리더여야만 위대한 회사를 만들 수 있는 건지 확실히는 모르겠습니다. 단지 데이터를 들어 설명할 수 있을 뿐이지요. 우리의 최초 후보 목록에서 '포춘 500'에 등장한 1,435개 회사 중 단 11개 회사만이 우리 연구의 매우 엄격한 기준을 통과했습니다. 그 11개 회사 모두, 중대한 전환기에 CEO를 비롯한 요직들에 단계5의 리더십을 갖추고 있었습니다."

그녀는 한동안 조용히 자리에 앉아 있었다. 그러나 방 안의 모든 사람들이 속으로 그녀에게 질문을 던지라고 재촉하고 있는 기색이 역력했다. 마침내 그녀가 입을 열었다.

"단계5의 리더가 되는 법을 배울 수는 있나요?"

요약 : 단계5의 리더십의 두 측면

직업적 의지

▶ 좋은 회사에서 위대한 회사로의 전환을 촉진하는 초일류의 성과를 창출한다.

▶ 오랜 기간 최고의 성과를 지속적으로 내는 데 필요한 일이라면 아무리

어렵더라도 해내고야 마는 불굴의 의지를 보인다.

▶ 영속하는 위대한 회사를 세우는 기준을 설정한다. 그에 미달하는 상태에 안주하지 않는다.

▶ 결과가 나쁠 때에는 창문 밖이 아니라 거울을 들여다보며 자신에게 책임을 돌리고, 다른 사람들이나 외부 요인들, 불운을 원망하지 않는다.

개인적 겸양

▶ 비길 데 없는 겸손함을 보이며 대중 앞에 나서서 떠벌리기를 꺼린다. 제 자랑을 늘어놓는 법이 없다.

▶ 조용하고 차분하게 결정하여 행동한다. 사람들을 고무하는 카리스마보다는 주로 한층 높은 기준에 입각하여 동기를 부여한다.

▶ 자기 자신이 아니라 회사를 위한 야망을 품는다. 차세대의 후계자들이 훨씬 더 큰 성공을 거둘 수 있는 기틀을 갖추어준다.

▶ 회사가 성공했을 때에는 거울이 아니라 창문 밖을 내다보며 다른 사람들과 외부 요인들, 행운에 찬사를 돌린다.

내 가설은 두 부류의 사람들이 있다는 것이다. 단계5의 리더의 씨앗을 갖지 못한 사람들과 그것을 가진 사람들이다.

첫 번째 부류는 백만 년이 흘러도 자신의 이기적인 욕구를 자신보다 더 크고 오래가는 무엇인가를 세우는, 보다 큰 야망에 복속시키지 못한다. 이 사람들이 하는 일에서는 항상 자신들이 세우고 창조하고 기여하는 대상보다 자신들이 얻는 명성, 부, 아첨, 권력 등등이 우선한다.

가장 큰 아이러니는 종종 권력의 자리로 돌진케 하는 적개심이나 개인적 야망이 단계5의 리더십에서 요구하는 겸손함과 상충된다는 것이다. 이 아이러니에다 또 이사회가 조직을 키우려면 전설적이고 자기 중심적인 리더를 영입할 필요가 있다는 잘못된 믿음 아래 움직이는 경우가 잦다는 사실을 결합시켜 보면, 왜 단계5의 리더들이 조직의 우두머리로 등장하는 경우가 드문지 그 이유를 금방 알 수 있다.

두 번째 부류의 사람들은(내 생각엔 이에 속하는 이들이 더 많은 것 같다) 5단계로 진화해갈 수 있는 잠재력을 가진 사람들이다. 깊숙이 묻혀 있어 겉으로 드러나지 않거나 아예 없는 것으로 치부되기도 하지만, 그럼에도 그들 속에는 그런 능력이 있다. 그리고 자기 반성이나 의식적인 자기 계발, 정신적 지도자나 큰 스승이나 사랑하는 부모, 중요한 인생 경험이나 단계5의 상사, 그 밖의 다른 어떤 요인이 작용하든 적합한 환경만 조성되면 그들은 성장하기 시작한다.

데이터를 살펴보면서 우리는 연구 대상 리더들 중 일부가 자신의 성장을 촉발하거나 가속시켰을 법한 중요한 인생 경험을 거쳤다는 걸 알아냈다. 다윈 스미스는 암을 앓고 난 뒤 완전히 새로 태어났다. 조 컬먼은 2차 세계대전 체험에서 깊은 영향을 받았는데, 그중에서도 가장 특별한 경험은 그 배에 탔으면 틀림없이 죽고 말았을 운명의 배에서 그를 끄집어낸 마지막 순간의 명령 변경이었다.[54] 또 강렬한 종교적 믿음이나 개종이 5단계 특성의 발달에 자양분을 주기도 한다. 한 예로, 콜먼 모클러는 하버드에서 MBA 과정을 밟는 동안에 복음교회로 개종했는데,《최첨단Cutting Edge》이라는 책에 따르면 나중에 모클러는 한 보스턴 사업가 그룹의 주도적 인물이 되어 자주 아침식사를 함께 하며 회사 생활에 종교적 가치를 적용하는 문제를 논했다.[55]

그러나 다른 연구 대상 리더들에겐 특별하게 극적인 사건이 없었다. 그들은 그저 표준적인 삶을 살아가다가, 어쩌다 결국 5단계 계층 구조의 꼭대기에 서게 되었을 뿐이다.

나는 증명할 수는 없지만, 우리 사회에는 잠재적인 단계5의 리더들이 매우 폭넓게 퍼져 있다고 믿는다. 내 판단에 문제는 단계5의 리더들이 부족하다는 데 있지 않다. 우리가 무엇을 찾고 있는지만 정확히 안다면, 그들이 우리 주변에 널리 존재한다는 것을 확인할 수 있다. 무엇을 찾아야 할까? 범상치 않은 성과가 보이는데 어떤 개인도 지나치게 공을 내세우지 않는 곳을 찾아보라. 아마도 잠재적인 단계5의 리더가 일하고 있는 모습을 발견하게 될 것이다.

단계5의 리더가 되는 과정을 알려주고 싶은 마음은 굴뚝같지만, 우리에겐 그 부분에 관한 한 확고한 연구 데이터가 없다. 우리의 연구는 좋은 회사를 위대한 회사로 전환시키는 요소들이 들어 있는 블랙박스 안의 한 핵심 요소로서 단계5의 리더를 드러냈다. 그러나 그 블랙박스 안에는 또 하나의 블랙박스가 있다. 즉, 어떤 사람이 단계5의 리더로 성숙해가는 내부 과정이다. 우리는 그 블랙박스 안의 상자에 무엇이 담겨 있을지 추론할 수는 있었지만, 그것은 어디까지나 추론일 뿐이다.

요컨대 단계5의 리더는 매우 만족스런 아이디어이고 설득력 있는 아이디어이며, 좋은 조직에서 위대한 조직으로의 전환을 일구어내는 데 어쩌면 필수불가결한 아이디어일지도 모른다. 그러나 '단계

5의 리더가 되는 10단계 리스트'는 이 개념을 하찮은 것으로 만들 것이다.

연구에 근거를 둔 최상의 조언은 우리가 발견한, 좋은 회사를 위대한 회사로 도약시키는 다른 원칙들부터 실천하기 시작하라는 것이다. 우리는 단계5의 리더와 나머지 원칙들 간의 밀접한 연관성을 찾아냈다. 한편으로는 단계5의 리더의 특성이 다른 원칙들을 구현할 수 있게 해준다. 다른 한편으로는 다른 원칙들의 실천이 당신이 단계5의 리더가 되는 것을 돕는다.

이런 식으로 생각해보라. 이 장은 단계5의 리더란 무엇인가를 이야기하는 장이다. 이 책의 나머지 장들은 그들이 어떻게 행동하는지를 설명한다. 다른 원칙들을 실천해가는 것이 당신이 올바른 방향으로 나아가는 것을 도와줄 수 있다. 그런다고 당신이 어엿한 단계5의 리더가 된다는 보장은 없지만, 적어도 출발점이 어디인지는 느낄 수 있게 해줄 것이다.

우리는 몇 퍼센트의 사람들이 몸속에 단계5의 리더십의 씨앗을 품고 있다거나 그들 중 얼마나 많은 사람들이 그것을 배양할 수 있는지에 대해서는 분명하게 말할 수 없다. 연구를 통해 단계5의 리더를 발견해낸 우리조차도 우리 스스로가 단계5의 리더로 완전하게 진화하는 데 성공할 것인지 알지 못한다. 그러나 이 연구에 함께한 우리 모두는 이 아이디어에 깊은 영향과 감명을 받았다. 우리가 알게 된 다윈 스미스와 콜먼 모클러, 앨런 워츨, 그 밖의 모든 단계5의 리더들은 우리의 모델이자 열망의 대상이 되었다.

우리가 줄곧 달려 단계5의 리더가 되는 데 성공하건 못하건 간에 노력할 만한 가치는 있다. 인간에게 무엇이 최선인가에 대한 기본적인 진리들이 모두 그렇듯이, 우리가 그 진리의 편린이라도 보게 될 때 우리 자신의 삶과 우리와 관련된 모든 것들이 노력한 만큼 나아질 것이다.

단계5의 리더십

◆ 좋은 회사에서 위대한 회사로 도약한 기업들은 중대한 전환기에 예외 없이 단계5의 리더십을 갖추고 있었다.

◆ '단계5'란 경영자 능력의 다섯 단계 계층 구조를 말하는데, 그중 단계5가 맨 위다. 단계5의 리더들은 개인적 겸양과 직업적의지의 역설적인 결합을 보여준다. 그들은 분명히 야망이 있지만, 그 야망을 자기 자신이 아니라 회사에 우선적으로 바친다.

◆ 단계5의 리더들은 차세대의 후계자들이 훨씬 더 큰 성공을 거둘수 있는 기틀을 마련해주는 데 반해서, 자기 중심적인 단계4의리더들은 후계자들을 실패의 늪에 빠뜨리는 경우가 많다.

◆ 단계5의 리더들은 더할 수 없는 겸손함을 보이고 나서기를 싫어하며 말수가 적다. 그에 반해, 비교 기업들의 2/3에는 개인의자아가 지독하게 강한 리더들이 있었다. 그들은 회사를 망하게하거나 계속해서 평범한 기업으로 남게 만드는 데 기여했다.

◆ 단계5의 리더들은 지속적인 성과를 일구어내고자 하는 치유 불가능한 욕구에 사로잡혀 광적으로 일을 추진한다. 그들은 회사를 키우는 데 필요한 일이라면, 그 결정이 아무리 엄청나고 힘들지라도 무엇이든 할 결의가 되어 있다.

◆ 단계5의 리더들은 일꾼 같은 근면함을 보인다. 쇼에 나가는 말보다는 쟁기 끄는 말에 더 가깝다.

◆ 단계5의 리더들은 창문 밖을 내다보며 자기 자신 외의 요인들에 성공을 돌린다. 그러나 일이 잘못될 때에는 거울을 들여다보

고 자책하며 전적으로 책임을 진다. 비교 기업의 CEO들은 흔히 그 정반대의 행동을 보인다. 그들은 성공할 때에는 거울을 들여다보며 자신에게 찬사를 돌리지만, 결과가 실망스러울 때면 창문 밖을 내다보며 외부에 비난을 떠넘긴다.

◆ 최근 경영계에서 가장 커다란 문제 중 하나는 (특히 이사회에서) 명성이 화려한 리더를 선택하고 잠재적인 단계5의 리더를 선택하지 않는 경향이다.

◆ 잠재적인 단계5의 리더들은 (우리가 무엇을 찾는지만 안다면) 우리들 주변에 널려 있으며, 많은 사람이 단계5의 리더로 진화해갈 수 있는 잠재력을 지니고 있다고 나는 믿는다.

예상치 못한 발견들

◆ 외부에서 영입돼 들어온 명망가 리더들은 좋은 회사에서 위대한 회사로의 도약과 부정적인 상관 관계를 보인다. 좋은 회사를 위대한 회사로 키운 CEO 11명 중 10명은 회사 내부 출신인 반면, 비교 기업들은 6배나 자주 외부에서 CEO를 영입했다.

◆ 단계5의 리더들은 성공의 많은 부분을 개인적 위대함보다는 행운 탓으로 돌린다.

◆ 우리는 이 연구에서 단계5의 리더십이나 그 비슷한 어떤 것도 찾을 생각이 없었지만, 데이터가 압도적이고 또 설득력이 있었다. 그것은 관념적 발견이 아니라 경험적 발견이었다.

Good

3

_____

사람 먼저…
다음에 할 일

to
Great

우리가 누군가를 기다릴 수 없는 시대가 올 것이다.
이제 당신은 버스에 타고 있거나 버스에서 내렸거나, 둘 중 하나다.

-켄 케시, 《전기 쿨에이드 산 테스트 The Electric Kool-Aid Acid Test》에서 [1]

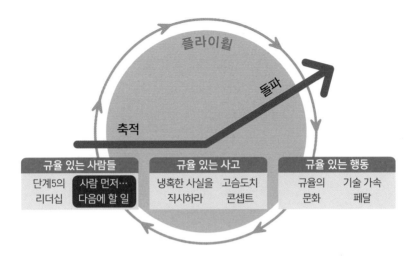

연구 프로젝트에 착수하면서, 우리는 좋은 기업을 위대한 기업으로 도약시키는 첫 단계는 아마도 회사의 새로운 방향, 새로운 비전과 전략을 세우고 난 후 사람들을 그 새로운 방향에 헌신, 복무케 하는 것임을 발견하리라 예상했다. 그러나 우리는 그와 정반대되는 것을 발견했다.

좋은 회사에서 위대한 회사로의 전환에 불을 붙인 경영자들은 버스를 어디로 몰고 갈지 먼저 생각한 다음에 버스에 사람들을 태우지 않았다. 반대로 버스에다 적합한 사람들을 먼저 태우고(부적합한 사람들은 버스에서 내리게 하고), 다음에 버스를 어디로 몰고 갈지 생각했다. 그들 이야기의 핵심은 이랬다.

"그래요. 나는 우리가 이 버스를 어디로 몰고 가야 할지 정말 모릅니다. 하지만 이건 웬만큼 압니다. 우리가 적합한 사람들을 버스에 태운다면, 적합한 사람들을 적합한 자리에 앉히고 부적합한 사람들을 버스에서 내리게 한다면, 이 버스를 어딘가 멋진 곳으로 몰고 갈 방법을 알게 되리라는 겁니다."

좋은 회사를 위대한 회사로 도약시킨 리더들은 세 가지 단순한 진리를 이해했다. 첫째는 '무엇'보다 '누구'로 시작할 경우 변화하는 세계에 보다 쉽게 적응할 수 있다는 것이다. 사람들이 처음부터 버스가 어디로 가는지 그 방향을 보고 버스에 탄다면, 도로를 타고 10마일을 달리다 방향을 바꿀 필요가 생길 경우 어떤 일이 일어날까? 문제가 생긴다. 그러나 사람들이 자기 외에 또 누가 있는지를 보고 버스에 탄다면 방향을 바꾸기가 훨씬 쉽다.

"어이, 난 나 말고 또 누가 있는지를 보고 버스에 탄 거야. 더 큰 성공을 위해 방향을 바꿀 필요가 있다면 나한테 좋은 일이지."

둘째, 적합한 사람들을 버스에 태운다면 사람들에게 어떻게 동기를 부여하고 사람들을 어떻게 관리할 것인가 하는 문제가 대부분 사라진다. 적합한 사람들은 빡빡하게 관리할 필요도, 해고할 필요도 없다. 그들은 내적 동력에 따라 스스로 동기를 부여하여 최선의 성과를 일구어내며 뭔가 큰 일을 창조하는 한 축이 될 것이다. 셋째, 부적합한 사람들을 데리고 있을 경우, 올바른 방향을 발견할지 여부는 문제가 되지 않는다. 어쨌거나 위대한 회사를 만들지는 못할 테니까. 큰 사람들이 없는 큰 비전은 쓸모가 없다.

웰스 파고Wells Fargo의 사례를 들어보자. 웰스 파고가 놀라운 실적을 보인 15년의 기간은 1983년부터이지만, 그 전환의 토대는 1970년대 초로 거슬러 올라간다. 당시 CEO인 딕 쿨리Dick Cooley는 업계에서 가장 유능한 경영팀 (투자가 워렌 버핏에 따르면 '최고의 팀')의 편성에 착수했다.[2] 쿨리는 금융계가 결국 혹독한 변화를 겪으리라는 것은 내다보았지만, 그 변화가 어떤 형태를 띠게 될지까지 아는 척하진 않았다. 그래서 변화에 대비한 전략을 짜는 대신, 그와 어니 아버클Ernie Arbuckle 회장은 회사의 혈관 속에 직접 '재능을 줄기차게 주입하는' 데 초점을 맞추었다. 그들은 언제 어디서든 뛰어난 인재를 발견하는 즉시 채용했다. 어떤 특별한 직무를 염두에 두지 않은 경우도 많았다. 쿨리는 이렇게 말했다.

"그게 미래를 구축하는 방법이야. 내가 현명하지 못해서 다가오는 변화를 보지 못한다면 그들이 볼 걸세. 그리고 그들이 그 변화를 유연하게 다룰 걸세."[3]

쿨리의 접근 방법은 선견지명이 있었다. 어느 누구도 금융업의 탈규제 조치가 몰고 올 변화를 두루 예측하지는 못했다. 그러나 변화가 왔을 때 웰스 파고만큼 그 도전에 잘 대처한 은행은 없었다. 금융업종이 전체 주식시장에 비해 59%나 뒤졌을 때, 웰스 파고는 시장을 3배 이상 앞지르는 실적을 올렸다.[4]

1983년에 CEO가 된 칼 라이하르트Carl Reichardt는 은행의 성공을 주로 주변 사람들에게 돌렸다. 대부분 그가 쿨리로부터 물려받은 사람들이었다.[5] 칼이 쿨리-라이하르트 시대에 회사에 합류한 웰스 파고의 경영팀 멤버들을 죽 열거할 때, 우리는 기절할 뻔했다. 거의 모든 사람들이 어느 한 대기업의 CEO로 나가 있었다. 빌 앨딩어Bill Aldinger는 하우스홀드 파이낸스의 CEO가 되었고, 잭 그룬트호퍼Jack Grundhofer는 U.S. 뱅코프의 CEO가 되었고, 프랭크 뉴먼Frank Newman은 뱅커스 트러스트의 CEO가 되었고, 리처드 로젠버그Richard Rosenberg는 뱅크 오브 아메리카의 CEO가 되었으며, 밥 조스Bob Joss는 웨스트팩 뱅킹(오스트레일리아 최대 은행의 하나)의 CEO가 되었다가 뒤에 스탠퍼드 대학 경영대학원 학장이 되었다. 말 그대로 어느 곳에서나 흔히 볼 수 있는 경영팀은 아니지 않은가! 17년 동안 웰스 파고의 이사로 활발하게 일해온 아제이 밀러Arjay Miller는 우리에게 웰스 파고 팀은 1940년대 말에 포드 자동차 회사에 들어온 유명한 '신동들Whiz Kids'을 연상시킨다고 말했다(밀러도 그중 한 명으로 결국에는 포드의 사장이 되었다).[6] 웰스 파고의 접근법은 단순했다. 우선 최고의 인재들을 모은다, 그들을 조직하여 업계 최고의 경영자들로 만든다, 그리고 그들 중 일부가 다른 회사들의 CEO로 영입돼 가리라는 사실을 받아들인다는 거였다.[7]

뱅크 오브 아메리카는 매우 다른 접근법을 취했다.《은행 박살내기Breaking the Bank》라는 책에 따르면, 딕 쿨리가 최고의 인재들을 손에 닿는 대로 조직적으로 끌어들이는 동안에 뱅크 오브 아메리카는 '약한 장군, 강한 장군' 모델이라는 방법을 따랐다.[8] 강한 장군들

웰스 파고 대 뱅크 오브 아메리카

투자한 1달러의 누적 가치,
1973.1.1~1998.1.1

웰스 파고 : $74.47

웰스 파고의 전환점

전체 시장 : $19.86

뱅크 오브 아메리카 : $15.60

을 요직에 앉히면 그 경쟁자들이 떠날 것이다. 그러나 약한 장군들(능력이 매우 뛰어난 경영자라기보다는 그저 자리를 지키는 사람들)을 선택하면 강한 장교들이 떠나지 않고 때를 기다리는 경향이 짙다.

약한 장군 모델은 뱅크 오브 아메리카에서 웰스 파고와는 매우 다른 분위기를 만들어냈다. 웰스 파고의 임직원들은 동등한 파트너들로 구성된 강력한 팀 단위로 행동하면서 최선의 답을 찾아 눈을 부라리며 격렬하게 토론하는 데 반해서, 뱅크 오브 아메리카의 약한 장군들은 위로부터의 지시를 기다리곤 했다. 약한 장군 모델의 대를 이어받은 샘 아머코스트Sam Armacost는 경영팀의 분위기를 이렇게 묘사했다.

"처음 두 차례의 경영팀 회의에서 나는 정말 침울한 기분으로 자리를 떴다. 논쟁은커녕 내 의견조차 말할 수 없었다. 그들은 한결같이 바람이 어느 쪽에서 불지 지켜보며 그저 기다리고만 있었다."[9]

뱅크 오브 아메리카의 한 전직 임원은 1970년대의 고위 경영자들을, 전권을 휘두르는 CEO의 독재에 말없이 복종하도록 훈련받은 '플라스틱 인간들'이라고 묘사했다.[10] 1980년대 중엽에 10억 달러가 넘는 손실을 본 뒤, 뱅크 오브 아메리카는 한 무리의 강한 장군들을 충원하여 은행의 방향을 틀었다. 그런데 그 강한 장군들을 어디에서 찾았을까? 바로 길 건너 웰스 파고에서였다. 뱅크 오브 아메리카가 그 방향 전환 기간 중에 웰스 파고의 경영진을 너무 많이 끌어들인 나머지, 은행 내부에 있던 사람들은 자신들을 '웰스 오브 아메리카'라고 부르기 시작했다.[11] 그 시점에 뱅크 오브 아메리카는 다시 상향 곡선을 긋기 시작했지만, 그것은 너무 보잘것없었고 너무 늦었다. 1973년에서 1998년 사이에 웰스 파고는 축적에서 돌파로 나아가는 성과를 냈지만, 뱅크 오브 아메리카의 누적 주식 수익률은 전체 시장조차도 따라가지 못했다.

지금 당신은 이렇게 생각하고 있을지 모른다.

"그건 그저 훌륭한 경영일 뿐이야. 적합한 사람들을 주변에 끌어모은다는 생각 말이야. 거기에 새로울 게 뭐 있어?"

어떤 부분에서는 우린 그 생각에 동의할 수밖에 없다. 그것은 구식의 평범하고 훌륭한 경영일 뿐이다. 그러나 좋은 회사에서 위대한 회사로 도약한 기업들에서 그와 같은 특징들이 두드러져 보이는 것은 그것들을 매우 달리 보이게 만드는 두 가지 핵심 포인트가 있기 때문이다.

이 장의 핵심 포인트가 단순히 적합한 팀을 끌어모으는 데 있지 않다는 것은 분명하다. 그것은 전혀 새롭지 않다. 핵심 포인트는 버스를 어디로 몰고 갈지 생각하기에 앞서 적합한 사람들을 먼저 버스에 태운다는(그리고 부적합한 사람들을 버스에서 내리게 한다는) 것이다. 두 번째 핵심 포인트는 기업을 좋은 회사에서 위대한 회사로 키우기 위해 사람을 판별할 때 요구되는, 가차 없는 엄격함의 정도다.

'사람 먼저'라는 것은 이해하기에는 매우 단순한 개념인 동시에 실행하기는 매우 어려운 개념이다. 그리고 대부분은 이를 잘 실행하지 못한다. 사람을 판단하는 데 주의를 기울이라고 말하기는 쉽지만, 560억 달러의 대출금이 수장되어 회사가 영업일마다 100만 달러의 손실을 내고 있던 동안에도 적임자들을 구할 때까지 전략 개발

에 착수하지 않은 데이비드 맥스웰과 같은 원칙을 가진 경영자들이 얼마나 있을까? 맥스웰이 패니 메이의 암울한 시절에 CEO가 됐을 때, 이사회에서는 그가 어떻게 회사를 구할 생각인지 알고 싶어 안달이었다. 움직이라는, 뭔가 극적인 행동을 보이라는, 핸들을 붙잡고 시동을 걸라는 엄청난 압박에도 아랑곳없이, 맥스웰은 먼저 패니 메이의 경영팀에 적합한 사람들을 구하는 데 주력했다. 그가 맨 처음 한 일은 임원들을 모두 한자리에 모아놓고 접견한 일이었다. 그는 그 자리에서 이렇게 말했다.

"자, 이제 한 가지 아주 어려운 요구를 하겠습니다. 나는 여러분이 이게 얼마나 가혹한 주문이 될지 생각해보았으면 합니다. 만일 여러분이 그럴 생각이 없어도 좋습니다. 아무도 여러분을 미워하지 않을 겁니다."[12]

맥스웰은 앞으로는 장래에 A+의 성적을 내놓을 A급 선수들의 자리만 있을 것이며, 만일 그렇지 못할 경우에는 버스에서 내리는 게 좋고, 그것도 지금 당장 내리는 게 좋다는 뜻을 추호의 여지도 없이 분명히 했다.[13] 지금까지 몸담고 있던 곳을 떠나 이제 막 패니 메이에 합류한 한 이사가 맥스웰을 찾아와 "당신의 말을 아주 주의 깊게 들었는데 나는 그럴 생각이 없다"고 말했다. 그는 패니 메이를 떠나 전에 일하던 곳으로 되돌아갔다.[14] 모두 합해 26명의 임원 중 14명이 회사를 떠났고, 그 자리는 금융계 전체에서 가장 기민하고 가장 열심히 일하는 최고의 경영자들로 채워졌다.[15] 똑같은 기준이 패니 메이의 높고 낮은 직급들에 두루 적용되면서, 모든 직급의 관리자들은 자기 팀의 역량을 높이고 동료들은 서로를 심하게 압박했다. 사람들 중 일부가 목표를 달성하지 못하던 초창기에는 대규모의 조직

재편이 이루어졌다.[16] 경영팀의 한 멤버가 말했다.

"우리에겐 '패니 메이에서는 ~인 체할 수 없다'는 금언이 있었습니다. 사람들은 자신의 역량을 알거나 알지 못하거나 둘 중 하나인데, 만일 후자인 경우 그 사람은 마치 바람처럼 사라지곤 했지요."[17]

웰스 파고와 패니 메이는 모두 '누구'라는 문제가 '무엇'이라는 문제에 앞선다는, 비전보다도 앞서고 전략보다도 앞서고 전술보다도 앞서며 조직 체계보다도 앞서고 기술보다도 앞선다는 생각을 보여주는 사례들이다. 딕 쿨리와 데이비드 맥스웰은 둘 다 다음과 같이 말하며 단계5의 리더의 전형적인 스타일을 보여주었다.

"나는 이 회사를 어디로 끌고 가야 할지 모릅니다. 그러나 내가 적합한 사람들과 함께 출발하여 그들에게 적합한 질문을 던지고 그들로 하여금 활발하게 토론을 벌이게 한다면, 우리가 이 회사를 위대한 회사로 만들어갈 길을 발견하리라는 것은 알고 있습니다."

'천 명의 조력자를 가진 한 명의 천재'는 아니다

층이 두텁고 강한 경영팀을 구축한 도약 성공 기업들과는 대조적으로, 비교 기업들 중에는 '천 명의 조력자를 가진 한 명의 천재' 모델을 따른 경우가 많다. 이 모델에서 회사는 한 비범한 개인이 자신의 재능을 펼쳐 보이는 무대. 이 경우 회사가 성공하는 데 일차적인 동력이 되는 탁월한 천재는 큰 자산이다. 물론 그 천재가 회사에 계속 붙어 있는 한은 그렇다. 천재는 훌륭한 경영팀을 구축하는 경우가 매우 드물다. 이유는 단순하다. 훌륭한 경영팀이 필요 없기 때문이고, 종종은 그러고 싶지 않기 때문이다. 만일 당신이 천재라면, 다른 어느 곳에 가서도 자신들의 쇼를 펼쳐 보일 수 있는 웰스 파고의 역량 있는 경영팀 같은 게 필요 없다. 대신, 당신은 훌륭한 아이디어를 구현하도록 도와줄 수 있는 일군의 좋은 병사들만 있으면 된다. 그러나 천재가 떠나면 조력자들은 종종 난감해진다. 아니면 더 나쁜 경우, 대담하고 환상적인 행보로 선배를 흉내 내려다가(천재도 아닌 사람이 천재처럼 행동하려다가) 실패하고 만다.

에커드 사는 '할 일'이 무엇인지를 알아내는 귀신 같은 능력은 지녔으나 적합한 '사람'을 경영팀에 끌어모으는 능력은 거의 없었던 한 리더 때문에 곤란을 겪었다. 불멸의 개인적 에너지와(그는 회사를 경영하면서 동시에 플로리다 주지사에 출마했다) 시장을 꿰뚫어보는 천부적인 재능, 빈틈없는 거래 수완의 복을 타고난 잭 에커드Jack Eckerd는 델라웨어주 윌밍턴의 작은 가게 두 개로 시작해서 미국 동남부에 널리 분

단계5의 리더 + 경영팀	천 명의 조력자를 가진 한 명의 천재
(좋은 회사에서 위대한 회사로 도약한 기업군)	(비교 기업군)
단계5의 리더	**단계4의 리더**
⬇	⬇
먼저 누구를?	**먼저 무엇을?**
적합한 사람들을 버스에 태운다. 뛰어난 경영팀을 구축한다.	버스를 어디로 몰고 갈지에 대한 비전을 세운다. 버스를 몰고 가기 위한 로드맵을 개발한다.
⬇	⬇
다음에 무엇을?	**다음에 누구를?**
적합한 사람들을 적합한 곳에 앉히고 나서 위대한 회사로 나아가는 최선의 길을 궁리한다.	비전 실현에 필요한 뛰어난 능력의 '조력자들'을 모집한다.

포한 천여 개의 가게를 거느리는 약국 제국을 일구었다. 1970년대 말엽 에커드의 총수입은 월그린즈와 맞먹었고, 에커드는 마침내 업계의 큰 기업으로 우뚝 설 것처럼 보였다. 그러나 그때 잭 에커드가 회사를 떠나 정치적 야망을 추구하면서 상원의원에 출마하고 워싱턴의 포드 행정부에 합류했다. 지침을 주는 천재가 없어진 에커드 사는 긴 쇠락의 길을 걷다가 마침내 J. C. 페니에 인수당했다.[18]

잭 에커드와 코크 월그린은 뚜렷이 대비된다. 잭 에커드가 살 가게를 정확하게 고르는 천재성을 갖고 있었던 반면에, 코크 월그린은 채용할 사람을 정확하게 고르는 천재성을 지니고 있었다.[19] 잭 에커드가 어떤 가게가 어떤 위치에 있어야 하는지 꿰뚫어보는 천부적 재능이 있었던 반면에, 코크 월그린은 어떤 사람이 어떤 자리에 있어야 하는지 꿰뚫어보는 천부적 재능이 있었다. 잭 에커드가 어떤 경영자라도 마주치게 되는 가장 중요한 결정, 곧 후계자 선택에서 완벽하게 실패를 한 반면에, 코크 월그린은 다수의 뛰어난 후보군을 기른 다음 그중 하나를 후계자로 선택했는데, 그는 나중에 코크를 능가하는 슈퍼스타가 된다.[20] 잭 에커드가 경영팀을 두지 않는 대신 대단한 천재를 보좌하는 한 무리의 능력 있는 조력자들을 모은 반면에, 코크 월그린은 업계 최고의 경영팀을 구축했다. 에커드 사 전략의 제1지침은 잭 에커드의 머릿속에 있었던 반면에, 월그린즈 기업 전략의 제1지침은 조직원 간의 대화와 재능 있는 경영팀이 공유하는 통찰력 속에 있었다.

'천 명의 조력자를 가진 한 명의 천재' 모델은 특히 지속 실패 비교 기업들에서 광범위하게 나타난다. 가장 전형적인 사례는 스핑크스라는 이름으로 알려진 인물, 텔레딘Teledyne의 헨리 싱글턴Henry

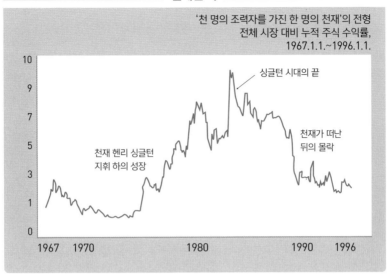

'천 명의 조력자를 가진 한 명의 천재'의 전형
전체 시장 대비 누적 주식 수익률,
1967.1.1.~1996.1.1.

싱글턴 시대의 끝

천재가 떠난
뒤의 몰락

천재 헨리 싱글턴
지휘 하의 성장

Singleton이다. 텍사스의 목장에서 자라난 싱글턴의 어릴 적 꿈은 옹고집 독불장군 모델의 위대한 사업가가 되는 것이었다. 그는 MIT 박사 학위로 무장하고서 텔레딘을 설립했다.[21] 그리스어에서 따온 텔레딘이라는 이름은 '원격 작동되는 힘'이라는 뜻이다. 폭넓게 뻗쳐 있는 제국을 한데 묶어내는 구심력이 헨리 싱글턴 자신이었다는 점에서 꼭 들어맞는 이름이다.

싱글턴은 인수를 통해서 작은 회사를 6년 만에 '포춘 500' 리스트의 293위 기업으로 끌어올렸다.[22] 10년이 채 못 돼서 그는 100개가 넘는 기업의 인수를 완료하여, 마침내 귀금속에서 보험에 이르기까지 130개 사업부를 둔 전방위 기업을 만들어냈다.[23] 놀랍게도 싱글턴 자신이 움직이는 모든 부품들을 한데 묶는 아교 같은 역할을 하며 그 모든 시스템을 굴려 갔다. 어느 시점에서 그가 말했다.

"나는 내 직무를, 내 눈에 회사의 최대 이익이 되는 것처럼 보이는 일을 어느 때든 자유롭게 하는 것이라고 정의합니다."[24]

1978년도 〈포브스〉의 한 특집기사는 이렇게 주장했다.

"싱글턴은 겸손이라는 면에서는 어떤 상도 받지 못하겠지만, 어느 누가 그의 인상적인 기록에 경외감을 품지 않을 수 있겠는가?"

싱글턴은 70대까지 회사를 줄곧 잘 꾸려 갔지만, 후계자 문제는 진지하게 생각한 적이 없었다. 모든 것이 탁월한 천재의 재능을 떠받쳐주는 받침대 역할을 하고 있는 바로 그 시점에 승계 문제를 걱정할 이유가 어디 있었겠는가? 기사는 이어진다.

"찬연히 빛날 이 그림에 단 하나 약점이 있다면, 텔레딘은 시스템이라기보다는 한 인간의 비범한 규율의 반영이라는 것이다."[25]

그것이 얼마나 큰 약점이었는지는 곧 드러났다. 1980년대 중엽 싱글턴이 경영 일선에서 손을 떼자마자 전방위 제국은 뒤뚱거리기 시작했다. 1986년 말부터 1995년 앨리게니와 합병될 때까지, 텔레딘의 누적 주식 수익률은 곤두박질쳐 전체 주식시장에 66%나 뒤졌다. 싱글턴은 위대한 사업가가 되겠다는 자신의 어릴 적 꿈은 이루었지만, 위대한 회사를 세우는 과업에는 완전히 실패했다.

보수를 어떻게 주느냐가 아니라 누구에게 주느냐가 문제다

우리는 인센티브, 특히 경영자의 인센티브 체계의 변화가 좋은 회사에서 위대한 회사로의 도약과 높은 상관 관계를 보일 것으로 예상했다. 우리는 경영진의 보수(일상화된 스톡 옵션이나 커다란 보따리로 대신 지급된 것들)의 총량과 체계가 회사를 도약시키는 데 틀림없이 핵심 역할을 하리라고 생각하면서 경영진의 보수에 높은 관심을 기울였다. 그 밖의 무슨 방법을 써서 사람들이 큰 성과를 만들어내게 한단 말인가?

우리의 예상은 완전히 빗나갔다.

우리는 경영진의 보수와 좋은 회사에서 위대한 회사로의 도약 과정을 이어주는 어떤 체계적인 패턴도 발견할 수 없었다. 데이터에 입각한 증거는 경영진의 특정한 보수 체계가 어떤 회사를 위대한 회사로 도약시키는 데 핵심 지렛대 역할을 한다는 가설을 전혀 뒷받침해주지 않는다.

우리는 경영보고서에 실린 보수 관련 데이터를 여러 주에 걸쳐 입력하고 112가지의 서로 다른 분석을 통해 그 패턴과 상관관계를 추적했다. 우리는 최고위 임원 5명에 관해 수치화할 수 있는 모든 것들, 현찰 대 주식, 장기 인센티브 대 단기 인센티브, 급료 대 보너스 등등을 두루 조사했다. 어떤 회사는 주식을 폭넓게 활용한 반면, 어떤 회사는 그렇지 않았다. 어떤 회사는 보너스 인센티브를 중요하게 활용한 반면, 어떤 회사는 그렇지 않았다. 가장 중요한 것은 경영진의 보수 패턴을 비교 기업들과 비교 분석해보니, 주식이나 높은 급료, 보너스 인센티브, 장기 보수의 활용(또는 비활용)면에서 둘 사이에 아무런 체계적인 차이도 발견할 수 없었다는 점이다.

우리가 유일하게 발견한 중요한 차이는 좋은 회사를 위대한 회사로 도약시킨 경영자들이 전환 후 10년 동안, 여전히 평범한 기업으로 남아 있는 회사의 경영자들에 비해 현찰로 받은 총보수가 조금 적다는 사실뿐이었다![26]

경영진의 보수는 아무래도 상관없다는 말이 아니다. 그에 대해서는 기본적으로 합리적이고 분별이 있어야 하며(나는 콜먼 모클러나 데이비드 맥스웰, 다윈 스미스가 한 푼도 안 받고 일할 용의가 있었을지는 의심스럽다), 좋은 회사에서 위대한 회사로 도약한 기업들은 이 문제를 심사숙고했다. 그러나 기초적이나마 의미가 담긴 무언가를 체계화하는 순간, 경영진의 보수는 어떤 조직체를 좋은 조직에서 위대한 조직으로 전환시키는 중요한 변수에서 탈락하고 만다.

왜 그럴까? 그것은 '사람 먼저'라는 원칙과 일맥상통한다. 경영진에게 보수를 얼마나 주느냐가 아니라 어떤 경영진에게 보수를 주어야 하느냐가 우선이라는 것이다. 적합한 경영진을 버스에 태운다면, 그들은 자신이 가진 능력을 최대한 발휘해서 위대한 회사를 만들어갈 것이다. 그 대가로 '얻게' 될 것 때문이 아니라, 역량을 다 쏟지 않고도 만족한다는 건 상상조차 할 수 없기 때문이다. 그들의 도덕률 자체가 탁월함을 추구하기 때문에 보수로 그들의 행동에 영향을 끼치려고 하는 것은 그들이 숨쉬는 일에 관여하려는 것과 같다.

좋은 회사에서 위대한 회사로 도약한 기업들은 단순한 진리를 이해했다. 적합한 사람들은 인센티브 체계에 상관없이 적합한 일을 하고 그들이 할 수 있는 최선의 성과를 내놓는다.

> 보수와 인센티브가 중요한 것은 분명하지만, 좋은 회사에서 위대한 회사로 도약한 기업들에서는 그 이유가 매우 다르다. 보수 체계의 목적은 부적격자에게서 적합한 행동을 끌어내기 위한 것이 아니라, 먼저 적임자들을 버스에 태우고 그들을 그곳에 머무르게 하기 위한 것이어야만 한다.

우리는 임원 아닌 직원들의 보수는 면밀하게 살펴볼 수 없었다. 고위직 임원들의 보수 내역이 실린 경영보고서처럼 체계적인 형식을 갖춘 데이터를 구할 수 없었기 때문이다. 그럼에도 기초 자료와 기사들을 통해 얻은 증거들은 조직의 모든 직급에서 똑같은 개념이 적용되고 있음을 암시한다.[27]

특히 생생한 사례를 찾아볼 수 있는 곳이 뉴코어다. 뉴코어는 농부들에게 강철 만드는 법을 가르칠 수 있다는 개념 위에서 전 체계를 구축했지만, 처음부터 농부의 노동 윤리를 갖지 않은 사람들에게 그것을 가르칠 수는 없었다. 그래서 뉴코어는 피츠버그나 게리 같은 전통적인 철강 도시에 제철소를 세우는 대신, 인디애나의 크로포즈빌, 네브래스카의 노퍽, 유타의 플리머스 같은 곳, 즉 일찍 잠자리에 들고 새벽에 일어나 나팔 소리 없이도 곧장 일터로 나가는 진짜 농부들로 가득한 곳에 공장을 세웠다. "소젖을 짜러 가야 한다"거나 "점심 전에 북쪽 40이랑을 갈 거다"라는 말은 "철판을 말러 가야 한다"거나 "점심 전에 40톤을 주조할 거다"라는 말로 쉽게 대체되었다. 뉴코어는 이런 노동 윤리를 갖지 못한 사람들을 해고해 공장 설립 첫해에는 50%의 높은 이직률을 기록했지만, 이듬해부터는 적합한 사람들이 오랜 기간 정착하면서 매우 낮은 이직률을 보였다.[28]

최고의 노동자들을 끌어모으고 유지하기 위해, 뉴코어는 철강 노동자들에게 세계의 그 어떤 철강 회사보다도 급료를 많이 주었다. 그러나 급료 체계의 주축은 고강도의 팀 보너스 메커니즘이었다. 노동자 보수의 50% 이상을 20~50명으로 이루어진 작업팀의 생산성과 직접 연계시킨 것이다.[29] 뉴코어의 팀원들은 보통 30분 일찍 작업장에 출근하여 도구들을 정비하며 기다리다가, 출발을 알리는 총 소리와 동시에 출발선을 뛰쳐나가곤 했다.[30] 뉴코어의 한 임원은 이런 말을 했다.

"우리에게는 세계에서 가장 열심히 일하는 철강 노동자들이 있습니다. 우리는 5명을 고용하여 10명처럼 일을 시키고 8명처럼 급료를 줍니다."[31]

뉴코어의 시스템은 게으른 사람들을 부지런한 노동자로 전환시키는 데 목표를 두지 않고, 열심히 일하는 사람들이 더 벌고 게으른 사람들은 버스에서 뛰어내리게 하거나 내동댕이쳐지는 환경을 조성하는 것을 목표로 했다. 극단적인 경우에는 노동자들이 게으른 동료 하나를 앵글을 들고 쫓아가 공장 밖으로 몰아내기도 했다.[32]

뉴코어는 사람이 가장 중요한 자산이라는 옛 격언을 거부했다. 좋은 회사에서 위대한 회사로의 변환에서는 사람이 가장 중요한 자산이 아니다. '적합한' 사람이 가장 중요한 자산이다.

뉴코어는 한 가지 핵심 포인트를 분명하게 보여준다. 좋은 회사에서 위대한 회사로 도약한 기업들은 '적합한 사람'을 규정할 때, 특별

한 교육적 배경이나 유용한 기술, 전문적인 지식, 작업 경험보다도 품성에 더 중점을 두었다. 전문 지식이나 기술이 중요하지 않다는 것이 아니라, 이런 것들은 가르치거나 터득하기가 비교적 쉽지만 성격이나 노동 윤리, 기본적인 지능, 헌신적인 책임 완수, 가치관 같은 차원의 것들은 타고나는 면이 보다 강하다고 믿은 것이다. 피트니 보즈의 데이브 나세프Dave Nassef는 이렇게 썼다.

나는 해병대 출신인데, 해병대는 사람들의 가치관 구축에 좋은 영향을 미치는 것으로 이름이 높다. 그러나 실제로는 그렇지 않다. 해병대는 해병대의 가치관에 동의하는 사람들을 모집한 다음에, 그들에게 조직의 임무 수행에 필요한 훈련을 시킨다. 우리 피트니 보즈도 그런 식이다. 우리에겐 어느 회사보다도 옳은 일을 하려는 사람들이 많다. 우리는 경력만을 보지 않는다. 우리는 그들이 누구인지, 왜 그들인지 알고 싶어 한다. 우리는 그들에게 살면서 왜 그런 결정들을 했는지 물어 그들이 어떤 사람인지 알아낸다. 그런 물음에 대한 답을 통해 우리는 그들의 핵심 가치를 파악할 수 있다.[33]

좋은 회사를 위대한 회사로 도약시킨 한 경영자는 산업이나 비즈니스 경력이 전무한 사람을 자신의 최고 채용 기준으로 삼는 경우가 종종 있다고 말했다. 한 번은 2차 세계대전 중에 두 번 포로로 잡혔다가 두 번 다 도망쳐 나온 경험이 있는 사람을 관리자로 채용했다.
"나는 그런 사람이라면 비즈니스에 어려움을 겪을 일이 없겠다고 생각했습니다."[34]

엄격하지만, 비정하지는 않다

좋은 회사에서 위대한 회사로 도약한 기업들은 어쩌면 일하기 빡빡한 곳처럼 느껴질 것이다. 그리고 실제로 그렇다. 당신이 만일 그곳에서 필요로 하는 것들을 갖고 있지 못할 경우에는 아마도 오래 견디지 못할 것이다. 그러나 그곳은 '비정한' 문화가 아니라 '엄격한' 문화를 갖고 있다. 그리고 그 차이는 중요하다.

비정하다는 것은 마구 자르고 난도질하며 그것도 어려운 시기에 더욱 그런다는, 다시 말해서 속 깊은 배려 없이 사람들을 제멋대로 해고한다는 뜻이다. 엄격하다는 것은 어느 때건 어느 직급이건 간에 엄격한 기준을 한결같이 적용하며 고위 관리직에게 더욱 그런다는 뜻이다. 엄격하지만 비정하지 않다는 것은 최고 인재들이 자기 자리에 대해 전혀 걱정할 필요 없이 자신의 일에 전념할 수 있다는 뜻이다.

1986년에 웰스 파고는 크로커 뱅크를 인수한 뒤 그 통합 은행에서 초과 지출분을 떨어낼 계획이었다. 그것은 전혀 유별날 게 없었다. 탈규제 시대의 모든 은행 합병은 거품으로 부풀려져 보호받던 산업에서 초과 지출분을 삭감하는 것을 목표로 했다. 그러나 웰스 크로커 통합 은행에서 유별난 것은 웰스가 관리를 통합한 방식, 더 정확히 말하면 웰스가 크로커의 관리자들 대부분을 웰스의 문화 속으로 통합하려는 시도조차 하지 않은 방식이었다.

웰스 파고 팀은 처음부터 크로커 관리자들 중 절대 다수는 버스에 태울 사람들이 아니라는 결론을 내렸다. 크로커 사람들은 예전 스타일 은행 임원 문화의 전통과 특권에 흠뻑 젖어, 대리석을 깐 임원 식당에 각자 자신의 요리사를 두고 50만 달러 상당의 자기 세트를 갖춰 놓고 있었다.[35] 임원들이 대학 기숙사 식품 공급업체에서 만든 음식을 먹는 웰스 파고의 스파르타식 문화와는 너무나 대조적이었다.[36] 웰스 파고는 크로커의 관리자들에게 이 점을 분명히 했다.

"자, 이건 대등한 합병이 아닙니다. 이건 인수예요. 우린 당신 은행의 지점과 고객들을 사들인 겁니다. 당신들을 인수한 게 아니에요."

웰스 파고는 크로커의 관리팀 대부분을 해체했다. 고위 임원 거의 전원을 포함하여 1,600명의 크로커 관리자들이 하루아침에 사라졌다.[37]

평하기를 좋아하는 사람들은 "그건 웰스 사람들이 자기 은행의 자리를 지킨 것뿐"이라고 말할는지 모른다. 그러나 다음 사실을 생각해보라. 웰스 파고는 비록 소수이긴 하지만 크로커 관리자들의 자질이 더 낮다고 판단되는 경우에는 웰스 자신의 관리자들을 내보냈다. 임원급에 이르면 웰스 파고의 기준은 더욱 가혹하고도 확고했다. 프로스포츠 팀과 마찬가지로, 자리와 재임기간에 관계없이 최고만이 연봉을 삭감당하며 살아남았다. 웰스 파고의 한 이사는 잘라 말했다.

"성적이 좋은 사람들을 자유롭게 하는 유일한 길은 그들에게 성적이 나쁜 사람들을 짐으로 떠안기지 않는 것이다."[38]

겉보기에 이는 비정한 것처럼 비친다. 그러나 증거는 크로커의 평균적인 관리자가 웰스의 평균적인 관리자의 역량에 미치지 못한 것뿐이고, 따라서 웰스 파고의 실적 위주 문화에서 낙오할 게 뻔했음을 보여 준다. 그들이 어차피 버스에 오래 타고 있지 않을 거라면 짧은 기간이나마 그들에게 고통을 줄 필요가 있겠는가? 웰스 파고의 한 고위 임원은 우리에게 말했다.

"우리 모두는 이건 합병이 아니라 인수이며, 사람들에게 솔직하지 못하게 변죽을 울릴 이유가 없다는 데 동의했습니다. 우리는 그 일을 하루에 간단히 해치우는 게 최선이라고 판단했지요. 그러고 나서 머리를 쥐어짜며 노력한 결과, '죄송하지만 당신에게는 자리가 없네요'라거나 '그래요, 할 일이 있습니다. 당신한테는 자리가 있으니까 염려 마세요'라고 정면에 대고 말할 수 있었습니다. 우린 우리의 문화를 1,000명씩이나 잘라내는 죽음의 문화로 몰아갈 생각은 조금도 없었거든요."[39]

결국에는 어쨌거나 살아남지 못할 사람들을, 다른 자리를 찾아 옮겨 가는 데 쓸 수 있는 귀중한 시간을 빼앗아가며 불확실성 속에서 몇 달, 몇 년씩을 풀죽어 살게 하는 것이야말로 비정한 일일 것이다. 곧바로 일을 처리하여 사람들로 하여금 스스로의 삶을 꾸려 가게 하는 것, 그것은 엄격한 것이다.

크로커 인수가 순탄치는 않았다. 수천 명이 일자리를 잃는 모습을 지켜보는 건 결코 유쾌한 일일 리 없었지만, 금융 탈규제 시대를 맞아 수십만 명이 일자리를 잃고 있었다. 그걸 감안하면 두 가지 흥미로운 점이 눈길을 끈다. 첫째로, 웰스 파고는 비교 기업인 뱅크 오브 아메리카에 비해 대량 해고가 분명히 적었다.[40] 둘째로, 합병 은행에서 웰스 파고의 고위 관리직을 포함한 상급 관리자들이 하급 노동자들에 비해 비율로 보아 더 큰 고통을 겪었다.[41] 좋은 회사에서 위대한 회사로 도약한 기업들의 엄격함은 우선 수뇌부에 적용되었다. 가장 큰 책임을 맡고 있던 이들에게 초점이 맞춰졌던 것이다.

사람 판단이 엄격하다는 것은 우선 최고 관리자들에 대한 판단이 엄격하다는 뜻이다. 나는 "사람에게 먼저 엄격하라"는 말이 실적을 올리기 위해 사람들을 마구잡이로 잘라내는 구실로 쓰이지 않을까 정말 두렵다. 그들이 "어렵긴 하지만 엄격해져야 한다"고 말하는 소리가 들린다. 그러면 나는 움찔한다. 그 과정에서 열심히 일하는 좋은 사람들이 많이 다칠 뿐만 아니라, 그런 전술이 지속적으로 큰 성과를 내는 것과는 정면으로 배치됨을 보여주는 증거들이 있기 때문이기도 하다. 좋은 회사에서 위대한 회사로 도약한 기업들은 머릿수 줄이기를 전술로 택하는 사례가 매우 드물고, 그것을 주된 전략으로 사용하는 경우는 거의 없다. 웰스 파고의 경우조차도 전환기에 뱅크 오브 아메리카의 절반밖에 해고하지 않았다.

> 좋은 회사에서 위대한 회사로 도약한 기업 11개 중 6개 회사는 돌파일 10년 전부터 1998년에 이르기까지 제로(0) 감원을 기록했고, 다른 4개 회사는 한 번 또는 두 번만 감원을 단행했다.

그에 비해서, 비교 기업들은 도약 성공 기업들에 비해 5배나 자주 감원을 단행했다. 일부 비교 기업은 감원과 구조조정에 만성 중독이 되다시피 했다.[42]

좋은 회사에서 위대한 회사로의 전환에 발동을 거는 방법이 열심히 일하는 많은 사람들에게 무자비하게 도끼를 휘두르는 거라고 생각하는 것은 실로 비극적인 착오라고 할 수 있다. 끝없는 구조조정과 마구잡이 난도질은 '좋은 회사에서 위대한 회사로' 모델의 어느 곳에서도 찾아볼 수 없었다.

엄격해지는 법

우리는 연구를 통해 비정해지지 않고 엄격해지기 위한 세 가지 실천 지침을 뽑아냈다.

실천 지침 1 | 의심스러울 때는 채용하지 말고 계속 지켜보라.

경영과학 불변의 법칙 중 하나는 '패커드의 법칙'이다(우리가 지난번 연구 프로젝트에서 휴렛 패커드 사의 공동설립자인 데이비드 패커드한테서 처음 배웠기 때문에 이렇게 명명했다). 법칙은 이렇다. 어떤 회사도 성장을 실현하고 나아가 위대한 회사를 만들어갈 적임자들을 충분히 확보하는 능력 이상으로 수입을 줄곧 빠르게 늘려갈 수는 없다. 수입 증가율이 종업원 증가율을 줄곧 앞지른다면, 당신은 절대로 위대한 회사를 만들 수 없을 것이다.

> 위대한 회사를 만드는 사람들은 어떤 회사의 경우에도 성장의 궁극적인 동력이 시장도, 기술도, 경쟁도, 상품도 아님을 이해한다. 다른 모든 것 위에 한 가지가 있다. 바로 적합한 사람들을 충분히 확보하고 붙들어 두는 능력이다.

서킷 시티의 경영팀은 패커드의 법칙을 본능적으로 이해했다. 몇 년 전 크리스마스 다음 날 차를 몰며 산타바바라를 빙글빙글 돌다가, 나는 서킷 시티의 가게가 뭔가 다르다는 사실을 알아차렸다. 다른 가게들은 "변함없는 최선의 가격"이니 "성탄 이후의 엄청난 물건"이니 "크리스마스 이후 최고의 컬렉션"이니 등등, 소비자에게 손을 내미는 네온사인이나 배너들을 달고 있었다. 그러나 서킷 시티는 그렇지 않았다. 그곳에는 "늘 큰 사람들을 찾고 있습니다"라는 현수막이 달려 있었다.

그것을 보니, 좋은 회사에서 위대한 회사로 도약하던 기간에 부사장을 지낸 월터 브러카트Walter Bruckart와의 인터뷰가 생각났다. 평범한 기업에서 초우량 기업으로의 전환을 이끈 5대 요인을 열거해달라는 질문을 받고서, 브러카트는 말했다.

"하나는 사람일 겁니다. 둘도 사람이지요. 셋도 사람입니다. 넷도 사람이고요. 그리고 다섯 역시 사람입니다. 우리의 전환이 성공할 수 있었던 비결 가운데 가장 중요한 것은 적임자를 고른다는 우리의 지침이라고 할 수 있습니다."

그러고 나서 브러카트는 서킷 시티의 급성장 기간에 CEO 자리에 있던 앨런 워츨과의 대화를 회고했다.

"앨런, 나는 이 자리 저 자리에 가장 적합한 사람들을 찾느라 정말 지쳐 쓰러질 지경입니다. 어느 지점에서 타협할까요?"

앨런이 주저없이 대답했다.

"타협하지 마세요. 우리는 다른 돌파구를 찾아서라도 적임자들을 찾아야만 합니다."[43]

서킷 시티의 앨런 워츨과 실로의 시드니 쿠퍼Sidney Cooper 사이의 핵심적인 차이점 가운데 하나는, 워츨이 초창기의 많은 시간을 버스에 적합한 사람들을 태우는 데 초점을 두고 보낸 반면에, 쿠퍼는 자기 시간의 80%를 사들이기에 적합한 가게를 찾는 데 초점을 두고 보냈다는 것이다.[44] 워츨의 제1목표는 업계 최고이자 가장 근성 있는 경영팀을 구축하는 것이었다. 쿠퍼의 제1목표는 최대한 빨리 성장하는 것뿐이었다. 서킷 시티는 배달차 기사에서 부사장까지, 모든 직급의 적임자들을 확보하는 데 집중했다. 실로는 제품 손상 없이 집까지 배달하는 것과 같은 기본적인 일을 잘 못한다는 평판을 얻었다.[45] 서킷 시티의 댄 렉싱어Dan Rexinger는 말한다.

"우리는 가정 배달 기사들을 업계 최고로 만들었습니다. 우리는 그들에게 말했지요. '당신들이야말로 고객들이 서킷 시티와 만나는 최전방입니다. 우린 당신들에게 제복을 제공할 겁니다. 우리는 당신들이 면도를 하고 땀냄새를 풍기지 말라고 요구할 겁니다. 당신들은 프로가 될 겁니다.' 배달시에 기사들이 고객을 대하는 태도가 얼마나 달라졌는지 정말 믿을 수 없을 정도였습니다. 우리는 배달 기사들이 얼마나 정중했는지 고객들에게 확인 메모를 받아오게 하곤 했지요."[46]

워츨이 취임한 지 5년 동안, 서킷 시티와 실로는 본질적으로 똑같은 비즈니스 전략('무엇'이라는 문제에 대한 똑같은 답)을 갖고 있었지만, 서킷 시티는 로켓처럼 치솟으며 전환 후 15년 사이에 전체 주식 시장을 18.5배 앞지른 데 반해서, 실로는 좌충우돌하다가 마침내 외국 회사에 인수당했다.[47] 같은 전략, 다른 사람이 다른 결과를 낳은 것이다.

실천 지침 2 | 사람을 바꿀 필요가 있다는 것을 알게 되면, 즉시 실행하라.
누군가를 빡빡하게 관리할 필요를 느끼는 순간, 당신은 채용 실수를 범한 것이다. 최고의 인재들은 관리할 필요가 없다. 물론 지침을 주고 가르치고 끌어주기는 해야 한다. 그러나 빡빡하게 관리할 필요는 없다. 우리는 모두 다음과 같은 시나리오를 경험하거나 목격해왔다. 버스에 부적합한 사람을 태웠고 또 그것을 알고 있다. 그러나 우리는 기다리고, 늦추고, 대안을 시도하고, 세 번, 네 번의 기회를 주고, 또 상황이 좋아지기를 바라고, 그 사람의 단점을 보완할 약간의 시스템을 구축하는 등등의 일을 한다. 그래도 상황은 좋아지지 않는다. 집에 가서도 우리는 그 사람에 대해 생각하며(또는 배우자에게 털어놓으며) 우리의 에너지가 분산되는 걸 발견한다. 더 심하게 말하자면, 그 한 사람에게 들이는 모든 시간과 에너지는 적임자들과 함께 일하며 전진하는 데 쓸 시간과 에너지를 유용하는 셈이다. 우리는 그 사람이 제 발로 걸어 나가거나(우리는 크게 안도한다) 우리가 결국 행동에 옮길 때까지(우리는 역시 크게 안도한다) 줄곧 망설인다. 그 사이에 가장 우수한 사람들은 "뭣 때문에 저리 오래 *끄는* 거지?" 하며 궁금해한다.

부적격자를 붙들어두는 것은 적합한 사람들 모두에게 불공평하다. 그들이 부적격자의 모자라는 부분을 보완해줄 수밖에 없기 때문이다. 더 나쁜 경우에는 최고의 인재들을 몰아내는 결과까지도 낳을 수 있다. 일을 아주 잘하는 사람은 본능적으로 실적에서 동기를 부여받는데, 가욋일 때문에 자신의 일이 지장을 받게 되면 결국에는 좌절하게 된다.

행동하기 전에 너무 오래 기다리는 것은 버스에서 내려야 하는 사람들에게도 역시 불공평하다. 어떤 사람이 결국 여기서는 성공하지 못하리라는 걸 알면서도 그가 자리를 계속 꿰차고 있게 하는 순간순간마다, 당신은 그 사람의 인생의 한 부분, 즉 자신이 꽃을 피울 수 있는 더 나은 곳을 찾는 시간을 빼앗고 있는 것이다. 사실 스스로에게 정직해진다면, 우리가 너무 오래 기다리는 이유는 흔히 그 사람에 대한 배려보다는 우리들 자신의 편의와 더 많은 관계가 있다. 그는 시키는 대로 일을 하는데 그를 교체하면 큰 말썽이 생길 것 같아 문제를 회피한다. 아니면 그 문제를 처리하는 절차 전반을 들여다보니 스트레스가 쌓이고 짜증이 난다. 그래서 스트레스와 불편함을 감수하기 싫은 우리는 기다린다. 기다리고 또 기다린다. 그러는 동안에 최고의 인재들은 "언제쯤에나 조치를 취하려는 거지? 이런 상태가 얼마나 갈까?"하며 계속 궁금해한다.

《무디스 기업 정보 보고 Moody's Company Information Reports》의 데이터를 활용하여 우리는 고위 경영진의 교체 패턴을 조사할 수 있었다. 좋은 회사에서 위대한 회사로 도약한 기업들과 비교 기업들 사이에 '휘젓기churn(일정 기간 내의 인력 교체)'의 양에서는 아무런 차이도 없었다. 그러나 그 패턴에서는 분명한 차이를 발견했다.[48]

좋은 회사를 위대한 회사로 도약시킨 리더들은 '많은 사람들을 시험해보고 맞는 사람들을 붙들어두는' 편의주의적인 경영 모델을 추구하지 않았다. 대신에 다음과 같은 방법을 택했다.

> 좋은 회사에서 위대한 회사로 도약한 기업들은 고위 경영진에서 양극화된 패턴을 보였다. 사람들이 버스에 오래도록 타고 있거나 아니면 버스에서 황급히 내린다는 것이다. 다시 말해서 도약에 성공한 기업들은 더 많이 휘저은 게 아니라 더 잘 휘저었다.

"시간을 들여서 처음부터 곧장 엄격하게 A+만 선발합시다. 우리가 옳았으면 그들을 오래도록 붙들어두기 위해 할 수 있는 모든 일을 다합시다. 우리가 틀렸으면 그 사실을 직시하고 우린 우리 일을 꾸려 가고 그들은 그들의 삶을 꾸려 갈 수 있게 합시다."

그러나 좋은 회사를 위대한 회사로 도약시킨 리더들은 성급하게 판단하려 들지는 않았다. 그들은 버스에 전혀 부적합한 사람을 태웠다고 결론짓기에 앞서 그 사람을 부적합한 자리에 앉힌 건 아닌가 판단하는 데 상당한 노력을 기울였다. 콜먼 모클러가 질레트의 CEO가 됐을 때, 그는 미친 듯이 날뛰며 달리는 버스의 차창 밖으로 사람들을 무자비하게 내던지는 행동은 하지 않았다. 그 대신, 취임 후 처음 2년 동안 근무 시간의 55%를 경영팀을 신중하게 고르고 최고위 임원 50명 중 38명을 바꾸거나 자리를 이동시키는 데 썼다. 모클러의 말이다.

"적합한 사람을 적합한 자리에 앉히는 데 들이는 1분은 나중에 가면 몇 주의 값어치가 있습니다."[49]

마찬가지로, 서킷 시티의 앨런 워츨도 이 장의 초고를 읽고 나서 우리에게 편지를 보내왔는데, 거기서 그는 이렇게 평했다.

다른 회사들에 비해 '버스에 적합한 사람들을 태웠다'는 당신의 지적은 매우 적절합니다. 거기에서 추론되는 게 하나 있는데, 이것 역시 중요합니다. 나는 버스의 어느 자리에 누굴 태울지에 대해 많은 시간을 들여 생각하고 이야기를 나누었습니다. 나는 그것을 '네모난 나무못은 네모난 구멍에 박고 둥근 나무못은 둥근 구멍에 박는 것'이라고 불렀지요. … 일을 잘 못하는 정직하고 유능한 사람들을 해고하는 대신, 그들을 한 번, 심지어는 두 번, 세 번이라도 그들이 꽃을 피울지도 모르는 다른 자리로 이동시켜보는 것은 중요합니다.

어떤 사람이 그저 맞지 않는 자리에 있는 건지, 아니면 버스에서 완전히 내려야 하는 건지 확실하게 알기까지는 시간이 꽤 걸릴지도 모른다. 그럼에도 좋은 회사를 위대한 회사로 도약시킨 리더들은 사람을 바꿀 필요가 있다는 것을 알았을 때는 곧장 실행에 옮기곤 했다.

그렇지만 그걸 언제 알 수 있을까? 여기에 도움이 되는 두 가지 중요한 물음이 있다. 첫째, 이게 만일 채용 결정이라면('이 사람을 버스에서 내리게 해야 하나?' 하는 판단이 아니라) 이 사람을 다시 채용할 것인가? 둘째, 이 사람이 흥미를 *끄는* 새 기회를 좇아 여길 떠나겠노라고 말해온다면 당신은 몹시 실망할까 아니면 속으로 시원해할까?

실천 지침 3 | 최고의 인재를 문제가 가장 큰 곳이 아니라 기회가 가장 큰 곳에 배치하라.

1960년대 초에 R. J. 레이놀즈와 필립 모리스는 수입의 거의 대부분을 국내 사업에서 끌어냈다. 국제 비즈니스에 대한 R. J. 레이놀즈의 접근 방식은 "세계의 다른 지역에서 누군가가 카멜 담배를 찾는다면 그들로 하여금 우리에게 주문을 하게 하라"였다.[50] 필립 모리스의 조 컬먼은 견해가 달랐다. 컬먼은 회사의 총수입에서 해외 영업이 차지하는 비중이 1%가 채 안 된다는 사실에도 불구하고, 국제 시장을 장기 성장을 위한 유일무이한 최고의 기회로 인식했다.

컬먼은 국제 사업부의 발전을 위한 최선의 '전략'을 두고 골머리를 앓다가 마침내 훌륭한 답에 도달했다. 그것은 '무엇'이 아니라 '누구'냐는 답이었다. 그는 오른팔인 조지 와이스먼George Weissman 을 미국 내 첫째가는 사업부에서 빼내 국제 사업부의 책임을 맡겼다. 당시 국제 사업부는 거의 없는 거나 다름없었다. 아주 작은 규모의 수출 담당부서와 베네수엘라의 골치 아픈 투자업체 하나, 오스트레일리아의 또 다른 업체, 캐나다의 작은 사업부 하나가 고작이었다.

"조가 조지에게 국제 사업부를 맡겼을 때, 많은 사람들이 조지가 뭘 잘못했는지 궁금해 했지요."

와이스먼의 한 동료는 이렇게 빈정거렸다.[51]

와이스먼 자신도 이렇게 말했다.

"나는 내가 옆으로 내동댕이쳐지는 건지, 계단 밑이나 창문 밖으로 내던져지는 건지 알 수 없었습니다. 오늘까지 회사의 99%를 움직이다가 이튿날 1%도 안 되는 부분을 움직이게 된 거지요."[52]

그러나 20년 뒤 〈포브스〉가 지적했듯이, 와이스먼을 가장 작은 사업부로 이동시킨 컬먼의 결정은 가히 천재적인 것이었다. 도시풍의 세련된 와이스먼은 유럽 같은 시장을 개척하는 데 가장 적합한 인물이었다. 그는 국제 사업부를 회사의 가장 크고 가장 빠르게 성장하는 부문으로 만들어갔다. 실제로 와이스먼의 책임 하에서 말보로는 미국 내에서 최고가 되기 3년 전에 이미 세계에서 가장 많이 팔리는 담배가 되었다.[53]

R. J. 레이놀즈 대 필립 모리스의 사례는 널리 알려진 한 가지 패턴을 보여준다. 좋은 회사에서 위대한 회사로 도약한 기업들은 최고의 인재를 문제가 가장 큰 곳이 아니라 가장 좋은 기회가 있는 곳에

배치하는 관행을 만들었다. 비교 기업들은 문제의 처리가 기껏해야 회사를 좋게 만드는 데 그치는 반면, 기회의 구축이야말로 회사가 위대해지는 유일한 길이라는 사실을 포착하지 못하고서, 그와 정반대로 행동하는 경향을 보였다.

> 이 지침에는 한 가지 중요한 추론이 있다. 문제 부서를 팔아치우기로 결정할 때 최고의 인재들을 함께 팔아치우지 말라는 것이다. 이것은 변화 속에 숨겨져 있는 작은 비밀 중 하나다. 버스에 항상 최고의 인재들이 타고 있을 자리를 만들어두면, 그들이 방향 변화를 잘 뒷받침해 줄 가능성이 크다.

한 예로, 킴벌리 클라크가 제지 공장을 팔 때 다윈 스미스는 이 점을 분명히 했다. 회사가 제지 사업부를 없앨지 모르지만 그 최고의 인재들은 그대로 두겠다는 거였다. 딕 오치터Dick Auchter는 이렇게 설명했다.

"우리 사람들 중 다수는 쭉 제지 사업을 해왔습니다. 그런데 어느 날 갑자기 왕관을 팔아치우니, 사람들이 묻더군요. '나의 미래는 어떻게 되죠?' 다윈은 이렇게 답하곤 했습니다. '우리에겐 우리가 구할 수 있는 능력 있는 관리자들이 모두 필요합니다. 우린 그 사람들을 데리고 갑니다.'"[54]

그들이 소비자 접촉 경험이 거의 또는 전혀 없다는 사실에도 아랑곳없이, 스미스는 제지 사업의 최고 인재 모두를 소비재 사업으로 이동시켰다.

우리는 킴벌리 클라크의 제지 부문, 즉 회사를 소비재 회사로 탈바꿈시키는 데 필요한 기금을 조성하기 위해 팔아치운 부문에 자기 경력의 대부분을 바친 고위직 임원, 딕 애퍼트Dick Appert를 인터뷰했다. 그는 회사가 어떻게 제지 공장을 팔 용기를 내게 되었는지, 어떻게 제지 사업에서 빠져 나와 소비재 사업에 투신할 전망을 갖게 되었는지, 어떻게 프록터 & 갬블에 도전장을 디밀게 되었는지, 킴벌리 클라크의 변신에 대해 자부심을 갖고서 흥분하여 이야기했다. 애퍼트는 말했다.

"나는 회사의 제지 사업부를 해체하기로 한 우리의 결정에 조금도 이의를 달지 않았습니다. 우리는 적시에 제지 공장을 없앴고, 나는 그것에 전적으로 동의했어요."[55]

잠시 이 점에 대해 생각해보라. 적합한 사람들은 뭔가 큰 것을 구축하는 데 한몫하기를 바라며, 딕 애퍼트는 자신의 삶의 대부분을 바쳐 일해온 회사의 한 부문을 팔아치움으로써 킴벌리 클라크가 커질 수 있는 가능성을 본 것이다.

필립 모리스와 킴벌리 클라크의 사례는 '적합한 사람들'에 대한 최종 요지를 명확하게 보여준다. 우리는 좋은 회사에서 위대한 회사로 도약한 모든 기업, 특히 그 중대한 전환기에 있던 고위 경영진에게서 단계5의 리더십의 존재를 확인했다. 팀 내의 모든 임원이 다윈 스미스나 콜먼 모클러만큼 완전히 진화한 단계5의 리더가 된 것은 아니지만, 팀의 핵심 멤버들은 한결같이 개인적 야망을 회사를 위한 야망으로 전환시켰다. 이것은 팀 멤버들이 단계5의 리더의 잠재력을 갖고 있었음을, 아니면 적어도 단계5의 리더십 유형과 조화되는 방식으로 움직일 수 있었음을 의미한다.

당신은 "단계5의 경영팀 멤버와 그저 훌륭한 병사가 되는 것의 차이가 무엇일까?" 궁금해할지도 모른다. 단계5의 경영팀 멤버는 권위를 맹목적으로 추종하지 않고 스스로의 힘으로 강한 리더가 되며, 추진력과 능력을 갖추고서 자신의 영역을 세계 최고 수준으로 구축한다. 그러나 팀의 각 멤버는 그 힘들을 회사가 크는 데 필요한 일이라면 무슨 일이든 하는 방향으로 통합하는 능력도 함께 가져야만 한다.

> 좋은 회사를 위대한 회사로 도약시키는 결정적인 요소 중 하나는 사실 다소 역설적이다. 한편으로는 최선의 답을 찾아 격렬하게 다투고 논쟁하는 임원들이 필요하지만, 다른 한편으로는 일단 결정이 내려진 뒤에는 부분적인 이해관계에 상관없이 완전히 하나가 되는 임원들이 필요하다.

필립 모리스에 관한 한 기사는 컬먼 시대에 대해 이렇게 말했다.

"이 사람들은 어느 것에도 의견이 일치하는 법이 없이 온갖 것을 두고 논쟁을 벌이곤 했으며, 마치 서로를 잡아 죽일 듯했는데, 지위 고하를 막론하고 하나같이 능력 있는 사람들이었다. 그러나 반드시 결정을 내려야만 할 때에는 신속하게 결론을 도출했다. 이것이 필립 모리스를 만들었다."[56]

필립 모리스의 한 임원은 말했다.

"그 어떤 격심한 논쟁을 벌이면서도 그들은 항상 최선의 답을 찾고 있었다. 그래서 결국에는 모두가 결정에 승복했다. 모든 논쟁은 개인의 이익을 위한 것이 아니라 회사의 공동이익을 위한 것이었다."[57]

사람 먼저, 그리고 위대한 회사와 멋진 삶

'좋은 회사에서 위대한 회사로'의 연구 결과를 가르칠 때마다, 거의 언제고 예외 없이 누군가가 좋은 회사에서 위대한 회사로 전환하는 데 따르는 개인의 희생 문제를 제기하곤 했다. 달리 말하면, 위대한 회사를 만드는 동시에 멋진 삶을 만드는 것이 가능하냐는 거였다.

가능하다.

그 비밀이 바로 이 장에 들어 있다.

나는 홍콩의 이사회에 참석한 질레트의 한 고위직 이사 부부와 함께 며칠을 보낸 적이 있다. 대화 중에 나는 그들에게 질레트를 좋은 회사에서 위대한 회사로 전환시키는 데 가장 큰 책임을 맡았던 CEO, 콜먼 모클러가 멋진 삶을 살았다고 생각하는지 물었다. 콜먼의 삶은 세 가지 큰 사랑, 즉 자신의 가족과 하버드, 질레트를 축으로 움직였다고 그들은 말했다. 심지어는 회사가 인수당할 위기에 처해 있던 1980년대의 가장 암울하고 엄혹한 시절에도, 또 질레트의 사업이 점점 더 전 세계로 힘차게 뻗어 나가고 있을 때에도 모클러는 삶의 균형을 훌륭하게 유지했다. 그는 가족과 함께 보내는 시간을 눈에 띄게 줄인 적이 없었고, 밤이나 주말에 일을 한 적도 거의 없었다. 예배에도 규칙적으로 참석했다. 하버드 대학의 이사회에서도 능동적으로 활동을 계속했다.[58]

모클러가 이 모든 일을 어떻게 성공적으로 수행했는지 묻자, 이사는 말했다.

"아, 그건 사실 그에게 힘든 일이 아니었어요. 그는 적합한 사람들을 주위에 모으고 적재적소에 앉히는 데 능했기 때문에 밤낮 없이 줄곧 회사에 있을 필요가 없었던 것뿐입니다. 그것이 콜먼의 성공과 균형의 비밀 전부입니다."

이사는 계속해서 그가 모클러를 사무실에서 만나는 만큼이나 하드웨어 창고에서 만나는 경우가 많았다고 설명했다.

"그는 이것저것 수선하며 창고를 어슬렁거리는 것을 정말 즐겼어요. 늘 그런 식으로 시간을 내서 긴장을 푸는 것 같았습니다."

이사의 아내가 덧붙였다.

"콜먼의 장례식에 갔을 때, 나는 주위를 둘러보며 방 안에 얼마나 사랑이 넘치는지 깨달았어요. 그는 깨어 있는 시간의 거의 전부를 일터에서든, 집에서든, 자선 사업장에서든, 그 어느 곳에서든 그를 사랑하는 사람들, 자신의 일을 사랑하는 사람들, 서로를 사랑하는 사람들과 함께 보낸 사람이었습니다."

그 말은 내게 한 가지 깨달음을 주었다. 좋은 회사를 위대한 회사로 키운 경영팀에 대해 뭐라고 딱히 꼬집어 설명할 수 없는 것이 있었는데, 그것이 명확해졌던 것이다. 필립 모리스의 조지 와이스먼과의 인터뷰를 접으며 나는 평했다.

"당신이 회사에서 보내는 시간에 대해 이야기하는 걸 듣고 있노라면 마치 연애담을 듣는 듯한 느낌입니다."

그가 껄껄 웃으며 말했다.

"그래요. 결혼 말고는 회사가 내 생애에서 가장 열정적인 연애였지요. 내 이야기를 이해할 사람이 많지 않을 거라고 생각하지만 내 동료들은 아마 이해할 겁니다."

와이스먼과 그의 동료 임원들은 퇴임 후에도 필립 모리스에 사무실을 두고 정기적으로 드나들었다. 필립 모리스 세계 본부의 현관은

'왕년의 마법사들의 홀'이라고 불린다.[59] 와이스먼, 컬먼, 맥스웰, 그 밖의 사람들이 그 현관을 통해 사무실로 들어오는데, 사무실을 찾는 이유는 대부분 그저 함께 시간을 보내는 게 즐겁기 때문이다. 킴벌리 클라크의 딕 애퍼트도 인터뷰에서 비슷한 말을 했다.

"나는 킴벌리 클라크에서 41년을 지내는 동안 무슨 이야기든 내게 불친절한 말을 하는 사람을 본 적이 없습니다. 나는 내가 채용된 그날을 하느님께 감사드립니다. 훌륭한 사람들을 친구로 사귈 수 있었기 때문이지요. 서로를 존경하고 칭찬하는 훌륭하고 좋은 사람들이었습니다."[60]

좋은 회사를 위대한 회사로 키운 팀의 멤버들은 평생 동안 친구로 지내는 경향이 있다. 많은 경우, 그들은 함께 일한 지 몇 년, 심지어 몇십 년이 지난 뒤에도 서로 연락하며 가깝게 지낸다. 그들이 전환기 이야기를 하는 걸 듣고 있노라면 참으로 인상 깊다. 시절이 아무리 암울했고 임무가 아무리 막중했을지라도 이 사람들은 즐겼다! 그들은 서로 간의 사귐을 즐겼고 만남을 말 그대로 고대했다. 많은 임원들이 좋은 회사를 위대한 회사로 키워 가는 팀에서 일하던 시절을 자기 인생의 전성기로 꼽았다. 그들의 경험은 단순한 상호 존경을 넘어서서(그들은 분명히 서로를 존경했다) 영원한 우정으로 발전했다.

'사람이 먼저'라는 생각에 충실하는 것은 위대한 회사와 멋진 인생 사이를 이어 주는 가장 긴밀한 연결 고리인 듯하다. 우리가 그 무엇을 이루든, 거의 대부분의 시간을 우리가 사랑하고 존경하는 사람들과 함께하지 못한다면, 우리는 아마 멋진 인생을 살 수 없을 것이다. 그러나 거의 대부분의 시간을 우리가 사랑하고 존경하는 사람들, 우리가 버스에 함께 타고 있는 것을 진심으로 즐기고 우리를 결코 실망시키지 않을 사람들과 함께한다면, 버스가 어디로 가든 우리는 거의 틀림없이 멋진 인생을 살게 될 것이다. 좋은 회사를 위대한 회사로 도약시킨 기업들에서 우리가 인터뷰한 사람들은 분명히 자신이 하는 일을 사랑했다. 무엇보다도 함께 일하는 사람들을 사랑했기에 그럴 수 있었다.

사람 먼저… 다음에 할 일

◆ 좋은 회사를 위대한 회사로 도약시킨 리더들이 전환에 착수하면서 맨 처음 한 일은 적합한 사람들을 버스에 태우는 일, 그리고 부적합한 사람들을 버스에서 내리게 하는 일이었다. 그러고 나서 버스를 어디로 몰고 갈지 생각했다.

◆ 이 장의 핵심 포인트는 단지 팀에 적합한 사람들을 구해야 한다는 것이 아니다. 핵심 포인트는 '무엇'이냐를 결정하는 것보다, 즉 비전이나 전략이나 조직 체계나 전술보다 '누구'냐는 문제가 앞선다는 것이다. '누구'냐가 먼저고 다음에 '무엇'이냐였다. 이것은 일관되게 적용된 엄격한 지침이었다.

◆ 비교 기업들은 '천 명의 조력자를 가진 한 명의 천재' 모델, 다시 말해 천재 리더가 비전을 세우고 능력이 뛰어난 '조력자' 집단을 끌어모아 비전을 실현해가는 모델을 따른 경우가 많다. 천재가 떠나면 이 모델은 실패한다.

◆ 좋은 회사를 위대한 회사로 도약시킨 리더들은 사람 판단에 엄격하지만 비정하지는 않았다. 그들은 해고와 구조조정을 실적 증진을 위한 주된 전략으로 활용하지 않았다. 비교 기업들이 해고를 훨씬 더 많이 활용했다.

◆ 우리는 사람을 엄격하게 판단하기 위한 세 가지 실천 지침을 끌어냈다.

1. 의심스러울 때는 채용하지 말고 계속 지켜보라(추론: 회사는 적합한 사람을 끌어들일 수 있는 능력에 맞추어 그 성장을 제한해야만 한다).

2. 사람을 바꿀 필요가 있다는 사실을 알게 되면, 즉시 실행하라 (추론: 먼저 누군가를 부적합한 자리에 앉힌 건 아닌지 확인하라).

3. 최고의 인재를 문제가 가장 큰 곳이 아니라 기회가 가장 큰 곳에 배치하라(추론: 문제 사업부를 팔아치울 경우 최고의 인재들을 함께 팔아치우지 마라).

◆ 좋은 회사를 위대한 회사로 키운 경영팀은 최선의 답을 찾아 격렬하게 논쟁을 벌이지만 일단 결정이 내려지면 부분적인 이해 관계에 상관없이 하나로 뭉치는 사람들로 이루어져 있다.

예상치 못한 발견들

◆ 경영진의 보수와 좋은 회사에서 위대한 회사로의 전환을 연결 짓는 어떤 체계적인 패턴도 발견하지 못했다. 보수를 주는 것은 부적격자에게서 적합한 행동을 '유발'하기 위한 것이 아니라 일 차적으로는 적합한 사람들을 구하여 붙들어 두기 위한 것이다.

◆ "사람이 가장 중요한 자산"이라는 옛 격언은 틀렸다. 사람이 가장 중요한 자산이 아니다. 적합한 사람이 가장 중요한 자산이다.

◆ 누가 '적합한 사람'인지의 여부는 전문 지식이나 배경, 기술보다는 성격상의 특질이나 타고난 소양과 더 관련이 있다.

Good

4

————————

냉혹한 사실을 직시하라,
그러나 믿음은 잃지 마라

to
Great

대중 리더십에서 곧 스러져 없어질 거짓 희망을
제시하는 것보다 더 나쁜 실수는 없다.

− 윈스턴 S. 처칠, 《운명의 순간 The Hinge of Fate》에서 [1]

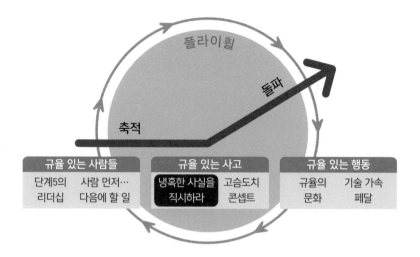

1950년대 초, A&P로 널리 알려진 '그레이트 애틀랜틱 앤 퍼시픽 티 컴퍼니Great Atlantic and Pacific Tea Company'는 세계 최대의 소매점 조직이자 미국 최대 기업의 하나로 우뚝 섰다. 한때는 연간 총매출액에서 제너럴 모터스에 이어 두 번째를 달릴 정도였다.[2] 그에 비해 크로거Kroger는 특별할 게 없는 식료품 체인으로서 규모가 A&P의 절반에도 미치지 못했고, 실적도 전체 시장에 가까스로 보조를 맞추는 정도였다.

그런데 1960년대에 이르러 A&P는 비틀거리기 시작한 반면, 크로거는 큰 회사로 전환하기 위한 토대를 마련하기 시작했다. 1959년부터 1973년까지는 크로거가 A&P보다 조금 앞서긴 했지만, 두 회사 모두 시장에 뒤지는 실적을 보였다. 그 뒤로 두 회사는 완전히 갈라져, 이후 25년 사이에 크로거는 시장에 비해서는 10배, A&P에 비해서는 80배에 달하는 누적 주식 수익률을 일구어냈다.

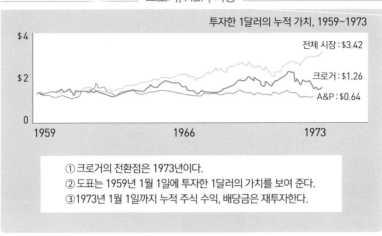

크로거, A&P, 시장

투자한 1달러의 누적 가치, 1959~1973

전체 시장: $3.42
크로거: $1.26
A&P: $0.64

① 크로거의 전환점은 1973년이다.
② 도표는 1959년 1월 1일에 투자한 1달러의 가치를 보여 준다.
③ 1973년 1월 1일까지 누적 주식 수익, 배당금은 재투자한다.

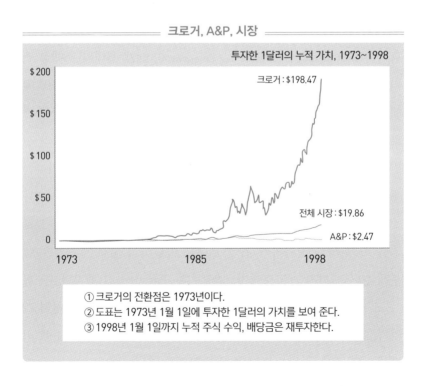

크로거, A&P, 시장

투자한 1달러의 누적 가치, 1973~1998

크로거: $198.47

전체 시장: $19.86
A&P: $2.47

① 크로거의 전환점은 1973년이다.
② 도표는 1973년 1월 1일에 투자한 1달러의 가치를 보여 준다.
③ 1998년 1월 1일까지 누적 주식 수익, 배당금은 재투자한다.

어떻게 해서 이토록 극적인 운명의 역전이 일어났을까? 또 A&P 처럼 큰 회사가 어떻게 해서 그토록 형편없는 회사로 전락할 수 있었던 걸까?

A&P는 두 차례의 세계대전과 경제침체가 미국인들에게 검약을 강제하여 실용적인 가게에서 양 많은 식료품이 팔리던 20세기 전반에 딱 맞는 모델을 갖추고 있었다. 그러나 풍요로운 20세기 후반에 이르러 미국인들은 변했다. 미국인들은 더 멋진 가게, 더 큰 가게, 물건 선택의 여지가 더 많은 가게를 원했고 갓 구워낸 빵과 꽃, 건강식품, 감기약, 신선한 채소, 45종류의 시리얼, 10종류의 우유를 원했다. 또 5가지 서로 다른 종류의 값비싼 양배추와 다양하게 배합한 단백질 분말, 중국산 약초 같은 색다른 품목들을 원했다. 그리고 쇼핑을 하는 동안에 은행 일도 보고 독감 예방접종도 받을 수 있기를 원했다.

요컨대 그들이 원하는 것은 이제 식료품 가게가 아니었다. 그들은 벽면에 커다란 'S'자 블록을 박은, 한 지붕 아래서 거의 모든 것을 다 제공하고 주차시설도 갖추고 값도 싸고 바닥도 깨끗하고 계산대도 여럿 있는 슈퍼스토어를 원했다.

자, 당신은 주저 없이 이렇게 생각할는지 모른다.

"알겠어요. 그러니까 A&P 이야기는 시대에 맞는 전략을 갖고 있던 한 늙은 회사의 이야기인데, 시대가 변하고 세상이 바뀌면서 보다 젊고 잘 적응하는 회사들이 소비자들의 기호를 더 잘 충족시켜주게 되었다는 거로군요. 그게 뭐 그리 흥미롭지요?"

여기 흥미로운 사항이 있다. 1970년대에 진입할 당시 크로거와

A&P는 둘 다 오래된 회사였다(크로거는 82년, A&P는 111년). 두 회사 모두 거의 전 자산을 전통적인 식료품 가게에 투자하고 있었다. 두 회사 모두 미국의 중심 성장 지대 외곽에 거점들을 두고 있었고 주변의 세계가 어떻게 변해 가는지 알고 있었다. 하지만 두 회사 중 하나는 가혹한 현실을 정면으로 직시하고 그에 맞추어 시스템 전체를 완전히 탈바꿈시켰다. 다른 한 회사는 모래 속에 머리를 들이밀었다.

1958년 〈포브스〉는 A&P를 늙은 군주가 절대군주정을 펼치는 '은자의 왕국Hermit Kingdom'으로 묘사했다.[3] A&P 왕조를 세운 하트퍼드 형제의 후계자, 랠프 버거Ralph Burger는 두 가지를 최우선으로 보전하고자 했는데, 그것은 바로 가문 재단에 지급되는 현찰 배당금과 하트퍼드 형제의 옛 영광이었다. A&P의 한 이사에 따르면, 버거는 "자기 자신을 늙은 존 하트퍼드John Hartford의 화신으로 간주했다. 심지어는 매일같이 자신의 양복 깃에다 하트퍼드의 온실에서 가져온 꽃을 달 정도였다. 그는 온갖 반대를 무릅쓰면서까지 자신이 생각하기에 미스터 존(하트퍼드)이 좋아할 것 같은 일들을 실행하고자 기를 썼다."[4]

버거는 "100년의 성공과는 다툴 수 없다"를 모토로 내걸고서, 결정을 내릴 때마다 "미스터 하트퍼드는 어떻게 했을까?" 하는 접근 방식을 주입시켰다.[5] 실제로 미스터 하트퍼드는 버거를 통해서 20년 가까이 이사회를 계속 지배했다. 그가 이미 죽었다는 사실은 전혀 상관없었다.[6]

과거의 모델과 변화하는 세계 간의 불일치를 보여주는 냉혹한 사실들이 점점 드러나면서, A&P는 맹렬하게 방어하기 시작했다. 큰 시도의 일환으로, 회사는 '골든 키'라는 새로운 가게를 열었다. 고객들이 뭘 원하는지 파악하고자 새로운 방법과 모델을 실험할 수 있게 한 별도의 브랜드였다.[7] 거기서는 A&P 브랜드의 제품은 팔지 않았고, 가게 관리자에게 더 많은 자유를 주었으며, 혁신적인 새 부서를 실험했다. 가게가 현대식 슈퍼스토어로 발전하기 시작했다. 소비자들은 정말 그곳을 좋아했다. A&P의 시장 점유율이 왜 떨어지는지, 그에 대한 처방은 무엇인지 하는 물음의 답이 바로 눈앞에 어른거리고 있었다.

그런데 A&P 경영진은 무엇 때문에 '골든 키'를 없앴을까?

그들은 '골든 키'가 주는 답이 싫었다. 그래서 문을 닫아버렸다.[8] 그러고 나서 A&P는 단 한 방에 문제를 해결할 수 있는 방안을 찾아 이 전략, 저 전략을 기웃거리는 행보를 시작했다. 이벤트 행사도 열고, 여러 가지 프로그램도 시작하고, 유행하는 물건도 취급하고, 기존의 CEO들을 해고하고, 새로운 CEO들을 채용하고, 다시 그들을 해고했다.

A&P는 또 업계의 한 관찰자가 '바닥 말리기scorched earth 정책'이라고 부른 전략, 즉 시장 점유율을 높이기 위한 공격적인 가격인하 전략까지 펼쳤지만, 소비자들이 보다 낮은 가격이 아니라 다른 가게를 원한다는 근본적인 사실에는 눈을 감았다.[9] 가격 인하는 비용 삭감을 불러와 더 우중충한 가게와 형편없는 서비스를 초래했고, 그것이 다시 고객들을 몰아내 마진을 더 낮추지 않을 수 없게 되었으며, 그에 따라 가게는 한층 더 더러워지고 서비스는 더 나빠졌다. A&P의 한 전직 관리자는 말했다.

"얼마 뒤부터는 찌꺼기가 계속 쌓이더군요. 우리는 먼지 구덩이가 아니라 아예 진흙탕 속에서 일했습니다."[10]

그 사이 크로거에서는 전혀 다른 작업이 진행되었다. 크로거 역시 1960년대에 슈퍼스토어 개념을 검증해보기 위한 실험을 감행했다.[11] 1970년경 크로거의 경영팀은 피할 수 없는 결론에 도달했다. 크로거 전 사업장의 거의 100%를 차지하는 옛 모델의 식료품 가게는 사멸할 운명이라는 거였다. 그러나 A&P와 달리 크로거는 이 냉혹한 현실을 직시하고 행동에 나섰다.

크로거의 성장은 유별나게 보일 정도로 단순하고 직선적이다. 거의 미친 듯이 앞만 보고 달렸다. 크로거의 중대한 전환기 CEO였던 라일 에버링엄Lyle Everingham과 전임자 짐 헤링Jim Herring은 인터뷰 중에 겸손하고 협조적이었지만, 우리의 질문에는 조금 화를 냈다. 그들에게 그 질문의 답은 너무나도 명백해 보였던 것이다. 에버링엄에게 전환 성공의 상위 5가지 요인에 백점 만점의 점수를 매겨 달라고 요청하자, 그가 말했다.

"질문이 조금 당혹스럽군요. 기본적으로 우리는 폭넓게 조사를 했고, 그랬더니 데이터의 의미가 크고 뚜렷하게 다가왔습니다. 슈퍼콤비네이션 스토어가 미래의 살 길이라는 거였지요. 우리는 또한 각각의 시장에서 첫 번째나 두 번째 주자가 돼야 하고 그러지 못하면 퇴출당할 수밖에 없다는 것을 알았습니다.* 물론 처음에는 의문을 제

● 이때가 '첫 번째나 두 번째 아니면 퇴출'이라는 개념이 대세를 이루기 10년 전인 1970년대 초라는 점을 명심하라. 좋은 회사에서 위대한 회사로 도약한 모든 기업들과 마찬가지로, 크로거 역시 남이 만들어놓은 추세나 유행을 따르는 대신 눈앞에 정면으로 제시된 데이터에 주목하여 이런 생각을 발전시켰다. 흥미롭게도, 좋은 회사에서 위대한 회사로 도약한 기업의 절반 이상이 '첫 번째, 두 번째' 개념이 경영계의 유행어가 되기 오래전에 이미 이와 비슷한 개념들을 갖고 있었다.

기하는 사람들이 일부 있었지요. 하지만 명백한 사실을 보는 순간, 우리가 무엇을 해야 하는지 의문의 여지가 없었습니다. 그래서 우린 그렇게 했을 뿐입니다."[12]

크로거는 단 하나의 가게도 예외 없이 없애거나 바꾸거나 위치를 옮겼으며, 새로운 현실에 맞지 않는 지역에서는 주저하지 않고 손을 떼기로 결정했다. 가게에서 가게로, 블록에서 블록으로, 도시에서 도시로, 주에서 주로, 시스템 전체를 완전히 바꿔가기로 했다. 1990년대 초까지 크로거는 새 모델에 입각하여 전 시스템을 재편성하고, 미국 제일의 식료품 체인을 향해 착실하게 걸음을 옮겨 나갔다. 그리고 마침내 1999년에 그 자리에 서게 된다.[13] 그 사이에 A&P는 여전히 1950년대 규모의 낡은 가게를 절반 이상 보유한 채, 왕년에 미국 최대 기업 중 하나였다는 추억을 간직하고 있는 슬픈 유물로 쪼그라들었다.[14]

사실이 꿈보다 더 좋다

우리 연구에서 주목해야 할 점 중 하나는 신중하게 실행되고 차곡차곡 쌓이는 훌륭한 결정들을 통해 '돌파'라는 성과가 나온다는 것이다. 물론 좋은 회사에서 위대한 회사로 도약한 기업들이라고 완벽한 결정을 내린 것은 아니다. 그러나 대체로 나쁜 결정보다는 좋은 결정을 훨씬 많이 내렸고, 특히 비교 기업들에 비해 훌륭한 결정을 훨씬 많이 내렸다. 무엇보다도 중요한 것은, 시스템 전체를 슈퍼스토어 개념으로 전환시키는 일에 총력을 기울이기로 한 크로거의 결정처럼, 정말 큰 선택에 맞닥뜨렸을 때 그들은 훌륭하게 표적을 맞추었다는 점이다.

여기서 당연히 한 가지 물음이 제기된다. 우리는 단지 운이 따라주어 우연히 올바른 결정을 연달아 내린 데 지나지 않는 기업들을 연구하고 있는 걸까? 아니면 올바른 선택의 확률을 극적으로 높인 그들의 과정에 뭔가 독특한 면이 있었던 걸까? 답은 그들의 과정에 뭔가 아주 독특한 면이 있었다는 것이다.

좋은 회사에서 위대한 회사로 도약한 기업들은 두 가지 독특한 형태의 규율 있는 사고를 보여주었다. 첫째는 이 장의 주제이기도 한데, 그 전 과정에 냉혹한 현실을 불어넣는 것이다(둘째이자 다음 장에서 논하게 되는 것은 그들이 단순하지만 깊은 통찰에서 나온 준거 틀을 개발하여 모든 결정에 적용했다는 것이다).

크로거의 사례에서 보듯이, 정직하게 부지런히 노력하면서 상황의 진실을 알아내면, 무엇이 올바른 결정인지 자명해지는 경우가 많다. 물론 항상 그렇다는 게 아니라 그러는 경우가 많다는 말이다. 그리고 모든 결정이 자명해지진 않는다 하더라도 한 가지는 확실하다. 먼저 냉혹한 사실들을 직시하지 않고서는 훌륭한 결정을 연달아 내리는 일이 절대로 불가능하다. 좋은 회사에서 위대한 회사로 도약한 기업들은 이 원칙에 따라 행동했고, 비교 기업들은 대체로 그러지 않았다.

피트니 보즈Pitney Bowes 대 어드레서그래프Addressograph의 경우를 보자. 역사상 이토록 특정한 한 순간에 비슷한 위치에 있다가 극적으로 갈라진 두 회사를 찾기는 어려울 것이다. 1973년까지 그들은 총수입과 이윤, 종업원 수, 주가 동향에서 모두 비슷한 수준이었다. 두 회사 모두 사실상 똑같은 고객 기반을 가지고 있었으며 피트니 보즈는 우표 소인기에서, 어드레서그래프는 주소 복사 인쇄기에서 거의 독점적인 지위를 차지하고 있었고, 두 회사 모두 독점적 지위를 잃게 될 급박한 사정에 처해 있었다.[15]

그러나 2000년까지 피트니 보즈는 3만이 넘는 종업원에 40억 달러 이상의 총수입을 기록하는 회사로 성장한 데 비해, 어드레서그래프는 총수입 1억 달러 미만에 종업원이 고작 670명뿐인 서글픈 유물로 남았다.[16] 주주들의 입장에서 피트니 보즈는 어드레서그래프를 3,581 대 1로 앞질렀다. 즉 3,581배나 더 많은 수입을 가져다주었다.

1976년에 카리스마와 비전을 가진 로이 애시Roy Ash라는 리더가 어드레서그래프의 CEO가 되었다. 자칭 '복합기업 경영자'인 애시는 인수한 기업들을 차곡차곡 쌓아 리턴Litton을 세운 인물이었는데, 리턴의 좋은 시절은 오래가지 못했다. 〈포춘〉에 따르면, 그는 어드레서그래프를 발판 삼아 자신의 리더십 역량을 세계 만방에 재확인시킬 심산이었다.[17]

애시는 떠오르는 사무자동화 분야에서 IBM이나 제록스, 코닥 등등을 앞지르겠다는 비전을 내놓았다. 기껏해야 봉투 · 주소 · 복사 사업을 주무르던 회사로서는 대담한 계획이었다.[18] 대담한 비전을 가졌다고 해서 나쁠 건 전혀 없다. 하지만 〈비즈니스위크〉에 따르면 애시는 돈키호테식 탐구에 지나치게 몰입한 나머지, 자신의 계획이 실패할 운명이고 어쩌면 회사의 남은 부분까지도 들어먹을지 모른다는 갈수록 명백해지는 증거를 직시하려 들지 않았다.[19] 그는 벌이가 되는 분야에서 돈을 끌어모으자고 주장하면서, 핵심 사업을 서서히 무너뜨리며 성공 가능성이 거의 없는 무리한 행마에다 투자를 계

속했다.[20]

나중에 애시가 쫓겨나고 회사가 파산 신청을 한 뒤에도(얼마 뒤 실제로 파산했다), 그는 여전히 "우리는 몇 차례 전투에서 패하긴 했지만 전쟁에서는 이기고 있었다"고 말하면서 현실을 직시하기를 거부했다.[21] 그러나 어드레서그래프는 전쟁에서의 승리에는 접근도 못하고 있었고, 회사의 모든 사람들이 당시 그 사실을 알고 있었다. 하지만 시간이 너무 늦을 때까지 진실의 목소리는 들리지 않았다.[22] 실제로 어드레서그래프의 핵심 인사들 중 다수가 최고 경영자에게 사실을 직시하게 하지 못하는 자신의 무능력에 낙담하여 회사를 떠났다.[23]

어쩌면 우리는 회사를 훨씬 높은 지위로 밀어 올리려는 비전을 가졌다는 점에서 애시에게 약간의 찬사를 보내야 할지도 모른다. 그리고 공평하게 보자면, 어드레서그래프의 이사회는 애시가 자신의 계획을 완전하게 실행에 옮길 기회를 갖기도 전에 그를 쫓아냈다.[24] 그러나 당시의 믿을 만한 기사들 다수에서 확보한 증거들은, 애시가 세계에 대한 자신의 비전과 일치하지 않는 어떤 현실에도 눈을 감았다는 점을 시사하고 있다.

위대한 회사를 만들겠다는 비전을 추구한다고 해서 나쁠 건 전혀 없다. 무엇보다도, 좋은 회사에서 위대한 회사로 도약한 기업들 역시 큰 회사를 만드는 일에 착수했다. 그러나 도약에 성공한 기업들은 비교 기업들과 달리, 냉혹한 현실을 직시하며 위대한 회사로 나아가는 길을 계속 갈고 닦았다.

"바윗돌을 뒤집어 바닥에서 꿈틀거리는 벌레들을 볼 때, 당신은 바위를 도로 내려놓거나, 아니면 눈앞에 보이는 것이 아무리 당신을 질겁하게 할지라도 '내가 할 일은 바윗돌을 뒤집어 이것들을 바라보는 거야'라고 말하는 두 가지 방식 중 하나를 선택하게 됩니다."[25]

피트니 보즈의 이사 프레드 퍼듀Fred Purdue의 말에서 인용한 이 구절은 우리가 만난 피트니 보즈의 어떤 임원한테서도 나올 법한 말이었다. 그들은 한결같이 다소 무뚝뚝하고 신경이 예민했으며 업계에서의 피트니의 지위에 대해 강박 관념 같은 것을 가지고 있었다. 한 임원은 말했다.

"이 바닥은 자기만족을 하기에는 문화가 너무 적대적입니다."[26]

다른 임원은 말했다.

"우리는 이제 막 이룬 것이 아무리 대단하다 할지라도 결코 우리

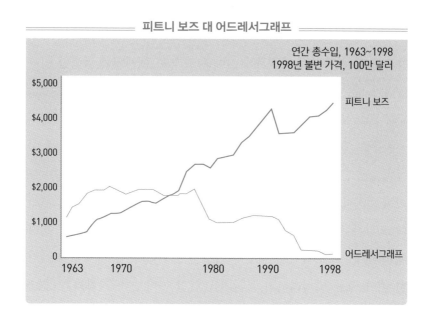

피트니 보즈 대 어드레서그래프

연간 총수입, 1963~1998
1998년 불변 가격, 100만 달러

피트니 보즈

어드레서그래프

를 충분히 받쳐줄 만큼 훌륭하진 않을 거라는 뭔가 미진한 느낌을 갖고 있습니다."[27]

피트니의 새해 첫 경영회의는 대개 전년도(거의 언제나 최상의 성과)에 대한 토론 15분과, 미래의 성과를 훼방 놓을지도 모르는 '겁나는 꿈틀거리는 것들'에 관한 이야기 2시간으로 이루어진다.[28] 피트니 보즈의 세일즈 회의는 대부분의 회사에서 흔히 볼 수 있는 '우리 참 대단하지' 식의 사기 진작용 회의와는 판이하게 달랐다. 경영팀 전체가 고객을 직접 상대하는 영업사원들의 피를 말리는 질문과 도전을 툭 터놓고 받아주곤 했다.[29]

회사는 사람들이 벌떡 일어서서 고위 임원들에게 회사가 무엇을 잘못하고 있는지 이야기할 수 있는 오랜 전통을 만들었다. 그들은 밑바닥에 꿈틀거리는 벌레들이 붙어 있는 바윗돌을 임원들의 눈앞에 디밀며 "보세요! 당신들 여기에 신경을 쓰는 게 좋아요" 하고 말할 수 있었다.[30]

특히 피트니 보즈와 견주어 볼 때, 어드레서그래프의 사례는 매우 중요한 사실 하나를 명백하게 보여준다. 로이 애시처럼 강력한 카리스마가 있는 리더들은 예외 없이 회사를 움직이는 사실상의 현실de facto reality이 되기 쉽다.

연구를 통해서 우리는 최고 리더가 매우 강력한 힘으로 회사를 이끌며 공포감을 조성하다 보니, 사람들이 외부의 현실을 걱정하며 그것이 회사에 어떤 영향을 미칠 것인가를 염려하기보다는 오히려 리더가 무슨 말을 할지, 그가 어떻게 생각할지, 그가 무슨 일을 할지에 대해 더 속을 태우는 비교 기업들을 발견했다. 앞 장에서 이야기한 뱅크 오브 아메리카의 분위기를 한번 돌아보자. 거기서는 CEO

가 어떤 기분인지 알기 전까지는 관리자들이 입도 뻥긋하려 들지 않았다.

반면에 웰스 파고나 피트니 보즈 같은 회사에서는 이런 패턴을 발견할 수 없었다. 여기서는 사람들이 최고 경영진의 느낌보다는 '겁나는 꿈틀거리는 벌레들'을 더 염려했다.

리더가 스스로 일차적인 현실이 되어 사람들이 실제 현실보다도 리더에게 더 신경을 쓰게 되는 순간, 그는 평범하거나 더 나쁜 회사로 가는 비결을 전수받은 셈이다. 이것이 카리스마가 덜한 리더들이 강력한 카리스마를 지닌 상대들에 비해 장기적으로 더 나은 실적을 올리는 경우가 많은 핵심 이유 중 하나다.

사실, 강력한 카리스마를 가진 사람들은 카리스마가 자산인 만큼이나 부채가 될 수도 있다는 것을 곰곰이 새겨볼 필요가 있다. 사람들이 당신에게 냉혹한 사실들을 걸러 보낼 경우, 당신의 퍼스낼리티(성격)가 가진 힘이 문제의 씨앗을 뿌리는 결과를 낳을 수 있다. 카리스마를 가졌다는 부채와 장애는 극복할 수 있지만, 그러자면 의식적으로 주의를 기울여야만 한다.

윈스턴 처칠은 자신의 강력한 퍼스낼리티가 초래하는 장애를 이해하고 2차 세계대전 중에 그것을 멋지게 보완했다. 알다시피 처칠은 영국이 단지 살아남으려는 게 아니라 큰 나라로 우뚝 서리라는 대담하고도 흔들림 없는 비전을 내세웠다. 전 세계는 영국이 평화를 추구할 때가 아닌가 하고 의아해했지만 아랑곳하지 않았다. 유럽과

북아프리카의 거의 전부가 나치의 손아귀에 들어가고 미국이 분쟁에 개입하고 싶지 않다는 의사를 밝히며 히틀러와 전선에서 싸우고 있던(히틀러가 아직 러시아에 총구를 겨누기 전이었다) 암울한 시절에 처칠은 말했다.

"우리는 히틀러와 나치 체제의 흔적을 남김없이 파괴하기로 굳게 결심했습니다. 이 순간 이후로 아무도 우리를 되돌리지 못할 것입니다. 아무도! 우린 절대 타협하지 않을 것입니다. 히틀러나 그 깡패 무리 누구와도 절대 협상하지 않을 것입니다. 우린 육지에서 놈들과 싸울 겁니다. 바다에서 놈들과 싸울 겁니다. 하늘에서 놈들과 싸울 겁니다. 신의 도움으로 지구상에서 놈들의 그림자를 완전히 걷어 없앨 때까지 말입니다."[31]

처칠은 이렇게 대담한 비전으로 무장하고서도 가장 냉혹한 사실들을 직시하지 못한 적이 없었다. 그는 특출한 카리스마를 가진 자신의 퍼스낼리티 때문에 나쁜 소식이 좋게 변형되어 자신에게 전달될까 염려했다. 그래서 전쟁 초에 그는 공식 명령 계통 밖에다 '통계부Statistical Office'라는 완전히 독립적인 부서를 하나 만들었다. 그 일차적인 기능은 처칠에게 가장 냉혹한 현실을 조금도 가감 없이 계속 갱신하여 전달하는 것이었다.[32] 그는 전쟁 내내 사실, 오로지 사실만을 거듭 물으며 이 특별 부서를 크게 신뢰했다. 나치의 탱크 부대가 유럽 전역을 휩쓸 때에도 처칠은 침대에서 푹 잤다. 그는 이렇게 썼다.

"나는… 갈채받는 꿈 같은 건 필요 없었다. 사실이 꿈보다 더 좋다."[33]

진실이 들리는 분위기

여러분은 매우 궁금해할 것이다.

"냉혹한 사실로 사람들에게 어떻게 동기를 부여하지요? 동기 부여는 주로 이의를 달 수 없는 비전으로부터 나오는 것 아닌가요?"

답은 놀랍게도 '아니올시다'다. 비전이 중요하지 않아서가 아니라, 사람들에게 동기를 부여하고자 애쓰는 데 들어가는 에너지는 대부분 시간 낭비이기 때문이다. 이 책을 관통하는 중심 주제의 하나는, 당신이 이 연구 결과를 구현하는 데 성공한다면 사람들에게 '동기 부여'를 하는 데 시간과 에너지를 들일 필요가 없다는 것이다. 버스에 적합한 사람들을 태운다면 그들은 스스로 동기를 부여할 것이다. 따라서 진짜 물음은 이것이다. 어떻게 회사를 운영해야 사람들의 동기를 꺾지 않을 수 있을까? 그리고 사람들의 동기를 단번에 꺾기 위해 당신이 취할 수 있는 가장 좋은 행동 중 하나는 일이 진행되면서 곧 쓸려 내려갈 거짓 희망을 제시하는 것이다.

> 리더십에 비전이 따라야 한다는 건 맞는 말이다. 그러나 동시에 리더십은 진실이 들리고 냉혹한 사실이 눈앞에 제시되는 분위기를 만드는 것이다. 당신이 '말하는' 기회와 다른 사람이 '듣는' 기회 사이에는 커다란 차이가 있다. 좋은 회사를 위대한 회사로 도약시킨 리더들은 이 차이를 파악하여, 사람들의 목소리가 들리는 기회, 궁극적으로는 진실이 들리는 기회가 매우 풍부한 문화를 만들었다.

어떻게 하면 진실이 들리는 분위기를 만들까? 네 가지 기본적인 실천 방법을 제시한다.

1. 답이 아니라 질문으로 리드하라 | 앨런 워츨이 아버지로부터 CEO의 책임을 물려받은 지 1년 뒤인 1973년, 회사는 거의 파산 직전이었고 은행 대출조차 받을 수 없는 지경에 놓여 있었다. 당시의 회사 이름은 워즈Wards였다(몽고메리 워즈와 혼동하지 말기를). 통일성이라고는 전혀 없는 잡다한 전자제품과 음향기기를 파는 회사였다. 이후 10년 동안에 워츨과 그의 팀은 회사를 180도 전환시켰을 뿐만 아니라, 서킷 시티라는 개념도 만들어내고 성장의 토대도 마련했다. 그리하여 1982년의 전환일로부터 2000년 1월 1일까지 시장을 22배 앞지르는 놀라운 실적을 올리게 된다.

앨런 워츨이 파산의 문턱에서 이렇듯 빛나는 실적을 올리기까지의 긴 여정을 출발할 때, 그는 회사를 어떤 방향으로 끌고 갈 건가라는 물음에 범상치 않은 답을 했다. "나는 모른다"는 거였다. 어드레서그래프의 로이 애시 같은 리더들과 달리, 워츨은 '답'을 갖고서 행동하고 싶은 충동을 억눌렀다. 대신에 그는 버스에 적합한 사람들을 태우자마자 답이 아니라 물음으로 시작했다. 한 이사는 말했다.

"앨런은 정말 불꽃이었습니다. 그는 정말 훌륭한 질문을 던지는 능력을 갖고 있었지요. 우리는 중역실에서 꽤 멋진 토론을 진행했습니다. 그저 처음부터 끝까지 듣기만 하다가 점심을 먹으러 가곤 하는 보여주기용 쇼 같은 게 결코 아니었습니다."[34]

실제로 워츨은 이사들이 그에게 묻는 것보다 더 많은 질문을 이사들에게 던지는 몇 안 되는 대기업 CEO로 꼽힌다.

그는 경영팀에도 똑같은 접근 방법을 써서 끊임없이 질문을 던지며 밀고 찌르고 쑤셔댔다. 여정의 각 단계마다 위츨은 현실과 그 함의에 대한 명확한 그림이 그려질 때까지 계속 질문을 해대곤 했다. 위츨은 말했다.

"그들은 날 검사라고 불렀습니다. 내가 질문을 연달아 쏘아대곤 했으니까요. 마치 불독처럼 내가 이해할 수 있을 때까지 놔주질 않았던 거지요. 왜죠, 왜 그렇죠, 왜요 하면서 말입니다."

좋은 회사에서 위대한 회사로 전환한 각 기업의 리더들은 마치 위츨처럼 소크라테스 비슷한 스타일의 행동을 보였다. 게다가 그들은 한 가지, 오로지 한 가지만을 위해 질문을 활용했다. 바로 진실을 이해하는 것이었다. 그들은 조작하거나("그 점에 대해 나하고 의견이 다른가요?"), 남을 비난하거나 짓밟기 위한 수단으로("이걸 왜 엉망으로 만들어 놓은 겁니까?") 질문을 활용하지 않았다. 경영진들에게 전환기의 경영팀 회의에 대해 묻자, 그들은 '다만 이해하려고 애쓰며' 많은 시간을 보냈노라고 말했다.

좋은 회사를 위대한 회사로 도약시킨 리더들은 특히 비공식 만남을 잘 활용했는데, 거기서 그들은 대본이나 의제, 논의할 세부 항목 같은 것을 전혀 준비하지 않고 관리자나 종업원 그룹들을 만났다. 대신에 다음과 같은 질문으로 말문을 열곤 했다. "그래, 무슨 생각을 하고 계시죠?", "그것에 대해 이야기 좀 해주시겠어요?", "내가 이해할 수 있게 좀 도와주시겠습니까?", "우리가 걱정할 일이 뭐죠?"

이런 의제 없는 만남들이 오늘의 현실이 부글거리며 표면으로 떠오르는 공개 토론장이 되었다.

> 좋은 회사를 위대한 회사로 이끈다는 것은 답을 들고 나와서 모든 사람이 당신의 메시아 같은 비전에 따르도록 동기를 부여하는 것을 뜻하지 않는다. 겸손한 마음으로 당신이 답을 알기에는 아직 이해가 부족하다는 사실을 받아들인 다음, 가능한 한 최선의 통찰로 이끌어줄 질문을 하는 것을 뜻한다.

2. 열린 대화에 참여하여 토론하라 | 1965년에 뉴코어보다 더 끔찍한 회사는 거의 찾아볼 수 없었다. 뉴코어에서 돈을 버는 사업부는 단 하나뿐이었다. 다른 모든 사업부에서는 돈이 줄줄 새나갔다. 자부하는 문화 같은 것도, 일관된 방향도 전혀 없었다. 회사는 파산 직전이었다. 당시 뉴코어는 공식적으로는 '뉴클리어 코퍼레이션 오브 아메리카Nuclear Corporation of America'(미국 핵 회사)로 알려져 있었다. 회사가 방사선 측정에 이용되는 신틸레이션 탐침Scintillation Probe(그들은 실제로 제품에 이런 이름을 붙였다)을 비롯한 핵에너지 제품으로 사업을 시작했다는 사실을 반영한 이름이었다. 회사는 또한 반도체 공급, 희귀 광물, 정전기 사무용 복사기, 지붕의 들보와 같은 분야에서 연관성 없는 일련의 사업체를 인수해두고 있었다.

1965년 대전환에 착수할 때, 뉴코어는 단 1온스의 철강도 제조하지 않았고 단 1페니의 이익도 내지 못하고 있었다. 30년 뒤, 뉴코어는 세계 4위의 철강업체로 우뚝 섰고,[35] 1999년에는 다른 어떤 미국 철강 회사보다도 많은 연간 수익을 올렸다.[36]

어떻게 해서 뉴코어는 그토록 끔찍하던 미국 핵 회사에서 미국 최고 수준의 철강 회사로 변신할 수 있었을까?

첫째, 뉴코어는 들보 사업부 총책임자에서 CEO로 승진한 켄 아이버슨Ken Iverson이라는 단계5의 리더 덕을 보았다. 둘째, 아이버슨은 버스에 적합한 사람들을 태워, 샘 시즐Sam Siegel(그의 한 동료는 그를 가리켜 '세계 최고의 자금 관리자, 마술사'라고 묘사했다)이나 전략의 천재인 데이비드 에이콕David Aycock 같은 사람들로 이루어진 탁월한 팀을 구축했다.[37]

그 다음엔 무슨 일을 했을까?

앨런 워즐과 마찬가지로, 아이버슨 역시 위대한 회사를 만드는 꿈을 꾸었지만 어떻게 그곳에 도달할지에 대한 '답'을 예측하고 시작하기를 거부했다. 대신에 그는 격렬한 토론에서 소크라테스 같은 조정자 역할을 했다. 아이버슨은 이렇게 평했다.

"우리는 연이은 고위 간부 모임을 마련했는데, 거기서 내 역할은 중재자에 가까웠습니다. 그들은 난장판이었지요. 우리는 몇 시간을 죽치고 앉아서 쟁점을 만들어내 토론하고 그러다가 뭔가를 끌어내곤 했습니다. … 때로는 회의가 너무 격해진 나머지 사람들이 테이블을 사이에 두고 머리를 맞부딪칠 정도까지 가곤 했지요. … 사람들은 고래고래 소리를 질렀습니다. 팔을 내두르고 책상을 내리쳤습니다. 얼굴들이 벌게지고 핏줄이 불거져 나오곤 했지요."[38]

아이버슨의 보좌역은 몇 년 동안 되풀이된 한 장면을 이야기해주었다. 동료들이 아이버슨의 사무실로 몰려 들어와서는 서로에게 소리를 지르고 악을 써대다가 한 가지 결론을 끌어내곤 했다는 것이다.[39] 논쟁과 토론을 벌인 뒤 핵 사업을 매각하고, 논쟁과 토론을 거쳐 철제 들보에 중점을 두기로 하고, 논쟁과 토론을 거친 뒤 독자적인 철강 제조에 착수하고, 논쟁과 토론을 벌여 두 번째 미니 공장을 세우고…, 이런 식이었다. 우리와 대화를 나눈 뉴코어의 경영진은 거의 예외 없이 토론하는 분위기를 언급했다. 그런 속에서 '괴로운 논쟁과 싸움을 거쳐' 회사의 전략이 '도출되었다'.[40]

> 좋은 회사에서 위대한 회사로 도약한 기업들은 한결같이 뉴코어와 마찬가지로 격렬한 대화를 벌이는 경향이 있었다. '시끄러운 논쟁', '열띤 토론', '유익한 언쟁' 같은 구절들이 모든 회사의 기사와 인터뷰 녹취록 곳곳에 보인다. 그들은 토론을, 사람들에게 이미 내려진 결정을 '받아들이도록', '말할 기회를 주는' 의례적인 과정으로 활용하지 않았다. 그 과정은 사람들이 최선의 답을 찾는 데 참여하는 열띤 과학적 토론에 가까웠다.

3. 비난하지 말고 해부하라 | 1978년에 필립 모리스는 세븐업7UP 컴퍼니를 인수했다가 8년 뒤 손실을 보고 매각하고 말았다.[41] 재정 손실이야 필립 모리스의 총자산에 비하면 그리 크지 않은 규모였지만, 그것은 수천 시간의 귀중한 경영 시간을 잡아먹은 감출 수 없는 불명예였다.

필립 모리스 경영진과의 인터뷰에서 우리는 그들이 어떻게 그 실패를 스스로 백일하에 드러내놓고 공개적으로 토론했는지를 알고서 충격을 받았다. 그들은 자신들의 커다란 치부를 감추는 대신 그것에 대해 이야기하면서 일종의 치료 요법을 시행하는 느낌을 받았다. 자신의 저서 《나는 운 좋은 놈》에서 조 컬먼은 7UP 대실패를 해부하는 데 5쪽을 할애한다. 그는 그 결정에 어떤 결함이 있었는지에 대한 난처한 진실을 감추지 않는다. 그것은 실수와 의미, 교훈에 대한

5쪽짜리 임상 분석이다.

7UP 사례 해부에는 수천은 아니라도 수백 시간의 작업 시간이 들어갔다. 그러나 그들은 이 숨길 수 없는 실수에 대해 그렇게 많이 이야기하면서도 누군가를 지목해 책임을 묻지는 않았다. 딱 한 사람의 예외가 있었는데, 바로 조 컬먼이었다. 그는 거울 앞에 서서 자기 자신을 정면으로 지목했다. 그는 "이것은 적중하지 않은 또 하나의 조 컬먼 계획인 게 명백해졌다"고 쓰고 있다.[42] 그는 심지어 한 걸음 더 나아가, 자기가 당시 자신의 생각에 이의를 제기한 사람들의 말에 조금만 더 귀를 기울였어도 재난은 피할 수 있었으리라는 뜻을 비친다. 그러고는 말을 돌려 자신보다 선견지명이 뛰어났던 그 특정 인물들을 거명하며, 그들을 칭찬한다.

대다수의 리더들이 자신의 실적을 줄줄이 늘어놓으며 이미지를 보존하려고 애쓰는(동료들이 그렇지 않을 때 자신이 얼마나 비전이 있었는지 드러내놓고 자화자찬하고, 결정이 빗나갈 때는 다른 사람을 지목하여 책임을 돌리는) 시대에 컬먼 같은 사람을 만나는 것은 정말 신선한 경험이다. 그는 목청을 가다듬는다.

"이 잘못된 결정에 대해서는 내가 책임을 지겠습니다. 하지만 우리가 지불한 수업료에서 최대의 교훈을 뽑아낼 책임은 우리 모두에게 있습니다."

> 비난하지 않고 해부를 할 때, 진실이 들리는 분위기가 조성되기까지는 긴 과정이 필요하다. 버스에다 적합한 사람들을 태우면, 누군가에게 책임을 물을 필요가 거의 없고 단지 이해와 교훈만 찾으면 된다.

4. '붉은 깃발' 장치를 구축하라 | 우리는 정보 시대에 산다. 보다 많고 보다 좋은 정보를 가진 사람들이 이득을 볼 것 같은 시대다. 그러나 조직체들의 흥망을 조망해보면, 정보가 부족해서 비틀거리는 회사는 찾기 힘들다.

베들레헴 스틸의 경영진은 뉴코어 같은 미니 공장 회사들의 위협에 대해 여러 해 전부터 알고 있었다. 그러나 어느 날 아침 자리에서 일어나 상당한 시장 점유율이 날아간 것을 발견할 때까지는 그에 대해 거의 관심을 기울이지 않았다.[43]

업존은 출시를 앞둔 신제품 중 일부가 예상 실적을 올리지 못할 것이며 심한 경우에는 심각한 부작용까지 초래할 가능성이 있음을 예고하는 많은 정보를 갖고 있었다. 그러나 업존은 종종 그런 문제점들을 무시했다. '핼리콘'을 예로 들자면, "핼리콘의 안전성에 대한 염려는 잊어버리라는 것이 사실상 회사의 정책이었다"는 한 직원의 말이 〈뉴스위크〉에 인용된 바 있다. 업존에 비난의 화살이 집중되던 또 다른 사례에서, 회사는 자신의 결점이라는 진실을 직시하기보다는 그것을 '역선전'의 문제로 돌렸다.[44]

뱅크 오브 아메리카의 경영진은 탈규제 현실에 대해 많은 정보를 갖고 있었지만, 그 현실이 함축하고 있는 한 가지 커다란 의미를 직시하지 못했다. 탈규제된 세계에서는 금융이 하나의 상품이 되면서 금융계의 낡은 특권과 우아한 전통은 영원히 사라지리라는 것이었다. 18억 달러의 손실을 볼 때까지 뱅크 오브 아메리카는 이 현실을 완전히 받아들이지 않았다. 그에 반해서, 전임자에게 최고의 현실주의자로 불린 웰스 파고의 칼 라이하르트는 탈규제라는 냉혹한 현실을 정면으로 치고 나갔다.[45]

"동료 뱅커들이여, 미안하지만, 우린 이제 더 이상 뱅커 계급의 지위를 유지할 수가 없소이다. 우린 맥도날드만큼이나 비용과 효율성에 관심을 갖는 비즈니스맨이 돼야만 합니다."

> 사실, 우리는 좋은 회사에서 위대한 회사로 도약한 기업들이 비교 기업들보다 더 많은 정보, 더 좋은 정보를 갖고 있었다는 증거를 발견하지 못했다. 그건 결코 사실이 아니었다. 두 집단의 회사가 좋은 정보를 접하는 정도는 사실상 똑같았다. 결국 열쇠는, 보다 좋은 정보가 아니라 정보를 무시할 수 없는 정보로 전환시키는 데 있었다.

이것을 실행에 옮기는 강력한 방법 하나는 '붉은 깃발red flag' 장치를 두는 것이다. 내 개인적인 사례를 들어 이 개념을 설명해볼까 한다. 스탠퍼드 경영대학원에서 사례 연구법 강의를 할 때, 나는 MBA 과정 학생 모두에게 8.5인치×11인치짜리 선홍색 종이 한 장씩을 나눠 주면서 이렇게 설명했다.

"이건 여러분의 이번 학기용 붉은 깃발입니다. 여러분 중 하나가 붉은 깃발을 쳐들면 그 사람을 위해 강의가 중단될 겁니다. 여러분이 붉은 깃발을 쓰는 시기와 방법에 대한 제한은 없습니다. 결정은 전적으로 여러분 손에 달려 있어요. 여러분은 그 깃발을 써서 의견을 밝힐 수도 있고, 개인적 경험을 나누거나 분석한 걸 발표하거나 교수에게 이의를 제기하거나 CEO 게스트를 요구할 수도 있으며, 동료 학생의 말에 대응하거나 질문을 하거나 제안을 하는 등등, 무슨 행동이라도 할 수 있어요.

붉은 깃발을 어떤 용도로 사용하건 그에 따른 불이익은 없을 겁니다. 여러분의 붉은 깃발은 이번 학기에 딱 한 번만 사용할 수 있습니다. 붉은 깃발은 양도할 수 없어요. 다른 학생에게 주거나 팔 수 없습니다."

그 붉은 깃발로 인해서 매일같이 교실에서 어떤 일이 일어날지는 아무도 알 수 없었다. 한 번은 여학생 하나가 붉은 깃발을 쳐들고 말했다.

"콜린스 교수님, 제 생각에 교수님은 오늘따라 수업을 효과적이지 못한 방법으로 진행하시는 것 같아요. 질문을 너무 많이 하시니까 저희들의 독립적인 사고가 막혀버립니다. 저희들 생각 좀 해주세요."

그 붉은 깃발은 내가 질문을 던지는 스타일이 학생들의 학습 방식에 장애가 된다는 냉정한 사실을 내게 확인시켜 주었다. 학기 말의 학생 설문조사에서 아마 그와 같은 정보가 내게 전해졌을 것이다. 그러나 그 붉은 깃발이 실시간에, 교실 안의 모든 사람들 앞에서 강의의 단점에 관한 정보를 내가 절대로 무시할 수 없는 정보로 전환시켜주었다.

나는 붉은 깃발 장치에 대한 아이디어를 건축 자재를 생산하는 기업인 그래닛록Graniterock에서 '쇼트 페이short pay'라는 매우 강력한 장치를 제도화한 브루스 울퍼트Bruce Woolpert로부터 얻었다. '쇼트 페이'는 고객에게 완전한 자유재량권을 부여하여, 자신이 제품이나 서비스에 얼마나 만족하는지에 대한 주관적인 평가를 토대로 구매서에 대해 지불을 할 건지 말 건지, 얼마나 지불할 건지를 결정하게 한다.

쇼트 페이는 환불 정책이 아니다. 고객은 물건을 돌려줄 필요도 없고, 그래닛록에 전화를 걸어 승낙을 받을 필요도 없다. 단지 구매서에서 마음에 안 드는 품목에 동그라미를 친 다음 총액에서 그 액수를 빼고 남은 잔액을 수표로 보내기만 하면 된다. 올퍼트에게 쇼트 페이 제도를 채택한 이유를 물어보았다.

"고객 설문 조사를 통해서도 많은 정보를 얻을 수 있지만, 데이터를 이리저리 둘러댈 방법이란 늘 있게 마련입니다. 쇼트 페이 제도를 쓰면 절대적으로 데이터에 신경을 쓰지 않을 수가 없게 되지요. 어떤 고객을 완전히 잃어버리기 전까지는 그 사람이 기분이 상했다는 사실을 알지 못하는 경우가 많습니다. 쇼트 페이는 그 고객을 잃어버리기 전에 우리로 하여금 잘못된 사항을 재빨리 고치게 하는 일종의 조기 경보 장치 같은 역할을 하지요."

우리는 좋은 회사에서 위대한 회사로 도약한 기업 전체를 통틀어도 쇼트 페이만큼 생생하고 극적인 붉은 깃발 장치를 찾아내지는 못했다. 그럼에도 나는 연구 조수 레인 호닝의 강력한 추천으로 이 개념을 여기에 포함시키기로 결정했다. 다른 연구 프로젝트에서 나를 도와 회사들의 여러 가지 제도를 연구, 대조한 바 있는 호닝은 다음과 같은 논박하기 힘든 주장을 펼친다.

"당신이 만일 완전히 성숙한 단계5의 리더라면 붉은 깃발 장치가 필요 없을지도 모릅니다. 그러나 당신이 아직은 단계5의 리더가 아니거나 카리스마의 장애로 말미암아 괴로움을 겪고 있다면, 이러한 붉은 깃발 장치가 정보를 무시할 수 없는 정보로 전환시키고 진실이 들리는 환경을 조성하는 실용적이고 유용한 도구가 되어줄 것입니다."

• 장치들에 관한 보다 완전한 검토에 대해서는 논문 "Turning Goals into Results: The Power of Catalytic Mechanisms(목표를 실적으로 전환시키기: 촉매장치의 힘)", Havard Business Review, July-August, 1999를 보라.

냉혹한 현실 속에서도 흔들리지 않는 믿음

프록터 & 갬블P&G이 1960년대 말에 종이를 소재로 한 소비재 사업에 침입해 들어왔을 때, 스콧 페이퍼(당시의 리더)는 싸워보지도 않고 그저 2등 자리에 만족하면서 사업 다변화의 길을 모색하기 시작했다.[46] 한 분석가는 말했다.

"회사가 1971년에 분석가 모임을 가졌는데 그것은 내가 이제까지 참석한 모임 중에서 가장 침울한 모임이었습니다. 경영진이 사실상 타월을 집어던지며 '우린 졌다'고 말했지요."[47]

한때는 자부심이 대단하던 회사가 경쟁업체를 바라보며 "어떻게 최고에 맞서겠어?" 하더니 "우리보다도 사정이 더 나쁜 회사도 있는걸 뭐" 하며 한숨지었다.[48] 스콧은 어떻게 공격을 되받아쳐 이길 것인가를 고민하는 대신, 가진 것을 지키는 데만 급급했다. 시장의 선두 자리를 P&G에 양보하고서, 스콧은 B급 범주에 몸을 숨긴 채 자기네 영토를 침공해 들어온 커다란 괴물이 자기를 가만 내버려 두기만을 바랐다.[49]

반면에 킴벌리 클라크는 P&G와 경쟁하게 된 것을 장애가 아니라 기회로 보았다. 다윈 스미스와 그의 팀은 최고에 맞선다는 생각에 기분이 유쾌해졌고, P&G와의 경쟁이 킴벌리 클라크를 보다 훌륭하고 강하게 만들 계기라고 생각했다. 그들은 또한 최고와 겨루게 된 것을 직급에 상관없이 모든 킴벌리 사람들의 경쟁 에너지를 자극하는 수단으로 보았다. 한 내부 모임에서 다윈 스미스가 일어서더니 말문을 열었다.

"자, 모두들 일어나서 묵념의 시간을 가졌으면 합니다."

모두들 다윈이 무슨 말을 하는 건지 의아해하며 주위를 두리번거렸다. 누가 죽었나? 잠시 당혹스런 순간이 지난 뒤, 모두들 일어나서 경건한 침묵 속에 자기 신발을 응시했다. 적당한 시간이 흐른 후, 스미스가 사람들을 돌아보며 비감한 목소리로 말했다.

"이상은 P&G를 위한 묵념의 시간이었습니다."

모두들 극도로 흥분했다. 현장을 목격한 이사, 블레어 화이트Blair White는 이렇게 말했다.

"그는 이 일로 모두를 흥분하게 만들었어요. 회사의 위아래 할 것 없이, 공장의 인부들까지 모두 말입니다. 우리가 골리앗에 도전장을 내민 거지요!"[50]

나중에 스미스의 후계자, 웨인 샌더스Wayne Sanders는 최고와 경쟁하는 엄청난 이점을 다음과 같이 설명했다.

"우리가 P&G보다 더 좋은 적수를 어디서 만나겠어요? 그럴 기회가 없지요. 내 말은 우리가 그들을 무척 존경한다는 뜻입니다. 그들은 우리보다 더 큽니다. 능력도 대단히 뛰어나죠. 마케팅도 훌륭합니다. 그들은 경쟁자들을 예외 없이 묵사발 냅니다. 단 하나, 킴벌리 클라크만 빼고요. 우리로 하여금 대단한 자부심을 갖게 만드는 것 가운데 하나가 바로 그 점입니다."[51]

P&G에 대한 스콧 페이퍼와 킴벌리 클라크의 서로 다른 대응은 우리에게 한 가지 중대한 포인트를 제공해 준다. 좋은 회사에서 위대한 회사로 도약한 기업들은 냉혹한 현실에서 맞서면서, 스스로를 더 나약하고 의기소침하게 만드는 게 아니라 더 강하고 활기차게 만든다. 거기에는 힘겨운

> 현실에 정면으로 맞서면서 "우린 결코 포기하지 않을 겁니다. 우린 결코 항복하지 않을 겁니다. 비록 오랜 시간이 걸릴지 모르지만 우린 승리할 길을 찾을 겁니다"라고 말하는 데서 오는 활력 같은 것이 있다.

크로거의 로버트 애더스Robert Aders는 인터뷰 말미에서, 크로거 팀이 크로거의 시스템 전체를 체계적으로 전환시키는 20년간의 힘 겨운 작업을 눈앞에 두었을 때의 경영팀의 심리를 멋들어지게 묘사했다.

"우리가 하고 있던 일에는 어느 정도 처칠 같은 특성이 있었습니다. 우리에겐 살려는 강렬한 의지가 있었고, '우린 크로거다, 크로거는 전에도 이곳에 있었고, 우리가 사라진 뒤에도 이곳에 오래도록 있을 것이며, 신께 맹세코 우린 이 일을 승리로 마무리할 거다'라는 인식이 있었습니다. 그러기까지는 백 년의 세월이 걸릴지도 모르지만, 비록 그렇다 해도 우린 백 년 동안 한결같이 이 일을 밀고 나갈 겁니다."[52]

우리는 연구 전반을 통해서 줄곧 '피해자 연구를 위한 국제위원회 International Committee for the Study of Victimization'에서 행한 '인내력' 연구조사를 상기했다. 암 환자, 전쟁 포로, 사고의 피해자 등과 같이 극심한 역경으로 고통을 겪으면서도 살아남은 사람들에 대한 연구였다. 사람은 대체로 세 범주로 나뉜다. 어떤 사건으로 말미암아 영원한 의기소침 상태에 빠진 사람들이 있는가 하면, 삶을 정상으로 되돌려놓은 사람들, 그 경험을 자신을 더욱 강하게 만드는 동력으로 활용한 사람들도 있다.[53] 좋은 회사에서 위대한 회사로 도약한 기업들은 '인내력 인자'를 가진 세 번째 그룹의 사람들과 유사했다.

패니 메이가 1980년대 초에 전환에 착수했을 때, 패니 메이가 도약은커녕 전환을 성공시킬 가능성에 대해서조차 높은 점수를 주는 사람은 거의 없었다. 패니 메이에는 매일같이 돈이 흘러나가게 만드는 560억 달러의 대출금이 있었다. 회사는 담보대출금에 대해 9%의 이자를 받는데, 부채에 대해서는 15%의 이자를 물어야만 했다. 560억 달러에 이자율의 차를 곱해보면 손실액은 엄청나다! 게다가 패니 메이는 설립 인가서에 따라 담보대출 이외의 분야로 사업을 다변화할 수도 없었다.

사람들은 대부분 패니 메이가 이자율 변동 추세만 멀뚱히 쳐다보고 있을 수밖에 없는 상태라고 생각했다. 이자율이 올라가면 돈을 잃고, 내려가면 돈을 번다. 패니 메이가 성공하는 유일한 길은 정부가 개입하여 이자율을 낮은 수준으로 묶는 것뿐이라고 믿는 사람들이 많았다.[54] "그것만이 패니 메이의 유일한 희망"이라고 한 분석가는 말했다.[55]

그러나 데이비드 맥스웰과 그가 새로 불러모은 팀은 상황을 그렇게 보지 않았다. 우리와의 인터뷰에서 그들은 단지 살아남는 것이 목표가 아니라 큰 회사로 우뚝 서는 것이 자신들의 목표임을 줄기차게 강조하며 조금도 흔들리지 않는 믿음을 보였다. 이자율 차이가 결코 마법같이 없어지지는 않을 냉혹한 현실인 것은 분명했다. 패니 메이는 세계에서 담보대출 이자의 리스크를 가장 잘 관리하는 자본시장의 선두주자가 되는 것 외에는 다른 도리가 없었다. 맥스웰과 그의 팀은 매우 치밀한 담보대출 제도의 창안을 포함해, 이자율 의존도가 훨씬 낮은 새 사업 모델의 개발에 착수했다. 분석가들은 대부분 조롱으로 응답했다. 한 분석가는 말했다.

"560억 달러에 달하는 대출금을 수장시켜놓고서 새 프로그램을 논한다는 건 웃기는 얘깁니다. 마치 (당시 파산을 피하기 위해 연방정부의 대출 보증을 요청하고 있던) 크라이슬러가 항공 산업에 손을 대는 거라고나 할까요."[56]

데이비드 맥스웰과 인터뷰를 마친 뒤, 나는 그와 그의 팀이 그 암울하던 시절에 반대 의견을 내는 사람들을 어떻게 다루었는지 물었다. 그가 말했다.

"내부적으로는 전혀 문제가 없었어요. 물론 많은 어리석은 일은 중단시켜야 했고, 전혀 새로운 융자 제도를 창안해야 했지요. 하지만 우리가 실패할 가능성은 생각해본 적도 없었습니다. 우린 그 고난을 패니 메이를 위대한 회사로 개조하는 기회로 활용했지요."[57]

연구 모임 중에 한 팀원이 패니 메이는 리 메이저스Lee Majors가 나오는 옛 텔레비전 드라마 〈600만 불의 사나이〉를 연상시킨다고 평했다. 시리즈는 한 우주비행사가 서남부의 사막지대에서 달 착륙선을 시험하다가 심각한 사고를 당하는 것으로 시작한다. 의사는 단순히 환자를 살리려고 애쓰는 대신, 그의 몸에 강력한 왼쪽 눈과 기계 팔다리와 같은 원자력 로봇 장치들을 부착하여 그를 초인적인 사이보그로 완전 개조한다.[58] 그와 유사하게, 데이비드 맥스웰과 그의 팀은 패니 메이가 피를 많이 흘려 빈사 상태에 빠진 현실을 그저 회사를 다시 세우는 계기만으로 삼지 않았다. 그 대신 전보다 훨씬 더 강력한 회사를 창조하는 기회로 활용했다.

한 걸음 한 걸음, 하루하루, 한 달 한 달, 패니 메이 팀은 리스크 관리와 연계시켜 사업 모델을 전면 재구축하고, 기업 문화를 월스트리트의 누구와도 견줄 수 없는 고효율의 조직으로 개조해갔다. 그리하여 마침내 15년 동안 시장의 8배 가까운 누적 주식 수익률을 올리는 성과를 낳게 된다.

스톡데일 패러독스

물론 좋은 회사에서 위대한 회사로 도약한 기업들이 모두 패니 메이와 같은 절박한 위기에 처했던 것은 아니다. 그런 경우는 절반이 채 못 되었다. 그러나 도약에 성공한 기업들은 모두 한결같이 위대한 기업으로 성장하는 길목에서 이러저러한 심각한 역경을 겪었다. 질레트는 인수 전쟁, 뉴코어는 수입 제품과의 경쟁, 웰스 파고는 탈규제 금융환경이라는 역경을 겪었고, 피트니 보즈는 독점권을 잃었으며, 애보트 연구소는 엄청난 규모의 제품 리콜, 크로거는 가게를 거의 100% 재배치해야 할 상황에 직면했다. 그 모든 경우에 경영팀은 강력한 이중성으로 대처했다. 한편으로는 냉혹한 현실을 냉정하게 받아들이면서도, 다른 한편으로는 최종 승리를 흔들림 없이 믿었으며 냉혹한 현실을 이겨내고 위대한 회사로 우뚝 서고야 말리라는 맹세를 지켰다. 우리는 이 이중성을 '스톡데일 패러독스Stockdale Paradox'라고 부르기로 했다.

그 명칭은 베트남 전쟁이 한창일 때 하노이 힐턴 전쟁포로 수용소의 미군 최고위 장교이던 짐 스톡데일Jim Stockdale 장군의 이름에서 따왔다. 스톡데일은 1965년부터 1973년까지 8년간 수용소에 갇혀 있는 동안에 20여 차례의 고문을 당하면서, 전쟁포로의 권리도 보장

받지 못하고 정해진 석방일자도 없고 심지어는 살아남아 가족들을 다시 볼 수 있을지조차 불확실한 상태로 전쟁을 견뎌냈다.

그는 수용소 내의 통솔 책임을 떠맡아, 자신을 체포한 사람들이 포로들을 선전에 이용하지 못하도록 맞서 싸우며, 가능한 한 많은 포로들이 큰 부상 없이 살아남을 수 있는 조건을 만들기 위해 할 수 있는 일은 뭐든지 했다. 한 번은 자신이 '훌륭한 대우를 받는 포로'의 사례로 비디오테이프에 찍히는 걸 피하기 위해 자신을 의자로 내리치고 면도날로 베는 등 고의로 자해를 하기도 했다. 그는 발각될 경우 더한 고문을 받고 죽을 수도 있다는 걸 알면서도 편지를 통해 아내와 비밀 정보를 교환했다. 또 사람들이 고문을 견뎌내는 걸 돕는 규칙도 제도화했다(누구라도 무한정 고문을 견딜 수는 없다는 걸 감안하여, 사람들에게 살아남을 이정표를 제시해주는, 즉 몇 분 뒤에는 얼마만큼은 말해도 좋다는 식의 제도를 만들어냈다).

그들을 체포한 사람들이 애써 조성하려고 하는 고립감을 줄이기 위해 정교한 내부 통신 체계도 마련했는데, 5×5 행렬의 톡톡 부호를 써서 알파벳 문자를 표현하는 방식이었다(톡-톡은 a, 톡-쉬고-톡-톡은 b, 톡-톡-쉬고-톡은 f 하는 식으로 25개 문자를 나타내고, c와 k는 같은 부호를 쓴다). 한 번은 진지한 침묵 속에 포로들이 모여들더니 사람들이 박자를 맞춰 일제히 두드리는 통신 부호 소리가 중앙 운동장을 휩쓸었다. 스톡데일에게 보내는 "우리는 당신을 사랑해요" 소리였다. 그가 총에 맞아 포로로 잡힌 지 3년째 되는 날이었다. 석방된 뒤 스톡데일은 해군 역사상 조종사 기장과 의회 명예 훈장을 동시에 다는 최초의 3성 장군이 되었다.[59]

자, 이제 스톡데일과 오후 시간을 함께 보내기로 한 약속이 잡혔을 때 내가 얼마나 큰 기대를 했을지 이해할 수 있을 것이다. 내 제자 중 하나가 스톡데일에 관한 논문을 쓴 적이 있는데, 마침 그가 우연히도 내 사무실 바로 건너편의 후버 연구소에 스토아 철학자들을 연구하는 특별 연구 교수로 와 있다는 것이었다. 제자의 주선으로 스톡데일이 우리 둘을 점심식사에 초대했다. 인터뷰 준비차 나는 스톡데일과 그의 부인이 8년간 자신들이 겪은 일을 연대기 식으로 정리하며 한 장씩 번갈아 쓴 책,《사랑과 전쟁 속에서 In Love and War》를 읽었다.

책을 읽는 동안 나는 점점 침통해졌다. 운명의 불확실성, 체포한 사람들의 냉혹한 행동 등등, 그저 황량할 뿐이었다. 그러다가 불쑥 이런 생각이 들었다.

"나는 여기 따뜻하고 편안한 내 사무실에 앉아 평온한 토요일 오후의 아름다운 스탠퍼드 캠퍼스를 내려다보고 있다. 나는 지금 이 책을 읽으며 우울해졌지만, 사실 나는 이야기의 끝을 알고 있다! 그가 수용소에서 풀려나 가족들을 다시 만나고, 국민 영웅이 되고, 이 아름다운 캠퍼스에서 철학을 연구하며 만년을 보내고 있다는 것을 안다. 내가 책을 읽는 것만으로도 침통한 느낌이 든다면, 실제로 그곳에 있었고 이야기의 끝도 알지 못하던 그는 도대체 어떻게 그 상황을 견뎌냈을까?"

나의 이런 물음에 그는 대답했다.

"나는 이야기의 끝에 대한 믿음을 잃은 적이 없었어요. 나는 거기서 풀려날 거라는 희망을 추호도 의심한 적이 없거니와, 한 걸음 더 나아가 결국에는 성공하여 그 경험을, 돌이켜 보아도 바꾸지 않을 내 생애의 전기로 전환시키고 말겠노라고 굳게 다짐하곤 했습니다."

＊ ＊ ＊

나는 한동안 아무 말도 하지 못했고, 우리는 교수 클럽을 향해 천천히 걸음을 옮겼다. 거듭된 고문의 후유증에서 완전히 회복되지 못한 스톡데일의 뻣뻣한 다리가 연신 절뚝거렸다. 100미터쯤 침묵의 시간이 흐른 뒤, 마침내 내가 물었다.

"견뎌내지 못한 사람들은 누구였습니까?"

그가 말했다.

"아, 그건 간단하지요. 낙관주의자들입니다."

"낙관주의자요? 이해가 안 가는데요."

나는 정말 어리둥절했다. 100미터 전에 그가 한 말과 배치되는 것 같았기 때문이다.

"낙관주의자들입니다. 그러니까 '크리스마스 때까지는 나갈 거야' 하고 말하던 사람들 말입니다. 그러다가 크리스마스가 오고 크리스마스가 갑니다. 그러면 그들은 '부활절까지는 나갈 거야' 하고 말합니다. 그리고 부활절이 오고 다시 부활절이 가지요. 다음에는 추수감사절, 그러고는 다시 크리스마스를 고대합니다. 그러다가 상심해서 죽지요."

또 한 차례 긴 침묵이 이어졌고 우리는 계속 앞을 향해 걸었다. 그러다가 그가 나를 돌아보며 말했다.

"이건 매우 중요한 교훈입니다. 결국에는 성공할 거라는 믿음, 결단코 실패할 리는 없다는 믿음과, 그게 무엇이든 눈앞에 닥친 현실 속의 가장 냉혹한 사실들을 직시하는 규율은 결코 서로 모순되는 것이 아닙니다."

오늘까지도 나는 낙관주의자들을 타이르는 스톡데일의 이미지를 가슴에 품고 다닌다.

"우린 크리스마스 때까지는 나가지 못할 겁니다. 그에 대비하세요."

* * *

스톡데일 장군과의 대화는 줄곧 머릿속을 떠나지 않았고, 내 자신의 성숙에 심대한 영향을 끼쳤다. 인생은 때로는 우리에게 이익을 주고 때로는 불이익을 준다. 우리 모두는 인생 행로에서 실망도 겪고 박살나기도 하며, 아무런 이유 없이 누구도 비난할 수 없는 좌절을 맛보기도 한다. 그것은 질병일 수도 있고, 부상일 수도 있다. 사고일 수도 있고, 사랑하는 사람을 잃는 일일 수도 있다. 정계 개편에서 밀려나는 것일 수도 있고, 베트남에서 총을 맞고 쓰러져 8년 동안 포로 수용소에 갇히는 것일 수도 있다. 그 상황에서 사람들을 가르는 것은 난관의 존재 여부가 아니라 인생의 불가피한 난관에 대처하는 방식이라고 스톡데일은 내게 가르쳐 주었다. 인생의 난제들과 씨름할 때, 스톡데일 패러독스(결국에는 성공할 거라는 믿음을 잃지 않는 동시에, 눈앞에 닥친 현실 속의 가장 냉혹한 사실들을 직시하는 것)는 곤경속에서 오히려 더 강해지도록 사람들을 단련시킨다는 것이 입증되었다. 나만이 아니라 그 교훈을 터득하여 적용해본 모든 사람들에게 말이다.

나는 스톡데일과의 산책을 위대한 기업으로의 도약에 관한 내 연구의 일부로 여긴 적이 없었고, 그것을 기업에 주는 교훈이라기보다는 개인적인 교훈으로 여기고 있었다. 그러나 연구 자료들을 풀어 놓는 순간, 자꾸만 그 생각이 떠오르는 것이었다. 마침내 어느 날 연구팀 모임 중에 나는 스톡데일의 이야기를 털어놓았다. 이야기가 끝나자 테이블 주위에 침묵이 감돌았다. 나는 '저 친구들이 내 머리가 이상해졌다고 여기는 게 틀림없다'고 생각했다.

조금 뒤 A&P 대 크로거의 사례를 분석해 온 차분하고 생각이 깊은 팀 멤버, 듀에인 더피가 입을 열었다.

"제가 씨름하고 있던 게 바로 그거였습니다. 전 A&P와 크로거의 본질적인 차이를 한마디로 표현해보려고 무진 애를 쓰고 있었거든요. 그런데 바로 그거예요. 크로거가 스톡데일이라면, A&P는 늘 크리스마스 때까지는 풀려날 거라고 생각하던 낙관주의자들입니다."

그러자 다른 멤버들이 맞장구를 치며 비교 대상 기업들 간의 똑같은 차이를 지적하기 시작했다. 둘 다 탈규제라고 하는 같은 현실에 직면한 웰스 파고와 뱅크 오브 아메리카, 프록터 & 갬블의 가공할 힘과 마주친 킴벌리 클라크와 스콧 페이퍼, 독점을 잃게 된 피트니 보즈와 어드레서그래프, 수입 제품과 마주친 뉴코어와 베들레헴 스틸 등등. 그들 모두가 이 역설적인 심리 패턴을 보여주었고, 그래서 우리는 거기에다 '스톡데일 패러독스'라는 이름을 붙여주었다.

스톡데일 패러독스		
아무리 어려워도 결국엔 성공할 거라는 믿음을 잃지 않는다.	그리고 그와 동시에	그게 무엇이든 눈앞에 닥친 현실 속의 가장 냉혹한 사실들을 직시한다.

스톡데일 패러독스는 스스로의 삶을 이끄는 경우든, 다른 사람들을 이끄는 경우든, 위대함을 창조하는 모든 이들의 특징이다. 처칠은 2차 세계대전 중에 이런 태도를 유지했다. 스톡데일 장군은, 그에 앞서 빅터 프랭클Viktor Frankl도 그랬듯이, 포로 수용소에서 이런 태도를 유지하며 살았다. 그리고 좋은 회사에서 위대한 회사로 도약한 우리의 기업들은 자유 세계를 구하는 원대한 사건이나 포로 수용소에서 살아남는 심도 있는 개인적 경험 같은 걸 겪었다고 주장할 수는 없지만, 모두가 스톡데일 패러독스를 가슴에 품고 있었다.

상황이 얼마나 비참하건, 그들의 평범함이 얼마나 우습게 보이건, 그건 상관없었다. 그들 모두는 단지 살아남으려는 게 아니고 위대한 회사로 우뚝 설 거라는 흔들리지 않는 믿음을 갖고 있었다. 그리고 그와 동시에, 눈앞에 닥친 현실 속의 가장 냉혹한 사실들을 직시하는 냉정한 규율을 지니고 있었다.

우리의 연구를 통해 발견된 많은 것이 그렇듯이, 위대한 회사로 도약하는 데 필요한 핵심 요소들은 믿을 수 없을 만큼 단순하고 직선적이다. 좋은 회사를 위대한 회사로 도약시킨 리더들은 온갖 잡음과 잡동사니들을 다 걸러내고 가장 큰 영향을 미치게 될 몇 가지에만 초점을 맞출 줄 알았다. 그들이 그럴 수 있었던 이유는 스톡데일 패러독스의 어느 한 측면이 다른 측면을 덮어 가리는 일 없이 두 측면을 두루 살피며 회사를 운영했기 때문이다.

이 이중 패턴을 받아 안을 수만 있다면 당신은 좋은 결정을 연달아 내리게 되고, 나아가 단순하지만 깊은 통찰에서 나온, 정말 큰 선택을 하는 데 필요한 개념을 발견할 확률이 극적으로 높아질 것이다. 그리고 이 단순하면서도 통일된 개념을 터득하는 날, 당신은 지속적인 전환을 통해 돌파의 성과를 일구어내는 경지에 아주 가까이 다가서게 될 것이다.

이제 그 개념의 창출에 대해 살펴볼 차례다.

냉혹한 현실을 직시하라, 그러나 믿음은 잃지 마라

◆ 좋은 회사에서 위대한 회사로 도약한 모든 기업들은 눈앞에 닥친 현실 속의 냉혹한 사실들을 직시하는 것으로부터 위대한 회사에 이르는 길을 찾는 과정에 착수했다.

◆ 정직하고 근면한 노력으로 출발하여 상황의 진실을 알아내고자 할 때, 무엇이 올바른 결정인지 자명해지는 경우가 많다. 그 과정 전체에 냉혹한 사실을 정직하게 직시하는 용기를 불어넣지 않고서는 훌륭한 결정을 내릴 수 없다.

◆ 좋은 회사를 위대한 회사로 도약시키는 데 필요한 일차적인 과제는 사람들의 목소리가 들리는 기회, 즉 진실이 들리는 기회가 매우 풍부한 문화를 조성하는 것이다.

◆ 진실이 들리는 환경을 조성하자면 다음 네 가지 기초적인 실천이 필요하다.

1. 답이 아니라 질문으로 이끌어라.

2. 열린 대화에 참여하여 토론하라.

3. 비난하지 말고 해부하라.

4. 정보를 무시할 수 없는 정보로 전환시키는 붉은 깃발 장치를 구축하라.

◆ 좋은 회사에서 위대한 회사로 도약한 기업들은 비교 기업들에 비해 결코 작지 않은 역경에 직면했지만, 역경에 대처하는 방식은 달랐다. 그들은 자기들이 처한 현실에 정면으로 대응했다. 그럼으로써 그 역경을 거치며 더 강한 회사로 다시 일어섰다.

◆ 좋은 회사를 위대한 회사로 이끄는 핵심 심리는 스톡데일 패러 독스다. 결국에는 성공할 수 있고 성공할 거라는 절대적인 믿음 을 잃지 않으면서, 동시에 그게 무엇이든 눈앞에 닥친 현실 속 의 가장 냉혹한 사실들을 직시하는 것이다.

예상치 못한 발견들

◆ 카리스마는 자산인 동시에 부채일 수도 있다. 당신의 리더십 퍼 스낼리티가 가진 힘이 사람들로 하여금 당신에게 냉혹한 사실 을 제시하지 못하게 할 수 있기 때문이다.

◆ 리더십은 단지 비전만으로 시작되지 않는다. 사람들로 하여금 냉혹한 사실들을 직시하고 그것이 뜻하는 바에 따라 행동하게 하는 것으로부터 시작된다.

◆ 사람들에게 '동기 부여'를 하기 위해 시간과 에너지를 쏟는 것 은 정력 낭비다. 진짜 문제는 "사람들에게 어떻게 동기를 부여 하느냐?"가 아니다. 적합한 사람들만 확보하면 그들이 스스로 동기를 부여한다. 핵심은 그들이 동기를 잃지 않게 하는 것이 다. 사람들로 하여금 동기를 잃게 하는 일차적인 방법 중 하나 는 현실 속의 냉혹한 사실들을 무시하는 것이다.

Good

5

_____

고슴도치 콘셉트
(세 가지 범주에서
추출한 단순한 개념)

to
Great

너 자신을 알라.

－ 델피의 필경사, 플라톤의 인용 [1]

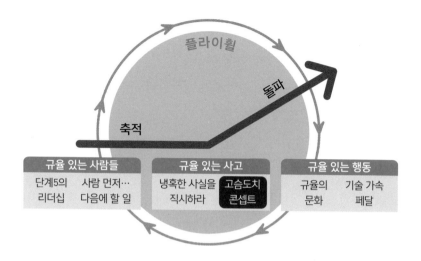

당신은 고슴도치인가, 여우인가?

유명한 수필 〈고슴도치와 여우〉에서, 이사야 벌린Isaiah Berlin은 고대 그리스 우화를 토대로 세상 사람들을 고슴도치와 여우로 나누었다.

"여우는 많은 것을 알지만, 고슴도치는 한 가지 큰 것을 안다."[2]

여우는 고슴도치를 기습할 복잡한 전략들을 무수히 짜낼 줄 아는 교활한 동물이다. 날이 밝고 어두워지도록 여우는 고슴도치 굴 주변을 빙빙 돌며 고슴도치를 덮칠 완벽한 순간을 기다린다. 민첩하고 늘씬하고 잘생기고 발빠르고 간사한 여우가 확실한 승자일 것 같다. 반면에 고슴도치는 호저와 작은 아르마딜로의 유전자를 합성해놓은 것 같은 촌스러운 동물이다. 놈은 어기적어기적 점심거리를 찾아다니고 집을 돌보며 단순한 일상에 열중한다.

여우는 갈림길에서 교활한 침묵 속에 고슴도치를 기다린다. 고슴도치가 제 일에만 신경을 쓰면서 여우가 숨어 있는 바로 그곳으로 다가온다. 여우는 생각한다.

'야, 이제 잡았다!'

여우가 후닥닥 뛰쳐나가 번개처럼 땅을 가로지른다. 위험을 느낀 작은 고슴도치는 여우를 올려다보며 생각한다.

'또 만났군. 아직도 덜 배웠나?'

고슴도치는 몸을 말아 동그란 작은 공으로 변신한다. 공 둘레에는 작은 가시가 사방으로 돋아나 있다. 사냥감 앞으로 달려온 여우는 고슴도치의 방어 태세를 보고 공격을 멈춘다. 여우는 숲 속으로 퇴각하여 새로운 공격 전략 구상에 착수한다. 고슴도치와 여우 사이에 이런 싸움들이 매일같이 펼쳐지는데, 여우가 훨씬 교활함에도 이기는 건 늘 고슴도치다.

벌린은 이 작은 우화에 비유하여 사람들을 두 가지 기본 그룹, 즉 여우와 고슴도치로 나눈다. 여우는 여러 가지 목적을 동시에 추구하며 세상의 그 복잡한 면면들을 두루 살핀다. 그들은 '어지럽고 산만하고 여러 단계를 오르내리는' 탓에 자신의 생각을 하나의 종합적인 개념이나 통일된 비전으로 통합하질 못한다고 벌린은 말한다.

그에 반해 고슴도치는 복잡한 세계를, 모든 것들을 한데 모아 안내하는 단 하나의 체계적인 개념이나 기본 원리 또는 개념으로 단순화한다. 고슴도치는 세상이 제아무리 복잡하건 관계없이, 모든 과제와 딜레마들을 지나치다 싶을 정도로 단순한 고슴도치 콘셉트로 축소시킨다. 고슴도치는 고슴도치 콘셉트에 다소나마 부합하지 않는 것들에는 전혀 관심이 없다.

프린스턴 대학 교수인 마빈 브레슬러Marvin Bressler는 우리와의 긴 대화 중에 고슴도치의 능력에 대해 이렇게 지적했다.

"매우 큰 영향을 끼친 사람들을 그저 똑똑하기만 한 다른 모든 사람들과 구별지어주는 게 뭔지 알고 싶은가요? 그들은 고슴도치입니다."

프로이트와 무의식, 다윈과 자연선택, 마르크스와 계급투쟁, 아인슈타인과 상대성, 애덤 스미스와 분업을 살펴보자. 그들은 모두 고슴도치였다. 그들은 복잡한 세계를 해석하여 그것을 단순화했다. 브레슬러는 말했다.

"매우 커다란 발자취를 남기는 사람들은 수천의 사람이 그들을 향해 '훌륭한 생각이지만 시대를 너무 앞서갔다!'고 말하는 소리를 듣습니다."[3]

분명히 말하건대 고슴도치는 멍청하지 않다. 그 정반대다. 그들은 심원한 통찰의 본질은 단순함이라는 걸 이해한다. 그 무엇이 $E=mc^2$보다 더 단순할 수 있겠는가? 그 무엇이 이드id(본능적 충동)와 자아ego와 초자아superego로 체계화된 무의식의 개념보다 더 단순할 수 있겠는가? 그 무엇이 애덤 스미스의 핀 공장과 '보이지 않는 손'보다 더 간명할 수 있겠는가?

그렇다. 고슴도치들은 바보 얼간이들이 아니다. 그들은 복잡한 속을 뚫고서 그 바탕에 깔린 패턴을 식별할 수 있게 해주는 날카로운 통찰력을 지니고 있었다. 고슴도치는 본질적인 것을 보고 나머지는 무시한다.

고슴도치와 여우에 관한 이 모든 이야기가 좋은 기업에서 위대한 기업으로 도약하는 것과 대체 무슨 관계가 있을까? 속속들이 관계가 있다.

> 좋은 회사를 위대한 회사로 도약시킨 사람들은 어느 정도는 모두 고슴도
> 치였다. 그들은 자신의 고슴도치 속성을 활용하여 우리가 고슴도치 콘셉
> 트라고 부르게 된 것을 자신의 회사에서 일관되게 추진했다. 비교 기업의
> 리더들은 여우 같은 속성이 있어 고슴도치 콘셉트의 분명한 장점을 파악
> 하지 못하고, 어지럽고 방만하고 일관되지 못한 모습을 보였다.

월그린즈 대 에커드의 경우를 보자. 월그린즈가 1975년 말부터
2000년까지 어떻게 해서 시장을 15배나 앞지르고 GE나 머크, 코카
콜라, 인텔처럼 큰 회사들까지도 가볍게 누르는 누적 주식 수익률을
창출해냈는지 상기해보라. 그토록 이름 없는 회사로서는 정말 눈부
신 성적이었다. 코크 월그린과 인터뷰하면서, 나는 그에게 좀더 깊
은 얘기를 하자고, 이토록 놀라운 성과를 내게 된 과정을 이해하게
도와달라고 계속 요청했다. 마침내 그가 버럭 화를 내며 말했다.

"자자, 그건 그렇게 복잡한 게 아니에요! 그 개념을 파악하는 순
간, 우리는 곧장 그 길로 달려간 것뿐이란 말입니다."[4]

그 개념이 무엇이었을까? 이렇게 단순한 것이었다. 가장 좋고, 가장
편리한 약국, 방문 고객당 이문이 높은 약국. 그것이 월그린즈가 인텔,
GE, 코카콜라, 머크를 누르는 데 쓴 돌파 전략이었다.

전형적인 고슴도치 스타일로, 월그린즈는 이 단순한 개념을 움켜
쥐고 그것을 광적일 만큼 끈기 있게 실천해나갔다. 회사는 편리하지
않은 위치에 있는 약국들을 모두 편리한 위치, 되도록 소비자들이
여러 방향에서 쉽게 드나들 수 있는 길모퉁이 위치로 옮기는 체계
적인 프로그램에 착수했다. 좋은 위치에서 상당한 수익을 내고 있던

월그린즈 가게에서 반 블록 떨어진 길모퉁이에 대형 약국이 문을 열 경우에는, (임대계약을 청산하기 위해 100만 달러를 들이는 한이 있어도) 잘 나가던 가게의 문을 닫고 길모퉁이에다 새 가게를 냈다.[5] 월그린즈 는 차를 타고 들어오는 약국을 최초로 시험해본 다음, 고객들의 반 응이 좋자 그런 가게를 수백 개 냈다. 도시 지역에서는 어느 누구라 도 월그린즈에 오기 위해 몇 블록씩이나 걷게 해서는 안 된다는 개 념 아래, 가게들을 빽빽하게 밀집시켰다.[6] 예를 들어 샌프란시스코 중심가의 경우, 월그린즈는 1마일 반경 안에다 9개의 가게를 빽빽이 심었다. 그 좁은 지역에 무려 9개씩이나![7] 몇몇 도시의 경우 자세히 보면, 월그린즈 가게들이 시애틀의 스타벅스만큼이나 조밀하게 들 어서 있다는 걸 알게 될 것이다.

월그린즈는 이어서 그 편의라는 개념을 단순한 경제 개념, 즉 방문 고객당 수익에 연결시켰다. 밀집 배치(1마일당 가게가 9개)가 지역 차원

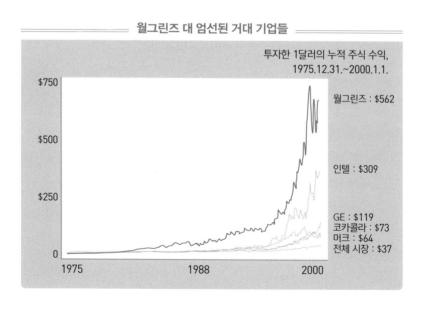

월그린즈 대 엄선된 거대 기업들

투자한 1달러의 누적 주식 수익,
1975.12.31.~2000.1.1.

월그린즈 : $562

인텔 : $309

GE : $119
코카콜라 : $73
머크 : $64
전체 시장 : $37

에서 규모의 경제를 불러오고, 그에 따라 자금에 여유가 생겨 가게를 더 밀집시키고, 그것이 다시 보다 많은 손님들을 끌어들인다. 월그린 즈는 1시간 사진 현상 같은 마진 높은 서비스들을 추가하여 방문 고객 당 수익을 증가시켰다. 더 많은 편의가 더 많은 고객을 불러들였고, 거기에다 방문 고객당 수익까지 늘어나니, 자금에 더욱 여력이 생겨 훨씬 더 많은 편의를 제공하는 가게를 만드는 시스템을 구축할 수 있게 되었다. 가게에서 가게로, 블록에서 블록으로, 도시에서 도시로, 지역에서 지역으로, 월그린즈는 갈수록 더욱 고슴도치가 되어 믿기지 않을 만큼 단순한 이 아이디어를 계속 펼쳐나갔다.

유행을 좇는 경영자들, 화려한 몽상가들, 호언장담하는 미래 신봉자들, 공포를 파는 상인들, 동기 부여의 권위자들, 그 밖에 갖은 사람들이 들끓는 세상에서, 한 회사가 한 가지 단순한 개념을 움켜쥐고는 그것만 훌륭하게 창조적으로 실행에 옮겨 그토록 눈부시게 성공하는 일을 보는 것은 참으로 신선한 경험이다. 편의점형 약국에서 세계 최고가 되는 것, 방문 고객당 수익을 꾸준히 늘려가는 것. 무엇이 그것보다 더 분명하고 직선적일 수 있을까?

그러나 그게 그토록 분명하고 직선적이라면 에커드는 왜 그걸 보지 못했을까? 월그린즈가 그 편의·밀집 개념을 구현할 수 있는 도시에만 줄곧 매달려 있는 동안에, 에커드에도 그와 같은 일관된 성장 개념이 있었다는 증거는 전혀 찾을 수 없었다. 계약 전문가들이 핵심을 이루고 있던 에커드의 경영진은 뭔가에 쫓기듯 여기서 42개, 저기서 36개, 밀집된 가게들을 인수할 기회를 찾아 줄곧 쫓아다녔다. 고슴도치 패션이긴 했지만 분명하고 통일된 테마가 없었다.

월그린즈의 경영진은 고슴도치 콘셉트에 부합하지 않는 잔가지들을 모두 쳐내야만 수지맞는 성장을 이룰 수 있다는 것을 이해한 반면에, 에커드의 경영진은 성장을 위한 성장을 찾아 헤맸다. 1980년대 초, 월그린즈가 편의점형 약국이라는 개념을 성실하게 실행에 옮기고 있던 바로 그때, 에커드는 아메리칸 홈비디오American Home Video를 사들여 홈비디오 시장에 뛰어들었다. 1981년, 에커드의 CEO는 〈포브스〉에서 이렇게 말했다.

"순수할수록 더 좋은 결과를 낸다고 느끼는 사람들이 있습니다. 하지만 난 성장을 원하고, 홈비디오 산업은 팽창 일로에 있습니다. 말하자면 약국 체인과는 다르지요."[8]

에커드는 홈비디오 시장에 개입하여 결국 3,100만 달러를 날린 뒤 탠디에 사업을 팔아넘겼다. 탠디는 장부 가격보다 7,200만 달러나 싼 값에 거래를 성사시켰다고 떠들어댔다.[9]

에커드가 아메리칸 홈비디오를 인수한 바로 그 해에, 월그린즈와 에커드의 총수입(17억 달러)은 사실상 똑같았다. 10년 뒤, 월그린즈는 총수입에서 에커드를 두 배 이상 앞질렀고, 10년간의 누적 순익은 에커드보다 10억 달러 많았다. 20년 뒤, 월그린즈는 우리 연구에서 지속적인 전환에 가장 성공한 회사로 꼽히면서 계속 강해지고 있다. 반면에 에커드는 독립된 회사로서의 생애를 마감했다.[10]

세 개의 원

'고슴도치 콘셉트Hedgehog Concept'라는 말은 우리 연구팀의 회의 중에 나왔는데, 바로 월그린즈의 놀라운 성과를 이해하고자 애쓰고 있을 때였다. 내가 말했다.

"우린 단지 전략을 이야기하고 있는 것 아닌가요? 편의점형 약국, 방문 고객당 수익, 이런 건 기본 전략일 따름이잖아요? 그게 뭐가 그토록 흥미롭지요?"

두 회사를 대조 분석하고 있던 제니 쿠퍼가 말했다.

"하지만 에커드도 전략을 갖고 있었습니다. 그걸 단지 전략의 유무라고 할 순 없어요. 그들은 둘 다 전략이 있었습니다."

제니의 관찰은 옳았다. 전략 그 자체는 좋은 회사에서 위대한 회사로 도약한 기업들과 비교 기업을 구분해주지 못했다. 두 집단의 회사들 모두 전략 계획이 있었고, 도약에 성공한 기업들이 전략 개발이나 장기 계획 수립에 더 많은 시간과 에너지를 투자했다는 증거는 털끝만큼도 없었다.

"좋아요. 그렇다면 우린 단지 좋은 전략 대 나쁜 전략을 이야기하고 있는 건가요?"

다들 앉은 채 생각에 잠겼다. 잠시 후 리 월뱅크스가 입을 열었다.

"제가 무척 놀랍다고 여기는 건 그들의 믿기지 않는 단순성입니다. 그러니까 크로거의 슈퍼스토어 개념이나, 킴벌리 클라크의 종이를 소재로 한 소비재 사업으로의 이동이나, 월그린즈의 편의점형 약국을 보세요. 단순하고 단순하고 또 단순한 개념들이었습니다."

연구팀 멤버들이 모두 경쟁이나 하듯이 자기가 조사하고 있는 회사들에 대해 떠들었다. 좋은 회사에서 위대한 회사로 도약한 기업들은 예외 없이 매우 단순한 개념을 습득하여 모든 결정의 준거 틀로 삼았고, 그럼으로써 돌파의 성과를 내게 됐다는 것이 곧 명백해졌다. 반면에 에커드 같은 비교 기업들은 모두 자기들의 세련돼 보이는 성장 전략에 발목이 차여 쓰러졌다. 내가 거들었다.

"좋습니다. 하지만 단순성만으로 충분할까요? 단지 단순하다고 해서 올바른 건 아니잖아요. 세상은 단순하지만 잘못된 아이디어를 가졌다가 실패한 회사들로 가득 차 있어요."

그리하여 우리는 좋은 회사에서 위대한 회사로 도약한 기업들의 지침이 된 개념들을 비교 기업과 견주어가며 체계적으로 검토하는 일에 착수하기로 결정했다. 몇 달 간의 선별 분류 작업을 거치며 여러 가지 가능성들을 숙고하고 검토한 끝에, 우리는 마침내 도약에 성공한 기업들의 고슴도치 콘셉트가 그저 불쑥 등장한 단순한 아이디어가 아니라는 사실을 알게 되었다.

> 좋은 회사에서 위대한 회사로 도약한 기업들과 비교 기업들의 본질적인 전략 차이는 다음과 같은 두 가지 근본적인 특징에 있다. 첫째, 도약에 성공한 기업들은 세 가지 핵심 범주, 나중에 우리가 세 개의 원이라고 부르게 된 것에 대한 깊은 이해를 바탕으로 전략을 세웠다. 둘째, 도약에 성공한 기업들은 그 이해를 단순 명쾌한 개념, 고슴도치 콘셉트로 바꾸어 모든 활동의 지침으로 삼았다.

보다 정확히 말하면, 고슴도치 콘셉트는 다음 세 가지 원이 겹치는 부분에 대한 깊은 이해에서 나온 단순 명쾌한 개념이다.

1. 당신이 세계 최고가 될 수 있는 일(그리고 똑같이 중요한 것으로, 당신이 세계 최고가 될 수 없는 일) | 이 식별 기준은 핵심 역량의 범주를 훨씬 넘어선다.

핵심 역량이 어느 한 부문에 집중돼 있다고 해서 당신이 그 분야에서 반드시 세계 최고가 될 수 있는 건 아니다. 역으로, 당신이 세계 최고가 될 수 있는 일은 심지어는 당신이 지금 손도 대지 않고 있는 일일 수도 있다.

2. 당신의 경제 엔진을 움직이는 것 | 좋은 회사에서 위대한 회사로 도약한 모든 기업들은 지속적이고도 활발한 현금 흐름cash flow과 수익성을 아주 효과적으로 유발하는 방법을 예리하게 꿰뚫어보고 있었다. 그들은 특히 회사의 경제 상태에 가장 큰 영향을 미치는 단 하나의 기준(x당 수익)을 발견했다(집합적으로는 x당 현금 흐름으로 표현될 것이다).

3. 당신이 깊은 열정을 가진 일 | 좋은 회사에서 위대한 회사로 도약한 기업들은 자신들의 열정에 불을 지피는 사업에 집중했다. 여기서 이 개념의 의미는 열정을 자극하는 것이 아니라 당신이 열정을 느끼는 일이 무엇인지를 발견한다는 것이다.

세 개의 원을 빠르게 이해하려면, 다음과 같이 개인에 유추하여 생각해보라. 당신이 일에 있어서 다음 세 가지 테스트를 충족시키는 인생을 만들어나갈 수 있다고 가정해보자. 첫째, 천부적인 재능을 타고난 일을 하고 있고, 그 재능을 펼치는 분야에서는 아마도 세계 최고 중 하나가 될 수 있다("나는 꼭 이 일을 하려고 태어난 것 같은 느낌이야"). 둘째, 일에 대한 대가를 충분히 받고 있다("이 일을 하면서 이만한 돈을 받는단 말이지? 내가 꿈을 꾸고 있는 건가?"). 셋째, 정말 하고 싶은 일

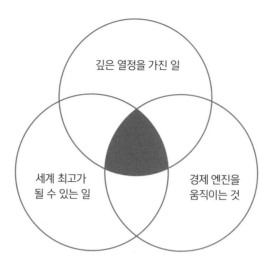

고슴도치 콘셉트의 세 원

을 하면서 그 작업 과정 자체를 즐긴다("눈을 뜨기가 무섭게 매일같이 일을 하러 달려가고 싶고, 내가 하고 있는 일이 정말 좋은 일이라고 믿는다"). 당신이 이 세 개의 원이 겹치는 부분에 달려들어 그 겹치는 부분을 당신의 인생 지침이 되는 단순 명쾌한 개념으로 바꾸어낼 수 있다면, 당신은 스스로를 위한 고슴도치 콘셉트를 갖고 있는 셈이다.

완전 성숙한 고슴도치 콘셉트를 가지려면 세 개의 원이 모두 있어야 한다. 최고가 될 수 없는 일을 하면서 많은 돈을 벌고 있다면, 당신은 고작해야 성공한 회사를 만들 뿐 위대한 회사를 만들진 못할 것이다. 무슨 일에 최고가 된다 하더라도, 당신이 하고 있는 일 그 자체에 열정이 없다면 결코 최고로 계속 머물진 못할 것이다. 마지막으로, 당신이 하는 일에 열정은 대단하지만 그 일에 최고가 될 수 없다거나 경제적으로 별 의미가 없다면, 재미는 있을지 모르나 큰 성과를 내진 못할 것이다.

당신이 최고가 될 수 있는 일은?

"그들은 자존심이 아니라 자기들이 이해하고 있는 것, 자기들의 능력을 발휘할 수 있게 하는 것을 감안하여 할 일을 결정합니다."[11]

워렌 버핏은 금융업에 매우 유보적인 태도를 취하면서도 웰스 파고에 2억 9,800만 달러를 투자한 이유에 대해 이렇게 쓰고 있다.[12]

자신의 고슴도치 콘셉트를 분명히 하기 전에, 웰스 파고는 미니 시티코프(지금의 시티그룹)처럼 운영되는 국제적인 은행으로의 변신을 시도한 적이 있었는데, 그 방면에서 그다지 내세울 게 없는 평범한 은행이었다. 그리고 난 다음에야 딕 쿨리, 이어서 칼 라이하르트의 지휘 하에, 웰스 파고의 경영진은 스스로에게 날카로운 질문을 던지기 시작했다. 우리가 다른 어떤 회사보다도 더 잘할 잠재력을 가진 일은 무엇이고, 최고가 될 수 없는 일은 무엇인가? 그리고 그 분야에서 최고가 될 수 없다면, 우린 무엇 때문에 그 일을 하고 있는 걸까?

웰스 파고 팀은 국제 금융global banking 부문에서 시티코프를 능가할 수는 없다는 사실을 인정하고서, 자존심을 버리고 대부분의 국제 사업에서 철수했다.[13] 그런 다음 웰스 파고는 세계 최고가 될 수 있는 일로 관심을 돌렸다. 미국 서부에 초점을 맞추고서 은행을 비즈니스처럼 경영하는 일이었다. 바로 그거다. 그것이야말로 웰스 파고를 시티코프를 꿈꾸는 평범한 은행에서 세계 최고의 실적을 올리는 은행으로 전환시킨 고슴도치 콘셉트의 정수였다.

전환기 웰스 파고의 CEO, 칼 라이하르트는 정말 신기한 고슴도치의 전형이다. 뱅크 오브 아메리카의 경영자들이 탈규제에 대한 대응으로 반동·혁신의 공황 상태에 빠져들어 정교한 모델과 시간 잡아먹는 집단감수성 훈련 그룹을 동원하는 변신의 권위자들을 고용하는 사이에, 라이하르트는 모든 것을 다 벗겨내고 단순한 본체만 남겼다.[14] 우리와의 인터뷰에서 그는 말했다.

"우리가 한 일은 무슨 우주과학 같은 게 아니었습니다. 매우 단순했고, 또 계속 단순하게 진행했어요. 너무나도 직선적이고 분명했기 때문에 그걸 거론하는 게 우스울 정도였지요. 규제 없는 상태에서 강도 높은 경쟁이 펼쳐지고 있던 업종의 비즈니스맨들은 이걸 보고 마치 거위가 투구를 뒤집어쓴 것 같다고 펄쩍 뛰었을 겁니다."[15]

라이하르트는 사람들에게 줄곧 "도쿄보다 모데스토(캘리포니아주의 도시)가 돈벌이가 더 낫다"는 걸 상기시키며, 단순한 고슴도치 콘셉트에 몰두케 했다.[16] 라이하르트와 함께 일하던 사람들은 단순화에 대한 그의 천부적인 능력에 신기해했다. 한 동료는 말했다.

"칼이 올림픽 다이빙 선수였다면, 공중돌기 5회전 같은 건 안 했을 겁니다. 그는 세계에서 가장 멋진 스완 다이브swan dive를 했을 거고, 몇 번이고 그 동작을 완벽하게 펼쳐 보였을 겁니다."[17]

웰스 파고는 고슴도치 콘셉트에 너무도 강렬하게 집중해서, 경영진들 말에 따르면 '주문呪文'을 욀 지경이 되었다. 웰스 파고 사람들은 우리와의 인터뷰 내내 다음과 같은 기본 주제를 똑같이 외워댔다.

"그건 그렇게 복잡한 게 아니었습니다. 우린 그저 우리가 하고 있는 일들을 냉정하게 살펴본 뒤, 우리의 자존심을 충족시켜주는 분야나 우리가 최고가 될 수 없는 분야에 한눈을 팔지 않고, 우리가 다른 어느 누구보다도 잘할 수 있는 몇 가지 일에만 총력을 집중하기로 결정했던 것뿐입니다."

여기서 이 장의 가장 중요한 지점 중 하나에 다다르게 된다. 고슴도치 콘셉트는 최고가 된다는 목표, 최고가 되는 전략, 최고가 되려는 의도, 최고가 되기 위한 계획이 아니라는 것이다. 그것은 당신이 무엇에서 최고가 될 수 있는지 아는 것이다. 그 차이는 절대적으로 중요하다.

모든 회사들이 제각기 최고가 되기를 바랄 테지만, 자기들이 어떤 분야에서 정말 최고가 될 수 있는 잠재력을 가졌고, 마찬가지로 어떤 분야에서 최고가 될 수 없는지를 자기도취에 빠지지 않고 예리한 통찰력으로 명쾌하게 파악하는 경우는 드물다. 그리고 위대한 회사로 도약한 기업들과 비교 기업들의 주요한 차이점 중 하나가 바로 이것이다.

애보트 연구소와 업존의 차이를 생각해보자. 1964년에 두 회사는 총수입 면에서나 수익 면에서, 제품 구성 면에서 거의 똑같았다. 두 회사 모두 사업의 대부분이 제약 사업이었고, 그중에서도 항생제가 주요 생산 품목이었다. 두 회사 모두 가족 경영 체제였다. 두 회사 모두 다른 제약업체들에 뒤지는 실적을 보이고 있었다. 그러나 그 뒤 1974년에, 애보트는 실적 면에서 돌파를 달성하며 다음 15년 사이에 시장의 4.0배, 업존의 5.5배에 달하는 누적 주식 수익률을 올렸다. 두 회사의 중요한 차이 중 하나는 애보트의 경영진은 자신들이 어떤 분야에서 최고가 될 수 있겠는가에 바탕을 둔 고슴도치 콘셉트를 발굴해낸 반면, 업존은 그러지 못했다는 것이다.

애보트는 냉혹한 사실을 직시하는 것으로부터 출발했다. 1964년에 이르고 보니 애보트는 이미 최고의 제약 회사가 될 수 있는 기회를 잃은 뒤였다. 애보트가 현찰을 실어 나르는 효자 제품인 에리스로마이신에 기대며 1940년대와 1950년대를 아무 생각 없이 보내고 있던 동안에, 머크 같은 회사들은 하버드나 버클리와 맞먹는 연구 엔진을 만들어두고 있었다. 1964년에야 조지 케인과 그의 애보트 팀은 머크와 다른 회사들이 연구에서 크게 앞섰다는 것을 알아차렸다. 그런 상태에서 최고의 제약 회사가 되려는 것은 마치 고등학교 미식축구 팀이 댈러스 카우보이즈를 넘보는 격이었다.

애보트의 역사 전체가 제약 사업이었음에도, 이제 최고의 제약 회사가 되는 것은 더 이상 실행 가능한 선택이 아니었다. 그리하여 애보트 팀은 단계5의 리더의 안내를 받으며 스톡데일 패러독스의 믿음, 즉 우리가 위대한 회사로 성공할 길은 반드시 있고 꼭 그 길을 찾아내게 될 거라는 믿음을 지니고 자신들이 무엇에서 최고가 될 수 있겠는지 알아보는 일에 착수했다. 1967년쯤에 한 가지 중요한 통찰이 떠올랐다. 비록 최고의 제약 회사가 될 기회는 잃었지만, 비용에 비해 효과가 큰 진료 보조 제품들을 만드는 일에서는 우위를 차지할 기회가 있다는 거였다. 애보트는 수술 뒤 환자의 빠른 기력 회복을 돕는 병원용 영양제와 진단 장비(진료비를 줄이는 주요 방법 중 하나는 적합한 진단을 하는 것이다)들을 실험해오던 참이었다. 애보트는 결국 이 두 분야에서 최고가 되었고, 또 그것을 동력 삼아 비용 효율이 보다 높은 진료를 가능케 하는 제품을 만드는 일에서 세계 최고의 회사가 되는 길로 전진했다.[18]

업존은 냉혹한 현실을 직시하지 못하고 자신들이 머크를 누를 수 있다는 환상을 버리지 않았다.[19] 나중에 회사가 제약업계의 선두주자들보다도 훨씬 뒤처지자, 이번에는 사업을 다변화하여 플라스틱이나 화학 제품 같은, 세계 최고가 되기는 전혀 불가능한 업종에 뛰어들었다. 실적이 더욱 뒤처지자 다시 처방약 제조로 중심을 옮겨왔지만, 업존은 여전히 밑천이 많이 드는 제약 게임에서 승리를 거두기엔 덩치가 너무 작다는 사실을 직시하지 못했다.[20] 매출 대비 연구개발비를 애보트에 비해 늘 2배 가까이 썼음에도, 수익이 애보트의 절반도 못 되는 수준에 이르렀다가 마침내 1995년에 인수되고 말았다.[21]

> 애보트 대 업존의 사례는 '핵심 사업'과 고슴도치 콘셉트의 차이를 극명하게 보여 준다. 어떤 일이 핵심 사업이라고 해서, 몇 년 어쩌면 몇십 년씩 그 일을 해 왔다고 해서 당신이 반드시 그 분야에서 세계 최고가 될 수 있는 건 아니다. 그리고 핵심 사업에서 최고가 될 수 없다면, 당신의 핵심 사업은 고슴도치 콘셉트의 토대가 될 수 없다.

분명히 고슴도치 콘셉트는 핵심 역량과 같은 것이 아니다. 당신이 무슨 일인가에 능력이 있을 수는 있지만 그렇다고 해서 반드시 그 분야에서 세계 최고가 될 잠재력을 가지고 있는 건 아니다. 예컨대 고등학교 수학에서 줄곧 A를 받고 SAT(대학수학적성평가 시험) 수학 과목에서 높은 점수를 받아 수학에 핵심 역량을 보이고 있는 청년을 생각해보자. 그렇다면 이 청년은 수학자가 돼야 할까? 꼭 그렇진 않다. 이 청년이 대학에 들어가 수학과에 등록하면 계속 A를 받긴 하겠지만, 거기서 그보다 뛰어난 수학적 유전형질을 물려받은 사람들을 만난다고 해보자. 이런 일을 겪은 어떤 학생의 말이다.

"내가 기말 시험을 마치는 데는 3시간 정도가 걸렸습니다. 그런데 똑같은 시험을 30분 만에 끝내고 A+를 받는 친구들이 있었어요. 그들의 두뇌는 아예 구조가 달랐습니다. 나는 능력 있는 수학자가 될 수는 있지만 결코 최고 수학자의 반열에 낄 수는 없다는 걸 금세 깨달았지요."

그럼에도 그는 아마 부모나 친구들로부터 "하지만 넌 수학을 아주 잘하잖아" 하는 소리를 들으며 수학 공부를 계속하라는 압력을 받을 것이다. 이 청년과 마찬가지로, 부추김을 받거나 떠밀려서 자신이 결코 완벽하게 통달할 수 없는 일을 하게 되는 사람이 많다. 능력이라는 주문에 걸려 괴로움을 겪지만 뚜렷한 고슴도치 콘셉트는 갖지 못한 그들이 자기가 하는 일에서 대가가 되는 경우는 드물다.

고슴도치 콘셉트는 탁월함에 대한 엄격한 기준을 요구한다. 그것은 단지 강점이나 역량이 있다고 해서 만들어지는 게 아니다. 당신의 조직이 진정으로 그 분야에서 최고가 될 수 있는 잠재력이 있는지 알아내고 그것을 끝까지 물고 늘어지는 것이기도 하다. 업존과 같은 비교 기업들은 그들이 '잘'하기는 하지만 결코 최고가 될 수는 없는 일에 집착하거나, 더 나쁜 경우 최고가 될 가망이 전혀 없는 분야에 불쑥 뛰어들어 손쉬운 성장과 이익을 추구하는 행태를 보였다. 그들은 돈은 벌었지만 결코 위대한 회사가 되진 못했다.

> 좋은 회사에서 위대한 회사로 도약하자면 능력이라는 주문을 초월해야 한다. 그러자면 "단지 우리가 그 일에 능숙하다고 해서, 단지 우리가 그 일로 돈을 벌어 성장하고 있다고 해서 반드시 우리가 그 일에 최고가 될 수 있는 건 아니다"라고 말하는 훈련을 해야 한다. 도약에 성공한 기업들은 자신들이 잘하는 일을 해서는 그저 좋은 회사가 될 뿐임을 알았다. 다른 어느 회사보다도 더 잘할 수 있는 잠재력을 가진 일에 전념하는 것이 위대한 회사로 도약하는 유일한 길이다.

좋은 회사에서 위대한 회사로 도약한 모든 기업들은 마침내 이 원리를 깊이 이해하여, 자신들의 미래를 걸고서 최고가 될 수 있는 잠재력을 가진 몇몇 분야에 총력을 기울였다(다음 표를 보라). 비교 기업들은 이것을 제대로 이해한 경우가 드물었다.

좋은 회사에서 위대한 회사로 도약한 기업들과 고슴도치 콘셉트의 '세계 최고' 원

이 표는 도약에 성공한 기업들이 고슴도치 콘셉트의 '세계 최고' 원을 어떻게 이해하여 좋은 회사에서 위대한 회사로 전환하는 토대로 삼았는지를 보여준다. 이 표는 그 회사들이 전환에 착수할 때 이미 세계 최고였던 것을 보여주지는 않는다. 사실 대부분의 회사들이 당시 어떤 분야에서도 최고가 아니었다. 이 표는 무엇보다도 어떤 분야에서 세계 최고가 될 수 있는가에 관한 그들의 깨달음을 보여준다.

뉴코어 저비용의 철강을 제조하는 시스템과 기술을 활용하는 일	뉴코어는 자신들이 다음 두 가지 일에서 굉장한 능력을 지녔다는 사실을 알게 되었다. (1) 실적 위주의 풍토를 만드는 일과 (2) 멀리 내다보며 새로운 제조 기술을 겨루는 일이었다. 뉴코어는 이 두 가지를 결합하여 미국 최고의 저비용 철강 제조업체가 될 수 있었다.
서킷 시티 비싼 가격표가 붙은 물품의 판매에 적용되는 '4-S' 모델(서비스, 선택권, 가격 절감, 만족)을 구현하는 일	서킷 시티는 지리적으로 분산된 시스템을 원격 조종하여 고가 물품 소매 분야의 '맥도날드'가 될 수 있겠다고 보았다. 서킷 시티의 차별성은 '4-S' 모델 자체가 아니라 그 모델을 일관되고도 탁월하게 실행한 것에 있었다.
애보트 진료 비용을 낮추는 제품 개발	애보트는 당시 총수입에서 제약 사업이 차지하는 비중이 무려 99%에 달하고 있었음에도, 자사가 세계 최고의 제약회사가 될 수는 없다는 현실을 직시했다.[22] 애보트는 초점을 이동시켜, 진료비를 낮추는 데 도움이 되는 제품들, 주로 병원용 영양제, 진단 장비들, 병원 보급품들을 만드는 일에 주력했다.

월그린즈 편의점형 약국	월그린즈는 그들의 가게가 약국인 동시에 편의점이라고 보았다. 그리하여 작은 반경 내에 많은 가게를 밀집시키고 차를 타고 들어오는 약국을 최초로 시도하는 등, 고객들에게 편의를 제공할 최적의 장소와 형태를 체계적으로 찾기 시작했다. 또한 최신형 웹사이트를 개발하는 등 기술에 광범위한 투자를 하여, 전 세계의 월그린즈 가게를 하나의 거대한 '길모퉁이 약국'으로 연결시켰다.
웰스 파고 미국 서부 지역을 중심으로 은행을 일반 사업체처럼 운영하는 일	웰스는 두 가지 매우 중요한 통찰에 이르렀다. 첫째로, 대부분의 은행들이 전통적인 은행 문화에 젖어 있었다. 웰스는 스스로를 우연히 금융업에 발을 들여놓게 된 사업체로 보았다. "비즈니스처럼 운영하라"와 "당신 소유인 것처럼 운영하라"가 주문이 되었다. 둘째로, 그들이 국제적 은행으로는 세계 최고가 될 수 없지만, 미국 서부에서는 최고가 될 수 있음을 깨달았다.
질레트 정교한 제조 기술을 필요로 하는 일상용품 분야에서 세계 제일 브랜드들을 만드는 일	질레트는 자신들이 다음과 같은 두 가지 아주 다른 능력을 조합할 수 있음을 알았다. (1)저가의 초정밀 제품(예: 면도날)을 대량 제조할 수 있는 능력 (2)세계적인 브랜드의 면도날이나 '코카콜라' 같은 인지도가 있는 칫솔을 만들 수 있는 능력.
크로거 혁신적인 슈퍼콤비네이션 스토어	크로거는 본래 식품점을 혁신하는 면에서 강점을 가진 회사였다. 크로거는 이 능력을 포착하여, 참신하면서도 마진이 높은 다양한 '미니 가게'를 한 지붕 밑에다 두는 콤비네이션 스토어를 만드는 방법이 뭘까 하는 문제에 적용했다.
킴벌리 클라크 종이를 소재로 한 소비재 부문	킴벌리 클라크는 자사가 종이를 소재로 한 제품 부문에서 '카테고리 킬러' 브랜드(크리넥스처럼 제품의 이름이 곧 카테고리의 이름과 같은 브랜드)를 만드는 숨은 능력을 지녔음을 깨달았다.

패니 메이 담보대출	패니 메이는 (1) 자사가 월스트리트의 어느 회사에도 뒤지지 않는 자본시장의 만능 선수가 될 수 있고 (2) 대출 관련 담보의 리스크를 평가하는 독창적인 능력을 개발할 수 있다는 가능성을 간파했다.
피트니 보즈 정교한 사무 지원 장비가 필요한 메시지 전달업	피트니는 우표 소인기 제조를 넘어서서 발전할 길은 무엇인가 하는 문제와 씨름하며 자사가 지닌 두 가지 장점을 파악하게 되었다. (1) 우표 소인기 제조에 머무르지 않고 자신의 사업을 좀더 넓게 정의할 수 있다는 것과 (2)사무실 구석에 정교한 장비들을 공급하는 일에서 특출한 강점을 지니고 있다는 것이었다.
필립 모리스 담배와 기타 소모품들에 있어 세계 최고의 브랜드 신뢰도를 구축하는 것	필립 모리스는 전환기 초창기에 자사가 단지 세계 최고의 담배 회사가 될 수 있을 거라는 가능성만을 보았다. 나중에 필립 모리스는 담배 외의 분야로 사업을 다변화하기 시작했지만(모든 담배 회사들이 방어 조치로 취하는 한 수단), 자신의 브랜드 구축 강점과 밀접한 연관이 있는 '죄받을' 제품들(맥주, 담배, 초콜릿, 커피)과 식료품들로 분야를 국한시켰다.

경제 엔진에 대한 통찰

좋은 회사에서 위대한 회사로 도약한 기업들은 전혀 주목받지 못하는 업종에서 주목받는 수익을 올린 경우가 많다. 웰스 파고가 시장을 4배나 앞지르는 성과를 내던 기간에, 금융업은 (총수익 면에서) 하위 1/4의 산업으로 분류돼 있었다. 훨씬 더 인상적인 것으로, 피트니 보즈와 뉴코어는 최하위 5%의 업종들에 속해 있었지만, 두 회사 모두 시장을 5배 이상 여유 있게 앞질렀다. 도약에 성공한 기업들 중 단 하나만이 (최상위 10%의 산업으로 정의되는) 큰great 업종에 속해 있었고, 5개 회사는 좋은good 업종에, 나머지 5개 회사는 나쁜bad 업종이나 끔찍한terrible 업종에 속해 있었다(산업 분석 요약에 대해서는 부록 5.A를 보라).

> **우리의 연구는 어떤 회사가 반드시 큰 업종에 속해 있어야만 큰 회사가 되는 건 아니라는 걸 분명하게 보여준다. 도약에 성공한 기업들은 업종에 관계없이 제각기 놀라운 경제 엔진들을 만들어냈다. 그게 가능했던 것은 그들이 나름의 경제학에 대한 깊은 통찰에 도달했기 때문이다.**

이 책은 미시경제학 책이 아니다. 각 회사와 각 산업에는 저마다 고유한 경제 현실이 있는데, 여기에 그 모든 걸 장황하게 늘어놓을 생각은 없다. 핵심 포인트는, 도약에 성공한 기업들은 제각기 자사의 경제 엔진의 핵심 동력들에 대한 깊은 이해에 도달했고 그 이해한 바에 맞추어 시스템을 구축했다는 점이다.

그러나 우리는 좋은 회사에서 위대한 회사로 도약한 모든 기업들이 터득하게 된 매우 도발적인 형태의 경제적 통찰, 즉 단 하나의 '경제적 기준economic denominator'이라는 개념을 발견했다는 걸 강조하고 싶다. 다음과 같은 질문 형태로 그것을 생각해보자. 당신이 만일 단 하나의 비율(x당 수익, 또는 집합적으로는 x당 현금 흐름)을 골라 날이 갈수록 그것을 체계적으로 높여갈 수 있다면, 어떤 x가 당신의 경제 엔진에 가장 크고 가장 지속적인 영향을 미칠까? 우리는 이 단하나의 물음이 한 사업체의 경제학의 내부 작용에 대한 깊은 통찰을 이끌어낸다는 사실을 알아냈다.

월그린즈가 어떻게 가게당 수익에서 방문 고객당 수익으로 초점을 옮겨갔는지 상기해보라. 편리한 위치는 값이 비싸지만, 월그린즈는 방문 고객당 수익을 늘림으로써 편의성을 증가시키고(반경 1마일 안에 가게가 9개라니!), 동시에 시스템 전체의 수익성을 높일 수 있었다. 가게당 수익이라는 표준 잣대는 편의성 개념과는 정반대로 치달았을 것이다. 즉 가게당 수익을 늘리는 가장 빠른 길은 가게 수를 줄이고 가게들을 값이 비싸지 않은 위치에다 두는 것이다. 그러면 편의성이라는 개념은 훼손될 것이다.

아니면 웰스 파고를 생각해보라. 탈규제가 금융을 상품으로 전환시킬 거라는 냉혹한 사실을 직시했을 때, 웰스 팀은 대출금당 수익이나 예치금당 수익과 같은 뱅커들의 표준 잣대가 더 이상 핵심 동력이 될 수 없다는 사실을 깨달았다. 대신에 그들은 종업원당 수익이라는 새로운 기준을 포착했다. 웰스 파고는 이 논리에 따라, 주로 핵심 기능만 남긴 지점과 ATM(현금 자동 입출금기)에 의존하는 방향으로 지점 배치 체제를 바꾼 최초의 은행 중 하나가 되었다.

> 기준은 매우 미묘한 것일 수도 있고 심지어는 불명확한 것일 수도 있다. 열쇠는 기준이 뭔가라는 물음을 활용하여 당신의 경제 모델에 대한 이해와 통찰을 얻는 것이다.

예를 들어, 패니 메이는 다른 회사라면 '명확한' 선택이었을 담보대출당 수익이 아니라 담보 리스크 수준당 수익이라는 미묘한 기준을 포착했다. 그것은 눈부신 통찰이었다. 패니 메이의 경제학에서 진정한 동력은 담보대출 패키지의 상환불능 리스크를 다른 어떤 은행보다도 잘 파악하는 능력이다. 그런 다음 패니 메이는 보험 상품을 팔고 그 리스크의 진폭을 관리하여 돈을 번다. 단순하고, 통찰력 있고, 불명확하지만 옳았다.

또 한 예로, 뉴코어는 가격 경쟁이 극심하던 철강 산업에서 철강 완제품 톤당 수익이라는 기준으로 성공을 거두었다. 얼른 보기에는 종업원당이나 고정비용당이 적합한 기준이겠다고 생각할는지 모른다. 그러나 뉴코어 사람들은 자기네 경제 엔진의 동력은 견실한 노동윤리 풍토와 앞선 제조 기술 응용의 조합이라고 파악했다. 종업원당 수익이나 고정비용당 수익은 철강 완제품 톤당 수익만큼 이 이중성을 포착해내지 못했을 것이다.

오로지 단 하나만의 기준을 가져야 할까? 그건 아니지만, 단 하나의 기준만을 밀어붙이는 것이 서너 개의 기준으로 고삐를 늦추는 것보다 더 훌륭한 통찰을 낳는 경향이 있다. 기준이 뭔가라는 물음은 당신의 경제 엔진의 핵심 동력을 보다 깊이 이해하도록 촉구하는 메커니즘 역할을 한다. 연구 중에 기준이 뭔가라는 물음이 떠올랐을 때, 우리는 많은 경영팀들에게 그 물음을 테스트해보았다. 우리는 그 물음이 언제 어디서고 격렬한 대화와 토론을 자극한다는 걸 발견했다. 나아가, 그 팀이 단 하나의 기준을 찾아내는 데 실패한(또는 거절한) 경우조차도, 그 도전적인 물음은 그들을 더 깊은 통찰로 몰고 갔다. 그리고 포인트는 결국 바로 그것, 즉 기준을 갖기 위해서가 아니라, 궁극적으로는 보다 확실하고 오래도록 적용할 수 있는 경제학으로 인도하는 통찰을 얻기 위해서 기준을 갖는다는 것이다.

좋은 회사에서 위대한 회사로 도약한 기업들은 예외 없이 한 가지 핵심 경제 기준을 발견한 반면에, 비교 기업들은 대개 그러지 못했다. 사실, 비교 기업들 중에서 나름의 경제학에 대한 깊은 통찰에 도달한 회사는 딱 하나, 해즈브로Hasbro였다. 해즈브로는 '지아이 조G.I. Joe' 나 '모노폴리Monopoly' 같은 고전적인 장난감과 게임 세트들이 갑자기 한방 크게 터뜨리는 것들보다 더 지속적인 현금 흐름을 만들어낸다는 통찰을 기반으로 큰 폭의 성장을 기록했다.[23] 실제로 해즈브로는 고슴도치 콘셉트의 세 원을 다 이해한 유일한 비교 기업이다. 해즈브로는 명품 장난감들을 인수하여 새롭게 만들고 적시에 그것들을 재유통시킴으로써 고전 브랜드당 수익을 높이는 분야에서 세계 최고가 되었다. 그리고 해즈브로의 사람들은 그 일에 큰 열정을 갖고 있었다. 해즈브로는 세 개의 원을 다 고려하며 스스로를 체계적으로 구축하여 우리 연구의 비교 기업들 중 가장 좋은 실적을 올리는 회사가 됨으로써 고슴도치 콘셉트가 가진 힘에 신뢰도를 더해주었다.

해즈브로가 전환의 지속에 실패한 이유 중 하나는 CEO였던 스티븐 하슨펠드Stephen Hassenfeld가 뜻밖의 죽음을 맞은 후 세 개의 원 안에 머무른다는 규율을 상실했기 때문이다. 해즈브로의 사례는 한 가지 중대한 교훈을 재확인시켜준다. 이 개념을 잘 적용하여 성공을 거두다가 중간에 멈추면, 위대한 회사에서 좋은 회사로, 심지어는 나쁜 회사로 미끄러져 떨어지게 된다. 계속 위대한 회사로 남는 길은 오로지 당신들을 크게 만든 근본 원칙을 계속 적용하는 것뿐이다.

이 표는 좋은 회사에서 위대한 회사로 도약한 기업들이 중대한 전환기에 얻은 경제 기준에 대한 통찰을 보여준다.

뉴코어 완제품 철강 톤당 수익	**핵심 통찰** 사업부당 수익에서 완제품 철강 톤당 수익으로의 전환은 단지 양에 초점을 맞춘 것이라기보다는 생산성 높은 풍토와 미니 공장 기술이 독특하게 혼합된 뉴코어의 특성을 반영한 것이었다.
서킷 시티 지역당 수익	**핵심 통찰** 단일 가게당 수익에서 지역당 수익으로의 전환은 지역 차원의 규모의 경제를 반영한 것이었다. 가게당 실적을 중요한 지표로 남겨 두면서 그것을 지역 차원으로 모은 것이 서킷 시티의 경제학을 실로(Silo)의 수준 이상으로 높인 핵심 통찰이었다.
애보트 종업원당 수익	**핵심 통찰** 제품 라인당 수익에서 종업원당 수익으로의 전환이 비용효율이 높은 진료에 도움을 준다는 생각에 부합한다.
월그린즈 방문 고객당 수익	**핵심 통찰** 가게당 수익에서 방문 고객당 수익으로의 전환은 편리한(그리고 값비싼) 가게 위치와 지속적인 수익성의 밀접한 연관성을 반영한 것이었다.
웰스 파고 종업원당 수익	**핵심 통찰** 대출금당 수익에서 종업원당 수익으로의 전환은 금융이 상품이라는 탈규제의 냉혹한 현실에 대한 이해를 반영한 것이었다.
질레트 고객당 수익	**핵심 통찰** 사업부당 수익에서 고객당 수익으로의 전환은 구매(예: 쓰고 버리지 않는 면도날, 마하3)당 수익보다 몇 배 높은 반복 구매(예: 면도날 카트리지)의 경제적 힘을 반영한 것이었다.

크로거 지역 인구당 수익	**핵심 통찰** 가게당 수익에서 지역 인구당 수익으로의 전환은 지역 차원의 시장 점유율이 식료품 판매의 수익성 창출에 매우 중요하다는 통찰을 반영한 것이었다. 지역 시장 점유율에서 첫 번째나 두 번째 지위에 도달하지 못하면 판을 거두어야 한다.
킴벌리 클라크 소비자 브랜드당 수익	**핵심 통찰** 고정자산(공장)당 수익에서 소비자 브랜드당 수익으로의 전환이 호황과 불황의 순환을 덜 타면서 더 많은 수익을 가져다줄 것이다.
패니 메이 담보 리스크 수준당 수익	**핵심 통찰** 담보대출당 수익에서 담보 리스크 수준당 수익으로의 전환은 이자 리스크 관리로 이자율 변동에 대한 의존도를 줄일 수 있다는 중요한 통찰을 반영한 것이었다.
피트니 보즈 고객당 수익	**핵심 통찰** 우표 소인기당 수익에서 고객당 수익으로의 전환은 피트니 보즈가 우표 소인기를 도약의 발판으로 삼아 고객들의 사무실 구석에 일련의 정밀 제품들을 공급할 수 있겠다는 생각을 반영한 것이었다.
필립 모리스 세계적 브랜드 카테고리당 수익	**핵심 통찰** 판매 지역당 수익에서 세계적 브랜드 카테고리당 수익으로의 전환은 위대한 회사로 도약하는 진짜 열쇠가 코카콜라처럼 전 세계에 영향력을 행사할 수 있는 브랜드들에 있다는 깨달음을 반영한 것이었다.

당신의 열정은?

필립 모리스의 경영진들을 인터뷰할 때, 우리는 깜짝 놀랄 만큼의 강렬함과 열정에 마주쳤다. 제3장에서 조지 와이스먼이 회사에서 일하는 것을 자신의 결혼에 버금가는 대단한 연애로 묘사했던 일을 상기해보라. 사회 도의상 문제가 되는 소비재들(말보로 담배, 밀러 맥주, 지방분 67%의 벨비타, 카페인 중독자를 위한 맥스웰 하우스 커피, 초콜릿 중독자를 위한 토블론 등등)을 공급하면서도, 그들은 일에 굉장한 열정을 갖고 있었다. 필립 모리스의 고위 경영진은 대부분 자사 제품들의 열렬한 소비자였다. 1979년, 당시 필립 모리스의 부회장이자 애연가였던 로스 밀하이저Ross Millhiser는 말했다.

"나는 담배를 사랑해요. 담배야말로 인생을 정말 살 만한 것으로 만들어 주는 것 중 하나지요."[24]

필립 모리스 사람들은 분명히 자신의 회사를 사랑했고 자기들이 하는 일에 열정을 갖고 있었다. 그들은 마치 스스로를 말보로 광고판에 묘사된, 외롭고 지독하게 독립심 강한 카우보이로 여기는 것 같았다. 지난번 프로젝트 때 만난 한 이사는 내게 이런 말을 했다.

"우린 담배를 피울 권리가 있고, 그 권리를 지킬 겁니다! 난 내가 필립 모리스의 이사라는 게 정말 좋아요. 정말 특별한 것의 일부인 것 같은 느낌입니다."

그녀는 이 말을 하면서 담배 연기를 자랑스럽게 내뿜었다.[25]

자, 당신은 이렇게 말할는지 모른다.

"하지만 그건 담배업계의 방어용 언사일 뿐입니다. 물론 그들은 그렇게 느끼겠지요. 그렇지 않으면 밤중에 잠이나 잘 수 있겠어요?"

그러나 R. J. 레이놀즈ᴿᴶᴿ 역시 담배 회사였고 사회로부터 똑같은 공격을 당하고 있었다는 걸 명심하자. 그러나 RJR의 경영진은 필립 모리스와 달리, 담배 외의 분야로 사업을 다변화하기 시작했다. 자기들이 인수한 사업에 열정이 있는지, 회사가 그 분야에서 세계 최고가 될 수 있겠는지는 개의치 않고, 회사의 성장에 도움이 되겠다 싶으면 어느 분야든 가리지 않았다. 필립 모리스 사람들은 담배 사업에 더욱 집착했다. 무엇보다도 그 사업을 사랑하기 때문이었다. 그에 반해서, RJR 사람들은 담배를 그저 돈벌이 수단으로만 보았다. 《문 앞의 야만인들》(부키, 2020)이라는 책에 생생하게 묘사되었듯이, RJR의 경영진은 결국 편법적인 인수합병으로 스스로를 부자로 만드는 것 외의 어떤 일에서도 열정을 잃었다.[26]

'열정'처럼 말랑말랑하고 명확치 않은 것을 전략 수립의 필수적인 부분으로 거론하는 것이 이상하게 들릴지 모른다. 그러나 좋은 회사에서 위대한 회사로 도약한 기업 전체를 통틀어, 열정은 고슴도치 콘셉트의 핵심 요소였다. 열정을 제조하거나 사람들에게 열정을 느끼도록 '동기 부여'를 할 수는 없다. 다만 무엇이 당신과 당신 주변 사람들의 열정에 불을 붙이는지 발견할 수 있을 뿐이다.

질레트의 경영진이 쓰고 버리는 면도기들과 마진 낮추기 경쟁을 계속하느니 차라리 값이 조금 비싼 대신 정교한 면도 기구를 만들기로 방침을 정했을 때, 그들이 그런 선택을 한 것은 무엇보다도 그들 스스로가 쓰고 버리는 값싼 면도기에 흥미를 느낄 수 없었기 때문이다.

위대한 회사로 도약한 기업들은 "자, 모두들 우리가 하는 일에 열정을 가집시다"라고 말하지 않았다. 현명하게도, 그들은 전혀 다른 길을 갔다. 우리는 열정을 가질 수 있는 일을 해야만 한다는 거였다. 킴벌리 클라크의 경영진이 종이를 소재로 한 소비재로 방향을 튼 것은 무엇보다도 그들이 그것에 열정을 느꼈기 때문이다. 한 이사가 말했듯이, 전통적인 종이 제품도 좋긴 했지만 "기저귀가 주는 독특한 매력 같은 게 없었다."[27]

"자이언Zeien은 보잉이나 휴즈의 엔지니어들이 느낄 법한 기술적 흥미를 갖고 면도 기구에 대해 이야기한다." 1996년에 한 기자가 질레트의 CEO에 대해 쓴 말이다.[28] 질레트는 늘 최선을 다해 스스로의 고슴도치 콘셉트에 부합하는 사업에 매달렸다. 〈월스트리트저널〉의 한 기자는 "질레트에 애정이 없는 사람들은 응모할 필요가 없다"면서, 데오도런트(체취 방지용 화장품)에 별다른 애정이 없다는 이유로 명문 경영대학원 여학생이 채용되지 못한 경위를 적고 있다.[29] 어쩌면 당신도 데오도런트에 애정이 없을지 모른다. 어쩌면 당신은 약국이나 식품점, 담배, 우표 소인기에 애정을 느낀다는 건 상상조차 하기 힘들지도 모르겠다. 당신은 대체 어떤 종류의 사람들이 은행을 맥도날드만큼 능률적인 곳으로 만드는 일에 신바람이 나는지, 아니면 누가 기저귀를 그토록 매력적이라고 생각하는지 궁금할 것이다. 다만 진짜 중요한 것은 그게 아니다. 중요한 것은 그들이 스스로 하고 있는 일에 열정을 느꼈고 그 열정이 깊고 순수했다는 점이다.

그렇다고 당신이 반드시 사업의 역학 그 자체에 열정을 느껴야 한다는 뜻은 아니다(당신은 혹시 그럴지 모르지만). 열정의 원은 그에 못

지않게 회사가 하는 일의 의미에도 초점이 맞춰질 수 있다. 예를 들어, 패니 메이 사람들은 담보대출 패키지를 꾸려 거래 담보로 내놓는 과정 자체에는 열정이 없었다. 그러나 계급과 출신 배경, 인종에 관계없이 모든 사람들이 내 집 마련이라는 미국인의 꿈을 실현할 수 있게 돕는다는 건전한 생각에서 엄청난 동기가 발동되는 걸 느꼈다. 회사가 가장 암울한 상황에 처해 있던 1983년에 패니 메이에 합류한 린다 나이트는 우리에게 말했다.

"이 회사는 어려움에 빠져든 한낱 오래된 회사가 아니었습니다. 회사의 핵심에는 수만 명의 미국인들에게 내 집 마련의 꿈을 현실로 만들어 준다는 이념이 자리잡고 있었지요. 그것은 단순한 돈벌이보다 훨씬 중요한 역할이었고, 바로 그렇기 때문에 우린 회사를 보존하고 지키고 발전시켜야 한다는 깊은 의무감을 느꼈던 겁니다."[30]

패니 메이의 또 다른 이사는 이렇게 잘라 말했다.

"나는 우리가 미국 사회의 건강한 뼈대를 튼튼히 하는 핵심 메커니즘이라고 봅니다. 점점 더 많은 가족들이 내 집을 갖는 걸 보며 다시 기운을 차리는 어려운 이웃들 사이를 지날 때마다, 나는 다시 활력을 얻어 일터로 돌아오곤 합니다."

허세에 대한 이해의 승리

연구팀 안에서 우리는 자신들도 모르게 '고슴도치 이전'과 '고슴도치 이후' 상태의 차이에 대해 자주 이야기하곤 했다. 고슴도치 이전 상태는 마치 안개 속을 더듬는 것과 같다. 오랜 시간을 걸어 앞으로 나아가긴 하지만, 사방이 잘 보이질 않는다. 고비를 맞을 때마다 앞이 조금밖에 안 보여 느릿느릿 신중하게 기어가야만 한다. 그러다가 고슴도치 콘셉트를 깨달으면, 안개가 걷히며 눈앞이 탁 트여 몇 마일 앞까지 보인다. 그때부터는 고비에 다다르더라도 별로 고민할 필요가 없고, 기어가던 자세에서 허리를 쭉 펴고 걷다가 이내 달릴 수도 있다. 고슴도치 이후 상태에서는, 몇 마일의 길이 발밑으로 휙휙 지나가고, 안개 속에서는 또렷이 보이지 않아 고민을 해야 했던 갈림길도 재빠른 결정과 동시에 휙익 스쳐 날아간다.

비교 기업들에서 정말 놀라운 것은 그들이 온갖 변화 프로그램과 미친 듯한 몸놀림, 카리스마가 넘치는 리더들의 존재에도 불구하고 안개 속에서 빠져나오는 경우가 드물다는 사실이다. 그들은 달리려고 기를 쓰다가 갈림길에 잘못 들어서서 갔던 길을 되돌아오곤 한다. 아니면 길을 완전히 벗어나 나무들에 부딪히고 계곡으로 굴러 떨어지곤 한다(그런데도 그들은 속도와 기백을 과시한다!).

> **좋은 회사에서 위대한 회사로 도약한 기업들에는 그토록 단순하고 또렷해 보이던 세계가 비교 기업들에는 복잡하고 안개에 덮인 상태로 보였다. 왜 그랬을까? 이유는 두 가지다. 첫째, 비교 기업들은 올바른 질문, 세 개의 원에서 유발되는 질문을 하지 않았다. 둘째, 그들은 이해보다는 허세의 바탕 위에서 목표와 전략을 세웠다.**

이에 대해서는 비교 기업들의 생각 없는 성장 추구보다 더 좋은 증거는 없다. 비교 기업 중 2/3 이상이 고슴도치 콘셉트도 활용하지 않고 무조건 성장에만 집착하는 경향을 보인 것이다.[31] "우리는 어쨌든 성장 가도에 있는 회사였습니다"라든가 "그 정도 규모면 성공했다고 할 수 있지요" 따위의 진술들을 비교 기업에 관한 자료들 곳곳에서 찾아볼 수 있다. 그에 반해 도약에 성공한 기업들 중 성장에 지나치게 초점을 맞춘 회사는 단 하나도 없었다. 그럼에도 그들은 성장을 신주처럼 받들어 모신 비교 기업들보다 훨씬 큰 폭의 지속적이고 수익성 높은 성장을 일구어냈다.

그레이트 웨스턴과 패니 메이의 사례를 생각해보자. "그레이트 웨스턴의 고삐를 붙잡기는 힘들다. 그 회사는 가능한 모든 방법을 다 동원하여 성장하려고 한다"고 〈월스트리트 트랜스크립트〉는 쓰고 있다.[32] 그레이트 웨스턴은 확장욕에 빠져 파이낸스, 리스 산업, 보험, 조립식 주택 등의 분야에 발을 뻗치며 회사들을 계속 인수해나갔다.[33] 더 크게! 더 많이! 1985년, 그레이트 웨스턴의 CEO는 한 분석가 모임에서 이렇게 말했다.

"당신들이 우릴 은행이라 부르건, 저축 대출 조합이라 부르건, 아니면 얼룩말이라 부르건, 어떻게 부르건 간에 상관없습니다."[34]

그와 정반대로, 패니 메이는 담보대출에 관한 한 골드만 삭스Goldman Sachs나 살로몬 브라더스Salomon Brothers조차도 뛰어넘는 자본 시장의 선두 주자가 될 수 있다는 단순 명쾌한 개념을 갖고 있었다. 패니 메이는 담보 매각보다는 오히려 리스크 관리를 근간으로 하는 비즈니스 모델을 다시 만들어 강력한 경제 엔진을 구축했다. 그리고 대단한 열정으로 그 엔진을 가동했고, 패니 메이 사람들은 주택 소유를 대중화한다는 회사의 중요한 역할에 크게 고무되었다.

1984년까지 두 회사의 주가 동향은 마치 거울을 보듯 서로가 서로를 따라잡았다. 그러다가 1984년, 패니 메이가 자신의 고슴도치 콘셉트를 명확히 한 지 1년 뒤부터 패니 메이는 위로 치솟은 반면, 그레이트 웨스턴은 계속 비틀거리다 마침내 1997년에 인수당했다. 단순 명쾌한 착상에 초점을 맞춤으로써 그리고 오로지 '성장'에만 초점을 두지는 않음으로써 패니 메이는 전환의 해였던 1984년부터 1996년까지 총수입을 3배 가까이 늘렸다. 그레이트 웨스턴은 성장 스테로이드를 그토록 걸신들린 듯 먹어댔음에도 불구하고, 같은 기간에 총수입과 수익을 각각 25%밖에 늘리지 못하다가 1997년에 독립적인 지위를 잃고 말았다.

> 패니 메이 대 그레이트 웨스턴의 사례는 매우 중요한 점 하나를 강조한다. '성장!'은 고슴도치 콘셉트가 아니라는 것이다. 오히려, 올바른 고슴도치 콘셉트를 갖고서 일관되게 그에 부합하는 결정만 내린다면, 어느 시점엔가 어떻게 하면 성장할 수 있을까가 아니라 어떻게 하면 너무 빨리 성장하지 않을 수 있을까가 주된 골칫거리가 될 만큼 성장에 탄력이 붙을 것이다.

고슴도치 콘셉트는 좋은 회사에서 위대한 회사로의 여행의 전환점이다. 대부분의 경우, 전환의 날은 고슴도치 콘셉트의 발견 후 몇 년 안에 온다. 게다가 이 장 이후 이 책에 나오는 모든 내용은 고슴도치 콘셉트를 가지고 있다는 전제 하에 서술된다. 이어지는 장들에서 더욱 명확히 알 수 있겠지만, 규율 있는 행동은(규율 있는 사람과 규율 있는 사고에 이은, 체계의 세 번째 큰 범주) 고슴도치 콘셉트를 알아야만 이해할 수 있다.

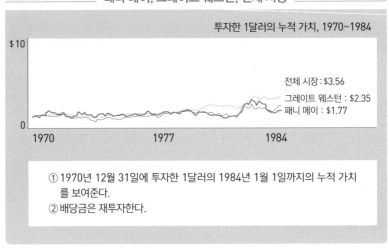

패니 메이, 그레이트 웨스턴, 전체 시장

투자한 1달러의 누적 가치, 1970~1984

전체 시장 : $3.56
그레이트 웨스턴 : $2.35
패니 메이 : $1.77

① 1970년 12월 31일에 투자한 1달러의 1984년 1월 1일까지의 누적 가치를 보여준다.
② 배당금은 재투자한다.

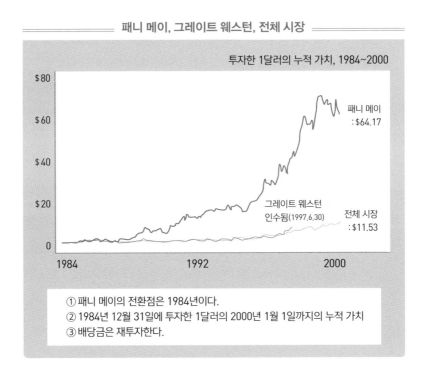

패니 메이, 그레이트 웨스턴, 전체 시장

투자한 1달러의 누적 가치, 1984~2000

패니 메이 : $64.17

그레이트 웨스턴
인수됨(1997.6.30)

전체 시장 : $11.53

① 패니 메이의 전환점은 1984년이다.
② 1984년 12월 31일에 투자한 1달러의 2000년 1월 1일까지의 누적 가치
③ 배당금은 재투자한다.

그토록 중요함에도 불구하고(아니 오히려 그토록 중요하기 때문에), 생각 없이 곧장 고슴도치 콘셉트를 얻으려고 뛰어들다가는 끔찍한 실수를 저지르게 된다. 한 이틀 정도 현장을 떠나, 한 뭉치의 차트를 꺼내 놓고 마라톤 토론을 벌여서는 깊은 이해에 도달할 수 없다. 혹 그럴 수 있다 하더라도 아마 올바른 이해에 도달하진 못할 것이다. 그것은 마치 아인슈타인이 "자, 이제 위대한 과학자가 될 때가 된 것 같으니, 이번 주말에 포 시즌 호텔로 떠나, 차트들을 꺼내 놓고 우주의 비밀을 풀어 볼까나" 하고 말하는 것과 다를 바 없다. 통찰이란 그런 식으로 오는 게 아니다. 아인슈타인은 천재였지만 안개 속을 더듬어 특수상대성 이론을 터득하기까지는 10년이 걸렸다.[35]

좋은 회사에서 위대한 회사로 도약한 기업들이 자신의 고슴도치 콘셉트를 명확히 하기까지는 평균 4년이 걸렸다. 과학적 통찰과 마찬가

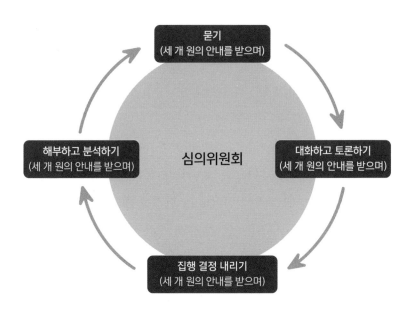

고슴도치 콘셉트를 얻는 반복 과정

지로, 고슴도치 콘셉트 역시 복잡한 세계를 단순화하고 결정을 훨씬 쉽게 내릴 수 있게 한다. 그러나 고슴도치 콘셉트를 갖는 순간 수정 같은 명쾌함과 명료한 단순성이 확보되는 반면에, 그 개념을 얻기까지는 지독하게 힘들고 시간이 걸리기도 한다. 고슴도치 콘셉트를 얻는 것은 한 판의 대사건이 아니라 본질상 계속 반복되는 과정임을 알라.

그 과정의 본질은 적합한 사람들이 냉혹한 사실의 세례와 세 개의 원이 제기하는 물음의 안내를 받으며 활발한 대화와 토론을 벌이는 것이다. 그저 무엇에 성공할 수 있는지와 구별되는 것으로서, 우리가 무엇에서 세계 최고가 될 수 있는지 정말 알고 있는가, 우리의 경제 기준을 비롯한 경제 엔진의 동력들을 정말 알고 있는가, 무엇이 우리의 열정에 가장 불을 잘 붙일지 정말 알고 있는가 하는 것이다.

이 과정을 진행시키는 데 있어 매우 유용한 메커니즘이 우리가 심의위원회Council라고 이름 붙인 장치다. 심의위원회는 조직체가 당면한 중차대한 문제와 결정들에 대해, 세 개의 원의 안내를 받으며 시간을 두고 거듭 반복해서 대화와 토론에 참여하는 적합한 사람들의 집단을 의미한다(뒤쪽의 '심의위원회의 특징'을 보라).

"고슴도치 콘셉트를 얻으려면 어떻게 해야 합니까?"라는 질문에 대한 답으로, 나는 앞쪽의 도표를 가리키며 이렇게 말하고 싶다.

"심의위원회를 만든 다음, 이 모델처럼 활용하십시오. 적합한 질문을 하고, 활발하게 토론에 참여하고, 결정을 내리고, 그 결과를 해부하고, 배우십시오. 단 이 모든 것은 세 개의 원이 제시하는 지침을 따라야 합니다. 그 이해의 사이클을 줄기차게 반복하십시오."

"고슴도치 콘셉트를 얻는 과정의 속도를 높이려면 어떻게 해야 합니까?"라고 물으면 나는 이렇게 대답할 것이다.

"정해진 시간 안에 사이클을 한 바퀴 도는 횟수를 늘리십시오."

반드시 세 개 원의 안내를 받으며 이 사이클을 충분히 반복할 경우, 당신은 고슴도치 콘셉트를 얻는 데 필요한 깊은 이해에 도달할 것이다. 하룻밤 새에 그렇게 되진 않겠지만 결국엔 도달할 것이다.

어느 조직체나 고슴도치 콘셉트를 찾아낼 수 있을까? 당신이 잠에서 깨어 주변의 냉혹한 현실을 정직하게 둘러본 다음, "우린 어느 분야에서도 최고가 아니고, 그런 적도 없어"라고 결론지을 경우에는 어떻게 해야 할까? 바로 거기에 이 연구 전체에서 가장 흥미로운 면이 있다. 좋은 회사에서 위대한 회사로 도약한 대부분 기업들은 어

심의위원회의 특징

1. 심의위는 조직체가 당면한 중요한 문제들을 이해하기 위한 장치다.
2. 심의위는 대표이사에 의해 소집·가동되며, 보통 5~12인으로 구성된다.
3. 심의위의 각 멤버는 점수를 따거나 국부적 이해관계를 보호하려는 이기적 욕구에서가 아니라 진정한 이해를 얻기 위해 토론하고 논쟁할 수 있는 능력을 갖고 있다.
4. 심의위의 각 멤버는 예외 없이, 다른 멤버들에 대한 존경심을 갖고 있다.
5. 심의위의 멤버들은 소속이 다양하지만, 각 멤버는 조직의 특정 분야 그리고(또는) 조직이 운영되는 환경에 대한 깊은 지식을 갖고 있다.
6. 심의위에는 경영팀의 핵심 멤버들이 들어가지만, 멤버의 자격은 경영팀 멤버들만으로 제한되지 않고 경영진 모두가 자동적으로 멤버가 되지도 않는다.
7. 심의위는 상설 기구로서, 특정한 프로젝트를 추진하기 위해 구성되는 한시적인 위원회가 아니다.
8. 심의위는 많게는 일주일에 한 번씩, 적게는 분기마다 한 번씩 정기적으로 모인다.
9. 심의위는 합의에 따른 결정이 현명한 결정과 일치하지 않는 경우가 종종 있다는 것을 감안하여, 합의를 추구하지 않는다. 최종 결정 책임은 대표이사에게 있다.
10. 심의위는 비공식 기구로서, 어떤 공식 편제나 공식 문서에도 오르지 않는다.
11. 심의위는 다양한 이름을 가질 수 있는데, 이름이 대체로 재미없다. 좋은 회사에서 위대한 회사로 도약한 기업들에서는 장기수익증진위원회나 기업제품위원회, 전략적 사고 그룹, 실행위원회 같은 부드러운 이름들을 갖고 있었다.

느 분야에서도 세계 최고가 아니었고, 그럴 전망조차도 보이지 않았다. 도약에 성공한 기업들은 한결같이 스톡데일 패러독스의 정신("틀림없이 우리가 최고가 될 수 있는 분야가 있을 거고, 우린 그걸 찾고 말 거야! 우리는 또한 우리가 무엇에서 최고가 될 수 없는지 현실을 냉정하게 직시하고, 스스로를 현혹시키지 말아야 돼!")으로, 출발 당시에는 아무리 끔찍한 상황이었을지라도 마침내 고슴도치 콘셉트를 찾아내는 데 성공했다.

한 가지 명심할 점은 도약에 성공한 기업들은 노력 끝에 자신의 고슴도치 콘셉트를 포착했을 때 비교 기업들에서 전형적으로 보이는 어리석은 허세를 지겹고 짜증나게 과시한 적이 없다는 것이다. "그래, 우린 이 일에서 최고가 될 수 있겠어" 하는 말은 하늘은 파랗고 풀은 초록색이라는 걸 알아차리는 것만큼이나 하등 놀랄 게 없는 사실의 인식으로 들린다. 올바르게 포착된 고슴도치 콘셉트는 마치 모차르트 피아노 협주곡의 조용한 악장 끝에서, 연주회장을 메운 청중들의 숨죽인 침묵 속에 공기를 가르며 울려 퍼지는, 완벽하게 연주된 단 하나의 또렷한 음표처럼 진실의 조용한 울림으로 다가온다. 여러 말을 할 필요가 없다. 진실은 조용하게, 스스로 말하는 법이다.

허세와 이해의 중대한 차이를 명확히 보여주는 내 개인적인 경험 하나가 생각난다. 아내 조앤은 1980년대 초에 마라톤과 3종 경기를 시작했다. 트랙을 도는 횟수, 헤엄 치는 횟수, 달리기 성적 등에서 아내는 성공 가능성을 느끼기 시작했다. 어느 날, 아내는 세계 최고 수준의 여자 3종 경기에 참가했다. 수영 실력이 약해서 수백 번째로 물에서 나온 뒤 공기역학도 고려하지 않은 무거운 자전거를 밀면서 긴 언덕길을 올라가야 했음에도 용케 열 번째로 결승선을 통과했다.

그로부터 몇 주일 뒤 아침 식탁에서, 조앤이 신문에서 눈을 떼더니 차분한 목소리로 조용히 말했다.

"아이언맨Ironman에서 우승할 수 있을 것 같아요."

세계 3종 경기 선수권 대회인 아이언맨은 바다를 2.4마일 헤엄치고 나서 자전거를 타고 112마일을 달린 다음, 마지막으로 화산암이 달궈진 하와이의 뜨거운 코나 해변을 26.2마일 달리는 경기다.

"물론 직장을 그만두고, 대학원도 포기하고(아내는 유수의 경영대학원 입학 허가를 받아놓고 있었다), 훈련에 전력을 기울여야겠지요. 하지만…"

아내의 말에는 어떤 허세도, 어떤 속임도, 어떤 동요도, 어떤 변명도 없었다. 내게 믿음을 주려고 애쓰지도 않았다. 단지 자신이 깨닫게 된 것이 벽에 흰 페인트가 칠해져 있다고 말하는 것만큼이나 놀랄 게 없는 사실이요 진실이라는 걸 알고 있을 뿐이었다. 아내에겐 열정이 있었고 천부적인 재능이 있었다. 그리고 경기에서 우승할 경우, 경제 상태도 좋아질 것이었다. 아이언맨에서 우승한다는 목표는 자신의 고슴도치 콘셉트를 일찍부터 포착한 데서 나온 것이었다.

마침내 아내는 대회에 나가기로 결심했다. 직장도 그만두었다. 대학원도 접었다. 공장도 팔았다(그러나 다행히 나를 아내의 버스에 계속 태워주었다)! 그리고 3년 뒤, 1985년 10월의 어느 뜨거운 날, 아내는 하와이 아이언맨의 결승선을 첫 번째로 통과하고 세계 챔피언이 되었다. 아이언맨 우승을 위해 시동을 걸 때, 조앤은 자신이 정말 세계 최고의 3종 경기 선수가 되리라고는 생각지 못했다. 그러나 자신이 그것이 가능한 영역 속에 있다는 것, 환상 속에 살고 있지 않다는 것을 알았다. 그런 식별력이 모든 차이를 만들어낸다. 그것이 바로 좋은 상태에서 크고 훌륭한 상태로 발돋움하려는 사람들이 반드시 가져야 하고, 도약에 실패하는 사람들이 좀처럼 갖지 못하는 식별력이다.

고슴도치 콘셉트(세 가지 범주에서 추출한 단순한 개념)

◆ 좋은 회사에서 위대한 회사로 도약하자면, 교차하는 세 원을 깊이 이해하고, 이를 단순 명쾌한 개념(고슴도치 콘셉트)으로 전환하는 것이 필요하다.

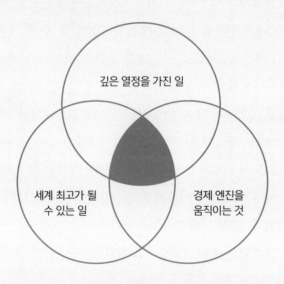

고슴도치 콘셉트의 세 원

◆ 핵심은 당신의 조직이 무엇에서 최고가 되고 '싶은'게 아니라 무엇에서 세계 최고가 될 수 있는지, 동시에 무엇에서 최고가 될 수 없는지를 아는 것이다. 고슴도치 콘셉트는 목표나 전략이나 의사가 아니다. 그것은 이해하는 것이다.

◆ 당신이 핵심 사업에서 세계 최고가 될 수 없다면, 그 핵심 사업

은 당신의 고슴도치 콘셉트의 토대가 될 수 없다.

◆ '세계 최고'라는 것은 핵심 역량보다 훨씬 엄격한 기준이다. 당신에게 어떤 역량이 있을지는 모르지만 그렇다고 해서 당신이 반드시 그 역량에서 진짜 세계 최고가 될 수 있는 능력을 가지고 있는 것은 아니다. 반대로, 당신이 세계 최고가 될 수 있지만 지금 당장은 그 분야에 아무런 역량도 없는 분야도 있을 수 있다.

◆ 당신의 경제 엔진의 동력에 대한 통찰을 얻으려면, 가장 큰 영향을 미치는 단 하나의 기준(x당 수익, 집합적으로는 x당 현금 흐름)을 찾아라.

◆ 좋은 회사에서 위대한 회사로 도약한 기업들은 이해를 바탕으로 목표와 전략을 세운다. 비교 기업들은 허세를 바탕으로 목표와 전략을 세운다.

◆ 고슴도치 콘셉트를 얻는 것은 반복 과정이다. 심의위원회가 유용한 장치가 될 수 있다.

예상치 못한 발견들

◆ 좋은 회사에서 위대한 회사로 도약한 기업들은 '한 가지 큰 것'만 알고 그것에 집착하는 단순하고 촌스러운 고슴도치에 가깝다. 비교 기업들은 많은 것을 알지만 일관성이 결여된, 꾀 많고 교활한 여우에 가깝다.

◆ 도약에 성공한 회사들이 고슴도치 콘셉트를 얻기까지는 평균 4년 이 걸렸다.

◆ 전략 그 자체에서는 좋은 회사에서 위대한 회사로 도약한 기업 들과 비교 기업들에 차이가 없었다. 두 집단 모두 전략을 갖고 있 었고, 도약에 성공한 기업들이 비교 기업들보다 전략 수립에 시간 을 더 들였다는 어떤 증거도 없다.

◆ 지속적인 큰 성과를 내기 위해 큰 업종에 속해 있어야 할 필요 는 전혀 없다. 산업이 아무리 열악하더라도, 좋은 회사에서 위대 한 회사로 도약한 기업들은 한결같이 정말 탁월한 경제적 성과를 일구어내는 방법들을 찾아냈다.

Good

6

규율의 문화

to
Great

자유는 이야기의 일부이고 절반의 진실일 뿐이다.
··· 내가 동부 해안의 자유의 여신상을
서부 해안의 책임의 여신상으로 대체하자는 것은 그런 까닭이다.

− 빅터 E. 프랭클, 《죽음의 수용소에서》 [1]

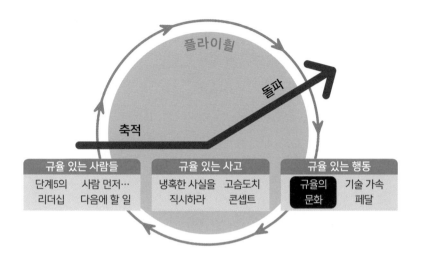

1980년, 조지 래스먼George Rathman이 생물공학 회사, 암젠Amgen(앰젠)을 공동 설립했다. 그 후 20년 동안에 암젠은 살아남기 위해 몸부림치던 창업 회사에서 6,400명의 종업원을 거느린 32억 달러 규모의 회사로 성장하면서, 혈액 성분들을 만들어 화학요법과 신장투석으로 고통을 겪는 사람들의 삶을 향상시켰다.[2] 래스먼의 지휘 하에, 암젠은 꾸준한 수익률과 성장률을 보이는 몇 안 되는 생물공학 회사 중 하나가 되었다. 회사는 실제로 꾸준히 수익을 올려, 기업을 공개한 1983년 6월부터 2000년 1월까지 주가가 무려 150배나 급등했다. 겨우 7,000달러를 주고 암젠 주식을 산 투자자가 100만 달러가 넘는 자본 이득을 실현하기에 이른 것이다. 전체 주식시장에 같은 금액을 투자한 경우에 비해 30배나 높은 수익이었다.

성공적으로 출발한 회사가 위대한 회사가 되는 경우가 드문 것은 무엇보다도 성장과 성공에 대한 잘못된 대응 때문이다. 창업 회사의 성공은 창조성과 상상력, 미지의 세계에 대한 과감한 돌진, 비전에 대한 열의 덕분이다. 회사가 성장하고 갈수록 복잡해지면서, 회사는 스스로의 성공에 발목을 잡히기 시작한다(너무나 많은 새로운 사람들, 너무 많은 새 고객들, 너무 많은 새로운 주문들, 너무 많은 새 제품 등등). 예전에는 무척 신나던 곳이 무질서한 무리들의 볼품없는 무도장으로 변한다. 계획의 부재, 회계의 부재, 시스템의 부재, 고용억제의 부재가 마찰을 빚는다. 고객들에게서, 현금 흐름에서, 스케줄에서 문제가 표면으로 떠오른다.

그에 응답하여 누군가(흔히는 이사)가 "이제 어른이 될 때입니다. 이곳엔 어느 정도의 전문 경영이 필요합니다" 하고 말한다. 회사는 MBA들과 블루칩 회사 출신의 노련한 경영자들을 채용하기 시작한다. 과정, 절차, 체크리스트 등등이 잡초처럼 자라나기 시작한다. 전에는 수평적인 분위기였던 곳이 계층 구조로 대체된다. 지휘 체계의 사슬이 처음으로 모습을 드러낸다. 관계를 알리는 경향이 뚜렷해지고, 특권을 가진 임원 계급이 나타나기 시작한다. 마치 틀 잡힌 진짜 회사들에서처럼, '우리'와 '저들'의 구분이 등장한다.

전문 경영자들이 마침내 혼란 상태의 고삐를 틀어쥔다. 그들은 혼돈 속에서 질서를 만들어내지만, 그와 동시에 창업가 정신을 죽인다. 설립 팀 멤버들이 툴툴거리기 시작한다.

"여긴 이제 재미가 없어. 예전엔 일만 잘하면 됐는데, 이제 이 엉터리 양식들을 채워 넣고 이 엉터리 규칙들을 따라야 해. 가장 심한 것은 쓸데없는 회의에다 끔찍할 만큼 많은 시간을 낭비해야 한다는 거야."

가장 혁신적인 사람들 중 일부가 움트는 관료제와 계층제가 역겨워 떠나면서, 창조성의 마법은 빛을 잃기 시작한다. 신나던 창업 회사가 특별히 내세울 게 전혀 없는 또 하나의 회사로 변해간다. 평범함이라는 암세포가 본격적으로 자라나기 시작한다.

조지 래스먼은 기업을 죽음으로 몰아가는 이 나선구조를 취하지 않았다. 그는 관료제의 목적이 무능력과 규율 결핍(처음부터 적합한 사람들을 확보하면 대부분 사라지는 문제들)을 보완하는 것임을 알았다. 대부분의 회사들은 버스에 잘못 태운 소수의 부적합한 사람들을 관리하기 위해 관료제적 규칙을 만들고, 그것이 다시 버스에 탄 적합한 사람들을 몰아내며, 그 결과 부적합한 사람들의 비율이 높아지고, 그에 따라 무능력과 규율 결핍을 보완하기 위한 관료제가 더욱 강화되며, 그로 인해 적합한 사람들이 더 빠져나가는 악순환의 과정을 밟는다. 래스먼은 또한 그 대안이 있다는 것도 알고 있었다. 관료제와 계층제를 피하고 대신에 규율의 문화를 만든다는 것이다. 이 두 가지 상호보완적인 힘인 규율의 문화와 기업가 윤리를 결합시킬 때 우수한 실적과 지속적인 성과를 낳는 마법을 얻는다.

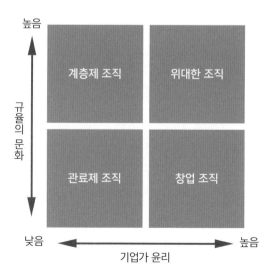

'좋은 회사에서 위대한 회사로'의 창조적 규율 행렬

왜 이 장을 좋은 회사에서 위대한 회사로 도약한 기업들 중 하나가 아닌 한 생물공학 회사로 시작할까? 래스먼이 자사가 성공하는 데는 자신이 암젠을 설립하기에 앞서 애보트 연구소에서 일하던 때 배운 것들의 덕을 많이 보았다고 말하고 있기 때문이다.

내가 애보트에서 배운 것은 연간 목표를 세울 때 그것을 구체적으로 기록하라는 것이었다. 날이 가면서 계획은 바꿀 수 있지만 스스로를 평가하는 기준을 바꿔서는 안 된다. 연말에는 엄격한 자세로, 당신이 이야기한 그 일이 어떻게 진행되고 있는지 꼼꼼히 살핀다. 당신에게는 개인적인 견해를 밝힐 기회가 주어지지 않는다. 실은 꼭 그렇게 할 생각은 아니었다고 뜯어 맞추거나 속이거나 변명할 기회도 주어지지 않고, 자신이 나아 보이도록 목표를 재조정할 기회도 주어지지 않는다. 당신은 자신이 그해에 무엇을 성취했는지에만 초점을 맞춰서는 안 된다. 당신이 달성하겠다고 말한 바로 그것과 관련하여 당신이 무엇을 성취했는지에 초점을 맞춘다. 그 기준이 아무리 지나친 것이었다 하더라도 그렇게 해야 한다. 그것이 우리가 애보트에서 배워 암젠에 들여온 규율이다.[3]

애보트의 규율 중 많은 부분은 버나드 셈러Bernard H. Semler라는 이름의 뛰어난 재무담당 이사를 채용한 1968년으로 거슬러 올라간다. 셈러는 자신의 직무를 전통적인 재무담당이나 회계사로 보지 않았다. 대신에 그는 기업 풍토의 변화를 이끌어 갈 메커니즘의 창안에 착수했다. 그는 자신이 '책임 회계Responsibility Accounting'라 명명한 완전히 새로운 회계 체계를 만들어냈다. 지출, 수입, 투자의 항목

마다 그 항목에 대해 책임을 지는 단 한 명의 개인이 분명하게 확인되는 체제였다.[4]

1960년대 당시로서는 급진적이었던 이 아이디어는 투자자가 기업에 책임을 지우는 것처럼 엄격하게, 애보트의 모든 직종의 모든 관리자들이 자신의 투자 수익에 대해 책임을 지는 시스템을 만드는 것이었다. 전통적인 회계 방식으로 은폐할 방도도 없고, 비효율적인 관리를 덮어 가릴 여유 자금도 없고, 누군가에게 책임을 덮어씌울 기회도 없었다.[5]

그러나 애보트 시스템의 미덕은 단지 그 엄격함에만 있었던 게 아니라, 한 걸음 더 나아가 그 엄격함과 규율을 활용하여 창조성과 창업가 정신을 살려냈다는 데 있었다. 조지 래스먼은 말했다.

"애보트는 규율이 매우 튼튼한 조직을 만들어냈지만, 그 사고방식은 단선적인 게 아니었습니다. 애보트는 재무상의 규율과 창조적인 작업에 필요한 다양한 사고를 함께 지니고 있는 본보기였지요. 우리는 재무상의 규율을 정말 창조적인 작업에 필요한 자원을 공급하는 수단으로 활용했습니다."[6]

애보트는 관리비를 업계 최저인 매출액의 1%로 줄였고(마진이 꽤 늘었다), 동시에 3M과 같은 신제품 고안 기계가 되어 총수입의 65%까지가 최근 4년 동안에 출시된 신제품에서 나왔다.[7]

이 창조적인 이중성이 전환기 애보트의 구석구석을 관통하며 흘러 바로 기업 문화의 바탕으로 엮였다. 한편으로, 애보트는 창업 기업의 리더들을 끌어들여 그들에게 목표 달성에 이르는 최선의 길을 소신껏 결정할 자유를 주었다. 다른 한편으로, 각자는 애보트의 시스템을 전적으로 따르고 자신들이 세운 목표에 대해서는 엄중하게 책임을 져야만 했다. 그들은 자유를 가졌으나, 체제 내의 자유였다. 애보트는 창업가의 열정을 갖고서 기회에 유연하게 대처했다(애보트의 한 이사는 "우리는 계획 수립은 정말 소중하지만 계획은 쓸모없다는 걸 알았다"고 말했다).[8] 그러나 애보트는 동시에 세 개의 원 테스트를 통과하지 못하는 기회에 대해서는 '노'라고 말하는 규율을 갖고 있었다. 애보트는 자신들의 사업부 내에서는 폭넓은 혁신을 고무하는 한편, 비용에 비해 효과가 좋은 진료에 기여한다는 자신의 고슴도치 콘셉트는 광적으로 고수했다.

애보트 연구소는 우리 연구의 핵심 발견물 중 하나인 규율의 문화를 잘 보여주는 본보기다. 속성상 '문화'는 논하기에는 좀 까다로운 주제라서, 세 개의 원과 같은 깔끔한 체계에는 덜 어울리는 것 같다. 그럼에도 이 장의 중요한 포인트는 한 가지 중심 개념으로 압축된다. 고슴도치 콘셉트가 철저하게 관철되는 세 개의 원 안에서 규율 있는 행동을 하는 규율 있는 사람들로 가득한 문화를 만들라는 것이다.

더 정확하게 말하자면, 다음과 같은 뜻이다.

1. 체계 내에서 자유와 책임의 개념을 바탕으로 하는 문화를 만들라.
2. 그 문화를 자신의 책임을 완수하기 위해서라면 땅 끝까지라도 갈 용의가 있는 자율적인 사람들로 채우라. 그들은 스스로 엄격한 규율을 생활화할 것이다.
3. 규율의 문화를 전제적인 규율 강요와 혼동하지 말라.
4. 고슴도치 콘셉트를 한결같이 고수하여, 세 원이 겹치는 부분에 거의 종교적이라고 할 만큼 초점을 맞추라. 똑같이 중요한 것으

로, '그만둘 일' 리스트를 만들어 본령에서 벗어난 모든 것을 체계적으로 제거하라.

체계 내에서의 자유, 그리고 책임

비행기 조종사를 떠올려보자. 조종사는 수십 개의 복잡한 스위치와 정밀한 계기들로 둘러싸인 조종석 안으로 들어가 8,400만 달러짜리 육중한 기계의 꼭대기에 앉는다. 승객들이 쾅쾅거리며 가방을 머리 위의 짐칸에다 집어넣고 승무원들이 종종걸음으로 돌아다니며 승객들을 모두 자리에 앉히는 사이, 조종사는 비행 전 점검을 시작한다. 하나하나 꼼꼼히 짚어가며 필요한 항목들을 빠짐없이 체계적으로 살핀다.

출발 허락을 받은 뒤, 조종사는 항공교통 관제소와 연락을 취하며 문을 빠져나가 어느 쪽으로 가서 어떤 유도로를 타고, 어떤 활주로로 가서 어느 방향으로 이륙할 것인지에 대한 정확한 지침을 따른다. 이륙 허락을 받은 다음에야 조종사는 엔진 압력을 높여 제트기를 공중으로 돌진시킨다. 공중에 떠오른 뒤에는 비행 관제센터와 끊임없이 교신하며 민간 항공교통 시스템의 엄격한 경계선 내에 머무른다.

그러나 도착지 공항에 접근하던 중에 천둥과 우박을 동반한 폭풍과 마주친다. 상하좌우로 몰아치는 예측할 수 없는 폭풍에 비행기 날개가 왼쪽으로 기울었다가는 이내 오른쪽으로 기운다. 창 밖을 내다보는 승객들의 눈에 땅은 보이지 않고, 엷어졌다 두꺼워졌다 하는 구름 덩어리와 창 밖의 빗방울만 보일 뿐이다. 승무원이 안내 방송을 한다.

"승객 여러분, 남은 비행 시간 동안은 자리에 앉아서 여행을 마쳐 주시기 바랍니다. 의자를 똑바로 세운 다음 안전벨트를 매시고, 들고 계신 짐은 모두 좌석 밑에 내려놓아주십시오. 잠시 후 착륙하게 됩니다."

경험이 적은 여행객은 소용돌이치는 바람과 순간적인 섬광에 가슴을 졸이며, "너무 서두르면 안 될 것 같은데" 하고 생각한다. 그러나 경험 많은 여행객은 일없다는 듯이 잡지를 읽고 옆 사람과 잡담을 나누고 내려서 가질 모임을 준비하는 등의 일을 계속한다. 그들은 "전에도 이런 적이 있었어. 안전하다고 판단된 후에 착륙하겠지"라고 생각한다.

25만 파운드의 쇳덩이가 시속 130마일의 속도로 활강하면서 바퀴가 내려온다. 아니나 다를까, 비행기가 활주로에 내려앉을 때 승객들은 갑자기 엔진이 위잉 하는 소리를 들으며 자신들의 몸이 의자 등받이로 홱 밀어 젖혀지는 걸 느낀다. 비행기가 속도를 올리며 다시 하늘로 올라간다. 비행기가 커다란 원호를 그리며 선회하여 공항 쪽으로 되돌아온다. 조종사가 인터콤의 스위치를 켜고는 "승객 여러분, 죄송합니다. 갑자기 역풍이 세게 불었습니다. 다시 착륙을 시도하겠습니다"라고 말한다. 다음 시도 때는 바람이 비교적 잦아들어 비행기가 안전하게 착륙한다.

자, 여기서 한번 생각해보자. 조종사는 매우 엄격한 체계 안에서 비행기를 몰며, 그 체계를 벗어날 자유가 없다(당신은 비행기 조종사가 "잠깐, 제가 방금 경영학 책에서 권한을 위임하는 것, 즉 실험하고 창조하고 모험하고 수많은 일들을 시도해보며 어떤 게 좋은지 검증할 자유를 주는 것의 중요성에 대해 읽었습니다"라고 말하는 게 달갑진 않을 것이다). 그러나 중요한 결정, 즉 이륙할 것인지, 착륙할 것인지, 착륙을 포기할 것인지, 다른 공항에 착륙할 것인지는 조종사의 몫이다. 체계가 엄격함에도 불구하고, 한 가지 중요한 사실이 다른 모든 것에 우선한다. 비행기와 탑승객들의 생명에 대한 최종 책임은 조종사에게 있다는 것이다.

여기서 중요한 점은 회사가 항공교통 시스템만큼 엄격하고 경직된 체계를 가져야 한다는 게 아니다. 무엇보다도 회사의 체계가 무너진다고 해서 사람들이 불타는 비틀린 쇳더미 속에서 수백 명씩 죽어나가진 않는다. 한편, 항공사의 승객 서비스가 형편없을 수는 있지만 비행기가 당신을 무사히 목적지까지 데려다주리라는 건 거의 틀림없다. 이 비유의 요지는, 우리가 좋은 회사에서 위대한 회사로 도약한 기업들의 내부를 들여다볼 때 비행기 조종사 모델의 가장 훌륭한 측면이 떠올랐다는 것이다. 바로 고도로 발달한 시스템 체계 내에서의 자유와 책임이다.

> 좋은 회사에서 위대한 회사로 도약한 기업들은 분명한 강제를 동반하는 일관된 시스템을 구축했지만, 그와 동시에 사람들에게 시스템 체계 내에서의 자유와 책임도 부여했다. 그들은 관리할 필요가 없는 자율적인 사람들을 채용한 뒤, 사람들이 아니라 시스템을 관리했다.

서킷 시티의 빌 리버스Bill Rivas는 말했다.

"이것이 우리가 매우 멀리서 가게들을 원격 조종하며 운영할 수 있었던 비결입니다. 서킷 시티는 각자 자신의 가게에 대해 최종 책임을 지고 가게들을 커다란 시스템 내에서 운영하던 훌륭한 가게 관리자들의 결집체였어요. 무엇보다도 그 시스템을 믿고서 시스템의 작동에 필요한 일이라면 무슨 일이든 하는 관리자와 직원들이 있어야만 합니다. 하지만 그 시스템의 경계 내에서는 가게 관리자들이 자신의 책임과 결부된 폭넓은 재량권을 갖고 있었지요."[9]

어떤 의미로는 맥도날드가 레스토랑이 된 것처럼, 서킷 시티는 전자제품 소매상이 되었다. 최상의 본보기는 아니었지만 둘은 일치하는 점이 많다. (맥도날드가 아침식사용 '에그 맥머핀즈Egg McMuffins'를 추가한 것과 똑같이) 서킷 시티가 컴퓨터나 비디오 플레이어 같은 새 품목들을 추가하며 실험을 계속하는 동안에 시스템이 차츰 발전해갔다. 그러나 언제든지 시스템의 체계 내에서 일을 했다. 빌 지어든Bill Zierden은 말했다.

"그것이 바로 1980년대에 같은 업계에 있던 다른 회사들과 우리의 중요한 차이였습니다. 그들은 가게들을 더 이상 늘려갈 수 없었지만, 우린 해냈지요. 우리는 전국 방방곡곡에다 거의 비슷한 가게들을 찍어낼 수 있었습니다."[10]

바로 여기에 서킷 시티가 1980년대 초에 도약을 시작하여 다음 15년 동안에 전체 주식시장을 18배 이상이나 앞지른 핵심 이유 중하나가 있다.

어떤 의미에서 이 책의 많은 부분이 규율의 문화 만들기를 다루고 있다. 그것은 예외 없이 규율 있는 사람들로부터 출발한다. 전환은 부적격자들에게 적합한 행동을 하도록 훈련시키는 것이 아니라처음부터 자율적인 사람들을 버스에 태우는 것으로부터 시작된다.

다음으로는 규율 있는 사고가 필요하다. 현실 속의 냉혹한 사실들을 직시하는 규율을 갖는 한편, 위대한 회사로 발돋움하는 길을 만들어낼 수 있고 또 만들어낼 거라는 확고한 믿음을 가져야만 한다. 가장 중요한 것은, 당신 스스로의 고슴도치 콘셉트를 얻을 때까지 끈기 있게 이해를 추구하는 규율을 가져야 한다는 것이다. 마지막으로, 이 장의 기본 주제인 규율 있는 행동이 필요하다. 이 주제는 중요하다. 비교 기업들은 흔히 규율 있는 행동으로 곧장 뛰어넘으려고 한다. 그러나 규율 있는 사람이 없는 규율 있는 행동은 지속될 수 없고, 규율 있는 사고가 없는 규율 있는 행동은 실패의 보증수표다.

사실, 규율 그 자체로는 큰 성과를 만들어내지 못한다. 역사에서는 정말 멋진 규율을 갖고서 멋진 대형을 이루어 큰 불행 속으로 곧장 뛰어 들어간 조직체들을 많이 찾아볼 수 있다. 요점은 매우 엄격하게 사고할 줄 알고 다음으로 고슴도치 콘셉트를 바탕으로 하여 만들어진 일관된 시스템의 체계 내에서 규율 있는 행동을 하는 자율적인 사람들을 먼저 얻는 것이다.

우리는 연구하는 내내 '규율 있는, 엄격한, 완강한, 단호한, 근면한, 정확한, 까다로운, 체계적인, 질서정연한, 일꾼 같은, 빡빡한, 일관된, 집중된, 책임 있는, 책임을 지는' 등의 단어가 끊임없이 등장하는 것에 충격을 받았다. 좋은 회사에서 위대한 회사로 도약한 기업들에 관한 기사나 인터뷰, 기초 자료들 곳곳에 이런 단어들이 박혀 있었는데, 그에 반해서 직접 비교 기업들에 관한 자료에서는 놀랍게도 이런 표현들을 거의 찾아볼 수 없었다. 도약에 성공한 기업 사람들은 자신의 책임을 완수하는 데 다소 극단적으로 집착하는 면이 있었고, 일부의 경우에는 광적인 경지에까지 이르렀다.

우리는 이것을 '코티지 치즈 헹구기' 요인이라고 명명했다. 이 비유는 하와이 아이언맨 3종 경기에서 6차례나 우승한 데이브 스콧Dave Scott이라는 이름의 규율 있는 세계 최고의 선수에서 유래했다. 훈련 중 스콧은 매일같이 평균 자전거를 75마일 타고, 20킬로미터를 수영하고, 17마일을 달렸다. 그의 체중에는 문제가 없었다! 하지만 데이브 스콧은 저지방, 고탄수화물 식사가 자신에게 또 하나의 강점을 만들어줄 거라고 믿었다. 그리하여 강훈련으로 하루에 최소한 5,000칼로리를 태워 없애는 이 남자는 지방을 뺀 탈지유로 만든 코티지 치즈를 문자 그대로 '헹궈' 다시 한번 여분의 지방을 제거했다.

자, 스콧이 아이언맨 대회에서 우승하려면 자신의 코티지 치즈를 꼭 헹굴 필요가 있었다는 증거는 없다. 이 이야기의 요점은 그게 아니다. 요점은 바로 코티지 치즈를 헹구는 것이 다만 자기를 그만큼 더 나은 상태로 만들어줄 것 같은 믿음에서 나온 또 하나의 작은 걸음이요, 초강도 규율의 일관된 프로그램을 만들어내기 위해 다른 모든 걸음들에 덧붙이는 또 하나의 작은 걸음이었다는 것이다. 나는 늘 데이브 스콧이 26마일의 마라톤 코스를 달리며, 바다에서 2.4마일을 헤엄치고 거센 바람을 맞으며 자전거를 112마일 탄 다음, 40도에 육박하는 열기 속에 코나 해변의 까맣게 달궈진 화산암 바닥을 쿵쿵 내달리며 '매일같이 코티지 치즈를 물에 헹구는 것에 비하면 이 정도는 그다지 나쁘지 않아' 하고 속으로 생각하는 광경을 머릿속에 그려왔다.

비유가 좀 괴팍하다는 건 안다. 그러나 어떤 의미에서는, 좋은 회사에서 위대한 회사로 도약한 기업들은 데이브 스콧과 비슷했다.

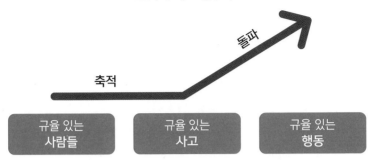

코티지 치즈 헹구기

돌파

축적

| 규율 있는 사람들 | 규율 있는 사고 | 규율 있는 행동 |

'좋은 회사에서 위대한 회사로'라는 문제의 답은 상당 부분 바로 신중하게 선택한 분야에서 최고가 되는 데 필요한 일이라면 무슨 일이든 하고, 그러면서 끊임없이 개선책을 찾아나가는 규율에 있다. 정말 그렇게 단순하다. 그리고 정말 그렇게 어렵다.

> 누구나 최고가 되고 싶어하지만, 대부분의 조직들에는 자신들이 무엇에서 최고가 될 수 있는지, 그리고 그 잠재력을 현실로 바꾸는 데 필요한 일이라면 무슨 일이든 할 의지가 있는지를 사심 없이 명료하게 파악해내는 규율이 결여돼 있다. 자신의 코티지 치즈를 헹구는 규율이 결여돼 있다.

웰스 파고를 뱅크 오브 아메리카와 비교하여 생각해보자. 칼 라이하르트는 웰스 파고가 금융 탈규제 시대를 맞아 더 약한 회사가 아니라 더 강한 회사로 떠오를 수 있으리라는 것을 믿어 의심치 않았다. 그는 큰 회사가 되는 열쇠는 찬란한 새 전략이 아니라 100년 된 고루한 은행 문화를 시스템에서 뿌리째 씻어내는 단호한 결단에 있다고 보았다. 라이하르트는 말했다.

"은행 업무에는 낭비 요소가 너무 많아요. 그걸 제거하는 데는 명석함이 아니라 끈기가 필요합니다."[11]

라이하르트는 고위 임원진에게 분명한 의사를 전했다.

"우리 자신은 높은 곳에 앉아 있으면서 다른 모든 사람들에게 고통을 감수하라고 요구하지 않을 겁니다. 우리는 바로 이곳, 임원실에서부터 코티지 치즈를 헹궈내기 시작할 겁니다."

그는 2년간 임원 봉급을 동결시켰다(그 당시 웰스 파고가 역사상 최고 수준의 수익을 올리고 있었음에도).[12] 임원 식당도 폐쇄하고 대학 기숙사 식품 공급업체에서 제공하는 식사로 대체했다.[13] 임원용 엘리베이터도 없애고, 회사 제트기도 팔고, 키우는 데 돈이 많이 드는 화분들도 임원실에서 치워버렸다.[14] 임원실에 제공되던 공짜 커피도 없앴다. 경영진에게 보내던 크리스마스 트리도 없앴다.[15] 보고서를 산뜻한 바인더에 넣어 제출하는 사람들에게는 "당신은 자기 돈도 이렇게 낭비합니까? 바인더가 뭘 보태 주지요?" 하는 충고와 함께 보고서를 되돌려보냈다.[16] 라이하르트는 속이 비어져 나온 낡고 오래된 의자에 앉아 동료 임원들을 만나곤 했다. 한 기사에 따르면, 때로는 그가 의자에 가만히 앉아 의자 속을 잡아뜯으며 돈이 들어가는 제안을 듣고 있는 사이에, "반드시 해야 할 많은 프로젝트들이 스르르 녹아 없어지곤 했다."[17]

길 건너 뱅크 오브 아메리카BOA의 경영진 역시 탈규제에 직면하여 낭비를 줄일 필요성을 인식했다. 그러나 웰스 파고와 달리, BOA의 경영진은 스스로의 코티지 치즈를 헹궈내는 규율을 갖지 못했다. 그들은 샌프란시스코 중심가의 으리으리한 탑 안에 있던 자신들의 화려한 왕국을 그대로 보존했다.

《은행 박살내기》라는 책에서는 그 CEO의 사무실을, "널따란 회의실이 붙어 있고 페르시아 양탄자가 깔린 북동쪽 코너의 스위트룸으로, 바닥에서 천장에 이르는 통유리창으로는 금문교에서 베이 브리지에 이르는 샌프란시스코 만의 전경이 한눈에 들어온다"[18]고 묘사하고 있다(임원들 의자의 속이 비어져 나와 있었다는 증거는 확보하지 못했다). 엘리베이터는 임원실 층이 종점이었고, 아랫것들의 침입에 문이 열리는 일 없이 조용한 휙 소리와 함께 1층으로 곧장 내려갔다. 임원실의 탁 트인 공간은 창을 실제보다 훨씬 더 커 보이게 만들어, 위에 앉아 세계를 지배하는, 차원이 다른 엘리트들의 천상 도시에서 안개 위를 떠다니는 듯한 느낌을 자아냈다.[19] 인생이 이렇게 멋진데 자신의 코티지 치즈를 헹굴 이유가 있겠는가?

1980년대 중엽 3년 동안에 18억 달러를 잃은 뒤, BOA는 마침내 탈규제에 대응하여 웰스에서 영입한 임원들의 주도로 꼭 필요한 조치를 취했다.[20] 그러나 그 가장 암울한 시절에조차, BOA는 경영진과 현실 세계를 차단하고 있던 특권들을 스스로 제거할 수 없었다. 뱅크 오브 아메리카의 위기 시점에 열린 이사회에서 한 멤버가 "회사 제트기를 팔자"는 등의 몇 가지 분별 있는 제안을 했다. 다른 이사들은 그 제안들을 가만히 듣고 있다가 못 들은 척 조용히 넘겨버렸다.[21]

폭군이 아니라 문화

우리는 하마터면 이 장을 이 책 속에 넣지 못할 뻔했다. 한편으로는, 웰스 파고 대 뱅크 오브 아메리카의 사례에서 보듯이, 좋은 회사에서 위대한 회사로 도약한 기업들이 직접 비교 기업들보다 규율이 더 강했다. 다른 한편으로는, 지속 실패 기업들이 도약에 성공한 기업들과 똑같이 규율 있는 모습을 보여주었다.

에릭 하겐이 기업들의 리더십 문화를 두루 검토하는 특별 분석 작업을 마친 뒤에 말했다.

"제가 분석한 바에 따르면, 규율을 한 가지 발견물로 이 책 속에 넣을 수는 없을 것 같습니다. 지속 실패 기업의 CEO들이 자기네 회사에 혹독한 규율을 도입한 것은 너무나도 명백하고, 바로 그렇기 때문에 그들이 초창기에 그처럼 대단한 실적을 올렸던 겁니다. 그래서 규율 그 자체가 기준을 통과하여 독특한 변수로 자리매김할 수는 없습니다."

우리는 호기심이 동해서 그 문제를 좀더 조사해보기로 했고, 에릭이 좀더 깊이 있는 분석에 착수했다. 증거 자료들을 더 검토하는 사이에 겉보기와는 달리 규율에 대한 접근 방식에서 두 기업군 사이에 실로 큰 차이가 있다는 것이 명백해졌다.

> 좋은 회사에서 위대한 회사로 도약한 기업들에는 단계5의 리더들이 있어 오래 지속되는 규율의 문화를 구축할 수 있었던 반면에, 지속 실패 기업들에는 단계4의 리더들이 있어 순전히 힘을 동원하여 개인적으로 조직의 규율을 잡았다.

1964년에 버로스의 지휘를 맡은 레이 맥도널드Ray MacDonald를 생각해보자. 명석하지만 모난 성품의 맥도널드는 대화를 틀어쥐고는 이런저런 농담도 잘했으며, 자기만큼 똑똑하지 못한 자기 주변의

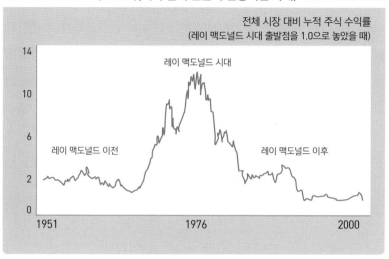

버로스 사(지속 실패 전환의 전형적인 사례)

전체 시장 대비 누적 주식 수익률
(레이 맥도널드 시대 출발점을 1.0으로 놓았을 때)

레이 맥도널드 시대

레이 맥도널드 이전

레이 맥도널드 이후

거의 모든 사람들을 혹평하곤 했다. 그는 '맥도널드 바이스The Mac-Donald Vise'로 알려지는 압박 형식을 동원하여, 순전히 퍼스낼리티의 힘으로 일을 추진했다.[22]

맥도널드는 재임 중에 탁월한 성과를 냈다. 그가 사장이 되던 해인 1964년에 투자한 1달러를 그가 퇴임하는 1977년 말에 빼낼 경우, 전체 시장에 비해 6.6배나 많은 수익을 얻을 수 있었다.[23] 그러나 회사는 그가 떠난 뒤까지도 오래 지속되는 규율의 문화를 갖지 못했다.

맥도널드의 퇴임 후 그를 돕던 총신들은 아무 결정도 내릴 수 없는 지경에 이르러, 회사는 〈비즈니스위크〉의 표현대로 "아무것도 할 수 없는 무능력 상태"에 빠졌다.[24] 버로스는 그 뒤 긴 내리막길을 미끄러져내리기 시작하여, 맥도널드 시대의 종말 이후 2000년까지 시장에 93%나 뒤지는 누적 주식 수익률을 냈다.

스탠리 골트 지휘 하의 러버메이드에서도 비슷한 사례가 발견되었다. 단계5의 리더십에 대해 얘기했던 제2장에서 골트가 폭군이라는 비난에 대해 "그래요. 하지만 난 성실한 폭군입니다"라고 빈정대며 응수했던 것을 상기해보라. 골트는 러버메이드에 엄격한 규율을 도입했다(엄격한 계획 수립과 경쟁업체 분석, 체계적인 시장조사, 수익 분석, 비정한 지출 통제 등등). 한 분석가는 이렇게 썼다.

"이 회사는 놀랄 만큼 규율 잡힌 조직이다. 삶에 대한 러버메이드의 접근 방식에는 믿기지 않을 정도의 철저함이 있다."[25]

정확하고 체계적인 인물이던 골트는 아침 6시 30분에 일터에 나와 매주 80시간을 규칙적으로 일했으며, 관리자들도 자신과 똑같이 하기를 바랐다.[26]

규율을 무척 강조하던 골트는 몸소 회사의 넘버원 품질관리 장치 역할도 했다. 그는 맨해튼 거리를 걷다가, 정문 경비원 하나가 러버메이드의 쓰레받기에 흙먼지를 쓸어 담으면서 툴툴거리며 욕을 퍼부어대는 소리를 들었다. "골트가 돌아서서는 경비원에게 뭐가 불만인지 추궁하기 시작했지요." 이 이야기를 〈포춘〉에 전한 리처드 게이츠Richard Gates의 말이다. 골트는 쓰레받기의 가장자리가 너무 두껍다는 것을 확인하고서, 곧바로 엔지니어에게 제품을 다시 설계하라고 지시했다. "품질에 관한 한, 난 개자식입니다"라고 골트는 말했다. 그의 전무이사도 의견이 비슷했다. "그는 분노로 얼굴이 시퍼래집니다."[27]

러버메이드는 보기 드문 규율을 가진 이 리더의 폭정 밑에서 극적인 성장을 기록했지만, 그가 떠난 뒤 똑같이 극적으로 몰락했다. 골트의 지휘 하에 러버메이드는 시장을 3.6 대 1로 앞질렀다. 골트가

떠난 뒤, 러버메이드는 시장에 비해 59% 뒤진 실적을 보이다가 뉴
엘에 인수되었다.

규율 강제자 증후군의 한 가지 흥미진진한 사례는 리 아이아코
카 휘하의 크라이슬러였다. 〈비즈니스위크〉는 그를 일컬어, "독재
자, 리"라고 간명하게 표현했다.[28] 아이아코카는 1979년에 크라이슬
러의 사장이 된 뒤, 자신의 출중한 퍼스낼리티로 조직을 밀어붙이며
조직에 규율을 불어넣었다.

"나는 그곳이 질서와 규율의 약을 투여해야 하는 무정부 상태라
는 걸 금방 알아차렸다."

초창기의 아이아코카는 이렇게 쓰고 있다.[29] 취임 첫해에 그는 관
리 체제를 전면 재정비하고, 엄격한 자금 관리를 제도화하고, 품질

러버메이드 사(지속 실패 전환의 전형적인 사례)

전체 시장 대비 누적 주식 수익률
(스탠리 골트 시대 출발점을 1.0으로 놓았을 때)

규율 강제자의 시대 종말

규율 강제자의 시대 시작

회사가 인수당함

이 도표는 다음의 시나리오 하에서 투자자가 어떤 실적을 올렸을지 보여준다.

관리 기준을 높이고, 생산 일정을 합리화하고, 대량 해고를 단행하여 지출을 줄였다.[30]

"나는 마치 군의관이 된 듯한 느낌이었다. … 우린 철저한 수술을 단행하여 가능한 모든 것을 절감해야만 했다."[31]

노동조합을 상대해서는 이렇게 말했다.

"당신들이 날 도와주지 않으면 당신들의 머리를 날려버리겠소. 난 아침에 파산 선언을 해버릴 거고, 그러면 당신들은 모두 일자리를 잃게 될 거요."[32]

아이아코카는 눈부신 성과를 냈고, 크라이슬러는 산업사상 가장 유명한 방향 전환 사례가 되었다.

그러나 재임기간 중반에 이르러, 아이아코카는 초점을 잃은 듯했고 회사는 다시 기울기 시작했다. 〈월스트리트저널〉은 이렇게 썼다.

"아이아코카는 자유의 여신상 수리에 앞장서고, 의회의 예산삭감 위원회에 참여했으며, 두 번째 책을 썼다. 여러 신문에 동시 게재되는 칼럼을 쓰기 시작했고, 이탈리아 별장을 사서는 손수 포도주와 올리브유를 담그기 시작했다. … 평자들은 이 모든 것이 그의 머리를 산란케 하고, 크라이슬러의 당면 문제들을 초래한 근본 원인이라고 비난한다. … 그를 산란케 하건 말건, 대중들의 영웅이 된다는 것은 지나치게 옆길로 새는 일이라는 것만은 분명하다."[33]

국민 영웅으로서의 활동보다 더 나쁜 것은, 크라이슬러가 세계 최고가 될 수 있는 분야 안에 머무른다는 규율을 잃어버리고 사업 다변화의 향연 속으로 빠져들어간 것이다. 1985년에 그는 매력 넘치는 항공 산업에 반했다. 대부분의 CEO들이 한 대의 걸프스트림 제트기에 만족해하는 데 반해서, 아이아코카는 걸프스트림 회사를 통째로 사기로 마음먹었다![34] 1980년대 중엽에 그는 또 이탈리아의 스포츠카 제조사, 마세라티와의 합작 투자에 착수했는데, 이 사업은 돈이 많이 들어갔을 뿐만 아니라 결국 실패했다. "아이아코카는 이탈리아 사람들에게 애정을 갖고 있었다"고 크라이슬러의 한 전직 임원은 말했다. 〈비즈니스위크〉는 또 이렇게 쓰고 있다.

"이탈리아의 토스카나 지방에 상당한 부동산을 갖고 있던 아이아코카는 이탈리아와의 결연에 푹 빠진 나머지 사업의 현실성도 무시해버렸다고 업계에 정통한 한 소식통은 말한다."[35]

일각에서는 마세라티와의 합작 사업 실패로 입은 손실을 2억 달러로 평가했다. 〈포브스〉에 따르면, 그것은 "고가의 저용적 로드스터(마차형의 지붕 없는 자동차)로 입은 손실 치고는 엄청난 액수였다. 게다가 겨우 몇천 대밖에 만들지 않을 예정이었다."[36]

재임기간 전반기에 아이아코카는 눈부신 성과를 내며, 파산 직전 상태의 회사를 전체 시장의 3배 가까운 실적을 올리는 기업으로 도약시켰다. 그의 재임기간 후반기에, 회사는 시장에 31% 뒤지는 상태로 미끄러져 내리며 또 한 차례의 파산 위기를 맞았다.[37] 크라이슬러의 한 임원은 이렇게 쓰고 있다.

"심장병을 앓는 많은 환자들처럼, 우리는 얼마 전의 수술로 겨우 살아났다가 결국 건강하지 못한 옛날로 되돌아가고 말았다."[38]

위의 사례들은 우리가 지속 실패 기업들에서 예외 없이 찾아낸 한 가지 패턴을 잘 보여주고 있다. 폭군 같은 규율 강제자의 지휘 하에 눈부시게 성장했다가는, 그 규율 강제자가 오래 지속되는 규율의 문화를 남겨놓지 못한 채 물러나버리거나 아니면 규율 강제자 스스로가 규율을 잃고서 세 개의 원 밖으로 제멋대로 나돌게 되면서 똑같이 눈부시게 몰락하고 말았다는 것이다. 큰 성과를 내는 데 규율이 필수적이라는 건 분명하지만, 세 개의 원에 대한 규율 있는 이해가 없는 규율 있는 행동은 지속적인 큰 성과를 일구어낼 수 없다.

고슴도치 콘셉트의 광적인 고수

근 40년 동안, 피트니 보즈는 독점의 따뜻한 보호막 속에서 살았다. 미국 체신부와의 가까운 관계와 우표 소인기 특허에 힘입어, 피트니는 소인 찍는 우편 시장을 100% 독점하고 있었다.[39] 1950년대 말엽까지 미국 내 모든 우편물의 절반 가까이가 피트니 보즈의 기계를 거쳐 갔다.[40] 80%가 넘는 총수익 마진에다 경쟁업체도 전혀 없고, 거대한 시장에서 경기침체를 모르는 사업을 하고 있던 피트니 보즈는 한낱 큰 회사가 아니라 거대 독점 기업이었다.

그 뒤 보호막이 찢겨져 나가는 순간 독점 기업들이 거의 한결같이 그렇듯이, 피트니 보즈 역시 긴 내리막길을 걷기 시작했다. 먼저 피트니 보즈에게 경쟁업체들이 특허 기술을 로열티 없이 사용할 수 있게 하라는 법원의 동의 명령서가 나왔다.[41] 6년이 못 돼서, 피트니 보즈의 경쟁업체는 16업체로 불어났다.[42] 피트니는 초조한 나머지 사업 다변화의 광란 속으로 뛰어들어, 결국 불행한 결과를 가져오고 마는 기업 인수나 합작 사업에 돈을 마구 퍼부어댔다. 컴퓨터 소매업에 뛰어들어 거금 7,000만 달러(당시 주식 순평가액의 54%)를 날린 것이 그 대표적인 예다. 1973년, 회사는 역사상 처음으로 손실을 냈다. 피트니는 혹독한 경쟁 세계를 마주하는 순간 무너져내리기 시작하는, 또 하나의 전형적인 보호받던 독점 기업 사례를 만들어 가고 있었다.

다행히도 프레드 앨런Fred Allen이라는 단계5의 리더가 등장하여, 세계에서의 피트니의 역할에 대한 보다 깊은 이해를 유도하는 어려운 질문들을 던졌다. 피트니는 마침내 스스로를 '우표 소인기 회사'로 보지 않고, '메시지 전달'이라는 보다 넓은 개념 안에서 사무실에 서비스를 공급하는 세계 최고의 회사가 될 수 있다고 생각하기에 이르렀다. 그와 함께 다목적 팩스나 전문 복사기 같은 정교한 사무 지원 장비들이 고객당 수익이라는 자신의 경제 엔진에 딱 들어맞는다고 보고, 폭넓은 판매망과 서비스망 구축에 착수했다.

앨런과 그 후계자 조지 하비George Harvey는 규율 있는 사업 다변화 모델을 구축했다. 한 예로, 피트니는 마침내 수익성이 아주 좋은 돈 긁어모으는 기계, 대기업용 다목적 팩스 시장의 45%를 차지하기에 이르렀다.[43] 하비는 편지를 봉인하여 발송하는 패러곤 우편 처리기 같은 새로운 기술과 제품들에 체계적인 투자를 하기 시작했다. 그 결과 1980년대 말에 이르러서는 피트니의 총수입의 절반 이상이 줄곧 최근 3년 안에 출시된 신제품들에서 나오게 되었다.[44] 그 뒤 피트니 보즈는 사무 지원 장비들을 인터넷에 연결시키는 선구자가 되는데, 이 또한 규율 있는 사업 다변화를 꾀할 수 있는 좋은 기회였다. 핵심 포인트는 다변화와 혁신의 매 단계 세 개의 원 안에 머물러야 한다는 것이었다.

동의 명령 이후 1973년의 가장 암울한 시기까지 시장에 77%나 뒤지는 수준으로 추락한 뒤, 피트니 보즈는 침내 방향을 틀어 1999년 초까지 시장을 11배 이상 앞지르는 수준으로 치솟았다.

1973년부터 2000년까지, 피트니 보즈는 코카콜라와 3M, 존슨 & 존슨, 머크, 모토로라, 프록터 & 갬블, 휴렛 패커드, 월트 디즈니, 심지어는 GE까지도 앞질렀다. 독점의 안락한 보호막에서 빠져나와 이런 정도의 성과를 낸 회사가 달리 또 있을까? AT&T도 그러지 못했다. 제록스도, 심지어는 IBM조차도 그러지 못했다.

피트니 보즈는 회사가 세 원 안에 머무르는 규율을 잃을 때 어떤 일이 일어나는지, 그 규율을 다시 얻을 때 어떤 일이 일어나는지를 명백하게 보여준다.

> 좋은 회사에서 위대한 회사로 도약한 기업들은 그 전성기에 다음과 같은 단순한 주문을 따랐다. "우리의 고슴도치 콘셉트에 맞지 않는 어떤 일도 하지 않는다. 우리는 연관성 없는 사업에 착수하지 않는다. 우리는 연관성 없는 기업을 인수하지 않는다. 우리는 연관성 없는 합작 사업을 벌이지 않는다. 우리에게 맞지 않는 일은 하지 않는다. 이상."

그에 반해서, 우리는 세 원 안에 머무르는 규율의 결여가 거의 모든 비교 기업 몰락의 핵심 요인 중 하나였다는 것을 발견했다. 비교 기업들은 예외 없이 ① 자신의 세 원을 이해하려는 규율이 결여돼 있거나 ② 세 원 안에 머무르는 규율이 결여돼 있었다.

R. J. 레이놀즈RJR가 그 전형적인 예다. 1960년대까지 줄잡아 25년간 R. J. 레이놀즈는 미국 최고의 담배 회사라는 자리를 바탕으로 구축된 단순 명쾌한 개념을 갖고 있었다.[45] 그런데 1964년에 미국 의무국장실에서 담배와 암이 관계가 있다는 보고서를 발표했고, RJR은

방어 조치로 담배 외의 사업으로 다변화를 시도했다. 물론 당시에는 필립 모리스를 포함한 모든 담배 회사들이 사업 다변화에 착수했다. 그러나 세 원의 바깥을 나돈 RJR의 방랑은 전혀 이치에 닿지 않는 일이었다.

RJR은 1970년에 기업 전 자산의 1/3 가까이를 들여 선적 컨테이너 회사와 석유 회사(시랜드Sea-Land와 아민오일Aminoil)를 사들였다. 자사의 석유를 자사의 컨테이너로 선적하여 돈을 벌겠다는 생각이었다.[46] 그 자체로는 그렇게 나쁜 생각은 아니라고 할 수 있다. 그러나 그것이 대체 RJR의 고슴도치 콘셉트와 무슨 관계가 있단 말인가? 1970년의 인수는 시랜드의 창립자가 RJR의 회장과 가까운 친구라는 게 부분적인 동기로 작용한 전혀 규율 없는 인수였다.[47]

시랜드에 20억 달러 이상을 쏟아붓자, 총투자액이 주식 순평가액 전체와 거의 맞먹었다.[48] 몇 년 동안 담배 사업을 고사시키며 침몰하는 선적 사업에다 돈을 줄기차게 퍼부은 뒤에야, RJR은 마침내 실패를 인정하고 시랜드를 팔아넘겼다.[49] 레이놀즈의 한 손자는 이렇게 불평을 털어놓았다.

"보세요. 이 친구들은 담배를 만들어 파는 일에서는 세계 최고지만, 배나 석유에 대해서는 뭘 알겠어요? 그들이 깨지는 건 당연하지요. 그 사람들은 꼭 주머니에 현찰을 두둑이 넣고 다니는 시골 소년들 같아요."[50]

공평하게 말하자면, 실패한 7UP 인수에서 입증되었듯이, 필립 모리스 역시 사업 다변화에서 완벽한 성적을 낸 건 아니었다. 그러나 필립 모리스는 RJR과는 대조적으로, 1964년 의무국장의 보고서에 대해 훨씬 규율 있는 대응을 보였다.

필립 모리스는 자신의 고슴도치 콘셉트를 포기하지 않고, 그리 건전하지 않은 소모품들(담배, 맥주, 청량음료, 커피, 초콜릿, 치즈 가공식품 등)에서 세계적인 브랜드를 구축하는 방향으로 자신의 고슴도치 콘셉트를 재규정했다. 세 원 안에 머무른 필립 모리스의 탁월한 규율이야말로, 두 회사 모두 정확하게 똑같은 산업상의 기회와 위험을 맞았음에도 두 회사의 실적이 1964년의 보고서 이후 그토록 극적으로 갈라진 핵심 이유의 하나다.

1964년에서 1989년(R. J. 레이놀즈가 편법적인 인수합병에 몰두하다가 공개 거래에서 사라진 해)까지, 필립 모리스에 투자한 1달러는 RJR에 투자한 1달러를 4배 이상 앞질렀다.

자신의 고슴도치 콘셉트를 발견하는 규율을 가진 회사는 드물고, 그 개념 안에서 일관되게 건물을 지어나가는 규율을 가진 회사는 더더욱 드물다. 대부분은 한 가지 단순한 역설을 이해하지 못한다. 어떤 조직이 세 원 안에 머무르는 규율을 더 강화할수록, 조직이 커질 수 있는 매력적인 기회가 더 많아진다는 것이다. 사실, 큰 회사는 기회가 너무 적어 굶어 죽기보다는 기회가 너무 많아 소화불량으로 죽을 가능성이 더 많다. 기회는 창조하는 게 아니라 선택하여 도전해야 할 문제다.

> 커다란 기회에 "아뇨. 됐습니다"라고 말하려면 규율이 필요하다. 어떤 것이 '평생에 단 한 번의 기회'라 해도 세 원 안에 들어맞지 않으면 나와는 무관한 일이다.

고슴도치 콘셉트와 관련된 이 광적인 일관성이라는 개념은 단지 전략적 활동에만 해당되는 게 아니다. 그것은 조직을 관리하고 편성하는 과정 전체와 관계가 있다. 뉴코어는 철강을 제조하는 문화와 기술을 동력으로 이용한다는 고슴도치 콘셉트를 바탕으로 성공을 일구어냈다. 뉴코어의 개념의 중심에는 계급 차별이 거의 배제된 평등한 실력 위주의 풍토를 통해 노동자의 이익과 경영진과 주주의 이익을 하나로 묶는다는 생각이 있었다.

켄 아이버슨은 1998년에 《수수한 이야기 Plain Talk》라는 자신의 저서에서 이렇게 쓰고 있다.

대부분의 회사에 여전히 불평등이 만연해 있다. 내가 지금 말하는 것은 '우리' 대 '저들'의 원칙을 정당화하고 제도화하는, 계층 구조에 따른 불평등이다. … 회사의 계층 구조의 꼭대기에 있는 사람들은 자신들에게 특권을 거듭거듭 부여하고, 진짜 일하는 사람들 앞에서 그 특권들을 과시하며, 그러고 나서는 지출을 줄이고 수익률을 올리라는 경영진의 호소에 종업원들이 왜 움직이지 않는지 궁금해한다. … 계층적 관리 구조의 꼭대기에 있는 사람들이 수백만 달러를 들여가며 그 계층 구조에 줄곧 짓눌리고 있는 사람들에게 동기를 부여하고자 애쓰는 것을 생각하면, 나는 의아한 마음에 고개만 내저을 뿐이다.[51]

우리와의 인터뷰에서, 켄 아이버슨은 뉴코어의 성공은 거의 100% 자신들의 단순한 개념을 그 개념과 일치하는 규율 있는 행동으로 전환시킬 수 있었던 능력 덕분이라고 말했다. 뉴코어는 겨우 4단계의 관리 체계와 작은 치과 병원만 한 임대 사무실에 빼곡히 들어찬 25명

미만의 기업 본부진(이사진, 경리진, 비서진)만으로 35억 달러의 '포춘 500' 기업으로 성장했다.[52] 값싼 베니어판 가구들로 장식된 로비는 작은 방 한 칸 크기였다. 임원들은 회사 식당 대신 '필스 다이너'라는 이름의 길 건너 샌드위치 가게에서 자신을 찾아온 고위 인사들을 접대했다.[53]

임원진은 일선 노동자들보다 더 나은 혜택을 받지 못했다. 실은 임원들의 특권이 더 적었다. 한 예로, (임원 아닌) 모든 노동자들은 4년 동안 자녀 고등교육비로 매년 2,000달러씩 받을 자격이 있었다.[54] 한번은 한 남자가 마빈 폴먼Marvin Pohlman을 찾아와 말했다.

"내겐 아이가 아홉 있습니다. 그러니까 회사에서 내 아이들 모두에 대해 대학이든 직업학교든 상관없이 4년 동안의 학비를 대주겠다는 말씀인가요?"

폴먼은 "그렇습니다. 바로 그런 말입니다"라고 확인해주었다. 훗날 폴먼은 말했다.

"그 사람은 그 자리에 앉은 채로 펑펑 울더군요. 난 그 일을 평생 잊지 못할 겁니다. 우리가 기를 쓰고 하려던 그 많은 일들이 도대체 무엇인지 순간적으로 감이 팍 오더군요."[55]

뉴코어가 높은 수익을 올린 해에는 회사의 모든 사람들이 매우 높은 수입을 올리곤 했다. 뉴코어의 노동자들은 부인한테 "당신이 뉴코어에서 해고되면 난 당신하고 이혼할 거야"라는 소리를 들을 만큼 봉급을 잘 받았다.[56] 그러나 뉴코어가 어려움에 봉착했을 때에는 꼭대기부터 밑바닥까지 모두가 고통을 나누었다. 그러나 꼭대기에 있는 사람들이 더 많은 고통을 분담했다. 한 예로 1982년의 경기침체 때 노동자들의 봉급은 25% 깎이고, 간부들의 봉급은 60% 삭감

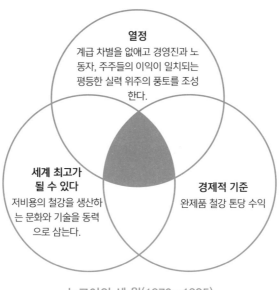

뉴코어의 세 원(1970~1995)

됐으며, CEO의 봉급은 75% 깎였다.[57]

　뉴코어는 마침내 대부분의 조직에 파고든 계급 차별을 막기 위해 비상한 조치를 취했다. 간부나 임원들만이 아니라 종업원 7,000명 모두의 이름이 연차 보고서에 실렸다.[58] 안전 관리자나 방문객을 제외한 모든 사람들이 같은 색깔의 안전모를 썼다. 안전모의 색깔은 사소한 것처럼 들릴지 모르나, 상당한 동요를 일으켰다. 어떤 현장 주임은 다른 색의 안전모가 자신들이 보다 높은 직위에 있는 사람이라는 걸 식별케 해주는 표시이자 자신의 차나 트럭의 뒷선반에 올려놓을 수 있는 중요한 직급 표시라며 불만을 토로했다. 뉴코어는 그에 맞서 일련의 좌담회를 조직하여, 당신의 신분과 권위는 직위가 아니라 리더십 능력에서 나온다는 점을 역설했다. 만일 그게 싫다면, 정말 계급 차별이 필요하다고 느낀다면 뉴코어는 당신에게 적합한 곳

이 아니라는 이야기도 덧붙였다.[59]

치과 병원만 한 뉴코어 본부와는 대조적으로, 베들레헴 스틸은 임원용으로 21층짜리 사무실 빌딩을 지었다. 회사는 비용을 더 들여가며 빌딩을 사각이 아니라 십자 모양에 가깝게 설계했다. 모퉁이 방을 필요로 하는 많은 부사장들을 감안한 설계였다. "부사장들은 … 두 면에 창문이 난 방을 가져야만 했고, 그래서 그런 욕구를 고려하여 그런 설계가 나오게 되었던 겁니다"라고 베들레헴의 한 임원은 말했다.[60]

존 스트로메이어John Strohmeyer는 자신의 저서 《베들레헴의 위기 Crisis in Bethlehem》에서, 베들레헴의 풍토를 상세히 묘사하고 있는데, 이는 상상할 수 있는 한 뉴코어와 가장 반대되는 분위기였다. 심지어는 많은 회사 비행기들이 임원들의 자녀를 학교에 태워다주거나 주말에 은밀한 곳으로 훌쩍 날아가는 데 쓰였다고 한다. 또 세계적인 수준의 임원용 18홀 골프 코스, 베들레헴의 회사 돈으로 수리한 임원용 컨트리 클럽을 묘사하면서, 클럽에서 임원 서열에 따라 샤워 우선 순위가 어떻게 결정되었는지까지 언급하고 있다.[61]

우리는 베들레헴의 경영진이 자신들을 엘리트 신분으로 끌어올린 계급 체제의 영속화를 자신들의 활동 목적으로 보았다는 결론에 도달했다. 1970년대와 1980년대에 베들레헴이 쇠락한 일차적인 이유는 수입 제품이나 기술에 있지 않았다. 몰락의 원인은 고객이나 경쟁자, 외부 세계의 변화에 있지 않았다. 복잡한 계층들 간의 차이를 유지하며 조정하는 일에 노력을 집중했던 베들레헴의 기업 풍토 때문이었다.

1966년(뉴코어의 축적이 시작된 해)에서 1999년까지 뉴코어는 34년 동안 계속 흑자를 낸 반면에, 똑같은 34년 동안 베들레헴은 12번이나 적자를 내며 누적 수익률이 마이너스를 기록했다. 1990년대에 이르러서는 해마다 뉴코어가 베들레헴을 앞지르는 수익률을 냈고, 그리하여 세기 말에는, 10년 전만 해도 베들레헴의 1/3도 안 되는 규모의 회사였던 뉴코어가 총수입에서 마침내 베들레헴을 앞질렀다.[62] 더 놀라운 것은 뉴코어의 5년간 종업원당 평균 수익이 베들레헴을 10배 가까이 앞질렀다는 점이다.[63] 그리고 투자자에게는, 뉴코어에 투자한 1달러가 베들레헴에 투자한 1달러에 비해 200배나 많은 수익을 안겨다주었다.

공정하게 평가하자면, 베들레헴에는 뉴코어가 겪지 않은 한 가지 큰 문제가 있었다. 적대적인 노사 관계와 강고한 노동조합이었다. 뉴코어에는 노조가 없었고, 회사와 노동자들이 놀랄 만큼 좋은 관계를 유지했다. 실제로 노조 조직자들이 뉴코어의 한 공장을 방문했을 때에는, 소리를 지르며 모래를 뿌리기 시작하는 노동자들로부터 노조 조직자들을 보호하기 위해 경영진이 나서야 할 만큼, 노동자들의 회사에 대한 충성심이 지극했다.[64]

그러나 노조에 관한 이 이야기는 한 가지 중요한 문제를 제기한다. 무엇보다도 뉴코어의 경영진이 왜 노동자들과 그토록 좋은 관계에 있었을까 하는 것이다. 그것은 켄 아이버슨과 그의 경영팀이 노동자들의 이익을 경영진의 이익과 일치시킨다는 단순 명쾌한 고슴도치 콘셉트를 갖고 있었기 때문이다. 더욱 중요한 것은, 그들이 가능한 모든 노력을 다 기울여 그 개념을 일관되게 적용하며 사업 전반을 꾸려갈 의지를 갖고 있었기 때문이다.

원한다면 그들을 머리가 약간 돈 광신자들이라고 불러도 좋지만,

큰 성과를 만들어내자면 고슴도치 콘셉트를 일관되게 견지하겠다는 광신에 가까운 헌신이 필요하다.

'그만둘 일' 리스트를 만들어 시행하라

당신은 자신이 해야 '할 일' 리스트를 갖고 있는가?

또 '그만둘 일' 리스트는 있는가?

우리는 대부분 바쁘긴 하지만 규율이 없는 삶을 살아간다. 우리는 계속 늘어나는 해야 '할 일' 리스트를 가지고서, 하고, 하고, 하고, 또 더 하면서 도약의 계기를 만들려고 노력한다. 그리고 그게 성공하는 경우는 드물다. 그러나 좋은 회사를 위대한 회사로 도약시킨 사람들은 '할 일' 리스트만큼이나 '그만둘 일' 리스트도 많이 활용했다. 그들은 탁월하게 규율을 보이며 관계없는 온갖 종류의 허섭스레기들을 정리했다.

다윈 스미스는 킴벌리 클라크의 CEO가 됐을 때, '그만둘 일' 리스트를 아주 잘 활용했다. 그는 월스트리트와 벌이는 연간 예측 게임이 사람들로 하여금 단기적인 목표에 지나치게 집중케 하는 결과를 낳는다고 보고, 그 일을 대번에 중단시켰다. 스미스는 말했다.

"모든 것을 감안할 때, 우리가 매년 예상 소득을 예고한다고 해서 주주들에게 이득이 된다고 보지 않습니다. 우린 그런 짓은 하지 않겠습니다."[65]

그는 '직함에 굽실거리는 것'이 계급 의식과 관료적 계층 질서의 상징이라고 보고 직함을 간단히 없애버렸다. 외부에서 직함을 요구하는 자리를 제외하고는, 회사의 어느 누구도 직함을 갖지 않게 되었다. 그는 늘어나는 직위는 자연히 제국 건설이라는 결과를 낳는다고 보았다. 그래서 그 많은 직위들을 간단히 없애버린 다음 단순 명확한 메커니즘으로 대체시켰다. 예를 들어, 만일 당신이 책임을 다하기 위해 당신 휘하에 최소한 15명이 필요하다는 것을 동료들에게 입증해 보일 수 없다면, 당신은 휘하에 사람들을 하나도 갖지 못하게 될 거라는 거였다[66](이런 방식이 유행하기 오래전인 1970년대에 이 조치를 취했다는 걸 명심하라). 킴벌리 클라크가 이제 스스로를 소비재 회사로 생각하기 시작해야 한다는 개념을 강화하기 위해, 그는 제지 산업의 모든 동업자 협회에서 탈퇴했다.[67]

좋은 회사에서 위대한 회사로 도약한 기업들은 독특한 예산 메커니즘을 활용하여 '그만두는' 규율을 제도화했다. 여기서 잠깐 생각해보라. 예산을 세우는 목적이 무엇인가? 대부분이 예산을 세우는 것은 각각의 사업에 얼마나 많은 돈을 배정할 것인지를 결정하거나 아니면 지출을 관리하기 위한 것이라고 답한다. '좋은 회사에서 위대한 회사로'의 관점에서 보면, 이 두 가지 답 모두 틀렸다.

좋은 회사에서 위대한 회사로의 전환에서, 예산 수립은 어떤 분야에 충분히 돈을 대주고 어떤 분야에 전혀 돈을 대주지 말아야 할지를 결정하는 규율이다. 달리 말해 예산 수립 과정은 각각의 사업이 얼마나 많은 자금을 배정받아야 하는지를 계산하는 과정이 아니라, 어떤 사업이 고슴도치 콘셉트에 가장 잘 부합하므로 충분히 지원을 해줘야 하고 어떤 사업이 완전히 제외돼야 하는지를 결정하는 과정이다.

킴벌리 클라크는 제지 사업에서 소비재 사업으로 자원을 단순히 재배정한 게 아니었다. 회사는 제지 사업부를 완전히 없애고 제지 공장까지 팔았다. 그런 뒤 자금 전부를 떠오르는 소비재 사업에 투자했다.

나는 한 제지 회사의 몇몇 임원과 흥미로운 대화를 나눈 적이 있다. 좋은 회사였지만 위대한 회사는 아니고, 킴벌리 클라크가 스스로 소비재 회사로 전환하기 전까지는 킴벌리와 직접 경쟁하던 회사였다. 호기심에서 나는 그들에게 킴벌리 클라크에 대해 어떻게 생각하는지 물어보았다. 그들의 대답은 이랬다.

"킴벌리가 한 일은 공평하지 않습니다."

"공평하지 않다고요?"

내가 당황하여 되물었다.

"아, 그들은 분명히 우리보다 훨씬 성공한 회사가 됐지요. 사실 우리 역시 제지 사업을 팔고 강력한 소비재 회사로 전환했더라면 큰 회사가 될 수 있었을 겁니다. 하지만 우린 제지 사업에 너무 많은 투자를 해왔어요. 그래서 소비재 회사로 전환할 수가 없었던 겁니다."

좋은 회사에서 위대한 회사로 도약한 기업들을 돌아보면, 그들은 자원의 물길을 돌려 단 하나 또는 몇 가지 분야에만 집중시키는 데 탁월한 용기를 보였다. 자기들의 세 원을 포착하는 순간, 그들은 양다리를 걸치는 법이 거의 없었다. A&P가 낡은 방식의 가게들의 '안전'에 집착하는 사이, 전 시스템을 슈퍼스토어 신설 쪽으로 전환하는 데 전념한 크로거를 보라. 업존이 자사의 핵심 사업이긴 하지만 자신들이 결코 세계 최고가 될 수 없었던 제약 부문에 매달리는 사이, 진단 장비와 병원 영양제 공급 분야에서 최고가 되는 쪽으로 자원의 대부분을 전환 투입한 애보트를 보라. 월그린즈가 어떻게 수익성 좋던 요식업을 그만두고 한 가지 개념, 즉 가장 좋고 가장 편리한 약국을 만드는 일에 총력을 집중했는지 보라. 질레트와 센서, 뉴코어와 미니 공장, 킴벌리 클라크와 (소비재 사업에 총력을 쏟기 위한) 제지 공장 매각을 보라.

그들은 한결같이, 자신들의 고슴도치 콘셉트를 포착하는 순간 막대한 투자를 강행하는 용기를 갖고 있었다.

가장 효과적인 투자 전략은 당신이 옳다는 판단이 섰을 때 자금을 최대한 분산시키지 않는 것이다. 가볍게 들릴지 모르겠지만, 그것이 도약에 성공한 기업들이 택한 방식의 본질이었다. '옳다'는 것은 고슴도치 콘셉트를 포착한다는 뜻이다. '최대한 분산시키지 않는다'는 것은 세 원 안에 딱 들어맞는 일에 전면 투자하고 그 밖의 일들은 모두 버린다는 뜻이다.

물론 여기서 중요한 것은 '당신이 옳다는 판단이 섰을 때'라는 조건이다. 하지만 당신이 옳다는 것을 어떻게 알까?

회사들을 연구하는 과정에서, 우리는 하나하나의 조각들이 모두 제자리에 있기만 하면 '옳다는 판단이 서는 것'은 그리 어려운 게 아니라는 걸 터득했다. 적합한 사람들을 버스에 태우는 단계5의 리더가 있으면, 현실 속의 냉혹한 사실들을 직시하면, 진실이 들리는 분위기를 만들면, 심의위원회를 두고서 세 원 안에서 활동하면, 명쾌한 고슴도치 콘셉트의 틀 안에서 모든 방안을 구상하면, 허세가 아니라 이해의 바탕 위에서 행동하면, 그리고 이 모든 일들을 두루 실천한다면 당신은 큰 결정을 올바르게 내릴 수 있다. 진짜 문제는, 무엇이 옳고 적합한지를 안 순간 당신이 그 옳고 적합한 일을 할 규율을 갖고 있는가, 또한 부적합한 일을 그만둘 규율을 갖고 있는가 하는 것이다.

규율의 문화

◆ 지속적인 큰 성과를 내는 것은 세 개의 원을 일관되게 견지하며 규율 있는 행동을 하는 자율적인 사람들로 가득한 문화를 만드는 일에 달려 있다.

◆ 관료적인 문화는 무능력과 규율 결여를 보완할 필요에 따라 생겨나며, 무능력과 규율 결여는 부적합한 사람들을 버스에 태우는 것으로부터 생겨난다. 적합한 사람들을 버스에 태우고 부적합한 사람들을 내리게 하면, 몹쓸 관료주의가 필요 없게 된다.

◆ 규율의 문화는 이중성을 갖고 있다. 사람들은 일관된 시스템을 고수해야 하는 한편, 그 시스템의 체계 내에서 자유와 책임을 부여받는다.

◆ 규율의 문화는 행동만을 다루는 게 아니다. 규율 있는 사고를 한 다음 규율 있는 행동을 하는 규율 있는 사람들을 얻는 것도 포함된다.

◆ 좋은 회사에서 위대한 회사로 도약한 기업들은 밖에서 보기에는 따분하고 평범한 것처럼 보이지만, 가까이 들여다보면 정말 부지런하고 놀랄 만큼 열심히 일하는 사람들로 가득하다(그들은 '자신들의 코티지 치즈를 헹군다').

◆ 규율의 문화와 규율을 강제하는 폭군을 혼동하지 마라. 둘은 매우 다른 개념으로서, 하나는 기능을 아주 잘 발휘하고 다른 하나는 기능에 심각한 장애를 초래한다. 순전히 퍼스낼리티의 힘을 동

원하여 몸소 규율을 잡는 '구세주' CEO들은 대개의 경우 지속적인 성과를 내는 데 실패한다.

◆ 지속적인 성과를 내는 규율의 가장 중요한 형태는 고슴도치 콘셉트의 광적인 고수와 세 개 원 밖에 있는 기회는 철저히 외면하는 의지다.

예상치 못한 발견들

◆ 어떤 조직이 거의 종교적이라고 할 만큼 일관되게 세 원 안에 머무르는 규율이 강할수록 성장의 기회는 많다.

◆ 뭔가가 '평생에 단 한 번의 기회'라 해도 세 원 안에 들어맞지 않으면 나와는 관계없다. 위대한 회사에는 '평생에 단 한 번의 기회'가 많다.

◆ 좋은 회사에서 위대한 회사로 도약한 기업들에서 예산을 세우는 목적은 각각의 사업에 얼마를 줄지를 결정하는 것이 아니라, 어떤 사업이 고슴도치 콘셉트에 부합하므로 자금을 충분히 주어야 하고 어떤 사업에는 한 푼도 주지 말아야 하는지를 결정하는 것이다.

◆ '그만둘 일' 리스트가 '할 일' 리스트보다 더 중요하다.

Good

7

_____

기술 가속 페달

to
Great

사람들은 대부분 생각하느니 차라리 죽음을 택하곤 했다.
지금도 많은 이들이 그렇게 한다.

— 버트런드 러셀 [1]

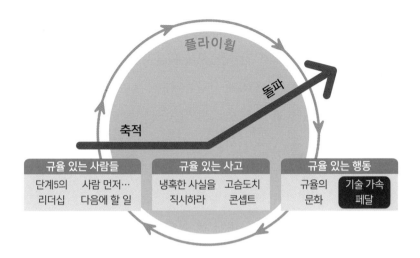

1999년 7월 28일, 드러그스토어닷컴drugstore.com(최초의 인터넷 약국 중 하나)이 자사의 주식을 공개했다. 개장 벨이 울린 뒤 몇 초 만에 주가가 3배 가까이 뛰어 주당 65달러가 되었다. 4주 뒤에는 주식 종가가 69달러를 기록하여 주식 총시가가 35억 달러를 넘어섰다. 물건을 팔기 시작한 지 9개월이 채 안되고, 종업원도 500명 미만이며, 투자자들이 연간 배당을 받는 건 꿈도 못 꾸고, 단 1달러의 이익도 내기 전에 수억 달러의 손실을 낼 각오를 하고 있던 기업으로서는 나쁘지 않은 성적이었다.[2]

사람들은 어떤 근거로 이런 심상치 않은 숫자들을 뒷받침해준 것일까?

"새로운 과학기술이 모든 것을 바꿔 놓을 것이다"라는 논리가 횡행했다. "인터넷이 모든 사업을 완전히 뒤집어 놓을 것이다"라고 전문가들이 합창했다. "인터넷 상의 땅을 차지하기 위한 큰 싸움이 시작되었다. 먼저, 아무리 값이 비싸게 먹히더라도 빨리 가서 시장을 점유하라. 그러면 당신이 이긴다." 이렇게 기업가들은 소리 질렀다.

우리는 위대한 회사를 세우려 한다는 건전한 생각이 별나고 진부한 것처럼 들리는 참으로 진기한 시대에 들어섰다. '창업에서 수성으로'가 시대의 주문이 되었다. 사람들에게 당신이 그 무엇이든 인터넷과 연관된 일을 하고 있다고 말한 다음 아주 재빠르게 주식을 확 공개하면 당신은 부자가 되었다. 이익을 전혀 못 내고 있어도, 심지어는 실제 회사가 아니어도 상관없었다. "신기술이다!", "신경제다!"라고 소리치기만 하면 사람들이 당신한테 수억 달러를 싸들고 오게 할 수 있는 판에, 도대체 왜 실제로 작동하는 모델을 만들어 가며 축적에서 돌파에 이르는 힘든 길을 하염없이 걸어야 한단 말인가!

심지어 일부 창업자는 큰 회사는 물론이고 실제 회사를 설립하겠다고 제안하는 번거로움조차도 생략했다. 한번은 어떤 사람이 2000년 3월에 다른 건 아무것도 없이 안내 웹사이트와 사업 계획서만 달랑 갖고서 기업 공개를 신청했다. 그 사람은 〈인더스트리 스탠더드〉에 사업도 시작하기 전에 기업을 공개한다는 게 이상한 것 같다고 인정은 했지만, 그럼에도 투자자들에게 주당 7~9달러씩에 1,100만 주를 사라고 설득하는 일을 멈추지 않았다. 수입도 없었고 종업원도 고객도 없었으며, 회사도 없었다.[3] 인터넷이라는 신기술이 도래했는데, 누가 그 낡아빠진 옛 경제의 유물 따위를 필요로 하겠는가? 이런 식의 논리였다.

이런 광란이 최고조에 달할 즈음, 드러그스토어닷컴이 월그린즈에 도전장을 내밀었다. 처음에는 닷컴들의 침공에 월그린즈의 주식이 고전을 면치 못해, 몇 달 만에 주가가 40% 이상 추락하며 드러그스토어닷컴 공개의 실마리를 제공했다. 1999년 10월에 〈포브스〉는 이렇게 썼다.

"투자자들은 드러그스토어닷컴 같은 회사들처럼 홈런을 친 경쟁자들이 웹 경기에서 이길 거라고 생각하는 것 같다. 월그린즈의 주가 총액이 총수입의 1.4배인 데 반해서, 드러그스토어닷컴의 주가 총액은 총수입의 398배다."[4]

분석가들은 월그린즈의 주식을 낮게 평가했다. 그리고 시장 가치에서 150억 달러 가까운 액수가 증발해버리면서 인터넷의 위협에 대처하라는 압력이 점점 더 거세어졌다.[5]

이 광란의 한복판에서 월그린즈의 대응책은 무엇이었을까?

"우리는 기다가 걷다가 달리는 회사입니다."

인터넷에 대한 신중하고도 체계적인 접근을 언급하면서 댄 존트가 〈포브스〉에서 한 말이다. 월그린즈의 경영진은 병아리처럼 대응하지 않고, 당시로서는 매우 독특한 행동을 취했다. 그들은 쉬면서 반추하기로 결정했다. 그들은 자신의 뇌를 쓰기로 결정했다. 그들은 생각하기로 결정했다!

처음엔 느리게(기기), 월그린즈는 웹사이트 실험에 착수하는 한편, 자신들 특유의 고슴도치 콘셉트의 틀 내에서 인터넷의 함의에 대한 내부 대화와 토론을 치열하게 벌였다.

"우리의 편의성이라는 개념에 인터넷이 어떻게 연결될까? 방문 고객당 현금 흐름이라는 우리의 경제 기준에 인터넷을 어떻게 연결시킬 수 있을까? 웹을 어떻게 활용하면 우리가 세계의 다른 어떤 회사보다도 잘하는 일을 열정을 품고서 더 잘할 수 있을까?"

그 과정에서도 월그린즈의 경영진은 스톡데일 패러독스를 줄곧 끌어안고 있었다.

"우리는 인터넷 세계에서 큰 회사로 성공할 수 있다는 완벽한 믿음을 갖고 있다. 그러나 우리는 동시에 인터넷이라는 현실 속의 냉혹한 사실들을 직시해야만 한다."

월그린즈의 한 이사가 역사상 매우 진기한 이 시기에 대해 재미있는 이야기 한 토막을 들려주었다. 한 인터넷 리더가 월그린즈에 대해 다음과 같은 말을 했다.

"아, 월그린즈요. 인터넷 세계에 적응하기엔 그들은 너무 늙고 둔해졌어요. 그들은 뒤처질 겁니다."

월그린즈 사람들은 인터넷 엘리트의 이 거만한 논평에 몹시 기분이 상했지만 공개적인 대응은 진지하게 검토조차 하지 않았다. 한 임원은 이렇게 말했다.

"우리 할 일만 조용히 합시다. 저들이 엉뚱한 개의 꼬리를 잡아당겼다는 게 금세 분명해질 테니까요."

그런 다음 조금 빠르게(걷기), 월그린즈는 자신들의 치밀한 재고 관리 및 유통 모델 그리고 궁극적으로는 자신의 편의성이라는 개념에 인터넷을 직접 연결시키는 방법을 찾기 시작했다. 온라인상으로 처방 내용을 써 보낸 다음, 차를 휙 집어타고 가까운 월그린즈 가게에 도착해 차를 탄 채 쑥 들어가서는(그 순간에 당신이 어느 도시에 있건 간에) 눈깜짝할 새에 주문한 약병을 받아들고 휙 떠나라. 아니면 배달이 더 편리한 경우에는 배달 신청을 하라. 오락가락하는 동요도, 과대 선전도, 허세도 전혀 없었다. 차분하고 신중한 이해에 뒤이어 차분하고 신중한 행동이 있었을 뿐이다.

그러고 나서 마지막으로(달리기!), 월그린즈는 순수 닷컴 기업들의 사이트처럼 정교하고 잘 디자인된 인터넷 사이트를 발진시키며 크게 한몫 걸었다. 이 장을 쓰기 직전인 2000년 10월에, 우리는 월그린즈닷컴Walgreens.com에 온라인 접속을 해보았다. 우리는 월그린즈의 사이트가 사용하기 편하고, 배달 체계가 믿을 만하며, 아마존닷컴Amazon.com(당시에 전자 상거래를 주름잡고 있던 챔피언)만큼이나 사려 깊게 만들어져 있음을 확인했다. 〈포브스〉의 기사가 나간 지 정확히 일 년 뒤, 월그린즈는 인터넷을 어떻게 활용하면 운동을 촉진하여 더 빨리 나아가게 할 수 있는지를 알아냈다. 월그린즈는 (웹사이트 상에) 자사가 하는 일을 훨씬 더 폭넓게 공개하여 회사의 지속적인 성장을 지원했다. 닷컴 공포에 빠져 있던 1999년의 저점에서 일 년 사이에 월그린즈의 주가는 2배 가까이 올랐다.

한편, 드러그스토어닷컴은 어떻게 됐을까? 회사는 계속 막대한 손실을 보다가 현찰을 보존하기 위해 업무 일시중단을 발표했다. 드러그스토어닷컴의 주가는 이 글을 쓰고 있는 지금, 일 년 남짓 전인 전성기 때의 1/26로 떨어졌다. 회사는 초창기 가치를 거의 전부 잃었다.[6] 월그린즈가 기다가 걷다가 달리는 동안에, 드러그스토어닷컴은 달리다가 걷다가 기었다.

드러그스토어닷컴은 아마도 잘 작동하여 큰 회사를 만들어내는 지속 가능 모델을 알아내긴 할 것이다. 그러나 세련된 기술과 과대선전, 이성적이지 못한 주식시장을 이용해서가 아니라 세 원에 대한 이해가 반영된 일관된 개념에 기술을 적용하는 방법을 알아낼 때 비로소 위대한 기업으로 성장할 것이다.

기술과 고슴도치 콘셉트

자, 당신은 이런 생각을 하고 있을지 모른다.

"하지만 인터넷 열기는 터지게 마련인 투기적인 거품일 뿐이야. 그런데 그게 뭐라는 거야? 거품은 불안정해서 오래갈 수 없다는 건 누구나 다 알고 있었어. 그게 좋은 회사에서 위대한 회사로의 도약에 뭘 가르쳐준다는 거야?"

분명히 해두자. 이 장에서 말하고자 하는 요점은 인터넷 거품 자체의 세세한 특성과는 거의 관계가 없다. 거품은 오고 거품은 간다. 거품은 철도가 등장할 때 나타났다. 전기가 출현할 때도 나타났다. 무선 기술이 출현할 때도 나타났으며 개인용 컴퓨터가 등장할 때도 나타났다. 인터넷이 출현할 때도 나타났다. 그리고 예기치 못한 신기술이 등장할 때 다시 나타날 것이다.

그러나 이 모든 변화를 뚫고서 큰 회사들은 적응하고 견뎌왔다. 사실, 지난 100년 동안 진정한 위대한 회사들은 대부분, 월마트에서 월그린즈까지, 프록터 & 갬블에서 킴벌리 클라크까지, 머크에서 애보트까지, 그 뿌리가 전기든, 텔레비전이든, 인터넷이든, 여러 세대에 걸친 과학기술상의 변화를 견뎌냈다. 그들은 앞서 적응하며 더 크게 부상해왔다. 최고의 기업들은 다시 또 적응할 것이다.

> 기술이 유도하는 변화는 전혀 새로울 게 없다. 진짜 문제는 기술의 역할이 무엇이냐가 아니다. 정말 중요한 것은 좋은 회사에서 위대한 회사로 도약한 기업들이 기술에 대해 어떻게 달리 받아들였는가에 있다.

우리는 월그린즈가 결국에는 인터넷을 이해할 거라고 예측할 수 있었다. 월그린즈는 업계의 다른 회사들이 기술을 이해하기 오래전에 과학기술에 막대한 투자를 한 전력이 있었다. 1980년대 초에 월그린즈는 인터콤이라는 광범한 네트워크 시스템을 개척했다. 아이디어는 단순했다. 월그린즈의 모든 가게를 전자 시스템으로 연결하여 고객에 관한 데이터를 중앙 시스템으로 전송함으로써 전국의 모든 월그린즈 매장을 고객의 동네 약국으로 전환시킨다는 것이었다. 당신이 플로리다에 사는데 피닉스 방문 중에 처방약이 떨어졌다고 하자. 그런 경우에도 아무 문제가 없다. 피닉스의 가게가 중앙 시스템에 연결돼 있어, 당신 동네의 월그린즈 가게를 찾는 것과 조금도 다를 바 없기 때문이다.

오늘날의 기준으로 보면 평범한 일처럼 보일지 모른다. 그러나 월그린즈가 1970년대 말에 인터콤에 투자했을 때, 업계의 다른 회사들은 그 비슷한 일조차도 하지 않았다. 최종적으로 월그린즈는 인터콤에다, 자체 위성 시스템 구축에 들어간 1억 달러를 포함하여 총 4억 달러 이상을 투자했다.[7] '월그린 지구 기지'라 명명된 인터콤 본부를 둘러보는 것은 "정교한 전자 장치들이 기절할 만큼 즐비하게 늘어선 NASA 항공우주국을 여행하는 것 같은 느낌"이라고 업계의 한 잡지는 쓰고 있다.[8] 월그린즈의 기술진은 외부 전문가들에게 의존하지 않고 시스템의 세세한 부분까지 자체 유지 관리할 수 있을 만큼 능숙해졌다.[9] 월그린즈는 거기서 멈추지 않고, 스캐너와 로봇 기술, 컴퓨터화된 재고 관리, 앞선 창고 편제 시스템 등의 응용 기술들을 개척했다. 인터넷은 이런 지속적인 패턴에서 한 걸음 더 나아간 단계일 뿐이다.

월그린즈가 이 앞선 기술들을 채택한 것은 단지 앞선 기술 자체를 위해서나 뒤떨어지는 것에 대한 두려움 때문이 아니었다. 회사는 이 기술들을 돌파점 통과 후 추진력을 가속하는 도구로 활용하면서, 방문 고객당 수익을 늘리는 편의점형 약국이라는 자신의 고슴도치 콘셉트에다 기술들을 직접 접목시켰다. 흥미로운 여담을 한마디 하자면, 1990년대 말에 들어 기술이 갈수록 정교해졌음에도 월그린즈의 CIO chief information officer(최고 정보책임자)는 기술 전문가가 아니라 훈련받은 등록 약사였다.[10] 월그린즈는 단호하리만큼 분명한 입장을 견지했다. 자신의 고슴도치 콘셉트가 기술 활용을 조율해야 하며 그 역은 아니라는 것이었다.

월그린즈의 사례는 일반적인 패턴을 반영하고 있다. 좋은 회사에서 위대한 회사로 도약한 모든 사례에서 우리는 정교한 기술들을 발견했다. 그러나 인상적인 것은 기술 자체가 아니라 엄선한 기술의 선구적인 응용이었다. 도약에 성공한 기업들은 한결같이 기술 응용의 선구자들이었지만, 기술 자체는 무척 다양했다(252쪽의 표를 보라).

한 예로, 크로거는 바코드 스캐너 응용의 초창기 개척자였다. 회사는 그 기술에 힘입어 구매 최전선을 재고 관리와 연결시킴으로써 A&P를 추월하는 속도를 높일 수 있었다. 그다지 흥미로운 이야기가 아닌 것처럼 들릴지 모르겠는데(재고 관리는 독자들의 시선을 사로잡는 주제가 아닐 테니까), 이렇게 한번 생각해보자. 창고 안으로 걸어 들어가 보니, 시리얼 박스나 사과 상자들 대신 신선한 냄새를 풍기는 빳빳한 달러 지폐 수천억 장이 받침대 위에 천장에 닿도록 가득 쌓여 있는 게 보인다고 상상해보라. 우리가 재고를 생각하는 방식은 바로 그래야 한다. 당근 통조림 상자 하나하나가 한낱 상자가 아니라 바로 현찰이다. 그런데 당근 통조림 상자가 팔릴 때까지 그곳에 놓여 있는 것은 현찰이 아무 쓸모없이 쌓여 있는 것이나 마찬가지다.

자, 이제 크로거가 얼마나 체계적으로 그 낡고 작은 식품점들을 멋지고 윤기 나는 슈퍼스토어들로 바꾸었는지 상기해보라. 이 과업을 완수하기까지는 최종적으로 90억 달러 이상의 투자가 필요했다. 마진 낮은 식품점 사업에서 어떻게든 그만한 돈을 빼내야 했다는 것이다. 진상을 들여다보면, 크로거는 30년 동안 한 해도 거르지 않고 연간 총수익의 평균 2배 이상을 자본 지출에 투입했다.[11] 훨씬 더 인상적인 것은, 1988년에 기업 매수꾼들을 물리치느라 55억 달러의 정크 본드 부채를 떠안으면서 주당 40달러의 현찰 배당금과 8달러의 후순위 채권을 일시불로 지불했음에도, 크로거는 1980년대와 1990년대 내내 현찰을 들이붓는 쇄신 작업을 줄기차게 추진했다는 것이다.[12] 크로거는 모든 가게를 현대화하여 재편했고, 쇼핑의 격조를 높였으며, 제공하는 제품들의 가짓수를 크게 늘렸고, 수십억 달러의 빚을 갚았다. 수억 달러의 빳빳한 지폐들(즉, 재고품들)을 창고에서 빼내 보다 잘 쓸 수 있게 만든 스캐닝 기술의 활용이야말로 크로거로 하여금 한껏 마술을 부릴 수 있게 한, 즉 모자 속에서 한 마리, 두 마리의 토끼가 아니라 세 마리의 토끼를 꺼낼 수 있게 한 핵심 요소의 하나였다.

질레트 역시 기술 응용의 선구자였다. 그러나 질레트의 기술 가속 페달은 주로 제조 기술에 있었다. 문자 그대로 수십억 개의 저가의 초정밀 면도날을 만드는 데 필요한 기술을 생각해보라. 당신이나 나나 질레트 면도날을 집어들 때는 면도날이 완벽하기를 바라고, 또 면도 1회당 값이 비싸게 먹히지 않기를 기대한다. 예를 들어 센서를 만들기 위해, 질레트는 설계와 개발에 2억 달러 이상을 투자했다. 투자액은 대부분 제조상의 난제 해결에 집중되었고, 그 과정에서 29개의 특허를 땄다.[13] 회사는 레이저 용접 기술(심장 박동 조절기 같은 값비싸고 정교한 제품에 보통 쓰이던 기술)을 면도 기구의 대량 제조에 응용한 선구자였다.[14] 질레트 면도 기구의 핵심은 순전히 매우 독창적이고 특허까지 받은 제조 기술에 있다. 그래서 질레트는 코카콜라가 제조 비법을 보호하듯, 무장 경비원과 기밀 취급 허가제를 두고서 그 기술을 지킨다.[15]

좋은 회사에서 위대한 회사로 도약한 기업들의 기술 가속 페달

회사	전환기에 고슴도치 콘셉트와 결합돼 있던 기술 가속 페달
뉴코어	가장 앞선 미니 공장 철강 제조 기술의 선구적인 응용. 가장 앞선 기술을 찾아 '전 세계를 누비고 다닌다.' 박판 연속 주조처럼 남들은 위험하다고 본 신기술에 (기업의 순자산액의 50%까지) 크게 한판 거는 의지.
서킷 시티	정교한 판매 촉진과 재고 추적 기술의 선구적인 응용. 값나가는 물건 소매 분야의 '맥도날드'가 된다는 개념과 접목시켜, 지리적으로 넓게 분산돼 있는 시스템을 매우 일관되게 운영할 수 있다.
애보트	경제 기준인 고객당 수익을 높이는 컴퓨터 기술의 선구적인 응용. 제약 부문 R&D의 리더 자리는 다른 고슴도치 콘셉트를 가진 머크나 화이저, 그 밖의 다른 회사들에 넘겨준다.
월그린즈	구체적인 인구통계학과 입지라는 독창적인 기준에 맞춰 만들어진 편리한 길모퉁이 약국이라는 개념을 실현하기 위한 위성 통신과 컴퓨터 네트워크 기술의 선구적인 응용. 모든 가게를 단 하나의 길모퉁이 약국처럼 거대한 망으로 연결하는 위성 시스템에 대한 뼈를 깎는 큰 투자. "NASA 항공우주국을 여행하는 것 같다." 업계의 다른 회사들을 최소 10년 앞섰다.

웰스 파고	경제 기준인 종업원당 수익을 늘리는 기술의 선구적인 응용. 24시간 폰뱅킹의 초창기 리더, ATM의 초창기 도입사, ATM에서 뮤추얼 펀드를 사고팔 수 있게 한 선두 주자, 인터넷 뱅킹과 전자 금융의 선구자. 대부 시 리스크 평가를 한층 개선하는 치밀한 수학을 선도.
질레트	수십억 개의 초정밀 제품을 저렴한 비용으로 환상적일 만큼 견고하게 만들어내는 정교한 제조 기술의 선구적인 응용. 코카콜라가 제조 비법을 보호하는 것만큼이나 광적으로 제조 기술의 비밀을 지킨다.
크로거	슈퍼스토어를 끊임없이 현대화하기 위한 컴퓨터와 정보 기술의 선구적인 응용. 먼저 스캐너로 신중하게 실험을 하고, 그것을 현금 흐름 사이클 전체에 연결시켜, 광범한 점포 쇄신 작업에 필요한 자금을 마련했다.
킴벌리 클라크	특히 실로 짜지 않은 재료를 소재로 한 제조 공정 기술의 선구적인 응용. 이는 품질향상에 열정적으로 매달릴 수 있도록 뒷받침해준다. 수준 높은 R&D 연구소. "그곳에서는 아기들이 온도와 습도 센서를 달고 기어다닌다."
패니 메이	담보 리스크를 보다 정확하게 평가하기 위한 정교한 알고리듬과 컴퓨터 분석의 선구적인 응용. 이를 통해 경제 기준인 리스크 수준당 수익을 늘린다. '보다 영리한' 리스크 분석 시스템이 저소득층에도 집 담보 대출을 받을 수 있게 하고, 주택 소유를 대중화한다는 열정도 갖게 만든다.
필립 모리스	포장과 제조 기술의 선구적인 응용. 뚜껑 여는 담뱃갑 만드는 기술(업계에서 20년 만에 처음 있었던 포장 혁신)에 승부를 건다. 컴퓨터 관리 제조 기술도 처음으로 활용. 앞선 제조 기술과 품질을 실험하고 검증하고 가다듬는 제조 센터에 막대한 투자를 한다.
피트니 보즈	앞선 기술을 우편업계에 선구적으로 응용. 처음에는 기계적인 우표 소인기의 형태를 취했으나 나중에는 매우 정교한 사무 지원 장비들에 필요한 전기, 소프트웨어, 통신, 인터넷 공학에 큰 돈을 투자했다. 1980년대에는 기본적인 우표 소인기 기술 재개발에 막대한 R&D 투자를 했다.

추진력의 발동기가 아닌 가속 페달로서의 기술

데이비드 맥스웰에 이어 짐 존슨이 패니 메이의 CEO가 됐을 때, 그와 그의 경영팀은 컨설팅 회사를 고용하여 기술 감사를 의뢰했다. 수석 자문위원인 빌 켈비Bill Kelvie는 4점이 첨단이고 1점이 석기 시대인 4점 만점의 등급제를 써서 회사를 평가했다. 패니 메이는 겨우 2점을 받았다. 그러자 패니 메이는 '사람 먼저' 원칙에 따라, 켈비를 채용하여 회사의 쇄신을 맡겼다.[16] 1990년 켈비가 패니 메이에 왔을 때, 회사는 기술 활용면에서 월스트리트에 10년가량 뒤져 있었다.

다음 5년 동안, 켈비는 체계적인 작업을 펼쳐 패니 메이를 4점 만점 등급제의 2점에서 3.8점으로 끌어올렸다.[17] 그와 그의 팀은 6,000억 달러의 담보 명세를 관리하는 정교한 분석 프로그램, 6,000만 건의 자산과 작업 진행을 관장하는 온라인 데이터 창고를 필두로 300가지가 넘는 컴퓨터 응용 기술을 만들어내, 서류 작업과 사무를 획기적으로 줄였다. 켈비는 말했다.

"우리는 기술을 사무실 구석에서 끄집어내, 사업 전체를 송두리째 바꾸는 도구로 활용했습니다. 한 예로, 우리는 주택 소유자가 되는 비용을 줄이는 전문가 시스템을 만들었습니다. 이 기술을 활용하는 대부업자는 30일의 대출 승인 시간을 30분으로 줄여, 대출 건당 1,000달러 이상의 관련 경비를 절감했지요."

지금까지 이 시스템은 주택 구입자들에게 40억 달러 가까운 지출을 줄여주었다.[18]

패니 메이는 1981년 데이비드 맥스웰의 취임과 함께 전환 작업을 시작했지만 1990년대 초까지 기술 응용면에서는 크게 뒤져 있었다는 점을 주목하라. 기술이 패니 메이에 가장 중요한 사안이 된 건 맞지만, 그것은 회사가 자신의 고슴도치 콘셉트를 발견한 뒤의 일이었고, 또 회사가 돌파점을 통과한 뒤의 일이었다. 기술은 패니 메이의 리더들이 전환의 '두 번째 바람'이라고 부른 것의 핵심 요소 중 하나로서, 가속 요인으로 작용했다.[19] 크로거, 질레트, 월그린즈, 그리고 좋은 회사에서 위대한 회사로 도약한 모든 기업들에도 똑같은 패턴이 적용된다. 기술의 선구적인 응용은 대개 전환이 시작된 지 한참 뒤에 등장했고, 처음부터 나타난 곳은 한 곳도 없었다.

> 여기서 우리는 이 장의 핵심에 이르게 된다. 기술은 적합하게 쓰일 경우, 추진력의 발동기가 아니라 가속 페달이 된다. 좋은 회사에서 위대한 회사로 도약한 기업들은 결코 선구적인 기술을 갖고서 전환에 착수하지 않았다. 어떤 기술이 적합한지 알기 전에는 기술을 잘 활용할 수 없다는 단순한 이유에서다. 그렇다면 어떤 기술이 적합할까? 고슴도치 콘셉트의 세 원이 겹치는 부분에 직접 접목되는 기술, 그런 기술만이 전환에 적합하다.

좋은 회사에서 위대한 회사로의 전환에 기술이 생산적으로 작용하게 하자면, 다음과 같이 물어봐야 한다. 그 기술이 당신의 고슴도치 콘셉트에 직접 부합하는가? 만일 그렇다면, 당신은 그 기술 응용의 선구자가 돼야 한다. 만일 아니라면, "이 기술이 도대체 필요하긴 한가"라고 물어야 한다. 만일 그렇다면, 당신이 할 일은 평가와 조정이다(큰 회사가 되기 위해 반드시 세계에서 가장 앞선 전화 시스템이 필요한 건 아니다). 만일 아니라면, 그 기술은 부적절한 것이므로 무시해도 된다.

우리는 기술의 선구적인 응용을, 좋은 회사에서 위대한 회사로 도약한 기업들이 자신의 고슴도치 콘셉트 안에서 규율 있게 행동하는 또 하나의 방법일 뿐이라고 보게 되었다. 개념상 그들이 기술과 관계를 맺는 방식은 다른 모든 범주의 결정들, 즉 규율 있는 사람들이 규율 있는 사고를 한 다음 규율 있는 행동을 취하는 것과 조금도 다르지 않다.

어떤 기술이 자신의 세 원 안에 딱 들어맞지 않으면, 그들은 모든 과대 선전과 두려움을 떨쳐내고 놀랄 만큼 침착하게 자신의 일만 해나간다. 그러나 기술이 적합하다고 깨닫는 순간, 그들은 미친 듯이 그 기술에 달려들어 창조적인 응용을 해나간다.

그와는 대조적으로 비교 기업들에서는, 기술 응용의 선구자가 된 사례를 셋밖에 찾아내지 못했다. 바로 크라이슬러(컴퓨터 이용 설계), 해리스(인쇄술에 전자공학 응용), 러버메이드(앞선 제조 기술)다. 세 경우 모두 지속 실패 기업들이었는데, 이는 기술만으로는 지속적인 큰 성과를 만들어낼 수 없음을 입증해준다. 예를 들어, 크라이슬러는 컴퓨터 이용 설계CAD를 비롯한 앞선 설계 기술들을 정말 훌륭하게 활용했지만, 그 기술들을 일관된 고슴도치 콘셉트에 접목시키는 데는 실패했다.

크라이슬러가 1980년대 중엽, 걸프스트림 제트기에서 마세라티 스포츠카까지 세 원을 벗어나 이리저리 헤매는 사이, 어떤 앞선 기술도 그 자체만으로는 회사를 또 한 차례의 추락에서 구해낼 수 없었다. 명쾌한 고슴도치 콘셉트가 없는 기술, 세 원 안에 머무르는 규율이 없는 기술은 회사를 키울 수 없다.

기술의 덫

이 장을 쓰고 있자니 두 가지 사건이 떠오른다. 첫째는 1999년에 〈타임〉이 '20세기의 인물'로 알베르트 아인슈타인을 선정한 일이다. '세기의 인물 선정'을 문제로 풀어낸다면, '그 사람이 없었을 경우 오늘날 세계가 어떻게 달라져 있을까'가 될 것이다. 처칠이나 히틀러, 스탈린, 간디처럼 좋은 방향으로건 나쁜 방향으로건, 정말로 인간 역사의 진로를 바꾼 지도자들을 제치고 아인슈타인이 선정된 건 놀라운 일이다. 물리학자들은 아인슈타인이 있었건 없었건 간에 과학계는 상대성의 이해에 도달했을 거라고 지적한다. 아마 5년이나 10년 늦었겠지만 50년 늦지는 않았을 거란다.[20] 나치는 원자폭탄을 갖지 못했는데, 연합군은 원폭 없이도 2차 세계대전에 승리했을 것이다(연합군의 희생이 더 커지기는 했겠지만). 〈타임〉은 왜 아인슈타인을 뽑았을까?

아인슈타인을 선정하면서 〈타임〉 편집자는 이렇게 쓰고 있다.

"정치인의 영향력과 과학자의 영향력을 비교하기는 힘들다. 그럼에도 우리는 정치가 가장 큰 규정력을 갖는 시대가 있고, 문화가 규정하는 시대, 과학의 진보가 규정하는 시대가 있다는 점을 지적할 수 있다. … 그렇다면 20세기는 미래에 어떻게 기억될까? 민주주의로 기억될 것이다. 그리고 시민권으로도 기억될 것이다. 그러나 20세기는 무엇보다도 천지개벽할 과학기술의 진보로 가장 많이 기억될 것이다. … 자유라는 대의를 진전시킨 점에서 보면, 어떤 면에서는 과학기술상의 진보가 어떤 정치가보다도 더 큰 역할을 했다. 무엇보다도 과학기술로 기억될 세기에 … 우리 시대의 가장 상징적인 존재로 돋보이는 사람이 하나 있으니 … 알베르트 아인슈타인이다."[21]

사실, 〈타임〉은 세기의 인물을 뽑았다기보다는 세기의 주제로 과학기술을 선정했고, 거기에 가장 유명한 사람을 갖다 붙였다. 흥미롭게도, 아인슈타인 발표가 있기 며칠 전에 〈타임〉은 1999년도 '올해의 인물'을 발표했다. 누굴 뽑았을까? 다름아닌 전자 상거래의 간판 주자, 아마존닷컴의 제프 베조스Jeff Bezos였다. 기술이 변화를 주도한다는 우리의 문화적 강박관념을 다시 한 번 반영하였다고 하겠다. 나는 〈타임〉의 선택에 동의도 반대도 하지 않는다. 단지 그게 흥미롭고 시사하는 바가 크다고 볼 따름이다. 그것이 오늘날 우리들의 심리를 들여다볼 수 있는 창을 제공해주기 때문이다. 기술과 그 함의가 우리의 집단 심리에 핵심 항목으로 자리잡고 있는 것만은 명백하다.

거기에서 두 번째 사건이 이어진다. 이 책을 집필하는 빡빡한 일정을 잠깐 접어두고, 나는 미네소타로 날아가 매스터스 포럼Masters Forum에서 강연을 했다. 매스터스 포럼은 15년 가까이 경영자 세미나를 열어왔고, 나는 그동안에 거듭 등장한 주제가 무엇인지 알고 싶어졌다. 프로그램 디렉터인 짐 에릭슨과 패티 그리핀 젠슨이 말했다.

"계속 등장하는 주제로는 기술, 변화, 그리고 그 둘 사이의 관계가 있습니다."

내가 물었다.

"그 이유가 뭐라고 생각하십니까?"

"사람들은 자기가 뭘 모르는지를 모르지요. 그리고 어떤 새로운 기술이 뒤에서 슬그머니 덮쳐 와 뒤통수를 치는 일이 일어날까 봐

늘 두려워합니다. 많은 사람들이 기술을 이해하지 못하고 나아가 기술을 두려워해요. 그들이 확실하게 아는 거라고는, 기술은 변화의 중요한 동력이고 그래서 기술에 관심을 갖는 게 좋다는 것이 전부지요."

기술에 대한 우리 문화의 강박관념을 감안한다면, 그리고 좋은 회사에서 위대한 회사로 도약한 기업들에서의 기술의 선구적인 응용을 감안한다면, 좋은 회사를 위대한 회사로 도약시킨 경영자들과 우리의 인터뷰에서 '기술'이 이야기의 상당 부분을 차지했을 거라고 짐작할지 모른다.

기술이 그토록 중요하다면, 좋은 회사를 위대한 회사로 도약시킨 경영자들이 기술에 대해 그토록 언급을 않다시피 하는 이유는 뭘까? 그들이 기술을 무시하기 때문이 아닌 건 분명하다. 그들은 비교 기업들에 비해 훨씬 우수하고 정교한 기술들을 갖고 있었다. 게다가 도약에 성공한 기업들 중 다수가 기술의 선구적인 활용으로 각종 매체들의 표지도 장식하고 상도 받았다. 그러나 그 경영진들은 기술에 대해 거의 말을 하지 않았다. 마치 매체의 기사들과 회사의 경영진들이 전혀 다른 회사 이야기를 하는 것 같았다!

우리는 좋은 회사를 위대한 회사로 도약시킨 경영자들의 80%가 인터뷰 중에 기술을 전환의 5대 요인 중 하나로 언급조차도 하지 않았다는 걸 알고는 정말 놀랐다. 게다가 기술을 언급한 경우에도, 기술의 평균 순위는 4위였다. 84명의 경영자 중 기술을 1순위로 꼽은 사람은 단 둘뿐이었다.

예를 들어, 뉴코어는 미니 공장 철강 제조 기술의 응용면에서 가장 적극적인 선구자 중의 하나로 널리 알려져 있다. 수십 건의 기사와 두 권의 책이 박판 연속 주조와 전기 아크로eletric arc furnace에 대한 뉴코어의 대담한 투자에 찬사를 보냈다.[22] 뉴코어는 신기술의 앞선 응용을 통해 낡은 질서를 밀어낸 본보기로서 경영학 강의의 기념비적인 사례가 되었다.

그러나 우리가 전환기에 있던 뉴코어의 CEO였던 켄 아이버슨에게 도약의 5대 요인을 꼽아 달라고 요청했을 때, 기술이 과연 리스트의 몇 번째 자리를 차지했을 것 같은가? 첫 번째? 아니다. 두 번째? 아니다. 세 번째? 아니다. 네 번째? 이번에도 아니다. 다섯 번째? 미안하지만 아니었다. 켄 아이버슨은 말했다.

"정책의 일관성, 그리고 계층 구조와 관료주의가 없었던 덕분에 회사의 철학을 조직 전체에 투영시킬 수 있었던 능력이 중요한 요인이었습니다."[23]

잠시 멈추고 그 점에 대해 생각해보자. 지금 우리는 신기술로 옛 질서를 뒤엎은 최상의 사례를 보고 있는데, 그 일을 이룬 CEO는 도약 성공의 5대 요인으로 기술을 거론조차 하지 않는다.

뉴코어 경영진과의 인터뷰 내내 똑같은 패턴이 계속 이어졌다. 우리가 만난 핵심 경영진과 이사진 7명 중에서 단 한 명만이 기술을 제일 요인으로 꼽았고, 대다수는 다른 요인들을 꼽았다. 몇몇 임원이 인터뷰 중 어딘가에서 뉴코어가 기술에 크게 한판 걸었다는 이야기를 하긴 했지만, 농부의 노동 윤리를 가진 사람들을 버스에 태운 것, 핵심 관리직에 적임자들을 앉힌 것, 단순한 체계와 관료주의 배제, 완제품 철강 톤당 수익을 늘리는 혹독한 실적 풍토 등 다른 요인들을 훨씬 더 강조했다. 기술은 뉴코어의 방정식의 한 요소였지만 부차적인 요소였다. 뉴코어의 한 임원은 이렇게 잘라 말했다.

"우리의 성공 요인의 20%는 우리가 채택한 신기술이지만… 80% 는 우리의 문화였습니다."[24]

사실, 뉴코어와 똑같은 자원을 갖고 있던 수많은 회사들에 똑같은 기술을 똑같은 시기에 주었다손 치더라도, 그들이 뉴코어만한 실적 을 내지는 못했을 것이다. '데이토나 500' 경주와 마찬가지로, 우승 의 일차 변수는 차가 아니라 운전사와 그의 팀이다. 차가 중요하지 않은 게 아니고 부차적이라는 것이다.

보잘것없는 실적의 일차적인 원인은 기술 실패가 아니라 경영 실 패다. 베들레헴 스틸의 어려움은 미니 공장 기술보다는 적대적인 노 사 관계의 역사와 더 깊은 관계가 있었고, 적대적인 노사 관계는 궁 극적으로는 시대착오적이고 비효율적인 경영에 그 뿌리를 두고 있 었다. 뉴코어와 다른 미니 공장들이 상당한 시장 점유율을 보이기 전부터 베들레헴은 이미 긴 내리막길을 걷기 시작했다.[25] 사실, 뉴코 어가 1986년 박판 연속 주조로 기술 돌파점을 통과할 즈음, 베들레 헴은 이미 시장 대비 가치가 80%나 떨어져 있었다. 이 이야기는 베 들레헴의 쇠퇴에 기술이 아무 역할도 하지 않았다는 말은 아니다. 기술은 분명히 역할을 했고, 최종적으로는 중요한 역할을 했다. 그 러나 기술의 역할은 베들레헴의 쇠퇴의 원인이 아니라 가속 페달이 었다. 여기서도 기술은 원인이 아니라 가속 페달이라는 똑같은 원리 가 작용하는데, 비교 기업의 경우에는 방향이 정반대일 뿐이다.

비교 기업들을 조사하면서 우리는 회사의 쇠락의 일차적인 원인 이 물속에서 불쑥 솟아 나온 기술 어뢰에 있는 경우를 단 한 번도 발

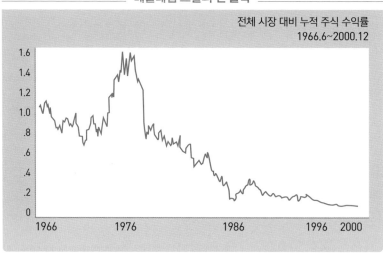

베들레헴 스틸의 긴 몰락

전체 시장 대비 누적 주식 수익률
1966.6~2000.12

견하지 못했다. R. J. 레이놀즈가 세계 제일의 담배 회사라는 지위를 잃은 것은 기술 때문이 아니었다. RJR의 경영진이 규율 없는 사업 다변화를 꾀해 몸부림을 치다가, 나중에 가서는 "회사 돈으로 경영진이나 부자가 되자"는 사재기 소동을 벌였기 때문이었다. A&P가 미국 제2의 회사에서 형편없는 회사로 전락한 것은 스캐닝 기술에서 크로거에 뒤진 탓이 아니었다. 식품점의 성격이 변하고 있는 현실을 냉혹하게 직시하는 규율이 결여돼 있기 때문이었다.

우리 연구에서 나온 증거들은 한때는 큰 회사였던 기업들의 몰락(또는 영원히 평범한 상태로 남는 것)에 기술 변화가 일차적인 역할을 한다는 생각을 뒷받침해주지 않는다. 기술은 분명히 중요하다. 당신은 꾸물거리는 존재로 남아 있을 수는 없고 커지기를 희망한다. 그러나 기술 그 자체는 도약이나 몰락의 일차 원인이 아니다.

비즈니스의 역사를 통틀어, 초창기 기술 개척자가 최종 승리를 거두는 경우는 드물다. 예를 들어, 비지칼크VisiCalc는 최초의 중요한 개인용 컴퓨터 스프레드시트였다.[26] 비지칼크는 지금 어디에 있나? 아는 사람 중에서 그걸 쓰는 사람이 한 사람이라도 있나? 그리고 그걸 만든 회사는 어떻게 됐을까? 없어졌다. 지금은 존재하지도 않는다. 비지칼크는 결국 로터스 1-2-3Lotus 1-2-3에 자리를 내주었고, 로터스는 다시 엑셀에 자리를 뺏겼다.[27] 로터스는 그 후 수직 낙하하다가 IBM에 팔려 겨우 목숨을 부지했다.[28] 마찬가지로, 최초의 휴대용 컴퓨터를 만든 회사는 지금은 사라진 오스본 컴퓨터 같은 회사들이었다.[29] 오늘날 우리는 주로 델이나 소니 같은 회사들이 만든 휴대용 컴퓨터를 쓰고 있다.

두 번째(또는 세 번째나 네 번째) 주자가 개척자를 누르고 성공하는 이런 패턴은 기술 경제 변화의 역사 전반에 걸쳐 나타난다. IBM은 처음엔 컴퓨터의 선두 주자가 아니었다. IBM이 레밍턴 랜드Remington Rand(성공한 최초의 상업용 대형 컴퓨터 UNIVAC을 갖고 있던 회사)보다 한참이나 뒤져 있어서, 사람들은 IBM의 첫 컴퓨터를 'IBM의 UNIVAC'이라고 불렀다.[30] 보잉은 민간 제트기의 개척자가 아니었다. 드 하빌랜드De Havilland가 코밋Comet으로 민간 제트기 분야를 개척했으나, 초창기 제트기 한 대가 공중에서 폭발하면서 입지를 잃어 브랜드 구축에 실패했다. 뒤늦게 시장에 뛰어든 보잉은 가장 안전하고 믿을 수 있는 제트기 개발에 투자하여 그 후 30년 이상 항공 산업을 지배했다.[31] 이런 사례들은 얼마든지 있다. GE는 AC 전기 시스템의 선구자가 아니었다. 선구자는 웨스팅하우스Westinghouse였다.[32] 팜 컴퓨팅Palm computing은 디지털 개인 비서의 개척자가 아니었다. 애플이

도도한 뉴턴으로 개척했다.[33] AOL America Online은 인터넷 대중 커뮤니티의 선구자가 아니었다. 선구자는 컴퓨서브와 프로디지였다.[34]

우리는 기술 선도자였지만 궁극적으로는 위대한 회사로 성공하지 못한 회사들의 목록을 얼마든지 길게 만들 수 있다. 그 자체로는 흥미로운 목록일 수 있겠지만, 이 모든 사례들은 한 가지 기본적인 사실을 강조할 뿐이다. 기술은 좋은 기업을 위대한 기업으로 전환시킬 수 없으며, 그 자체만으로는 재앙도 막을 수 없다는 것이다.

역사는 이 교훈을 반복해서 가르쳐준다. 베트남에서의 미국의 패주를 생각해보라. 미국은 세계 역사상 일찍이 볼 수 없었던, 기술적으로 가장 앞선 전투력을 갖고 있었다. 초고속 제트 전투기, 중무장 헬리콥터, 앞선 무기, 컴퓨터, 정교한 통신, 몇 마일을 내다볼 수 있는 하이테크 감시장치 등등. 실은 과학기술에 대한 이런 의존이 '불패'라는 잘못된 믿음을 만들어냈다. 미군은 기술은 있었지만, 그 기술을 접목시킬 수 있는 전쟁에 대한 단순하고 일관된 개념이 결여돼 있었다. 미군은 효과적이지 못한 다양한 전략들 사이에서 좌충우돌하며 한 번도 우위를 확보하지 못했다.

반면에 기술적으로 열세였던 북베트남군은 단순한 개념을 고수했다. 자기 나라에서 벌어지는 전쟁에 대한 대중적 지지를 체계적으로 끌어내리는 데 목표를 둔 소모적인 게릴라전이었다. 북베트남군이 채택한, AK 47 소총(숲 속에서는 복잡한 M-16보다 더 믿을 만하고 갖고 다니기도 쉽다) 같은 하찮은 기술은 그 단순한 개념에 직접 접목되었다. 그리고 알다시피, 미국은 온갖 정교한 기술을 갖고 있었으면서도 결국 베트남에서 성공을 거두지 못했다. 만일 기술만이 성공의 열쇠를 쥐고 있다는 생각이 든다면, 언제고 베트남전을 상기해보라.

사실, 심사숙고하지 않고 기술 자체에만 의존하면 기술은 자산이 아니라 부채가 된다. 물론 적합하게 사용된다면, 즉 깊은 이해에 뿌리를 둔 단순 명쾌하고 일관된 개념에 접목돼 있다면 기술은 추진을 가속하는 필수 동력이 된다. 그러나 잘못 사용되면, 명쾌하고 일관된 개념에 어떻게 접목되는지에 대한 깊은 이해 없이 손쉬운 해결책으로 채택된다면 기술은 당신이 자초한 쇠퇴를 가속시킬 뿐이다.

기술, 그리고 뒤처진다는 두려움

연구팀은 이 주제가 이 책의 한 장을 차지할 만한 자격이 있는지 격렬하게 토론했다. 스콧 존스는 말했다.

"기술에 관한 장이 있어야 합니다. 오늘날 경영학교에서 우리는 기술의 중요성에 대해 융단폭격을 받고 있어요. 우리가 기술을 언급하지 않는다면 이 책에 커다란 구멍을 남기게 됩니다."

브라이언 라슨이 반박했다.

"하지만 제 생각엔 우리의 기술 검토 결과는 규율 있는 행동의 한 가지 특수한 사례에 불과하니까 앞 장에서 다루면 될 것 같아요. 규율 있는 행동은 세 원 안에서 행동하는 것을 뜻하는데, 우리가 검토한 기술의 본질이 바로 그거였잖아요."

스콧 시더버그가 지적했다.

"그건 그렇지만 매우 특별한 점이 있어요. 바로 이 회사들은 예외 없이, 업계의 다른 모든 회사들이 기술에 강박관념을 갖기 오래전에 이미 기술 응용에 있어서 최첨단을 달리는 선구자들이었다는 거죠."

앰버 영이 응수했다.

"하지만 단계5의 리더십이나 고슴도치 콘셉트, '사람 먼저' 같은 다른 발견들에 비하면, 기술은 훨씬 작은 문제라는 느낌이 들어요. 난 브라이언의 견해에 동의합니다. 기술은 중요하긴 하지만 규율이나 어쩌면 플라이휠의 일부분일 뿐이라는 거죠."

우리는 여름 내내 논쟁했다. 그 뒤 차분하고 사려 깊은 인물의 전형인 크리스 존스가 중요한 질문을 던졌다.

"우리가 인터넷에서 보듯이 대부분의 회사들이 대응에 급급하여 마치 병아리처럼 이리저리 뛰어다닐 때, 좋은 회사에서 위대한 회사로 도약한 기업들은 어떻게 기술에 대해 그토록 균형 잡힌 관점을 견지했던 걸까요?"

정말 어떻게?

크리스의 물음은 우리를 기술을 다루는 데 있어 위대한 회사와 좋은 회사의 본질적인 차이, 결국엔 이 장을 따로 두는 쪽으로 균형추를 기울게 만든 그 '차이'로 안내해주었다.

당신이 만일 2,000쪽이 넘는 '좋은 회사에서 위대한 회사로' 인터뷰 녹취록을 죽치고 앉아서 읽어볼 기회가 있다면, '경쟁력 있는 전략'이라는 말이 전혀 나오지 않는 것에 놀랄 것이다. 그들은 분명히 전략을 말하고, 실적을 이야기했으며, 최고가 되는 것에 대한 말도 했고, 승리에 대해서까지 이야기했다. 그러나 그들은 '무엇에 대응해서'라는 식의 말을 한 적이 없고, 남이 하고 있는 일에 대한 대응에 일차적인 목적을 두고서 자기들의 전략을 세운 적도 없었다. 그들은 자기들이 만들어내려고 하는 게 무엇인지, 탁월함의 절대적인 기준에 비추어 자기들이 어떻게 상황을 개선해가려고 하는지 하는 식의 이야기를 했다.

우리는 조지 하비에게 어떻게 해서 1980년대에 피트니 보즈에 변화를 가져오기로 마음먹게 됐는지 물어보았다.

"나는 늘 피트니 보즈를 큰 회사로 보고 싶었습니다. 그 이야기로 시작합시다. 괜찮겠죠? 거기에서 출발합시다. 그것은 정당화나 설명이 필요 없는 기정 사실이었어요. 우리는 오늘 거기에 없습니다. 우리는 내일 거기에 있지 않을 겁니다. 끊임없이 변하는 세계에서 커지기 위해 할 일은 항상 너무나도 많습니다."[35]

또 웨인 샌더스는 킴벌리 클라크의 내부에서 일이 어떻게 진행되는지를 상징하는 정신을 이렇게 잘라 표현했다.

"우린 결코 만족하는 법이 없습니다. 우린 기쁠 수는 있지만 만족하진 않습니다."[36]

좋은 회사를 위대한 회사로 도약시킨 사람들은 두려움에 자극받지 않았다. 자기들이 알지 못하는 것에 대한 두려움 때문에 움직이지는 않았다. 바보처럼 비치지 않을까 하는 두려움 때문에 움직이지도 않았다. 자기들이 못하는 사이에 남이 빅히트를 치는 것을 지켜보는 두려움 때문에 움직이지도 않았다. 경쟁자에게 한 방 얻어맞지 않을까 하는 두려움 때문에 움직이지도 않았다.

마침 '좋은 회사에서 위대한 회사로' 연구가 한창 진행 중일 때 일어난 1990년대 말의 기술 거품 때보다 이 차이를 더 잘 보여 준 예는 일찍이 없었다. 그것은 위대한 회사와 좋은 회사의 차이가 스스

로를 드러내 보이는 거의 완벽한 무대 역할을 했다. 위대한 회사들은 월그린즈처럼 침착하고 신중하게 걸음을 옮기며 대응한 반면에, 평범한 회사들은 두려움에 찬 광적인 반응을 보이며 갈팡질팡했다.

사실, 이 장의 큰 포인트는 기술 그 자체에 있지 않다. 아무리 눈이 번쩍 뜨이는 기술도, 컴퓨터도, 원격통신도, 로봇공학도, 인터넷도 그 자체로는 좋은 회사에서 위대한 회사로의 전환에 불을 댕길 수 없다. 어떤 기술도 단계5의 리더십을 만들진 못한다. 어떤 기술도 부적격자를 적합한 사람으로 바꾸진 못한다. 어떤 기술도 냉혹한 현실을 직시하는 규율을 불어넣어주진 못하고, 흔들리지 않는 믿음을 가져다주진 못한다. 어떤 기술도 세 원에 대한 깊은 이해의 필요를 깨닫게 하거나 그 이해를 바탕으로 단순한 고슴도치 콘셉트를 만들어내는 것을 대신해주진 못한다. 어떤 기술도 규율의 문화를 만들어내진 못한다. 어떤 기술도 실현되지 않은 잠재력을 탁자 위에다 그대로 내버려두는 것, 즉 어떤 것이 커질 수 있음에도 좋은 상태로 그냥 놔두는 것이 죄라는 단순한 내적 믿음을 불어넣어주진 못한다.

큰 변화와 혼돈의 시대에조차 이런 기본들을 착실히 지키며 균형을 유지하는 회사들은 추진력을 축적하고, 나아가 돌파력을 만들어내게 된다. 그러지 못하는 회사, 대응에 급급하여 갈팡질팡하는 회사들은 나선으로 회전하며 추락하거나 그저 평범한 상태로 남게 된다. 이것이 위대한 회사와 좋은 회사의 커다란 차이요, '플라이휠 대 파멸의 올가미'라는 은유로 표현되는 연구의 전체 틀이다. 이제 그 차이를 둘러볼 차례다.

기술 가속 페달

◆ 좋은 회사에서 위대한 회사로 도약한 기업들은 기술과 기술에 따른 변화에 대해 평범한 조직들과 달리 생각한다.

◆ 좋은 회사에서 위대한 회사로 도약한 기업들은 기술에 열광하거나 편승하지는 않지만, 엄선된 기술의 응용면에서는 선구자가 된다.

◆ 어떤 기술이든 기술에 관한 핵심 질문은 '이 기술이 당신의 고슴도치 콘셉트에 딱 들어맞느냐'다. 그렇다면, 그 기술 응용의 선구자가 돼야 한다. 아니라면, 평가를 조정해보거나 전적으로 무시한다.

◆ 좋은 회사에서 위대한 회사로 도약한 기업들은 기술을 추진력의 발동기가 아니라 가속 페달로 활용했다. 도약에 성공한 기업들은 어느 하나도 선구적인 기술을 갖고서 전환에 착수한 경우가 없지만, 어떤 기술이 자사의 세 원에 들어맞는지 파악하고 회사가 돌파점을 통과한 뒤에는 예외 없이 기술 응용의 선구자들이되었다.

◆ 도약에 성공한 기업들에서 선구적으로 응용한 똑같은 첨단 기술을 직접 비교 기업들에 공짜로 넘겨주었다고 해도, 비교 기업들은 아마 비슷한 성과조차도 내지 못했을 것이다.

◆ 어떤 회사가 기술에 따른 변화에 어떻게 대응하느냐는 위대한 회사 또는 평범한 회사를 향해 나아가는 내적 동력의 좋은 지표

다. 위대한 회사들은 실현되지 않은 잠재력을 성과로 전환시키는 내적 강제에서 동력을 얻어 사려 깊게, 창조적으로 대응한다. 평범한 회사들은 뒤처질지 모른다는 두려움에 떼밀려 대응하며 갈팡질팡한다.

예상치 못한 발견들

◆ 과학기술이 가져온 변화가 한때는 큰 회사였던 기업들(또는 영원히 평범한 상태로 남는 기업들)의 몰락의 일차적인 원인이라는 것은 근거 없는 생각이다. 어떤 회사든 마냥 꾸물거리는 존재로 남아 있을 수만은 없고 커지기를 희망하는 게 분명하지만, 기술은 그 자체로는 도약이나 몰락의 일차적이고 근본적인 원인이 아니다.

◆ 좋은 회사를 위대한 회사로 도약시킨 경영자 84명 중 80%가 전환의 5대 요인의 하나로 기술을 언급조차 하지 않았다. 뉴코어처럼 기술의 선구적인 응용으로 널리 알려진 회사에서조차도 그랬다.

◆ 기술이 가져오는 변화가 빠르고 급진적일 때조차도 '기다가 걷다가 달리는' 것이 매우 효과적인 접근 방법일 수 있다.

Good

8

플라이휠과
파멸의 올가미

to

Great

혁명은 바퀴를 돌린다는 뜻이다.

— 이고르 스트라빈스키 [1]

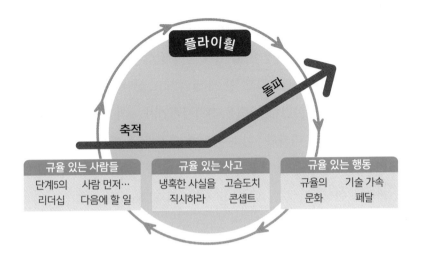

크고 무거운 플라이휠(지름이 30피트쯤이고 두께가 2피트, 무게가 2톤쯤 되는, 굴대 위에 수평으로 올려져 있는 육중한 금속 원판)을 머릿속에 그려 보라. 그런 다음 당신의 과제가 그 굴대 위의 플라이휠을 최대한 빠르고 오래 돌리는 것이라고 생각해보라.

당신은 플라이휠을 힘껏 밀어 조금 움직인다. 처음엔 움직임을 거의 느낄 수 없다. 당신은 플라이휠을 계속 밀어서, 두세 시간의 끈질긴 노력 끝에 플라이휠을 완전히 한 바퀴 돌린다.

밀다 보니 플라이휠이 도는 속도가 조금 빨라지기 시작한다. 계속 힘을 써서 마침내 플라이휠을 두 바퀴째 돌린다. 같은 방향으로 계속 민다. 세 바퀴… 네 바퀴… 다섯… 여섯… 플라이휠에 속도가 붙는다… 일곱… 여덟… 계속 민다… 아홉… 열… 타력이 붙는다… 열하나… 열둘… 한 바퀴 돌릴 때마다 빨라진다… 스물… 서른… 쉰… 백.

이윽고 어떤 시점에서, 돌파가 일어난다! 물체의 추진력이 당신을 도와 플라이휠을 밀어준다. 돌고, 또 돌고… 휘익! … 플라이휠 자체의 무게가 당신을 돕는다. 처음 돌릴 때보다 힘을 더 쓰는 것도 아닌데 플라이휠의 속도가 갈수록 빨라진다. 플라이휠을 한 바퀴씩 돌릴 때마다 그 힘이 이전에 쏟은 힘 위에 쌓여 당신이 투자한 노력을 늘려준다. 속도가 천 배 빨라지고, 만 배 빨라지고, 십만 배 빨라진다. 크고 무거운 원판이 날아간다. 타력을 정지시키기가 거의 불가능해진다.

그때 누군가가 다가와 "이걸 이렇게 빨리 돌게 만든 큰 힘이 뭐였습니까?" 하고 묻는다. 당신은 대답할 수 없을 것이다. 맨 처음 민 힘인가? 두 번째? 다섯 번째? 백 번째? 아니다! 일관된 방향으로 가해진 힘이 누적되어 한데 합쳐진 힘 전체다. 어떤 힘이 다른 힘들보다 더 클 수는 있었겠지만, 어떤 단 한 번의 힘도, 그게 아무리 컸다 해도 플라이휠에 가해진 누적된 힘 전체의 작은 부분일 뿐이다.

축적과 돌파*

플라이휠의 이미지는 어떤 기업이 좋은 회사에서 위대한 회사로 도약할 때 그 회사 안의 모습이 어땠을지에 대해 전체적인 감을 잡을

• '축적'과 '돌파'라는 용어의 출처는 데이비드 랜더스David S. Landers와 그의 책《국가의 부와 빈곤The Wealth and Poverty of Nations》(뉴욕, W. W. Norton&Company, 1998)이다. 이 책 200쪽에서 랜더스는 이렇게 쓰고 있다. "그 문제는 사실 두 가지 물음을 포함하고 있다. 첫째, 모든 나라들이 왜, 그리고 어떻게, 습관과 낡은 지식의 껍질을 깨고서 이 새로운 생산 방식을 받아들이게 되었는가? 나는 무엇보다도 먼저, 축적(지식과 노하우의 축적)과 돌파(문턱에 도달하여 넘어서는 것)를 강조하고 싶다." 우리는 이 구절을 읽으면서 우리 연구에 이 개념을 활용할 가능성을 생각해보았고, 마침내 이 용어들을 채택하여 좋은 회사에서 위대한 회사로 도약한 기업들을 설명하기로 결정했다.

수 있게 해준다. 최종 결과가 아무리 극적이라 할지라도 좋은 회사에서 위대한 회사로의 전환은 결코 한번에 진행되지 않았다. 단 한 차례의 결정적인 행동, 원대한 프로그램, 한 가지 끝내주는 혁신, 오직 혼자만의 행운, 혹독한 혁명 같은 것은 전혀 없었다. 좋은 회사에서 위대한 회사로의 도약은 단계마다, 행동 하나하나마다, 결정 하나하나마다, 플라이휠을 한 바퀴 한 바퀴 돌릴 때마다 눈부신 성과를 지속적으로 쌓아나가는 축적 과정을 통해 달성된다.

그러나 그 회사들에 대해 매체들이 쓴 기사들을 읽다 보면, 전혀 다른 결론을 끌어내게 될지도 모른다. 플라이휠이 이미 분당 1,000바퀴씩 돌고 있을 때까지도, 매체들은 흔히 이 회사들을 언급조차도 않는다. 이로 말미암아 전환이 어떻게 일어나는지에 대한 우리의 이해가 왜곡되어, 그들이 마치 간밤에 무슨 변태 과정이라도 거쳐 갑자기 돌파를 달성하게 된 것처럼 생각하게 된다.

예를 들어, 1984년 8월 27일 〈포브스〉는 서킷 시티에 대한 기사를 실었다. 전국 단위 잡지로는 이 회사를 처음 소개한 것이었다. 잡지는 단 두 쪽의 그리 길지 않은 기사에 회사를 소개하면서 서킷 시티의 최근 성장이 지속될 수 있을지 의문을 제기했다.[2] 그러나 회사는 계속 성장했고, 그 기사는 서킷 시티의 돌파를 공인한 최초의 기사가 되었다. 기자는 하룻밤의 성공 스토리나 거의 다를 바 없게, 화끈한 신흥 기업 하나를 짚어낸 것뿐이었다.

그러나 이 특별한 하룻밤의 성공 스토리는 10년도 더 걸려 만들어진 것이었다. 앨런 워츨은 1973년 아버지로부터 파산 직전에 있던 회사의 CEO 책임을 물려받았다. 그는 먼저 집행팀을 재편성하고 안팎의 냉혹한 현실을 객관적으로 살폈다. 1974년, 워츨과 그의 팀은 여전히 어깨를 짓누르고 있던 빚 부담과 씨름하면서도, 창고 진열식 소매(다양한 종류의 유명 브랜드, 할인가 판매, 즉시 배달) 실험에 착수하여 버지니아주 리치몬드에 가전제품을 파는 가게의 모델 하나를 만들었다. 1976년에는 창고 진열식 가게에서 소비자용 전자제품을 파는 실험에 착수했고, 1977년에는 그 개념을 사상 최초의 서킷 시티 가게로 전환시켰다.

그 개념은 성공했고, 회사는 자사의 스테레오 가게를 체계적으로 서킷 시티 가게로 바꾸기 시작했다. 1982년, 플라이휠을 돌리는 힘이 쌓이기 시작한 지 9년 만에 워즐과 그의 팀은 서킷 시티 슈퍼스토어라는 개념을 전적으로 파고들었다. 다음 5년 사이에 회사가 이 개념으로 전면 이동하면서, 서킷 시티는 주주들에게 뉴욕증권거래소의 어느 회사보다도 앞서는 최고의 총수익을 올려주었다.[3] 1982년부터 1999년까지, 서킷 시티는 시장의 22배에 달하는 누적 주식 수익률을 일구어내면서, 인텔, 월마트, GE, 휴렛 패커드, 코카콜라를 가볍게 앞질렀다.

그즈음에 서킷 시티가 매체들의 일차적인 관심 소재가 된 것은 놀랄 일이 아니었다. 전환에 이르는 10년 동안에는 그 회사를 조금이라도 비중 있게 다룬 기사가 하나도 없었던 데 반해서, 전환 이후 10년 동안에는 검토할 만한 기사가 97건 발견되었고, 그중 22건은 중요 기사였다. 회사의 주식이 1968년부터 주요 증권거래소에서 거래돼 왔고, 돌파점에 이르기까지 10년 동안 워즐과 그의 팀이 눈에 띄는 진전을 이루고 있었음에도, 그전에는 마치 회사가 존재하지도 않았던 것 같았다.

서킷 시티의 경험은 한 가지 공통된 패턴을 비춰준다. 사례를 하

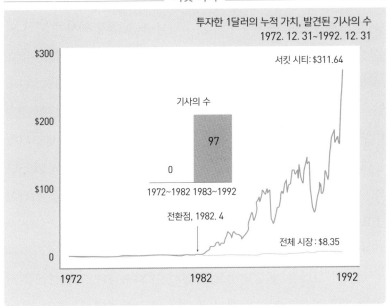

투자한 1달러의 누적 가치, 발견된 기사의 수
1972. 12. 31~1992. 12. 31

서킷 시티: $311.64

기사의 수

97

0

1972~1982 1983~1992

전환점, 1982. 4

전체 시장 : $8.35

1972   1982   1992

나하나 검토하면서, 우리는 전환점에 이르는 10년 동안에 회사들을 다룬 기사가 전환 이후 10년 동안에 다룬 기사보다 훨씬 적음을 발견했다. 평균 잡아 1 : 3에 가까운 비율이었다.[4]

예를 들어, 켄 아이버슨과 샘 시즐은 1965년에 뉴코어의 플라이휠을 돌리기 시작했다. 10년 동안은 경제 언론이나 다른 철강 회사들은 물론 아무도 관심을 보이지 않았다. 만일 당신이 1970년에 베들레헴 스틸이나 U. S. 스틸의 경영자들에게 '뉴코어의 위협' 운운하는 질문을 던졌다면, 그들이 설령 그런 회사의 이름을 들어 알고 있었다고 해도(그조차도 의심스럽지만), 껄껄 웃어넘기고 말았을 것이다.

주가 동향에서 전환점으로 밝혀진 해인 1975년까지, 뉴코어는 이미 제3의 미니 공장을 세웠고, 생산성 있는 독특한 문화를 확립한 지 오래였으며, 미국에서 가장 수익성 좋은 철강 회사가 되기 위한 길을 착실하게 밟아가고 있었다.[5] 그러나 〈비즈니스위크〉에 주요기사로 처음 다루어진 것은 전환에 착수한 지 13년 뒤인 1978년의일이고, 〈포춘〉에서 다루어진 것은 전환 후 16년이나 지나서였다.1965년에서 1975년까지 뉴코어에 관한 기사가 겨우 11건 발견되었는데, 그중 중요 기사는 한 건도 없었다. 그 뒤 1976년부터 1995년까지, 우리는 뉴코어에 관한 기사를 96건 수집했는데, 그중 40건이중요한 소개 기사거나 전국에 널리 알려진 특집기사였다.

여기서 당신은 이렇게 생각할지 모른다.

"하지만 그러는 게 당연하죠. 당연히 이 회사들은 크게 성공한 뒤에 더 많은 주목을 받았을 겁니다. 그게 뭐 그리 중요하지요?"

> **중요한 것은 이것이다. 우리는 전환이 외부에 보여지는 모양새에 비추어 내부에서 전환을 겪는 사람들의 느낌이 이러저러했을 거라고 추측하기 쉽다. 외부에서 볼 때, 전환은 극적이고 혁명이나 다름없는 돌파로 비친다. 그러나 내부에서 볼 때, 전환은 전혀 다른 느낌으로서 오히려 유기체의 발달 과정에 가깝다.**

가만히 놓여 있는 달걀 하나를 머리에 그려보라. 아무도 별 관심을 보이지 않지만, 어느 날 달걀 껍데기가 갈라지며 병아리 한 마리가 뛰쳐나온다! 주요 신문 잡지들이 그 사건에 펄쩍 뛰며 다투어 특집 기사들을 써댄다. "달걀이 병아리로 변신!" "달걀의 깜짝 놀랄 혁명!" "기절초풍할 달걀의 선회!" 마치 달걀이 간밤에 무슨 변태 과정이라도 거쳐 갑작스럽게 병아리로 모습을 바꾸기라도 한 것처럼.

그러나 달걀의 관점에서 보면 어떨까? 전혀 다른 스토리가 펼쳐진다. 세상이 잠자는 것처럼 보이는 이 달걀을 무시하고 있는 동안에, 병아리는 진화하고 자라고 발달하고 부화하고 있었다. 병아리의 관점에서 볼 때, 달걀이 갈라지는 것은 그 순간에 이르기까지의 일련의 긴 걸음들에서 단 한 걸음을 더 걸어나간 것에 지나지 않는다. 물론 큰 한 걸음인 건 분명하지만, 달걀 바깥에서 바라보는 사람들에게 비치는 것처럼 갑작스런 단 한 걸음의 전환은 아니다.

이게 좀 바보 같은 비유라는 건 인정한다. 그러나 나는 우리 연구를 통해 얻은 한 가지 매우 중요한 발견을 강조하기 위해 이 비유를 쓰고 있다. 우린 늘 '큰 건 하나', 돌파를 규정하는 기적의 순간 같은 걸 찾게 될 거라고 생각하고 있었다. 심지어는 인터뷰 중에도 그걸 찾고자 압박을 가하곤 했다. 그러나 좋은 회사를 위대한 회사로 키운 경영자들은 전환을 분명하게 보여주는 단 하나의 핵심 사건이나 순간을 꼬집어내지 못했다. 그들은 자주, 점수를 매기거나 여러 요인에 우선 순위를 매긴다는 아이디어 자체를 몹시 불편해하곤 했다. 위대한 회사로 도약하는 데 성공한 어느 기업에서나, 인터뷰한 사람들 중 최소한 한 명이 훈계조로 충고를 해주며 이런 비슷한 말들을 했다.

"자, 이것을 멋들어진 일련의 요인들로 분해하거나 '아!' 하는 순간 또는 '큰 건 하나' 같은 걸 찾아낼 수는 없어요. 전환은 조각들이 맞물려 차곡차곡 쌓인 덩어리 전체였거든요."

우리 연구에서 가장 극적인 사례, 즉 제지 공장을 팔아치운 킴벌리 클라크에서조차도 경영진들은 유기적이고 누적적인 과정을 이야기했다. 킴벌리 클라크의 한 임원은 말했다.

"다윈은 하룻밤 새에 회사의 방향을 바꾼 게 아니었어요. 그는 오랜 시간을 두고 회사를 서서히 진화시켰습니다."[6]

다른 임원은 말했다.

"전환은 밤과 낮 같은 게 아니었어요. 그것은 점진적으로 진행되어서, 내 생각에 모든 사람에게 명백하게 보이게 된 것은 전환이 시작된 지 몇 년이 지난 뒤였을 겁니다."[7]

물론 제지 공장을 판 것은 플라이휠을 민 큰 힘이었지만, 그게 유일한 힘은 아니었다. 공장을 판 뒤에도, 종이를 소재로 한 제일의 소비재 회사로 완전히 전환하기까지는 플라이휠을 미는 수많은 힘들이 필요했고, 크고 작은 그 힘들이 차곡차곡 쌓여갔던 것이다. 충분한 추진력을 얻어 언론에서 킴벌리 클라크의 '좋은 회사에서 위대한 회사로'의 전환을 공개적으로 예고하기까지는 여러 해가 걸렸다. 〈포브스〉는 이렇게 썼다.

"킴벌리 클라크가 P&G에 정면으로 맞서기로 결정했을 때 … 본 잡지(포브스)는 재앙을 예고했다. 정말 멍청한 생각이라고! 뚜껑을 열고 보니 그것은 멍청한 생각이 아니었다. 반대로 아주 영리한 생각이었다."[8]

〈포브스〉의 두 기사가 쓰인 시간 간격은? 21년이었다.

이 프로젝트를 수행하는 동안에, 우리는 연구소를 찾는 경영자들에게 그들이 이 연구를 통해 알고 싶은 게 무엇인지 물어보는 버릇을 갖게 되었다. 한 CEO가 물었다.

"그들은 자신들이 하고 있는 일을 뭐라고 불렀습니까? 무슨 이름 같은 걸 갖고 있었나요? 그들은 당시 그것에 대해 어떻게 이야기했습니까?"

큰 문제라서 우리는 돌아가 조사를 해보았다. 답은 놀라웠다. 그들은 아무 이름도 붙이지 않고 있었다.

> 좋은 회사에서 위대한 회사로 도약한 기업들은 자신들의 전환 작업에 이름을 붙이지 않았다. 출범식이나 캐치프레이즈도 없었고, 무슨무슨 프로그램 같은 것도 없었다. 어떤 경영자들은 전환 작업이 가시적인 성과를 보이기 전까지는 그들 자신조차도 커다란 변화가 일어나고 있다는 것을 깨닫지 못했다고 말했다. 당시보다는 사후에 그들에게 전환이 보다 명백해진 경우가 많았다.

그제서야 우리에게 서광이 비치기 시작했다. 기적의 순간은 없다는 거였다(다음의 표를 보라). 바깥에서 들여다보는 사람들에게는 그것이 단 일격의 돌파인 것처럼 비칠지 모르지만, 안에서 그 전환을 겪는 사람들에게는 결코 그런 게 아니었다. 그보다는, 장래에 최고의 결과를 만들어내기 위해 할 일이 무엇인지 생각한 다음, 그저 한 걸음 한 걸음 걷고 플라이휠을 한 바퀴 한 바퀴 돌려나가는 차분하고 신중한 과정이었다. 오랜 기간에 걸쳐 일관되게 한 방향으로 플라이휠을 계속 밀고 가다 보니, 자연스럽게 돌파점에 이른 거였다.

이 점을 가르칠 때, 나는 가끔 이 개념을 완벽하게 예시해주는 사례를 하나 들려주곤 한다. 1960년대와 1970년대 초의 UCLA 브루

회사	인터뷰에서 따온 대표적인 인용구 모음
뉴코어	우리는 '이것이야말로 우리가 한시도 잊지 말고 지향할 바'라는 결정을 내린 적이 없다. 그것은 낯 붉히는 수많은 논쟁과 싸움을 거치며 진화했다. 뒤를 돌아보며 '우리는 스스로 무엇이 되려는지 결정하기 위해 그렇게 싸우고 있었구나' 하고 말하게 될 때까지는, 우리가 무엇 때문에 싸우고 있었는지조차도 정확히 알지 못했던 것 같다.[9]
서킷 시티	슈퍼스토어에 집중하는 전환은 하룻밤 새에 일어난 게 아니다. 우리가 이 개념을 처음 생각한 것은 1974년이지만, 서킷 시티 슈퍼스토어로 전면 전환한 것은 그로부터 약 10년 뒤, 그 개념을 가다듬고 거기에 우리의 모든 미래를 걸어도 좋을 만큼 충분히 추진력을 쌓고 나서였다.[10]
애보트	눈부신 섬광이나 하늘로부터의 갑작스런 계시 같은 것은 없었다.[11] 우리의 변화는 커다란 변화지만, 여러 면에서 볼 때 점진적인 변화였을 뿐이다. 변화를 성공으로 이끈 것이 바로 이 점이다. 우리는 단계적으로 세심하게 일을 추진했고, 우리가 이미 정통해 있는 일과 우리가 새로 착수하는 일 사이에는 언제나 많은 공통점이 있었다.[12]
월그린즈	모태가 된 회합이나 구세주의 현현 같은 순간, 백열전구처럼 순간적으로 켜지는 하나의 커다란 밝은 불빛 같은 것은 없었다. 그것은 진화처럼 서서히 발전해왔다.[13]
웰스 파고	한순간에 불을 밝힌 단 하나의 스위치는 없었다. 조금씩 조금씩 주제가 더 명확해지고 강렬해졌다. 칼이 CEO가 됐을 때, 커다란 방향 전환 같은 것은 전혀 없었다. 딕이 진화의 한 단계를 이끌었고, 칼이 다음 단계를 이끌었다. 갑작스럽게 전환했다기보다는 진화가 순조롭게 진전되었을 뿐이다.[14]
질레트	우리는 정말 의식적으로 중대 결정을 내리거나 큰 프로그램을 발전시켜 커다란 변화에 착수한 게 아니다. 개인적으로, 그리고 집단적으로, 우리는 우리의 능력을 극적으로 향상시킬 수 있다는 결론에 도달해 있었다.[15]

크로거	창공에서의 섬광 같은 건 없었다. 우리 모두는 실험 중인 슈퍼스토어가 발전하는 걸 지켜보고 있었고, 업계가 그런 식으로 나아가리라는 것을 충분히 알고 있었다. 라일이 한 중요한 일은 우리가 지금 이 순간 매우 신중하게 신기원을 열어 갈 거라고 말한 것이었다.[16]
킴벌리 클라크	나는 그것이 다른 사람들이 말하는 것처럼 그렇게 우둔한 짓이었다고 생각하지 않는다. 이런 일들은 하룻밤 새에 일어나지 않는다. 그것들은 서서히 자라난다. 아이디어들이 자라나다가 어느 순간에 확 퍼져 실현되는 것이다.[17]
패니 메이	마술 같은 대사건이나 한순간의 전환점은 없었다. 그것은 많은 일들의 결합이었다. 궁극적인 결과가 극적이긴 했지만, 오히려 점진적인 진화에 가까운 것이었다.[18]
피트니 보즈	우리는 변화라는 말을 그렇게 많이 하지 않았다. 우리는 우리에게 필요한 것이 변화라기보다는 진화라는 것을 일찍부터 알았다. 다른 식으로 일을 추진해야 했다는 것이다. 우리는 진화란 변화와는 전혀 다른 개념이라는 것을 깨닫고 있었다.[19]
필립 모리스	좋은 회사에서 위대한 회사로의 전환을 잘 보여주는 한 가지 큰 일을 생각하는 건 불가능하다. 우리의 성공은 성공에 성공을 차곡차곡 쌓아나가는, 혁명에 반대되는 의미로서의 진화 과정이었기 때문이다. 단 하나의 어떤 대사건이 있었는지 나는 모르겠다.[20]

인즈 농구 왕조 이야기다. 농구팬들은 대부분 브루인즈가 전설적인 존 우든John Wooden 코치의 지도 하에 12년 동안 10차례나 NCAA 우승을 거머쥐었고 한때 61연승까지도 기록했다는 걸 알고 있다.[21]

그러나 NCAA 첫 우승을 거두기 전에 우든이 몇 년 동안이나 브루인즈를 지도했는지 아는가? 15년이다. 1964년 첫 우승을 거머쥐기 전, 1948년에서 1963년까지, 우든은 잘 알려지지 않은 무명 코치였다. 한 해 한 해, 우든은 토대를 다지고, 선수 충원 시스템을 발전시키고, 일관된 철학을 실행에 옮기고, 풀코트 프레싱 경기 방식을 가다듬었다. 조용하고 말투도 부드러운 이 코치와 그의 팀에 주목하는 사람은 아무도 없었다. 그러다가 쾅! 그들은 돌파했고, 그 뒤 10여 년 동안 내로라 하는 모든 경쟁자들을 체계적으로 압도했다.

좋은 회사에서 위대한 회사로의 지속적인 전환은 우든 왕조처럼, 축적 끝에 돌파를 달성하는 일반 패턴을 따른다. 어떤 경우에는 축적에서 돌파에 이르는 단계가 오래 걸리기도 하고, 어떤 경우에는 비교적 짧기도 하다. 서킷 시티의 경우는 축적 단계가 9년, 뉴코어는 10년을 끈 반면에, 질레트는 불과 5년, 패니 메이는 겨우 3년, 피트니 보즈는 약 2년밖에 걸리지 않았다. 그러나 축적 단계가 길든 짧든, 좋은 회사에서 위대한 회사로의 전환은 예외 없이 똑같은 기본 패턴을 따르다가, 즉 플라이휠을 한 바퀴 한 바퀴 돌려 가며 추진력을 쌓아가다가 마침내 축적을 돌파로 전환시켰다.

사치스런 선택은 아니다

축적-돌파 모델을 따르는 것이 꼭 사치스런 선택이 아니라는 걸 이해해야 한다. "에잇, 그렇지만 우리에겐 이런 장기적인 접근 방법을 취하지 못하게 가로막는 제약들이 있어"라고 말하는 사람들은, 도약에 성공한 회사들의 경우 단기적인 상황이 아무리 절박하더라도 이 모델을 따랐다는 사실을 명심해야 한다. 웰스 파고의 경우에는 탈규제, 뉴코어와 서킷 시티의 경우에는 임박한 파산, 질레트와 크로거의 경우에는 잠재적인 인수 위협, 패니 메이의 경우에는 하루 백만 달러의 손실이라는 위기에 봉착해 있었다.

이것은 월스트리트의 단기적인 압박을 다루는 데도 똑같이 적용된다. 패니 메이의 데이비드 맥스웰은 말했다.

"월스트리트가 당신을 가만히 내버려둘 리 없기 때문에, 나는 당신이 영속하는 위대한 회사를 만들 수 없다고 말하는 사람들의 견해에 동의하지 않습니다. 우린 분석가들과 교류하면서, 그들에게 우리가 하고 있는 일과 앞으로 하려는 일을 보여주었어요. 처음엔 많은 사람들이 우리 회사의 주식을 사려 들지 않더군요. 그러니 그걸 받아들일 수밖에요. 하지만 암울한 시절을 거치고 나자마자 우린 해마다 전보다 나은 성과를 내는 것으로 응수했습니다. 몇 년 뒤, 실제로 이룬 성과로 말미암아 우리는 인기 있는 주식이 됐고, 그 뒤로는 뒤를 돌아볼 일이 없었지요."[22]

그리고 그것은 정말 화끈한 주식이었다. 맥스웰의 재임 첫 2년 동안은 패니 메이의 주식이 시장을 밑돌았지만, 그 이후로 도약을 거듭했다. 1984년 말에서 2000년까지, 패니 메이에 투자한 1달러는 64배 가치로 뛰면서 1990년대 말에 거세게 불붙은 나스닥을 포함한 전체 시장을 6배 가까이 앞질렀다.

열쇠는 플라이휠을 이용하여 이 단기적인 압력들을 다뤄나가는 것임을 우리는 알아냈다. 그 압력을 조절하는 한 가지 고도로 세련된 방법은 스스로 블루 플랜Blue Plans이라 명명한 메커니즘을 활용한 애보트 연구소에서 볼 수 있다. 애보트는 해마다 월스트리트의 분석가들에게 수입이 얼마만큼(예컨대 15%) 증가할 것으로 예상하는

지 말하곤 했다. 그와 동시에, 내부적으로는 그보다 훨씬 높은 성장률(예컨대 25%나 심지어는 30%)을 달성한다는 목표를 세웠다. 그러는 한편, 제안은 됐으나 아직 자금은 투입하지 못한 사업 프로젝트들(블루 플랜)의 순위를 매겼다. 연말이 되면, 애보트는 분석가의 예상치보다는 높지만 실제 성장률보다는 낮은 수치 하나를 선택했다. 그런 다음 '분석가들에게 기쁨을 주는' 성장과 실제 성장의 차액을 취해, 블루 플랜에 자금을 투여했다. 단기 압력을 조절하는 동시에 미래에 대한 체계적인 투자도 병행하는 탁월한 메커니즘이었다.[23]

> 좋은 회사에서 위대한 회사로 도약한 기업들도 비교 기업들과 마찬가지로 월스트리트로부터 똑같은 단기 압력을 받을 수밖에 없었다. 그러나 비교 기업들과 달리, 그들은 이 압력에도 불구하고 축적-돌파의 플라이휠 모델을 따르는 인내와 규율을 갖고 있었다. 그리고 결국에 가서는 월스트리트의 성공 기준으로 보아도 남다른 성과를 달성했다.

애보트의 비교 기업에서는 블루 플랜 비슷한 게 있었다는 증거는 하나도 찾아볼 수 없었다. 도리어 업존의 경영진은 '긴 시간을 내다보는 투자'라는 말을 경건하게 읊조리며 세일즈를 펼쳐("우리의 미래를 사세요.") 주식에 펌프질을 해대곤 했다. 회사가 최근 실적에도 못 미치는 성과를 냈을 때에는 더더욱 그랬다.[24] 업존은 로게인 대머리 치료약 같은 경솔한 프로젝트들에 줄곧 돈을 쏟아부으며, 한 번의 빅히트로 축적 없이 곧장 돌파로 도약하려는 시도를 계속했다. 업존은 라스베가스의 붉은 천 위에다 칩을 잔뜩 쌓아두고 "자, 우린 미래

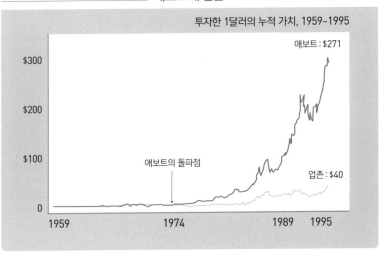

투자한 1달러의 누적 가치, 1959~1995

애보트: $271

애보트의 돌파점

업존: $40

에 투자하고 있어요"라고 말하는 도박꾼을 연상시켰다. 물론 미래가
왔을 때 약속된 결과가 나오는 경우는 거의 없었다.

　애보트가 일관되게 실적을 올려 월스트리트에서 인기 있는 주식
이 된 반면에 업존이 일관된 실망주가 된 것은 놀랄 일이 아니었다.
1959년부터 애보트가 돌파점에 이른 1974년까지, 두 회사의 주식
은 대충 엇비슷하게 서로의 뒤를 좇았다. 그 뒤 극적으로 갈라져, 업
존은 애보트에 6배나 뒤지는 실적을 보이다가 1995년에 인수당하
고 말았다.

　패니 메이나 애보트와 마찬가지로, 좋은 회사에서 위대한 회사로
도약한 모든 기업들은 축적-돌파 기간에 월스트리트를 효과적으로
다루었고, 둘 사이에 갈등 같은 건 없었다. 그들은 종종 전망은 작게
잡고 초과 달성을 하는 유서 깊은 규율을 실행에 옮기면서, 성과를

축적하는 데만 집중했다. 그리고 성과가 쌓이기 시작하자, 플라이휠이 추진력을 쌓아 가자 투자 회사들이 열광하며 몰려들었다.

플라이휠 효과

좋은 회사에서 위대한 회사로 도약한 기업들은 단순한 진리를 이해했다. 계속 향상되고 계속 성과를 낸다는 사실에 놀라운 힘이 있다는 것이다. 가시적인 성과를 가리키며, 처음에는 아무리 미미할지라도 이 걸음들이 앞으로 작동하게 될 개념 전체에 어떻게 부합하는지를 보여주어라. 추진력이 축적되고 있음을 사람들이 보고 느낄 수 있는 방식으로 일을 진행하면, 그들은 열의를 갖고 일렬로 늘어설 것이다. 우리는 이것을 플라이휠 효과라고 부르기로 했는데, 이것은 외부의 투자자들만이 아니라 내부 구성 집단들에도 적용된다.

연구 과정에서 나온 이야기 하나를 공유해보자. 연구가 아주 중대한 국면에 접어들었을 때, 연구팀 멤버들이 폭발 직전에 이르렀던 적이 있다. 그들이 인터뷰 노트를 탁자 위에 집어던지며 물었다.

"이렇게 어리석은 질문들을 계속 해대야 합니까?"

내가 물었다.

"어리석은 질문이라니?"

"책임감, 연합, 그리고 그들이 변화를 다룬 방법에 관한 질문들 말입니다."

"그건 어리석은 질문이 아닙니다. 아주 중요한 질문이에요."

팀 멤버 중 한 사람이 말했다.

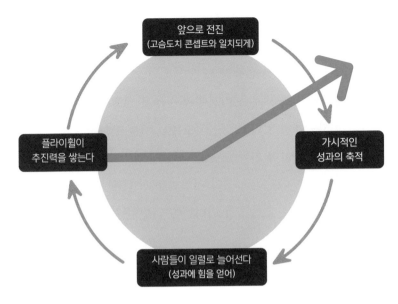

플라이휠 효과

"그러니까 전환을 일구어낸 많은 경영자들, 바로 그들이 이걸 어리석은 질문이라고 생각합니다. 개중에는 질문을 이해조차 못하는 사람들도 있어요."

내가 말했다.

"그래도 우린 계속 물어야 합니다. 우린 인터뷰 내내 일관성을 견지해야만 해요. 게다가 그들이 질문을 이해조차 못한다니, 더욱 흥미롭군요. 그러니까 계속 파고들어요. 우린 그들이 어떻게 변화에 대한 저항을 극복하고 사람들을 일렬로 늘어세웠는지 파악해야만 합니다."

나는 정말로 모든 사람들을 일렬로 늘어세우는 것, 전문 용어로는 연합alignment을 창출하는 것이 좋은 회사를 위대한 회사로 전환시키는 작업을 한 경영자들이 직면한 최고 난제 중 하나였음을 발견하게 될 거라고 예상했다. 무엇보다도 연구소를 찾은 거의 모든 경영자들이 이런저런 형태로 이 질문을 던졌던 것이다.

"어떻게 보트의 방향을 틀지요?"

"어떻게 사람들을 새로운 비전에 헌신케 하지요?"

"어떻게 사람들이 일렬로 늘어서도록 동기를 부여하지요?"

"어떻게 사람들이 변화를 포용할 수 있게 하지요?"

나로서는 정말 놀랍게도, 우리는 연합을 창출하는 문제는 좋은 회사를 위대한 회사로 도약시킨 리더들이 직면한 핵심 난제가 아니였다는 사실을 발견했다.

> 좋은 회사에서 위대한 회사로 도약한 기업들이 믿기지 않을 정도의 책임감과 연합성을 확보하고 있었던 건 분명하지만 그들은 많은 시간을 들여가며 그걸 생각한 적이 결코 없었다. 그것은 그들에게 정말 명쾌한 것이었다. 우리는 적합한 조건만 갖추어지면 책임감이나 연합, 동기 부여, 변화의 문제들은 절로 녹아 없어진다는 것을 알아냈다. 그들은 대부분 스스로 알아서 한다.

크로거를 생각해보자. 어떻게 하면 5만 명이 넘는 사람들(출납원, 포장사, 선반 정리원, 농산물 세척자 등등)에게 결국에 가서는 식품점을 만들고 운영하는 방식을 사실상 전면적으로 바꿔 놓게 될 전혀 새로운 전략을 수용하게 할까? 답은 그럴 수 없다는 것이다. 커다란 이벤트 행사나 프로그램으로도 할 수 없고, 달리 뾰족한 방도도 없다.

크로거의 전환에 착수한 단계5의 리더, 짐 헤링은 요란한 소동이나 동기 부여 같은 시도는 전혀 취하지 않았다고 말했다. 대신 그와 그의 팀은 플라이휠을 돌리기 시작하여 자기들의 계획이 타당하다는 가시적인 증거들을 만들어냈다. 헤링은 말했다.

"우리는 우리가 하고 있는 일을 사람들이 그 성과를 볼 수 있는 방식으로 보여주었습니다. 많은 사람들이 단지 말이 아니라 성공으로부터 믿음을 얻도록, 우리의 계획을 한 단계 한 단계 성공시키기 위해 노력했지요."[25]

헤링은 사람들을 대담한 새 비전 뒤에 정렬시키는 방법은 플라이휠을 그 비전과 일치되게 2바퀴에서 4바퀴로, 4바퀴에서 8바퀴로, 8바퀴에서 16바퀴로 돌린 다음 "우리가 뭘 하고 있는지, 그리고 그 일이 얼마나 잘되고 있는지 보이지요? 이것으로 미루어 보건대, 우리가 가야 할 방향은 이겁니다"라고 말하는 거라는 것을 이해했다.

좋은 회사에서 위대한 회사로 도약한 기업들은 처음부터 커다란 목표를 공표하지 않는 경향이 있었다. 대신에 그들은 한 걸음 한 걸음, 한 바퀴 한 바퀴, 그 행보를 이해하며 플라이휠을 돌리기 시작했다. 플라이휠이 추진력을 축적한 뒤에야, 그들은 고개를 들고서 "보세요. 우리가 이런 식으로 계속 밀고 나가기만 하면 목표를 달성하지 못할 이유가 없잖아요" 하고 말하곤 했다.

예를 들어, 뉴코어는 1965년에 플라이휠을 돌리기 시작했다. 처음에는 단지 파산을 피하기 위한 노력이었지만, 나중에는 믿을 만한 공급자를 찾을 수 없어서 처음으로 자체 철강 공장을 건설했다. 뉴코어 사람들은 자신들이 다른 어느 누구보다도 철강을 값싸고 질 좋게 만드는 재주가 있다는 것을 발견했고, 그리하여 두 번째, 세 번째,

미니 공장들을 추가로 세웠다. 그들은 고객들을 얻었고, 이어서 더 많은 고객들을 얻었으며 점차 그보다도 더 많은 고객들을 얻었다. 휘익! 플라이휠은 한 바퀴 더 돌수록, 달이 가고 해가 갈수록 타력이 붙었다. 1975년쯤이 되자, 이렇게 플라이휠을 계속 밀고만 나가면 자기들이 미국에서 가장 수익성이 높은 철강 회사가 될 수 있다는 가능성이 보이기 시작했다. 마빈 폴먼은 이렇게 설명했다.

"1975년 켄 아이버슨과 나눈 대화가 생각납니다. 그가 말했지요. '마브, 내 생각엔 우리가 미국 제일의 철강 회사가 될 수 있을 것 같네.' 1975년의 일입니다! 그래서 내가 그에게 말했지요. '켄, 언제 넘버원이 된다는 건가요?' '그건 알 수 없지. 하지만 우리가 지금 하고 있는 일을 계속해나가기만 한다면 우리가 넘버원이 되지 못할 이유가 없지 않겠나.'"[26]

그러기까지는 20년 이상 걸렸지만, 뉴코어는 쉼 없이 플라이휠을 밀었고, 마침내 '포춘 1000' 리스트에 오른 어떤 철강 회사보다도 더 큰 수익을 내기에 이르렀다.[27]

플라이휠이 말을 하게 하면, 당신이 목표를 힘주어 알릴 필요가 없다. 사람들은 플라이휠의 타력을 보고서 스스로 유추할 수 있다. "어이, 이런 식으로만 계속하면 우리가 어디에 이를 수 있겠는지가 보여!" 사람들 스스로가 현실의 잠재력을 성과로 전환시키기로 마음먹으므로 목표는 거의 확실해진다.

여기서 잠깐 생각해보자. 적합한 사람들이 가장 원하는 게 뭘까? 그들은 우승팀의 일원이 되기를 바란다. 그들은 눈에 보이고 손에

잡히는 성과를 내는 데 기여하기를 바란다. 그들은 최고로 잘하는 뭔가에 관련되어 있다는 흥분을 느끼기를 원한다. 적합한 사람들은 냉혹한 사실의 직시에서 나온 단순한 계획, 허세가 아니라 이해를 바탕으로 하여 만들어진 계획을 보면, "그거 되겠는데. 나도 끼워 줘" 하고 말하는 경향이 있다. 단순한 계획과 사심 없고 헌신적인 성격의 단계5의 리더를 앞세운 단결된 경영팀을 보면, 사람들은 냉소를 떨쳐버릴 것이다. 사람들이 추진력의 마술을 느끼기 시작할 때, 가시적인 성과를 보기 시작할 때, 플라이휠의 속도가 축적되기 시작하는 걸 느낄 수 있을 때, 그때가 바로 많은 사람들이 한 줄로 늘어서서 자신의 어깨를 플라이휠에다 밀착시키고 앞으로 미는 시기다.

파멸의 올가미

비교 기업들에서는 매우 다른 패턴이 발견되었다. 비교 기업들은 할 일이 무엇인지 알아내서는 단순하게 그 일을 해나가는 차분하고 신중한 과정을 밟는 대신, '사람들에게 동기를 부여할' 목적으로 요란한 팡파르를 울리고 법석을 떨어대며 새로운 프로그램을 발진시켰다가는 프로그램이 지속적인 성과를 내지 못하는 것을 거듭 확인하기 일쑤였다. 그들은 지난한 축적 단계를 건너뛰고 돌파로 곧장 도약하게 할 단 한 차례의 결정적인 행동, 원대한 프로그램, 한 가지 끝내주는 혁신, 기적의 순간을 찾았다. 그들은 플라이휠을 한 방향으로 밀다가 멈추고, 새로운 방향으로 밀고, 그러다가 다시 멈추고, 방향을 바꾸어 또 다른 방향으로 밀곤 했다. 이리저리 동요하며 몇

해를 보낸 뒤, 비교 기업들은 지속적인 추진력을 축적하는 데 실패하고 우리가 '파멸의 올가미doom loop'라고 명명한 상태 속으로 빠져들었다.

질레트의 직접 비교 기업인 워너 램버트의 경우를 보자.

1979년, 워너 램버트는 〈비즈니스위크〉에 소비재 회사의 선두 주자가 되는 게 목표라고 밝혔다.[28]

일 년 뒤인 1980년, 회사는 느닷없이 방향을 180도 바꾸어 "우리의 최고 목표는 머크, 릴리, 스미스클라인 모두와 그 형제들을 추격하는 것"이라면서 건강 산업으로 시야를 돌렸다.[29]

1981년, 회사는 다시 방향을 바꾸어 사업 다변화와 소비재 산업으로 되돌아왔다.[30]

6년 뒤인 1987년, 워너 램버트는 또 한 차례 U턴을 하여 소비재 산업을 멀리하고 다시 한 번 머크 같은 회사가 되고자 했다. 그와 동시에, R&D 예산보다 3배나 많은 돈을 소비재 광고에 퍼부었다. 머크를 앞질러보겠다는 회사로서는 다소 당황스런 전략이었다.[31]

1990년대 초, 회사는 클린턴 시대의 건강 산업 개혁에 대한 대응으로 다시 한 번 방향을 바꾸어 사업 다변화와 소비자 브랜드를 다시 끌어안았다.[32]

워너 램버트의 새로운 CEO는 저마다 새로운 프로그램을 들고 나와 전임자가 쌓아 놓은 추진력을 정지시켰다. 워드 하겐Ward Hagen은 1982년 병원 공급 사업을 하던 회사를 비싼 가격에 인수해 돌파를 달성하고자 했다. 3년 뒤, 후계자 조 윌리엄스Joe Williams는 병원 공급 사업에서 워너 램버트를 철수시켜 5억 5,000만 달러를 물거품으로 날렸다.[33] 그는 머크를 앞지르는 일에 회사의 총력을 집중시키

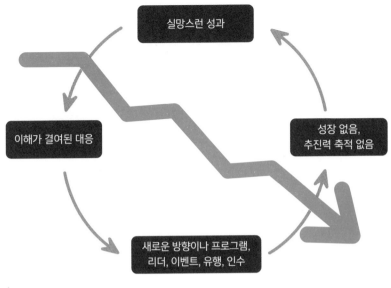

파멸의 올가미

려 했지만, 그의 후계자는 회사를 다시 사업 다변화와 소비재 쪽으로 선회시켰다. 그런 식으로 CEO들이 저마다 자신의 프로그램으로 이름을 남기려 들면서, 회사는 좌충우돌을 계속했다.

1979년부터 1998년까지, 워너 램버트는 CEO마다 한 번씩 총 세 차례의 대규모 구조조정을 추진하며 돌파의 성과를 빨리 내고자 2만 명을 잘랐다. 회사는 폭발적인 성과를 내다가 다시 처지곤 하는 과정을 거듭 반복하면서, 축적-돌파 플라이휠의 지속적인 추진력을 결코 얻지 못했다. 주식 수익률은 시장에도 뒤졌고, 워너 램버트는 마침내 화이자에 흡수되면서 독립 기업으로서의 생애를 마쳤다.[34]

워너 램버트의 경우는 극단적인 예지만, 모든 비교 기업들에서 그와 유사한 버전의 파멸의 올가미들이 발견되었다(부록 8A의 요약을 보라). 파멸의 올가미의 세부 순서는 회사마다 다양했지만 몇 가지 면에서는 매우 일반적인 패턴을 보였는데, 그중 두 가지는 특기할 만하다. 인수의 그릇된 활용과, 이전 세대의 작업을 원점으로 되돌린 리더의 선택이다.

인수의 그릇된 활용

피터 드러커는 일찍이, 인수합병 추진은 건전한 추론에서 기인하는 경우보다 거래를 하는 것이 실제 일을 하는 것보다 시간을 보내는 훨씬 흥미로운 방법이라는 사실에서 연유하는 경우가 더 많다는 점을 간파했다.[35] 사실, 비교 기업들은 1980년대 이래의 인기 있는 구호, "일이 잘 안 풀릴 때 우린 쇼핑을 간다!"를 잘 이해한 것 같다.

좋은 회사에서 위대한 회사로 도약하는 과정에서 인수의 역할을 이해하기 위해, 전환 10년 전부터 1998년까지, 우리가 연구에서 다룬 모든 기업들의 인수와 합병에 대한 체계적인 분석에 착수했다. 우리는 인수의 양과 규모에서는 어떤 특별한 패턴도 발견하지 못한 반면에, 도약에 성공한 기업군 대 비교 기업군의 인수 성공률에서는 중대한 차이를 포착해냈다(부록 8.B를 보라).

> 좋은 회사에서 위대한 회사로 도약한 기업들이 인수, 특히 중요한 인수에서 비교적 매우 높은 성공률을 보이는 이유는 뭘까? 성공의 열쇠는 그들의 큰 규모의 인수가 대개 고슴도치 콘셉트의 성숙 이후, 그리고 플라이휠이 상당한 추진력을 축적한 이후에 행해졌다는 것이었다. 그들은 인수를 플라이휠 추진력의 발동기가 아니라 가속 페달로 활용했다.

그에 비해서, 비교 기업들은 인수나 합병을 통해 돌파로 곧장 도약하고자 하는 경우를 자주 보였다. 그 시도는 결코 성공하지 못했다. 자신들의 핵심 사업이 사면초가에 몰려 있을 때조차도, 비교 기업들은 흔히 성장률을 높이거나 자신들의 어려움을 분산시키거나 아니면 CEO를 좋게 보이는 수단으로 큰 규모의 인수를 단행하곤 했다. 그러나 그들은 "우리가 다른 어떤 회사보다도 잘할 수 있는 일, 우리의 경제 기준에 부합하는 일, 우리가 열정을 가진 일이 무엇일까?" 하는 근본적인 물음을 던진 적이 없었다. 그들은 성장으로 가는 길을 사들일 수는 있지만 도약으로 가는 길은 절대 사들일 수 없다는 단순한 진리를 터득하지 못했다. 평범한 회사 둘을 합친다고 위대한 회사 하나가 만들어지는 건 결코 아니다.

플라이휠을 정지시키는 리더들

자주 관찰된 또 하나의 파멸의 올가미 패턴은, 새로이 들어선 리더들이 이미 돌고 있는 플라이휠을 정지시키고 그것을 전혀 다른 방향으로 돌리는 것이었다. 1960년대 초에 좋은 회사를 위대한 회사로 도약시키는 많은 개념들을 적용하면서 돌파의 성과를 이끌어 내는 전형적인 축적 과정에 착수한 해리스 사를 생각해보자. 조지 다이블리George Dively와 그 후계자인 리처드 튤리스Richard Tullis는 해리스가 인쇄와 통신 분야에 기술을 응용하는 면에서 세계 최고가 될 수 있다는 이해를 바탕으로 고슴도치 콘셉트를 포착했다. 해리스 사가 완벽한 규율을 갖고서 이 개념을 고수한 것은 아니지만(튤리스는 세 원 밖으로 조금씩 엇나가는 경향이 있었다), 회사는 의미 있는 성과를 내기에 충분한 진전을 달성했다. 해리스는 좋은 회사에서 위대한 회사로 전환할 수 있는 유망한 후보로 대두되면서 1975년에 돌파점에 이르렀다.

그 뒤 플라이휠이 삐걱거리며 멈춰 섰다.

1978년, 조지프 보이드Joseph Boyd가 최고 경영자가 되었다. 보이드는 연전에 해리스에 인수된 기업, 레이디에이션에 근무하던 인물이었다. 그가 CEO가 되어 처음으로 내린 중요한 결정은 회사의 본부를 클리블랜드에서 플로리다주 멜번으로 옮긴 것이었다.[36] 그곳은 레이디에이션의 본거지로서, 보이드의 집과 47피트짜리 모터보트 '레이지 래스컬Lazy Rascal(게으른 악동)'이 있었다.

1983년, 보이드는 인쇄 사업을 정리함으로써 플라이휠을 비틀거리게 했다. 당시 해리스는 세계 제일의 인쇄 장비 제조사였다. 인쇄 사업은 회사에서 가장 수익성 좋은 분야로서, 총 영업 이익의 1/3 가까이를 내고 있었다.[37] 보이드는 회사의 보석을 팔아치우면서 무엇을 추진했던 걸까? 그는 회사를 무모하게 사무 자동화 사업으로 밀어넣었다.

해리스는 사무 자동화 분야에서 세계 최고가 될 수 있었을까? 그럴 가능성은 없었다. '무시무시한' 소프트웨어 개발 문제가 해리스의 첫 워크스테이션의 출시를 지연시키면서, 회사는 IBM, DEC, 왕Wang과 맞대결을 벌이는 전장 속으로 빨려들어갔다.[38] 이어서 해리스는 새로운 돌파점으로 곧장 도약하려는 시도로서, 기업 순자산액 전체의 1/3에 달하는 거금을 들여 등급이 낮은 워드프로세싱 사업을 하던 회사인 레이니어 비즈니스 프로덕츠를 사들였다.[39] 〈컴퓨터월드〉는 이렇게 썼다.

"보이드는 자동화된 사무실을 핵심 표적으로 삼았다. … 해리스로서는 불행히도, 레이니어 비즈니스 프로덕츠는 사무 제품 외에는 모든 것을 다 갖추고 있었다. 워드프로세싱 시스템을 설계하여 판매하려는 시도는 우울한 실패에 부딪쳤다. … 시장에 맞지도 않았고, 출시도 되기 전에 쓰레기가 되고 말았다."[40]

다이블리와 튤리스의 지휘 하에 거센 기세로 돌아가고 있던 플라이휠이 축에서 이탈하여 공중을 허우적거리더니, 이내 삐걱거리며 멈춰 섰다. 1973년 말에서 1978년까지 해리스는 시장을 5배 이상 앞질렀다. 그러나 1978년 말부터 1983년 말까지 해리스는 시장에 39% 뒤졌고, 1988년까지는 70% 이상 뒤지는 수준으로 전락했다. 파멸의 올가미가 플라이휠을 대체한 것이다.

축적에서 돌파로 나아가는 플라이휠

좋은 회사에서 위대한 회사로의 전환을 관찰할 때, 내 머릿속에 줄곧 떠오르는 한 단어는 '일관성consistency'이다. 물리학 교수 피터슨 R. I. Peterson이 내게 제시해준 또 한 단어는 '응집력coherence'이다.

"하나에다 하나를 더하면 뭡니까?"

그는 이렇게 묻고는 잠시 후에 답을 말했다.

"넷입니다. 물리학에서는 응집력이라는 개념을 쭉 이야기해왔습니다. 한 요소에다 다른 요소를 더할 때 나타나는 확대 효과지요. 플라이휠에 대해 읽다 보니, 자연스럽게 응집의 원리가 생각나는 군요."

그걸 어떻게 풀어 쓰건, 기본 개념은 똑같다. 시스템의 각 부품이 시스템의 다른 부품들을 보강해 줄 때 그 총합은 각 부분의 단순 합계보다 훨씬 강력하다는 것이다. 여러 세대에 걸쳐 오랫동안 일관성을 견지해야만 최대의 성과가 얻어진다.

어떤 의미로는, 이 책에서 이야기하는 모든 것이 축적-돌파 플라이휠 패턴의 각 부분들에 대한 탐구요 설명이다(다음의 표를 보라). 한 걸음 물러서서 이 체계 전체를 훑어보면, 각각의 요소들이 힘을 합쳐 일하면서 이 패턴을 만들어내고, 각각의 부품들이 저마다 플라이휠을 미는 힘을 만들어내는 것이 보인다.

이 모든 것은 플라이휠 모델 쪽으로 자연스럽게 끌리는 단계5의 리더와 함께 시작된다. 그들은 자신들이 선두에 서서 이끌고 있는 것처럼 보이게 만드는 화려한 프로그램들에는 별 관심이 없다. 그들은 플라이휠을 계속 밀어 성과를 만들어내는 조용하고 신중한 과정에 더 관심이 있다.

버스에 적합한 사람들을 태우는 것, 부적합한 사람들을 내리게 하는 것, 그리고 적임자를 적소에 앉히는 것, 이것들은 모두 축적 초기 단계의 중요한 걸음들이고, 플라이휠을 미는 매우 중요한 힘들이다. 똑같이 중요한 것은 "우리는 크리스마스 때까지는 돌파를 달성하지 못하겠지만, 우리가 옳은 방향으로 계속 밀고 나간다면 결국엔 돌파를 달성하게 될 거다"라는 스톡데일 패러독스를 잊지 않는 것이다. 냉혹한 사실을 직시하는 이 과정은 당신으로 하여금 플라이휠을 돌리기 위해 마땅히 취해야 하는, 힘들지만 명백한 행보를 볼 수 있게 도와준다. 궁극적인 성공에 대한 믿음은 당신으로 하여금 몇 달, 때로는 몇 년씩 걸리는 축적 과정을 견뎌낼 수 있게 도와준다.

다음으로, 당신이 고슴도치 콘셉트의 세 원을 깊이 이해하여 그것과 일치하는 방향으로 플라이휠을 밀기 시작할 때, 당신은 돌파력을 얻고 중요한 가속 페달들과 더불어 속도를 올리게 된다. 가속 페달

당신이 플라이휠 위에 있다는 징후 (좋은 회사에서 위대한 회사로 도약한 기업들)	당신이 파멸의 올가미 속에 있다는 징후 (비교 기업들)
축적을 거쳐 돌파에 이르는 패턴을 따른다.	축적을 건너뛰어 돌파로 곧장 도약한다.
한 걸음 한 걸음 축적하고 플라이휠을 한 바퀴 한 바퀴 돌려 돌파에 이른다. 유기체의 진화 과정과 같은 느낌이다.	커다란 프로그램, 급진적인 변화, 극적인 혁명, 상습적인 구조조정을 실행한다. 늘 기적의 순간이나 새로운 구세주를 찾는다.
냉혹한 사실을 직시하여, 추진력을 축적하려면 어떤 행보를 취해야 하는지 명확히 안다. 명확한 고슴도치 콘셉트를 갖고 일관되게 행동하며, 단호하게 세 원 안에 머문다.	냉혹한 사실을 직시하기보다는 유행을 따르고 경영에 대한 선전을 요란하게 한다. 만성적인 불일치를 보인다. 이리저리 동요하며 세 원 바깥으로 나돈다.
규율 있는 사람들('사람 먼저'), 규율 있는 사고, 규율 있는 행동의 패턴을 따른다.	규율 있는 사고도 없고 먼저 적합한 사람들을 버스에 태우지도 않고서, 곧장 행동에 돌입한다.
당신의 고슴도치 콘셉트에 적합한 기술을 이용하여 추진력을 가속한다.	뒤처지는 것이 두려운 나머지, 기술 변화에 제대로 대응하지 못하고 병아리처럼 허둥댄다.
돌파 후에 큰 규모의 인수를 하여(만일 할 경우), 추진력을 가속한다.	돌파 전에 큰 규모의 인수를 하여, 추진력을 만들어내려는 슬픈 시도를 한다.
사람들에게 동기를 부여하거나 사람들을 한 줄로 늘어세우려는 노력을 거의 기울이지 않는다. 플라이휠의 추진력은 전염된다.	사람들을 한 줄로 늘어세우고 사람들에게 동기를 부여하며 새로운 비전에 사람들을 결집시키는 데 많은 에너지를 쓴다.
성과로 하여금 대부분의 말을 하게 한다.	미래를 팔아 변변찮은 성과를 보완한다.
내내 일관성을 유지한다. 각 세대는 전 세대의 성과 위에다 축적을 한다. 플라이휠이 추진력을 계속 축적해간다.	내내 일관성을 보여주지 못한다. 새로운 리더가 등장할 때마다 전혀 새로운 길을 제시한다. 플라이휠이 삐걱거리며 정지하고, 파멸의 올가미가 새롭게 시작된다.

중 으뜸은 자신의 세 원과 직접 연관이 있는 기술을 선구적으로 응용하는 것이다. 결국, 돌파에 이른다는 것은 자신의 고슴도치 콘셉트에 부합하는 결정을 연달아 내리는 규율, 즉 규율 있는 사고를 실천하는 규율 있는 사람들로부터 당연히 나오는 규율 있는 행동을 갖는다는 뜻이다. 바로 그것이다. 그것이 돌파 과정의 본질이다.

요컨대, 체계 내의 각 개념들을 꾸준히, 그리고 성공적으로 적용하고, 플라이휠을 줄곧 일관된 방향으로 밀어 한 걸음 한 걸음, 한 바퀴 한 바퀴 추진력을 쌓아가다 보면 결국엔 돌파에 이르게 된다. 그날은 오늘이나 내일, 다음 주는 아닐 것이다. 어쩌면 내년도 아닐 것이다. 그러나 그날은 반드시 올 것이다.

그리고 그날이 오면, 당신은 전혀 새로운 과제들과 마주하게 될 것이다. 계속 상승하는 기대치에 부응하여 추진력을 가속하는 방법, 플라이휠이 먼 미래까지 계속 돌아갈 수 있게 하는 방법 등등. 요컨대, 당신의 과제는 더 이상 좋은 회사를 위대한 회사로 도약시키는 방법이 아니라, 위대한 회사를 영속하는 위대한 회사로 만드는 방법이 될 것이다. 다음 마지막 장의 주제가 바로 그것이다.

플라이휠과 파멸의 올가미

◆ 좋은 회사에서 위대한 회사로의 도약은 바깥에서 관찰하는 사람들에게는 흔히 극적이고 혁명적인 대사건으로 비치지만, 안에 있는 사람들에게는 유기적이고 누적적인 과정 같은 느낌이다. 극적인 결과라는 최종 산출물과 유기적이고 누적적인 과정을 혼동하면 기나긴 동안에 실제로 진행된 일에 대해 왜곡된 이해를 하게 된다.

◆ 최종 결과가 아무리 극적이라고 해도, 좋은 회사에서 위대한 회사로의 전환은 일거에 진행된 적이 없다. 단 한 차례의 결정적인 행동, 원대한 프로그램, 한 가지 끝내 주는 혁신, 혼자만의 행운, 기적의 순간 같은 것은 없었다.

◆ 지속적인 전환은 축적과 돌파라는 예측 가능한 패턴을 따른다. 크고 무거운 플라이휠을 밀 때처럼, 처음에는 움직이는 데조차도 많은 노력이 들지만, 오랜 기간에 걸쳐 일관된 방향으로 계속 밀다 보면, 플라이휠이 추진력을 쌓으면서 결국엔 돌파점에 도달하게 된다.

◆ 비교 기업들은 파멸의 올가미라는 다른 패턴을 따랐다. 그들은 플라이휠을 한 바퀴 한 바퀴 돌리며 추진력을 쌓아 가는 대신, 축적 과정을 건너뛰어 돌파로 곧장 도약하려 했다. 그러다가 실망스런 결과가 나오면, 이리저리 동요하며 일관된 방향을 유지하지 못했다.

◆ 비교 기업들은 자주 큰 규모의 그릇된 인수를 통해 돌파를 만들어내고자 했다. 그에 반해서, 좋은 회사에서 위대한 회사로 도약한 기업들은 주로 돌파 후에 큰 규모의 인수를 하여, 이미 빠른 속도로 돌고 있는 플라이휠의 추진력을 가속하는 데 활용했다.

예상치 못한 연구 결과

◆ 도약에 성공한 기업들 안에 있는 사람들은 당시에는 전환의 규모를 의식하지 못한 경우가 많았다. 나중에 가서야 돌아보니 그게 명확해졌던 것이다. 그들은 당시 자신들이 진행하고 있던 일을 알리는 무슨 이름이나 캐치프레이즈, 출범식, 프로그램 같은 것도 없었다.

◆ 좋은 회사를 위대한 회사로 도약시킨 리더들은 '연합 창출'이나 '동기 부여'나 '변화의 관리'를 위해 사실상 아무런 노력도 기울이지 않았다. 적합한 조건만 갖추어지면 책임감이나 연합, 동기 부여, 변화의 문제들은 대개 저절로 해결된다. 연합은 다른 무슨 별난 방법이 아니라 대체로 성과와 추진력으로부터 자연스럽게 형성된다.

◆ 월스트리트의 단기 압력은 이 모델을 따르는 데 장애가 되지 않았다. 플라이휠 효과는 이들의 압력과 상충되지 않는다. 실은 그것이야말로 그들을 다루는 열쇠다.

Good

9

위대한 회사로의 도약에서
고지 지키기까지

to
Great

필생의 역작이야말로 궁극적인 유혹이다.

—파블로 피카소 [1]

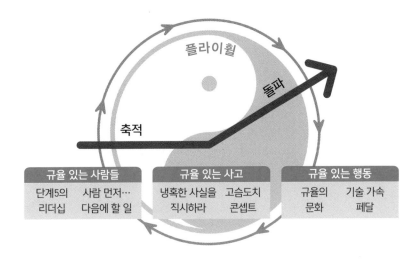

'좋은 회사에서 위대한 회사로' 연구 프로젝트에 착수할 때, 우리는 한 가지 딜레마에 봉착했다. '좋은 회사에서 위대한 회사로' 연구를 하는 동안, '창업에서 수성까지(《성공하는 기업들의 8가지 습관》의 원제)'의 개념들에 대해 어떻게 생각해야 하느냐 하는 거였다.

간단히 말해서, 《성공하는 기업들의 8가지 습관 Built to Last》은 1990년대 초 스탠퍼드 경영대학원에서 수행한 6년짜리 연구 프로젝트를 바탕으로 '영속하는 위대한 회사를 일으키고 만들고 지켜 나가자면 어떻게 해야 하나?' 하는 문제에 답했다. 내 연구의 교사이자 공저자인 제리 포라스Jerry I. Porras와 나는 18개의 영속하는 위대한 회사들, 경우에 따라서는 설립 연도가 1800년대까지 거슬러 올라갈 만큼 긴 시간의 시련을 견뎌내면서 20세기 말을 상징하는 거대 기업이 된 사업체들을 연구했다. 우리는 프록터 & 갬블(1837년 설립), 아메리칸 익스프레스(1850년 설립), 존슨 & 존슨(1886년 설립),

GE(1892년 설립) 같은 회사들을 조사했다. 그중 한 회사인 시티코프는 나폴레옹이 모스크바를 공략한 해인 1812년에 세워졌다. 연구 기업 중 '가장 젊은' 회사는 1945년 창립된 월마트와 소니였다. 이 책과 유사하게, 우리는 3M 대 노턴, 월트 디즈니 대 컬럼비아 픽처, 메리어트 대 하워드 존슨 등 직접 비교 기업들 18쌍을 비교했다. 요컨대, 우리는 회사들이 몇십 년, 심지어는 백 년도 훨씬 넘는 세월을 겪는 동안에 위대한 회사들과 좋은 회사들이 보여 온 본질적인 차이를 밝혀내고자 했다.

'좋은 회사에서 위대한 회사로' 프로젝트의 첫 번째 여름 연구팀이 모였을 때, 나는 물었다.

"이 연구를 하는 데 '창업에서 수성까지Built to Last'의 역할은 무엇이어야 할까요?"

브라이언 베이글리가 말했다.

"아무 역할도 하지 말아야 한다고 저는 생각합니다. 전 그런 곁가지 작업을 하려고 이 팀에 합류한 게 아닙니다."

앨리슨 싱클레어가 덧붙였다.

"저도 그렇습니다. 저는 새로운 프로젝트와 새로운 문제에 흥미를 느꼈습니다. 이것이 교수님의 다른 저서를 보완하는 작업일 뿐이라면, 그건 기대에 크게 못 미치는 일이 될 겁니다."

내가 응수했다.

"하지만 잠깐만 생각해봅시다. 우린 지난번 연구에 6년을 들였습니다. 지난번 작업의 토대 위에다 성과를 쌓아가는 것이 유익할지도 모르지요."

폴 와이스먼이 지적했다.

"제 기억에, 교수님이 이 연구의 아이디어를 얻은 건 매킨지의 한 파트너가 《성공하는 기업들의 8가지 습관》은 좋은 회사를 어떻게 위대한 회사로 전환시킬 것인가 하는 문제에 답을 제공해주지 못한다고 말하는 걸 들었을 때였습니다. 만일 답이 다르면 어쩌지요?"

물러섰다 나아갔다 이리저리 왔다갔다 하며, 토론이 몇 주나 계속되었다. 그러던 중 스테파니 주드의 무게 있는 주장이 나를 움직였다. 스테파니는 이렇게 말했다.

"저는 《성공하는 기업들의 8가지 습관》의 개념들을 믿습니다. 하지만 우리가 《성공하는 기업들의 8가지 습관》을 준거 틀로 삼아 작업을 시작하면, 공연히 부산만 떨다가 애초에 우리가 갖고 있던 선입견을 입증하는 데 그칠까 봐 두렵습니다."

백지 상태에서 출발하여, 지난번 작업과 일치하건 안 하건, 우리가 찾고자 하는 것을 찾기 위해 나서는 것이 사실상 위험이 덜할 거라는 사실이 분명해졌다.

그러고 난 뒤 연구 초기에, 우리는 매우 중요한 결정을 내렸다. 《성공하는 기업들의 8가지 습관》이 없다고 치고 '좋은 회사에서 위대한 회사로' 연구를 진행하기로 결정한 것이다. 이것이야말로 지난번 작업에서 얻은 선입견을 최소화한 상태에서 '좋은 회사에서 위대한 회사로' 전환의 핵심 요인들을 투명하게 살피는 유일한 방법이었다. 그러고 난 다음 우리는 다시 돌아가 "만일 관계가 있다면, 두 연구는 어떤 관계일까?" 하고 물을 수 있었다.

5년 뒤 이 책이 완성된 지금, 우리는 돌아서서 두 작업을 서로의

관계를 따져 가며 살펴볼 수 있게 되었다. 두 연구를 함께 놓고 검토한 결과, 나는 다음과 같은 네 가지 결론에 이르렀다.

1. 지금 와서 생각해보니,《성공하는 기업들의 8가지 습관》에 등장하는 영속하는 위대한 회사의 초창기 리더들이 '좋은 회사에서 위대한 회사로' 체계를 따랐다는 충분한 근거가 보인다. 사실상 유일한 차이는 그들이 기존 기업을 좋은 회사에서 위대한 회사로 전환시키고자 애쓰는 CEO의 자격으로 그랬다기보다는, 막 이륙을 시도하는 초기 단계의 작은 기업의 경영자 자격으로 그랬다는 것뿐이다.

2. 아이러니하게 들릴지 모르지만, 나는 지금《좋은 기업을 넘어 위대한 기업으로》가《성공하는 기업들의 8가지 습관》의 속편이 아니라 전편이라고 본다. 창업 회사건 기존 회사건 간에, 이 책의 연구 결과를 적용하여 지속적인 큰 성과를 일구어낸 다음,《성공하는 기업들의 8가지 습관》의 연구 결과를 적용하여 큰 회사를 영속하는 위대한 회사로 만들어가라.

기존 회사 또는 창업 회사	+	'좋은 회사에서 위대한 회사로'의 개념	➡	지속적인 큰 성과	+	'창업에서 수성까지'의 개념	➡	영속하는 위대한 회사

3. 지속적으로 큰 성과를 내는 회사를 영속하는 위대한 기업으로 전환하려면,《성공하는 기업들의 8가지 습관》의 중심 개념을 적용하라. 단순한 돈벌이 차원을 넘어서는 핵심 가치와 목적(핵심 이념)을 발견하고 이것을 '핵심 보존/발전 자극'의 동력과 결합시켜라.

4. 두 연구는 멋지게 공명한다. 각자의 개념들이 상대의 개념들을 풍부하게 해주고 서로서로 정보를 제공해준다. 특히, '좋은 회사에서 위대한 회사로'는 '창업에서 수성까지'에서 제기했지만 답하지 못한 근본적인 문제, "'좋은' BHAG(크고 위험하고 대담한 목표)와 '나쁜' BHAG의 차이는 무엇인가?"에 답을 준다.

'창업에서 수성까지'의 초기 단계, '좋은 회사에서 위대한 회사로'

'창업에서 수성까지' 연구를 되돌아보면, 영속하는 위대한 회사들이 그 형성 기간에 실제로 '좋은 회사에서 위대한 회사로' 체계를 따라 축적에서 돌파에 이르는 과정을 거쳤음을 알 수 있다.

예를 들어, 월마트Wal-Mart의 진화에서 축적-돌파 플라이휠 패턴을 생각해보자. 사람들은 대부분 샘 월턴Sam Walton이 농촌 할인 소매점이라는 비전 있는 아이디어를 갖고서 불쑥 등장해 창업 회사나 다름없는 시기에 돌파에 이른 것으로 생각한다. 그러나 그 어느 것도 진실을 이길 수는 없다.

샘 월턴은 1945년 단 한 곳의 가게로 사업을 시작했다. 그가 두 번째 가게를 연 것은 7년 뒤의 일이다. 월턴은 1960년대 중엽 대형 할인점이라는 고슴도치 콘셉트가 자연스런 진화 단계로서 툭 튀어 나오기 전까지는 플라이휠을 한 바퀴 한 바퀴 돌려가며 한 걸음 한 걸음 점진적으로 축적을 해나갔다. 월턴이 단 한 곳의 가게에서 출발해 38개의 월마트 체인을 갖기까지는 4반세기의 시간이 걸렸다.

그 뒤 1970년에서 2000년까지, 월마트는 돌파력을 얻어 3,000여 개의 가게에 총수입이 1,500억 달러가 넘는 회사로 급성장했다.[2] 우리가 플라이휠 장에서 거론한 바 있는, 달걀 속에서 뛰쳐나오는 병아리 이야기와 똑같이, 월마트는 달걀이 갈라지기 전에 몇십 년을 부화해 왔던 것이다. 샘 월턴은 이렇게 쓰고 있다.

> 어쩐 일인지 여러 해 동안 사람들은 월마트를 … 하룻밤 새에 성공시킨 것은 오로지 이 굉장한 아이디어라는 인상을 갖고 있었다. 그러나 … 그것은 우리가 1945년 이래 해 왔던 모든 일의 자연스런 결과였다. … 그리고 '하룻밤 새의 성공'이 대부분 그렇듯이, 월마트를 만들기까지는 약 20년이 걸렸다.[3]

고슴도치 콘셉트를 끌어낸 축적에 이어 플라이휠의 돌파력을 얻어낸 역사상 가장 전형적인 사례가 있다면, 그것은 월마트다. 유일한 차이는 샘 월턴이 기존 기업을 좋은 회사에서 위대한 회사로 전환시킨 CEO로서가 아니라 처음부터 끝까지 위대한 회사를 만들어 간 기업가로서 그 모델을 따랐다는 것뿐이다. 그러나 그 기본 개념은 똑같다.[4]

휴렛 패커드Hewlett-Packard는 '창업에서 수성까지' 회사의 형성 단계에서 '좋은 회사에서 위대한 회사로' 개념을 적용한 또 하나의 훌륭한 본보기다. 예를 들어, 빌 휴렛Bill Hewlett과 데이비드 패커드David Packard의 HP 설립 개념은 '무엇이 아니라 누구'가 전부였다. 즉 서로 힘을 합쳐 일을 시작해보자는 거였다. 그들은 대학원 시절부터 가장 친한 친구로서, 그저 비슷한 가치와 기준을 가진 다른 사람들을 모아 큰 회사를 함께 만들고자 했다. 1937년 8월 23일 첫 모임

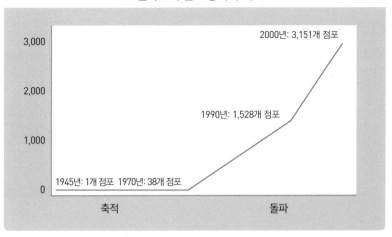

3,000

2,000

1,000

0

2000년: 3,151개 점포

1990년: 1,528개 점포

1945년: 1개 점포 1970년: 38개 점포

축적   돌파

때 나온 회사 창립안은 매우 폭넓게 정의된 전자공학 분야의 제품들을 설계, 제조하여 판매하겠다는 이야기로 시작된다. 그러나 같은 문서의 다음에는 "무엇을 제조하느냐 하는 문제는 뒤로 미루며…"라는 말이 이어진다.[5]

휴렛과 패커드는 회사를 차고 밖으로 끌어낼 뭔가를 찾아 몇 달을 씨름했다. 그들은 요트 송신기, 냉난방 조절 장치, 의료 장비, 축음기 증폭기 등 뭐든 가리지 않고 고려해보았다. 그들은 전자식 볼링장 센서, 망원경의 시계 구동부, 뚱보들의 살빼기를 돕는 전자 충격 요동 장치를 만들었다. 그것이 기술 향상에 기여하고 휴렛과 패커드가 마음이 맞는 다른 사람들과 함께 회사를 만들어가는 데 보탬이 되는 한, 초창기에 회사가 무엇을 만드느냐 하는 건 정말 문제가 아니었다.[6] 실로 극단적인 '사람 먼저… 다음에 할 일' 식의 출발이었다.

나중에 규모가 커졌을 때에도 휴렛과 패커드는 '사람 먼저'라는 지도 원칙을 충실하게 지켰다. 2차 세계대전 후 전시 계약의 종료로 수입이 줄어들었을 때조차도, 그들은 정부 연구소에서 쏟아져나오는 한 무리의 전설적인 인물들을 모두 채용했다. 그들이 할 일을 특별히 염두에 두고 있던 게 아니었다. 3장에서 인용한 바 있는 패커드의 법칙을 상기해보라.

"어떤 회사도 성장을 실현하고 나아가 위대한 회사를 만들어갈 적임자들을 충분히 확보하는 능력 이상으로 수입을 줄곧 빠르게 늘릴 수는 없다."

휴렛과 패커드는 이 개념을 숨쉬듯 상기하며 살았고, 기회가 닿을 때마다 우수한 사람들을 손에 넣었다.

휴렛과 패커드는 그들 스스로가 처음에는 창업자로서, 나중에는 회사의 건설자로서, 더할 나위 없이 완벽한 단계5의 리더들이었다. HP가 세계에서 가장 비중 있는 기술 회사의 하나로 자리를 굳힌 지 한참 뒤에도, 휴렛은 놀라울 정도로 겸손했다. 1972년에 HP 부사장 바니 올리버Barney Oliver는 창립자상 부문 IEEE상 심사위원회에 보낸 추천 서한에 이렇게 썼다.

우리의 성공은 만족스러웠지만, 그것이 설립자들의 심성을 고약하게 만들진 않았습니다. 최근, 휴렛은 임원 회의에서 이렇게 말했습니다. "자, 우리가 성장한 건 산업이 성장했기 때문입니다. 우린 로켓이 발사될 때 그 원뿔 끝에 앉아 있는 것만큼이나 운이 좋았어요. 우린 그런 엄청난 찬사를 받을 자격이 없습니다." 모두들 이 겸손한 언급을 되새기며 잠시 침묵하고 있는데, 패커드가 끼어들었다. "그래, 빌. 최소한 우리가 일을 완전히 망쳐놓진 않은 거지."[7]

데이비드 패커드가 죽기 직전에 그를 만날 기회가 있었다. 실리콘 밸리 최초의 자수성가한 억만장자 중의 한 명이 되었음에도, 그는 자신과 아내가 1957년에 손수 지은, 과수원이 내려다보이는 소박한 작은 집에 그대로 살고 있었다. 유행 지난 리놀륨이 깔린 작은 부엌과 수수한 가구들이 있는 거실은 그가 "나는 억만장자야. 난 중요한 사람이야. 난 성공했어"라고 외치는 물질적 징표를 필요로 하지 않는 사람임을 말해주고 있었다. 36년을 패커드와 함께 일해온 빌 테리Bill Terry는 말했다.

"그에게 있어 좋은 시절이란 친구를 몇 사람 불러 함께 가시 철조망을 엮는 것 같은 일을 할 때를 뜻했습니다."[8]

패커드는 자신의 재산 56억 달러를 자선 재단에 기부했고, 그가 죽자 가족들은 그가 농부 복장으로 트랙터 위에 앉아 있는 사진으로 그를 기리는 팸플릿을 만들었다. 사진 설명에는 20세기의 가장 위대한 산업 지도자로 꼽혔던 그의 지위에 대해서는 어떤 언급도 없었다.[9] 거기엔 그저 "데이비드 패커드, 1912~1996, 농장 일꾼 등등"이라고 쓰여 있었다. 진정한 단계5의 리더였다.

핵심 이념: 영속하는 위대한 회사의 가외 차원

빌 휴렛과의 인터뷰 중에 우리는 그에게 자신의 생애에서 가장 자랑스런 일이 뭐냐고 물어보았다. 그가 말했다.

"내 평생을 돌아볼 때, 난 그 가치와 실천, 성공이라는 덕목으로 회사를 경영하는 방법 면에서 전 세계에 지대한 영향을 끼친 한 회사를 만드는 데 일조해왔다는 게 가장 자랑스럽다고 말할 수 있겠습니다."[10]

'HP 방식'으로 세상에 알려진 그 경영법에는 HP의 어떤 제품보다도 그 회사를 더 돋보이게 만든, 깊이 보존된 일련의 핵심 가치가 반영되어 있다. 이 가치들에는 기술상의 공헌, 개인 존중, 사회에 대한 책임, 이윤이 회사의 근본 목표는 아니라는 깊은 믿음이 포함돼 있다. 이 원칙들은 오늘날에는 어느 정도 관례화돼 있지만 1950년대로서는 급진적이라고 할 만큼 진보적인 것이었다. 데이비드 패커드는 당시의 사업가들에 대해 이렇게 말했다.

"그들은 자기들 사이의 견해 차이에 대해서는 분별 있게 정중한 태도를 취했지만, 내가 그들의 일원이 아니고 중요한 기업을 경영할 자격이 전혀 없다고 굳게 믿은 것만은 확실했습니다."[11]

휴렛과 패커드는 자사를, 영속하는 위대한 회사라는 엘리트 지위로 끌어올릴 수 있게 한 핵심 '가외 차원', 즉 좋은 회사에서 위대한 회사로, 다시 영속하는 위대한 회사로의 전환을 만들어낸 매우 중요한 차원을 잘 보여주고 있다.

가외 차원은 핵심 가치와 핵심 목적(단순한 돈벌이 이상의 존재 이유)으로 구성되는 지도 철학 또는 '핵심 이념'이다. 이것은 미국 독립선언서의 원칙들("우리는 이것들을 자명한 진리라고 여긴다")과 유사하다. 완전하게 실행된 적은 없지만 사람들을 고무하는 기준이나 우리가 존재한다는 것이 왜 중요한가라는 문제의 답으로서 늘 상기된다는 점에서 그렇다.

> 영속하는 위대한 회사는 단지 주주들에게 이익금을 넘겨주기 위해서만
> 존재하는 게 아니다. 사실, 정말 위대한 회사에서 수익과 현금 흐름은 건
> 강한 몸의 피와 물 같은 존재가 되었다. 그것들은 삶에 없어서는 안 되는
> 긴요한 것들이지만, 삶 자체의 핵심은 아니다.

우리는 《성공하는 기업들의 8가지 습관》에서 온코세르시아시스를 치료하는 약을 개발, 보급하기로 한 머크의 결정에 대해 쓴 바 있다. 이 고통스런 질환은 기생충이 눈으로 기어들어와 눈을 멀게 하는 병으로, 백만 명 이상이 이 병으로 심한 괴로움을 겪고 있었다. 이 병에 걸린 사람들은 아마존 같은 오지에 사는 원주민들이었다. 그들은 돈이 없었기 때문에, 머크는 벽촌에 약을 공급해주는 독자적인 배포 시스템을 만들어 전 세계의 수백만 명에게 이 약을 무료로 갖다주었다.[12]

분명히 머크는 자선 단체도 아니고, 스스로 그렇게 여기지도 않는다. 사실, 머크는 수익성이 매우 좋은 회사로서 줄곧 시장을 앞서는 실적을 올렸고, 1946년부터 2000년까지 시장을 10배 이상 앞지르면서 60억 달러에 가까운 이익을 내는 회사로 성장했다. 그러나 돈 버는 데서 그렇게 뛰어난 실적을 내면서도, 머크는 자신의 궁극적인 존재 이유가 돈벌이에 있다고 보지 않는다. 1950년, 설립자의 아들인 조지 머크 2세George Merck 2nd는 회사의 철학을 다음과 같이 피력했다.

우리는 약이 환자들을 위한 것임을 잊지 않으려고 해요. … 약은 이윤을 내기 위한 것이 아닙니다. 이윤은 따라오는 것이고, 우리가 그 점을 잊지 않는 한, 이윤은 결코 나타나지 않은 적이 없습니다. 우리가 이 점을 잘 기억하면 할수록 이윤은 더욱 커졌습니다.[13]

핵심 가치의 개념에 대해 한 가지 명심할 점은 영속하는 위대한 회사가 되는 데 특별하게 '올바른' 핵심 가치는 없다는 것이다. 당신이 어떤 핵심 가치를 제시하건, 우리는 그 특수한 핵심 가치를 갖지 않는 불멸의 대기업을 찾아낼 수 있다. 영속하는 위대한 회사가 되기 위해, 어떤 회사는 고객에 대한 애정을 가질 필요가 없었고(소니), 개인에 대한 존중심을 가질 필요도 없었다(디즈니). 높은 질도 필요치 않았고(월마트), 사회적 책임감을 느낄 필요도 없었다(포드). 이것이 '창업에서 수성까지'에서 가장 역설적인 연구 결과의 하나였다. 영속하는 위대한 회사에 핵심 가치는 필수적이지만, 그 핵심 가치가 뭐냐는 건 문제가 되는 것 같지 않았다.

중요한 점은 어떤 핵심 가치를 갖느냐가 아니다. 무엇이 되었든 핵심 가치들을 갖는 것, 그게 무엇인지 당신이 아는 것, 그것들을 조직 속에다 명확하게 불어넣는 것, 오랜 기간 그것들을 보존하는 것이다.

자신의 핵심 이념을 지킨다는 생각은 영속하는 위대한 회사들의 핵심적인 특징이다. 거기에서 당연히 제기되는 문제는 그 핵심을 어떻게 보존하고 그것을 변화하는 세계에 어떻게 적응시키느냐 하는 것이다. 답은 '핵심 보존/발전 자극'이라는 중요한 개념을 끌어안으라는 것이다.

> 영속하는 위대한 회사들은 자신의 핵심 가치와 목적은 보존하면서, 사업
> 전략과 운영 관행은 변화하는 세계에 끊임없이 적응시킨다. 이것이 '핵
> 심을 보존하고 발전을 자극하는' 마법의 조합이다.

월트 디즈니 이야기는 이 이중적인 측면을 잘 보여 준다. 1923년, 21살의 한 정력적인 애니메이터가 캔자스시티에서 로스앤젤레스로 이사 와 영화 사업에서 일자리를 구하려고 했다. 어떤 영화사도 자신을 채용해주지 않자, 그는 몇 푼 안되는 저금을 털어 카메라 한 대를 빌려서는 삼촌의 차고에다 스튜디오를 차리고 애니메이션 만화를 만들기 시작한다. 1934년, 디즈니는 지금껏 아무도 내딛지 않은 대담한 걸음을 내디뎌, 장편 애니메이션 영화로 성공을 거둔다. 〈백설 공주〉, 〈피노키오〉, 〈판타지아〉, 〈밤비〉 같은 인기 만화 영화들이

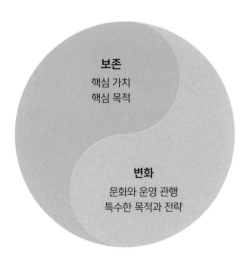

보존
핵심 가치
핵심 목적

변화
문화와 운영 관행
특수한 목적과 전략

월트 디즈니 사의 핵심 보존/발전 자극
(1920년대~1990년대)

보존

창조적인 상상력에 대한 열정
세세한 것에 대한 광적인 관심
냉소에 대한 증오
'디즈니 요술'의 보존
수천만 명에게 행복 가져다주기

변화

1920년대 : 만화
1930년대 : 장편 인기 애니메이션
1950년대 : 텔레비전, 〈미키 마우스 클럽〉
1960년대 : 테마 파크
1980년대 : 세계화
1990년대 : 해양 유람선

그것이다. 1950년대에 디즈니는 〈미키 마우스 클럽〉을 갖고서 텔레비전으로 무대를 옮겼다. 같은 1950년대에 월트 디즈니는 많은 놀이 공원에 운명적인 방문을 했다가 불쾌한 기분으로 돌아왔다. 그는 놀이 공원들을 "험상궂은 사람들이 운영하는 더러운 야바위판"이라고 불렀다.[14] 그는 디즈니가 그보다는 훨씬 좋은 곳, 어쩌면 세계 최고의 놀이 공원을 만들 수 있겠다고 마음을 굳혔고, 회사는 테마 파크 분야라는 전혀 새로운 사업에 착수했다. 처음 작품이 디즈니랜드이고, 이어서 월트 디즈니 월드, EPCOT 센터가 모습을 드러냈다. 시간이 가면서 디즈니의 테마 파크는 전 세계의 많은 가족들에게 소중한 경험을 주는 장소가 되었다.

만화에서 장편 인기 애니메이션까지, 〈미키 마우스 클럽〉에서 디즈니 월드까지 극적인 변화들을 두루 거치면서도 회사는 일관된 핵심 가치를 굳게 지켰다. 창조적인 상상력에 대한 열정적인 믿음, 세세한 것에 대한 광적인 관심, 냉소에 대한 증오, '디즈니 요술'의 보존 등이 그것이다. 미스터 디즈니는 또 돋보이는 불변의 목적 하나를 디즈니의 모든 새로운 사업에 속속들이 스며들게 했다. 그 목적은 수많은 사람들, 특히 어린이들에게 행복을 가져다준다는 것이었다. 이 목적은 국경도 넘고 세월도 이겨냈다. 1995년에 아내와 함께 이스라엘을 방문했을 때, 우리는 중동 지방에 디즈니 제품들을 들여오는 사람을 만났다. 그는 우리에게 자랑스럽게 "이 아이디어는 순전히 아이의 얼굴에 미소를 가져다주기 위한 것입니다"라고 말했다. 월트 디즈니는 핵심 이념은 붙박이로 둔 채 전략과 관행은 시간에 따라 변화시킨다는 '핵심 보존/발전 자극'의 전형적인 사례다. 이 원칙을 고수한 것이야말로 디즈니가 위대한 회사로 계속 버텨온 근본적인 이유다.

좋은 BHAG와 나쁜 BHAG, 그 밖의 다른 개념상의 연결 고리들

다음 쪽의 표에서, 나는 두 연구의 개념상의 연결 고리들을 간략하게 스케치해보았다. 전반적인 패턴으로 보아, '좋은 회사에서 위대한 회사로'의 개념들은 '창업에서 수성까지'의 개념들을 궁극적인 성공으로 이끄는 토대를 이루는 것으로 보인다. 나는 '좋은 회사에서 위대한 회사로'가 플라이휠을 돌려 축적에서 돌파에 이르게 하는 핵심 개념들을 제공하는 반면에, '창업에서 수성까지'가 먼 미래까지 플라이휠을 계속 가속하여 회사를 상징적인 지위로까지 끌어올리게 하는 핵심 개념들을 개괄하는 것으로 생각하고 싶다. 표를 자세히 들여다보면, '좋은 회사에서 위대한 회사로'의 연구 결과들 하나하나가 '창업에서 수성까지'의 네 가지 핵심 개념 모두를 뒷받침해 준다는 걸 알게 될 것이다. 짤막하게 개괄하자면, 그 네 가지 핵심 개념들은 다음과 같다.

1. 시간을 알려주지 말고 시계 만들어주기 | 여러 세대의 리더들과 여러 제품의 수명 사이클들을 관통하여 지속되고 적응할 수 있는 조직을 만들라. 단 한 명의 위대한 지도자나 단 하나의 기발한 아이디어를 바탕으로 조직을 만드는 것과는 정반대의 개념이다.

2. '그리고AND'의 천재 | 수많은 차원의 양극단들을 동시에 끌어안아라. A 또는OR B를 선택하지 말고, A와AND B를 가질 방안을 생각하라(목적과 수익, 연속성과 변화, 자유와 책임 등등).

3. 핵심 이념 | 핵심 가치(필수적이고 영속적인 신조)와 핵심 목적(단순한 돈벌이를 넘어서는 근본적인 존재 이유)을, 결정을 내리고 사람들을 고무하는 원칙으로 오랜 기간 조직 전체에 스며들게 하라.

4. 핵심 보존/발전 자극 | 핵심 이념을 견고하게 보존하면서 그 밖의 모든 것에서는 변화와 개선, 혁신, 갱신을 자극하라. 핵심 가치와 목적을 못박아두고서 관행과 전략을 바꿔라. 핵심 이념과 일치하는 BHAG들을 설정하여 성취하라.

'좋은 회사에서 위대한 회사로'의 개념	'창업에서 수성까지'*의 개념과의 관계
단계5의 리더십	시간을 알려주지 말고 시계 만들어주기: 단계5의 리더들은 스스로 없어서는 안 될 존재가 되어 자아를 주입시키기보다는, 자신들 없이도 굴러갈 수 있는 회사를 만든다. '그리고'의 천재: 개인적 겸양 그리고 직업적 의지. 핵심 이념: 단계5의 리더들은 회사와 회사가 표방하는 것에 대해 야심이 있다. 그들은 자신의 성공을 넘어서는 목적 의식을 갖고 있다. 핵심 보존/발전 자극: 단계5의 리더들은 자신의 형제들을 해고하는 한이 있다 하더라도, 가시적인 성과와 성취를 얻기 위해 발전을 자극하는 일에서는 가차 없는 태도를 보인다.
사람 먼저… 다음에 할 일	시간을 알려주지 말고 시계 만들어주기: '사람 먼저'를 실천하는 것은 시계를 만들어주는 것이다. '할 일 먼저(전략을 먼저 세우는 것)'를 실천하는 것은 시간을 알려 주는 것이다. '그리고'의 천재: 적합한 사람들을 버스에 태운다. 그리고 부적합한 사람들을 내리게 한다. 핵심 이념: '사람 먼저'를 실천하는 것은 그들의 기술이나 지식보다는 그들이 핵심 가치와 목적에 부합하는지를 더 고려하여 사람들을 고른다는 뜻이다. 핵심 보존/발전 자극: '사람 먼저'를 실천한다는 것은 내부 승진을 우선시하여 핵심 가치를 더욱 강화한다는 뜻이다.
냉혹한 사실을 직시하라	시간을 알려주지 말고 시계 만들어주기: 진실이 들리는 분위기를 만드는 것은 시계를 만들어주는 것이다. 붉은 깃발 장치를 만드는 경우에는 더욱 그렇다. '그리고'의 천재: 당면한 현실 속의 냉혹한 사실들을 직시한다. 그리고 결국에는 당신이 성공할 거라는 흔들리지 않는 믿음을 간직한다(스톡데일 패러독스). 핵심 이념: 냉혹한 사실들을 직시하면 조직이 진정 핵심으로 지니고 있는 가치들과, 조직이 핵심으로 지니고 싶어하는 가치들이 명확하게 구별된다. 핵심 보존/발전 자극: 냉혹한 사실들은 발전을 자극하기 위해서 무슨 일을 해야 하는지를 명확히 알려준다.

고슴도치 콘셉트 (세 개의 원)	시간을 알려주지 말고 시계 만들어 주기: 심의위원회 장치는 최상의 시계 만들어주기다. '그리고'의 천재: 깊은 이해 그리고 믿기지 않는 단순성. 핵심 이념: '당신은 무엇에 열정이 있는가' 하는 원은 핵심 가치 및 목적과 멋지게 겹친다. 당신이 어떤 상황에서도 결코 포기하지 않을 만큼 열정을 느끼는 그런 가치들만이 정말 핵심 가치로서의 자격이 있다. 핵심 보존/발전 자극: 좋은 BHAG들은 이해에서 나온다. 나쁜 BHAG들은 허세에서 나온다. 크고 멋진 BHAG들은 세 원의 한복판에 자리잡고 있다.
규율의 문화	시간을 알려주지 말고 시계 만들어주기: 규율을 강제하는 폭군처럼 순전히 퍼스낼리티의 힘만으로 사업을 끌어가는 것은 시간을 알려주는 것이다. 영속적인 규율의 문화를 만드는 것은 시계를 만들어주는 것이다. '그리고'의 천재: 자유 그리고 책임 핵심 이념: 규율의 문화는 조직의 가치와 기준을 공유하지 않는 사람들을 추방한다. 핵심 보존/발전 자극: 규율의 문화를 갖고 있을 때에는, 사람들에게 성과를 낼 수 있는 최선의 길을 재량껏 실험하며 찾아낼 자유를 더 많이 줄 수 있다.
기술 가속 페달	시간을 알려주지 말고 시계 만들어주기: 기술 가속 페달은 시계의 핵심 부속이다. '그리고'의 천재: 기술 열풍을 멀리한다. 그러면서도 기술 응용을 선도한다. 핵심 이념: 위대한 회사에서 기술은 핵심 가치에 종속되는 것이지, 그 역이 아니다. 핵심 보존/발전 자극: 적합한 기술들은 플라이휠의 추진력을 가속하여 BHAG들을 달성케 한다.
플라이휠과 파멸의 올가미	시간을 알려주지 말고 시계 만들어주기: 플라이휠 효과는 추진력의 지속적인 축적을 만들어내며, 카리스마 있는 몽상가의 존재에 의지하여 사람들에게 동기를 부여하지 않는다.

'그리고'의 천재: 점진적으로 진화하는 과정 그리고 혁명적이고 극적인 결과.

핵심 이념: 파멸의 올가미는 핵심 가치와 목적을 불어넣는 것을 거의 불가능하게 만든다. 사람들은 "우린 뭐지? 우린 뭘 위해 일하는 거지?" 하며 만성적인 불안에 빠진다.

핵심 보존/발전 자극: 플라이휠이 매끄럽게 계속 돌면서 추진력이 돌파점에 이를 때까지 계속 축적되면, 핵심 가치를 불어넣으면서 변화와 발전을 자극할 수 있는 완벽한 조건이 만들어진다.

*《성공하는 기업들의 8가지 습관》을 보라.

위 표의 모든 연결 고리들에 대해 미주알고주알 늘어놓진 않겠지만, 한 가지 특별히 강력한 고리만은 강조하고 싶다. BHAG들과 고슴도치 콘셉트의 세 원들 사이의 관계다.《성공하는 기업들의 8가지 습관》에서, 우리는 BHAG들을 핵심을 보존하면서 발전을 자극하는 중요한 수단으로 보았다. BHAG Big Hairy Audacious Goal('크고 위험하고 대담한 목표'의 줄임말)는 큰 산을 오르는 것과 같은 크고 겁나는 목표다. 그것은 뚜렷하고 도드라져서 사람들이 즉각 '알아본다.' BHAG는 노력을 통일시키는 초점 역할을 하여, 마치 사람들이 결승선을 향해 다투어 달려갈 때처럼 사람들에게 활력을 불어넣고 팀의 사기를 북돋운다. 1960년대 NASA의 달 착륙 계획처럼, BHAG는 상상력을 불러일으키고 사람들을 빨아들인다.

그러나 BHAG들만큼이나 흥미롭게도, 우리는 중대한 문제 하나를 해답 없이 남겨두었다. 나쁜 BHAG와 좋은 BHAG의 차이는 무엇일까? 호주에서 뉴질랜드까지 헤엄치는 것은 내겐 BHAG겠지만, 그러다간 죽고 말 것이다! 우리는 이제 그 문제의 답을 제시할 수 있다. '좋은 회사에서 위대한 회사로' 연구에 그 답이 있기 때문이다.

> 알고 보니, 나쁜 BHAG들은 허세의 바탕 위에 설정된다. 좋은 BHAG들은 이해를 바탕으로 설정된다. 사실, 세 원에 대한 차분한 이해와 BHAG의 대담무쌍함을 결합시키면, 마술에 가까울 만큼 놀라운 혼합물이 얻어진다.

가장 좋은 사례는 1950년대의 보잉이다. 1950년대 초까지, 보잉은 거대한 군용 비행기인 B-17 플라잉 포트리스, B-29 슈퍼포트리스, B-52 대륙간 제트 폭격기 스트래토포트리스 제작에 집중했다.[15] 보잉은 민간 항공기 시장에는 거의 모습을 비치지 않았고, 항공사들도 보잉의 비행기를 구입하는 데에 아무런 관심을 보이지 않았다(보잉의 질의에 대해, 항공사들은 "당신들은 거기 시애틀에서 거대한 폭격기나 만들어 띄우고 있잖소. 그 일이나 붙들고 늘어지면 됐지 뭘 그러시오?" 하고 응수했다). 오늘날에는 항공 여행이 대부분 보잉의 제트기로 이루어지는 것을 당연하게 여기지만, 1952년에는 군대에 있는 사람들 외에 보잉의 비행기로 하늘을 나는 사람은 거의 없었다.[16]

1940년대 내내 보잉은 현명하게도 민간 항공기 분야에서 멀찍이 떨어져 있었다. 당시 민간 항공기 분야에서는 맥도널 더글러스가 프로펠러로 추진되는 비교적 작은 비행기들의 편대로 압도적인 우위를 점하고 있었다.[17] 그러나 1950년대 초, 보잉은 자신들의 대형 항공기 제작 경험과 제트 엔진에 대한 이해를 결합시켜 맥도널 더글러스를 앞지를 기회를 포착했다. 빌 앨런Bill Allen이라는 리더의 지휘하에, 보잉 경영진은 민간 항공기 분야로 중심을 이동시키는 게 현명한지에 대해 토론을 벌였다. 그들은 보잉이 10년 전에는 최고의

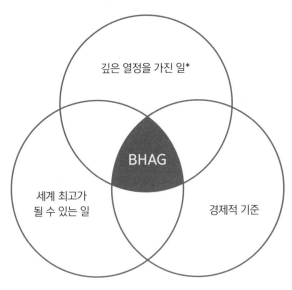

깊은 열정을 가진 일*

BHAG

세계 최고가
될 수 있는 일

경제적 기준

* 당신의 핵심 가치와 목적을 포함한다.

민간 항공기 제작사가 될 수 없었지만 이제는 그동안 군용 항공기 사업을 통해 쌓아온 제트 엔진과 대형 항공기 제작 경험에 힘입어 그 꿈을 실현할 수 있는 상황에 이르렀다는 걸 알게 되었다. 그들은 또한 민간 항공기의 경제적 이득이 군용 시장을 훨씬 능가하게 될 것이고, 또 자사가 민수용 제트기 제작이라는 완벽한 아이디어를 갖고서 그 시장에 들어갈 경우 금방 최고가 되리라는 걸 알게 되었다.

그리하여 1952년, 빌 앨런과 그의 팀은 회사의 순자산액의 1/4을 들여 민간 항공에 쓸 수 있는 제트기 모델을 개발하기로 결정했다.[18] 그들은 707을 만들어, 보잉을 세계 민간 항공 분야의 선두 주자 자리에 올려놓았다. 30년 후, 역사상 가장 성공한 민수용 제트기 5종 (707, 727, 737, 747, 757)을 내놓은 뒤, 보잉은 전 세계의 민간 항공기 산업에서 의심할 바 없는 절대 최강자로 우뚝 섰다.[19] 1990년대 말에 이르러서야 보잉의 지위가 심각한 도전을 받게 되는데, 그것은 에어버스라는 형태의 정부 컨소시엄이 등장해서 가능한 일이었다.[20]

핵심은 이것이다. 보잉의 BHAG는 크고 위압적이면서도 결코 멋대로 세운 목표가 아니었다. 세 원의 관계 안에서 이해되는 목표였다. 보잉의 경영진은 ① 회사가 민간 항공기 시장에 발을 들여놓은 적이 없음에도 민수용 제트기 제작 분야에서 세계 최고가 될 수 있다는 것, ② 그 전환이 항공기 모델당 수익을 늘림으로써 보잉의 경제 상태를 크게 호전시키리라는 것, ③ 보잉 사람들이 그 아이디어에 열정이 매우 높다는 것을 차분하고 침착하게 파악했다. 보잉은 이 중대한 전환 시점에서 허세가 아니라 이해를 바탕에 두고 행동했으며, 이것은 보잉이 위대한 회사로 계속 남은 중요한 이유다.

> 보잉의 사례는 한 가지 핵심을 강조하고 있다. 시간을 초월하여 위대한 회사로 남기 위해서는 반드시 세 원 안에 머무르는 동시에 때가 되면 어느 순간에라도 세 원 안에 구체적으로 자리잡고 있는 것들을 교체할 자세가 돼 있어야 한다는 것이다. 보잉은 1952년에 세 원을 이탈하거나 그 핵심 이념을 버리지 않으면서도, 흥미롭고 새로운 BHAG를 창출해내 민간 항공기를 포함시키도록 자신의 고슴도치 콘셉트를 수정했다.

세 원/BHAG 체계는 두 연구의 개념들이 서로 어떻게 연결돼 있는지 강력한 사례를 제시한다. 나는 당신의 조직 내에서 세 원과 BHAG 개념을 연결하는 실천적인 방법으로 그 사례를 들려주고자 한다. 그러나 그것만으로는 당신의 회사를 위대하고 영속적인 기업으로 만들진 못할 것이다. 영속하는 위대한 회사를 만들기 위해서는 두 연구의 핵심 개념 모두를 서로 연결시켜, 시간을 초월하여 일관되게 적용해야 한다. 만약 어느 때고 그 핵심 개념들 중 어느 하나라도 실행에 옮기지 못하는 날에는, 당신의 조직은 결국 평범한 조직으로 미끄러져 내리고 말 것이다. 위대한 회사가 되는 것이 위대한 회사로 계속 남는 것보다는 훨씬 쉬운 일임을 잊지 마라. 궁극적으로는, 두 연구의 결과들을 일관되게 적용하며 차곡차곡 쌓아가야만 영속하는 위대한 기업을 만드는 최상의 기회를 얻을 수 있다.

왜 위대해져야 하나?

내가 예전에 스탠퍼드에서 가르치던 제자 그룹과 세미나를 하던 때였다. 잠시 쉬고 있을 때 한 친구가 나한테로 와 눈살을 찌푸리며 말했다.

"아마 전 별 야심이 없나 봅니다. 전 정말로 큰 규모의 회사를 만들고 싶지가 않아요. 제 생각이 잘못된 건가요?"

내가 답했다.

"아니, 결코 그렇지 않아. 크다는 건 규모하고는 상관이 없네."

그러고는 그에게 내 연구소가 들어 있는 건물을 운영하는 시나 시맨토브Sina Simantob의 이야기를 들려주었다. 시나는 정말 큰 조직을 만들었다. 그녀는 1892년에 지은 붉은 벽돌조의 낡은 학교 건물을 세세한 곳까지 엄청난 신경을 써가며 장식하고 유지 관리하여, 정말 대단한 곳으로 변모시켜 놓았다. 거의 완벽에 가까운 공간이었다.

성과를 정의하기에 따라서는 그 작은 기업은 우리 동네에서 진정 큰 조직이다. 그 건물은 볼더에서 가장 흥미로운 사람들을 끌어모으고, 그 지역의 다른 건물들이 척도로 삼을 정도의 기준을 마련하고, 면적당 최고의 수익을 일구어냈다. 시맨토브는 크다는 걸 규모로 정의하지 않았고, 그로서는 그럴 이유도 없다.

그 친구가 잠시 생각하다가 다시 입을 열었다.

"좋아요. 큰 회사를 갖기 위해 반드시 대기업을 만들 필요는 없다는 건 알겠습니다. 하지만 그렇다고 해도, 제가 왜 꼭 위대한 회사를 만들어야 하는 거죠? 전 단지 성공하고 싶을 뿐이라면 어쩌죠?"

그 질문에 나는 말문이 막혔다. 이것은 한 게으른 인간이 던지는 물음이 아니었다. 그는 어린 시절에 자기 사업을 시작한 뒤 법대를 다녔고, 대학원까지 마친 뒤에 정력적인 기업가가 되었다. 그에게는 특출한 에너지와 사람들을 감동시키는 강렬한 열정이 있었다. 여러 해 동안 내가 보아온 학생들을 통틀어서도, 크게 성공하리라는 걸 거의 믿어 의심치 않은 친구였다. 그런데 그가 크고 영속적인 뭔가를 만들고자 하는 생각 자체를 문제 삼고 있는 것이다.

나는 두 가지 답을 줄 수 있다.

첫째로, 나는 뭔가 큰great 것을 만드는 일이 좋은good 것을 만드는 일보다 결코 더 어렵지 않다고 믿는다. 큰 것에 도달하는 경우가 통계상으로는 더 드물겠지만, 그것이 평범한 것을 지속시키는 것보다 더 많은 고통을 요구하진 않는다. 사실, 우리 연구의 일부 비교 기업에서 보다 적은 고통과 아마도 보다 적은 일에 대한 암시를 발견할 수 있었다. 연구 결과물들의 아름다움과 힘은, 그것들이 우리의 능률을 높이면서도 삶을 획기적으로 단순화할 수 있다는 것이다.

(무엇이 매우 중요하고 무엇이 그렇지 않은가에 대한) 단순 명쾌함에는 큰 즐거움이 있다.

> **사실, 이 책 전체의 포인트는 이 연구 결과를 우리가 이미 하고 있는 일에 '덧붙여' 스스로를 훨씬 더 과로하게 만들어야 한다는 것이 아니다. 오히려, 우리가 하고 있는 일의 많은 부분이 정력 낭비에 지나지 않는다는 걸 깨닫게 하는 것이다. 우리가 만일 우리의 작업 시간을 이 원칙들의 적용을 바탕으로 하여 재조직하고 그 밖의 모든 일들을 대부분 무시하거나 중단한다면, 우리의 삶은 더 단순해지고 우리의 성과는 크게 증진될 것이다.**

이 책의 마지막 이야기인 비즈니스 외의 사례를 들어 이 포인트를 설명할까 한다. 한 고등학교 크로스컨트리 경주팀의 코치진이 2년 만에 두 번째로 주 우승컵을 거머쥔 뒤 저녁식사를 하러 모였다. 이들의 프로그램은 지난 5년 사이에 좋은 것(주에서 20등 이내)을 위대한 것(남녀팀 모두 줄곧 주 우승을 다투는 팀)으로 바꿔놓았다.

코치 한 사람이 말했다.

"난 이해를 못하겠어요. 우리가 왜 이렇게 잘하는 거죠? 다른 팀들보다 결코 강도 높은 훈련을 하는 것도 아닌데 말입니다. 우리가 하는 일은 정말 단순해요. 어떻게 그게 먹힐 수 있는 거죠?"

그는 프로그램의 고슴도치 콘셉트를 언급하고 있었다. 그 내용은 정말 단순했다. "우리는 막판에 최선을 다해 뛴다. 우리는 연습 막판에 최선을 다해 뛴다. 우리는 경주 막판에 최선을 다해 뛴다. 우리는 가장 중요한 때인 시즌 막판에 최선을 다해 뛴다." 모든 것이 이 단순한 개념에 맞물려 있고, 코치진은 주의 다른 어느 팀보다도 이 효과를 높이는 방법을 알고 있다. 한 예로, 그들은 (3.1마일 경주의) 2마일 지점에 코치를 두어 지나가는 주자들의 데이터를 모은다. 그러나 구간당 시간(마일당 달리는 속도) 데이터를 모으는 대부분의 팀들과 달리, 이 팀은 순위(주자들이 지나칠 때 그들의 순위) 데이터를 모은다. 그런 다음 코치들은 선수들이 얼마나 빨리 달리는지를 계산하지 않고, 2마일부터 결승선까지의 경주 막판에 그들이 경쟁자들을 얼마나 제치는지를 계산한다. 매번 경주가 끝날 때마다 그들은 이 데이터를 토대로 '해골'을 상으로 준다('해골'이란 아이들이 목걸이나 팔찌를 만드는 데 쓰는 옴폭옴폭한 해골 모양의 구슬을 말한다. 자기가 정복한 경쟁자들을 상징한다). 아이들은 스스로 속도를 조절하는 법을 터득하여 자신감을 갖고 달린다. 그들은 힘든 경주의 막판에 생각한다.

"우리는 막판에 최선을 다해 뛴다. 자, 내가 이렇게 고통스럽다면, 내 경쟁자들은 훨씬 더 고통스러울 게 틀림없다!"

똑같이 중요한 것은 그들이 무엇에 에너지를 낭비하지 않느냐다. 예를 들어, 수석 코치는 프로그램을 받아들었을 때, 아이들에게 동기를 부여하고 그들을 늘 재미있게 해주는 '신나는 프로그램'이나 '사기 진작책', 파티, 특별 여행, 나이키 매장으로의 쇼핑 이벤트, 사기를 돋우는 연설 따위를 펼쳐야 한다는 생각에 어깨가 축 늘어지는 걸 느꼈다. 그녀는 그 산란한(그리고 시간을 낭비하는) 활동들 거의 전부를 즉시 없애버렸다. 그녀는 말했다.

"자, 이 프로그램은 '달리기는 신난다, 경주는 신난다, 기록 향상은 신난다, 우승은 신난다'는 개념을 바탕으로 하여 세워질 겁니다.

여러분이 만일 여기서 우리가 하고 있는 일에 열정이 없다면, 가서 다른 할 일을 찾아보세요."

결과는? 프로그램에 참가하는 아이들의 수가 5년 사이에 거의 3배로 늘어, 30명이 82명이 되었다.

남자팀이 학교 역사상 처음으로 주 크로스컨트리 경주에서 우승하기 전에, 그녀는 목표를 분명하게 설정하거나 아이들에게 그 목표에 대한 '동기'를 부여하기 위해 애쓰지 않았다. 대신에 그녀는 아이들이 추진력을 얻어 자신들이 주의 어느 누구라도 이길 수 있다는 것을 한 경주 한 경주, 한 주 한 주마다 스스로 확인하게 했다. 그러던 어느 날 연습 경주를 마친 뒤, 한 소년이 팀 동료들에게 "야, 내 생각엔 우리가 우승할 수 있을 것 같은데"라고 말했다. 다른 소년이 "응, 나도 그런 생각이 들어" 하고 대꾸했다. 모두들 계속 달렸고, 목표가 조용히 확인되었다. 아이들 스스로가 해낼 수 있다는 것을 확인하기까지, 코치진은 '주 우승'이라는 말을 한 번도 꺼낸 적이 없었다.

이로써 최고로 강력한 규율의 문화가 형성되면서, 7명의 대표 선수들 각자가 주 우승에 대한 책임감을 느끼게 되었다. 코치들이 아니라 서로서로에 대한 약속이었다. 팀의 한 멤버는 주 경주 전날 밤, 동료들에게 빠짐없이 전화를 걸어 모두들 일찍 잠자리에 들 준비가 됐는지 확인하기까지 했다(이 팀에서는 코치들이 규율을 강제할 필요가 없었다). 경쟁자들을 제치며 마지막 1마일을 부지런히 뛰는 동안("우린 막판에 최선을 다해 뛴다!") 아이들은 모두 고통스러웠지만, 만일 자신이 유일하게 완주하지 못한 사람이 되어 동료들의 눈을 들여다보아야 한다면 그것이 훨씬 더한 고통이 되리라는 걸 알았다. 낙오자는 없었고, 팀은 주 대회에 나온 다른 모든 팀을 크게 따돌리며 우승했다.

수석 코치는 '사람 먼저'라는 개념을 바탕에 두고 프로그램을 전면 재편성하는 일에 착수했다. 보조 코치 한 명은 몸무게가 130킬로그램이 넘는(깡마른 장거리 달리기 선수와는 이미지가 맞지 않는) 투포환 선수 출신이었지만, 의심할 바 없는 적임자였다. 그는 가치를 공유했고, 훌륭한 팀을 만드는 데 일조할 수 있는 특성들을 갖고 있었다. 프로그램에 추진력이 붙으면서 아이들과 훌륭한 코치들이 더 많이 모여들었다. 사람들은 쌩쌩 돌아가는 플라이휠의 일부가 되고 싶어 한다. 우승팀의 일원이 되고 싶어 하고, 일급 문화의 일원이 되고 싶어 한다. 크로스컨트리 팀이 체육관에 또 하나의 우승기를 게양할 때, 더 많은 아이들이 등록을 하고, 유전자의 풀은 깊어지고, 팀은 더 빨라지며, 그것이 다시 더 많은 우승을 일구어내고, 그러면 더 많은 아이들이 모여들고, 더 빠른 팀이 만들어지고… 플라이휠 효과는 이렇게 전염된다.

이 코치들은 훌륭한 프로그램을 만들기 위해 다른 팀들보다 고생을 더 많이 할까? 그들은 더 힘들게 일할까? 아니다! 실은 이 팀의 보조 코치들은 모두 코치 일과는 상관없는 풀타임 전문직 종사자들(엔지니어, 컴퓨터 기술자, 교사들)로서 사실상 무보수로 일하며, 훌륭한 프로그램 구축을 거들고자 바쁜 삶의 귀중한 시간을 쪼갠다. 그들은 그릇되고 부적합한 일이 아니라 옳고 적합한 일에 집중하고 있는 것이다. 그들은 우리가 이 책에다 쓴 것들을 자기들의 특수한 정황 안에서 사실상 하나도 빠짐없이 실천에 옮기고 있으며, 자기들의 정황에 맞지 않는 어떤 일에도 시간을 낭비하지 않는다. 단순하고 명쾌하고 솔직하고 우아하게, 그리고 정말 신나게.

이 이야기의 포인트는 이 개념들이 먹힌다는 것이다. 어떤 상황에서든 이 개념들을 적용할 때, 삶이 한결 나아지는 동시에 성과도 좋아진다. 그리고 그 길을 계속 따라가다 보면, 당신이 쌓아가고 있는 일이 반드시 큰 모습을 드러낼 것이다. 하여, 나는 다시 묻는다. 이 개념들이 있는 한 그 길이 더 힘들지도 않고, 성과는 더 좋아지고, 그 과정은 훨씬 더 신날진대, 우리가 크고 훌륭한 것을 향해 나아가지 않을 이유가 어디 있겠는가?

분명히 나는 좋은 조직에서 위대한 조직으로의 도약이 쉽다거나, 모든 조직이 다 전환에 성공할 거라고 말하고 있는 건 아니다. 이론상으로도 모두가 평균 이상이 되는 건 가능하지 않다. 그러나 나는 지금 좋은 조직을 위대한 조직으로 전환시키려고 애쓰는 사람들이 그 추진 과정에서 느끼는 고통이나 피곤함이, 조직을 그저 평범한 상태에서 마냥 버둥거리도록 만드는 사람들의 고통이나 피곤함보다 결코 더하지 않다고 주장하고 있다. 좋은 조직을 위대한 조직으로 전환시키는 데 에너지가 투입되는 건 맞지만, 추진력이 쌓여감에 따라 연못 속에서 빠져나가는 것보다 더 많은 에너지가 연못 속으로 되돌아온다. 반대로, 평범한 상태가 계속 이어지는 것은 본질상 침체되는 과정으로서, 연못 속으로 되돌아오는 것보다 훨씬 많은 에너지가 연못 밖으로 빠져나간다.

그러나 왜 위대해져야 하는가 하는 물음에 대한 두 번째 답이 있는데, 이것이 바로 처음에 우리로 하여금 이 거대한 프로젝트에 착수하도록 발동을 건 핵심에 있는 답이다. 즉 의미를 찾는 것, 더 정확하게 말하자면 의미 있는 일을 찾는 것이다.

나는 그 크로스컨트리 프로그램의 수석 코치에게 왜 그 프로그램을 훌륭하게 만들지 않고는 못 배기게 됐는지 물었다. 그녀는 대답하기 전에 잠시 망설였다. "정말 좋은 질문입니다." 긴 망설임이 이어졌다. "정말 대답하기 힘든 질문이군요." 곰곰이 생각하더니 마침내 입을 열었다.

"내 생각엔… 내가 지금 하고 있는 일에 정말 관심이 있기 때문입니다. 난 달리기가 좋고 달리기가 이 아이들의 삶에 좋은 영향을 줄 수 있다고 믿어요. 난 그들이 큰 경험을 하기를, 그리고 뭔가 최고팀의 일원이 되는 경험을 하기를 원합니다."

이 이야기에는 흥미로운 에피소드가 있다. 그 코치가 일류 경영대학원 출신의 MBA 학위 소지자로서, 경제학 분야의 파이 베타 카파Phi Beta Kappa 졸업생이며, 세계 유수의 대학 중 하나에서 학부 최고 명예 논문상을 받은 바 있다는 것이다. 그러나 그녀는 대부분의 동료들이 가는 길, 이를테면 월스트리트의 투자 은행이나 인터넷 회사 창설, 경영 자문, IBM 입사 등 그 어느 것도 자신에게는 아무런 의미를 주지 못한다는 걸 발견했다. 그녀는 그런 일들에 정말 관심이 가질 않았다. 그녀는 그 일들에서 어떤 의미 있는 목적도 찾을 수 없었다. 그래서 그녀는 의미 있는 일, "왜 크고 훌륭해지려고 해야 하나?"라는 물음이 거의 쓸데없는 것으로 느껴질 만큼 자신이 열정을 느낄 수 있는 일을 찾기로 마음먹었다. 우리가 정말 관심이 있는 일을 하고 있다면, 그리고 그 목적을 깊이 신뢰한다면 그것을 크고 훌륭하게 만들려고 노력하지 않는 걸 상상하기란 불가능하다. 그것은 너무나도 당연한 일인 것이다.

나는 우리가 연구한 단계5의 리더들이 "왜 위대해져야 하나?"라는 물음에 답하는 걸 애써 상상해보았다. 물론 대부분은 "우린 큰 회사가 아니에요. 우린 훨씬 더 좋아질 수 있습니다"라고 대답할 것이다. 그러나 "왜 위대해지려고 애쓰는가?" 하는 질문을 계속 밀어붙이면, 나는 그들이 그 크로스컨트리 코치와 매우 비슷한 답을 하리라고 믿는다. 그들은 자기들이 진정 관심이 있는 일, 대단한 열정을 가진 일을 하고 있다. 빌 휴렛처럼, 그들은 무엇보다도 자사의 고유한 가치들과 성공이라는 덕목으로 회사를 경영하는 방법 면에서 전 세계에 지대한 영향을 끼치는 회사를 만드는 일에 관심이 있을지 모른다. 아니면 켄 아이버슨처럼, 노동자와 경영진 둘 다의 타락을 유발하는 억압적인 계급 구조를 없애는 십자군 전사 같은 목적의식을 갖고 있는지도 모른다. 아니면 킴벌리 클라크의 다윈 스미스처럼, 자기들이 손대는 것은 그 무엇이든 최선의 상태로 만들고자 하는 내적 동기에서 유발된, 탁월함 그 자체에 대한 내적 추구로부터 무서운 목적의식을 끌어내는지도 모른다. 아니 어쩌면 크로거의 라일 에버링엄이나 월그린즈의 코크 월그린처럼, 비즈니스 속에서 자라나 그냥 그 일을 정말 사랑하는 건지도 모른다. 지금 하고 있는 일을 왜 사랑하는지, 이 일에 왜 깊은 관심이 있는지에 대해 거창한 이유 같은 걸 가질 필요는 없다. 중요한 것은 당신이 그 일을 사랑하고 그 일에 관심이 있다는 것이다.

하여, "왜 위대해져야 하나?"라는 물음은 난센스에 가까운 물음이다. 어떤 이유에서든 당신이 그 일을 하고 있고 그 일을 사랑하고 그 일에 관심이 있다면, 그 물음에는 어떤 답도 필요 없다. 문제는 '왜'가 아니라 '어떻게'이다.

> 사실, 진짜 문제는 "왜 위대해져야 하나?"가 아니라, "어떤 일이 당신으로 하여금 그걸 위대하게 만들고 싶도록 하느냐?"이다. 당신이 만일 "우리가 왜 그걸 위대하게 만들기 위해 애써야 하나? 이 정도면 충분히 성공한 것 아닌가?" 하는 물음을 던지게 된다면, 당신은 십중팔구 잘 맞지 않는 일을 하고 있는 것이다.

뭔가 큰 것을 만들어가는 조직의 일원이 되고자 당신이 찾고 있는 일이 당신의 인생에 갑자기 뚝 떨어지진 않을 것이다. 그러나 어디서든 그 일을 찾아라. 만일 회사에서 찾을 수 없다면, 어쩌면 당신의 교회를 크게 만드는 일에서 찾을 수 있을지도 모른다. 거기도 아니라면 비영리 기구나 지역사회 단체, 아니면 당신이 가르치는 학급일지도 모른다. 당신이 뭔가를 얻으려는 이유에서가 아니라 단지 그럴 수 있기 때문에 그것을 최대한 키우고 싶어질 만큼 정말 관심이 가는 일을 찾아서 하라.

그럴 때, 당신은 틀림없이 단계5의 리더가 되는 방향으로 성장하기 시작할 것이다. 이 책의 앞부분에서, 우리는 단계5의 리더가 되는 법에 대한 궁금증을 남겨둔 채로, 나머지 연구 결과들을 실천하는 것부터 시작하라고 제안한 바 있다. 그렇지만 어떤 조건 하에서 다른 발견들을 충분히 실천할 동력과 규율을 갖게 될까? 아마도 그것은 당신이 하는 일에 깊은 애정이 있을 때, 그리고 당신의 책임감이 자신의 개인적인 세 원과 부합할 때일 것이다.

이 모든 조각들이 보조를 맞출 때, 당신의 일이 도약을 향해 전진함은 물론, 당신의 삶도 크게 향상된다. 결국 의미 있는 삶을 살지 못하는 한, 크고 위대한 삶을 살기란 불가능하기 때문이다. 그리고 의미 있는 일 없이 의미 있는 삶을 살기는 매우 어렵다. 그런 다음에야 당신은 세상에 기여하는 탁월한 뭔가를 만들어가는 데 일조했다는 인식에서 나오는 소중한 평정심을 얻게 될 것이다. 더 나아가 다른 어떤 것보다도 더 깊은 만족을 얻게 될지도 모른다. 당신이 이 지구상에서의 짧은 시간을 잘 보냈고, 그 시간들이 쓸모 있었다는 깨달음 말이다.

Good *to* Great

자주 받는 질문들

Q 좋은 회사에서 위대한 회사로 도약한 회사들이 11개 업체 외에도 더 있지 않았나? 만일 그랬다면, 어떤 회사들이 이 연구에 포함되지 않았는가?

좋은 회사에서 위대한 회사로 도약한 11개 기업은 최초 모집단인 '포춘 500' 기업들 중에서 이 연구에 포함될 모든 기준을 두루 충족시킨 사례들이었다. 이 회사들은 몇 가지 표본이 아니라 전부다(우리의 선정 과정에 대해서는 부록 1.A를 보라). 우리가 우리의 기준을 충족시키는 기업 집단 전체를 연구 검토했다는 사실은 분명히 연구 결과에 대한 확신을 높여주었다. 그렇기 때문에 우리는 우리가 연구 대상으로 삼은 회사들 외에도 좋은 회사에서 위대한 회사로 도약한 회사들이 더 있는지에 관해서는 염려하지 않는다.

Q 왜 11개 회사만이 선별 기준을 통과했는가?

세 가지 중요한 이유가 있다. 첫째로, 우리는 매우 엄격한 기준(15년 동안 시장의 3배 이상의 성장)을 큰 성과의 척도로 사용했다. 둘째로, 15년간의 지속적인 성장은 충족시키기 어려운 조건이다. 히트 상품이나 카리스마 있는 지도자와 더불어 5년이나 10년 동안 급속하게 성장하는 회사는 많지만, 15년간 계속 높은 실적을 보이는 회사는 거의 없다. 셋째로, 우리는 일정 기간 계속해서 평범한(또는 나쁜) 실적을 보이다가 어느 순간부터 일관되게 큰 성과를 내는, 매우 특수한 패턴을 찾았다. 위대한 회사들은 찾기 쉽지만, 좋은 회사에서 위대한 회사로 도약한 기업들은 훨씬 드물다. 이 모든 요인들을 종합해 볼 때, 우리가 11개의 사례밖에 찾아내지 못한 것은 놀라운 일이 아니다.

그러나 '11개 회사밖에' 찾아내지 못했다고 해서 실망할 필요는 없다는 걸 강조하고 싶다. 우린 선별 기준을 설정해야만 했고, 매우 엄격한 기준을 택했다. 우리가 조금만 기준을 낮추었다면(예컨대 시장의 2.5배나 10년간의 지속 성장으로) 많은 기업들이 자격을 갖추었을 것이다. 연구를 마치고 나서, 나는 많은 기업들이 이 책의 교훈들을 적용만 한다면 좋은 회사에서 위대한 회사로 도약할 수 있을 거라고 확신한다. 문제는 통계 수치상의 차이가 아니다. 사람들이 부적합한 일에 시간과 자원을 낭비하고 있다는 데 문제가 있다.

Q 11개 회사만이 최종 기준을 통과하여 좋은 회사에서 위대한 회사로 도약한 사례로 꼽혔고, 연구의 전체 규모가 (비교 기업을 포함하여) 28개 회사라는 것을 감안할 때, 통계의 유의미성이라는 문제에 대해서는 어떻게 생각하나?

우리는 저명한 교수 두 사람의 도움을 받아 이 문제를 풀었는데, 한 사람은 통계학자이고 또 한 사람은 응용수학자였다. 통계학자인 콜로라도 대학의 제프리 러프티그Jeffrey T. Luftig는 우리의 딜레마를 보고는, '통계의 유의미성'이라는 개념은 데이터 표본 추출을 수반할 때에만 적용된다고 지적하면서 우리에겐 통계상의 문제가 전혀 없다고 결론지었다. 그는 이렇게 말했다. "자, 당신들은 회사들을 표본 추출한 게 아닙니다. 당신들은 분명한 목적이 있는 선별 작업을 거쳐, '포춘 500'에서 당신들의 기준에 부합하는 11개 회사를 찾아 낸 겁니다. 이 11개 기업을 17개 비교 기업에 대비시킬 때, 당신들 이 갖고 있는 체계 안의 개념들이 우연히 나타날 확률은 사실상 제로(0)입니다." 우리가 콜로라도 대학의 응용수학 교수 윌리엄 브리그스William P. Briggs에게 우리의 연구 방법을 검토해달라고 부탁하 니, 그는 문제를 이런 틀로 바꾸었다. 그 회사들 모두가 우리가 발견 한 주요 특성들을 보이는 반면에, 그 직접 비교 기업들은 그런 특성 들을 갖고 있지 않은 11개 기업 집단을 우연히 찾아낼 확률은 얼마 냐? 그는 그 확률이 1/1,700만 미만이라고 결론지었다. 우리가 그저 우연히 우리가 찾고 있던 '좋은 회사에서 위대한 회사로의 도약' 패 턴을 보이는 11개의 사례를 무작위로 찾아냈을 가능성은 사실상 없 다. 우리는 우리가 찾아낸 특성들이 좋은 회사에서 위대한 회사로의 전환과 긴밀한 연관이 있다고 자신 있게 결론 내릴 수 있다.

Q 왜 연구를 공개 거래 기업으로 한정지었나?

공개 거래되는 기업을 대상으로 연구를 하면 두 가지 이점이 있다. 널리 동의를 얻은 성과에 대한 정의와(그래서 우리는 연구 집단을 엄격하 게 선정할 수 있다) 손쉽게 얻을 수 있는 풍부한 데이터이다. 개인 소유 기업들은 이용할 수 있는 정보를 제한해왔는데, 특히 비교 기업들 과 말썽을 일으킬 소지가 있는 정보들이 그러했다. 공개 거래 기업 의 좋은 점은 데이터를 얻기 위해 협조를 구할 필요가 없다는 것이 다. 그들이 원하든 원하지 않든 그들에 관한 다량의 정보가 공개되 어 있다.

Q 왜 연구를 미국 기업으로 한정지었나?

우리는 기업을 엄격하게 선정할 때의 장점이 국제적인 기업 집단을 연구대상으로 삼을 때의 장점을 능가한다고 결론지었다. 미국 외 증권거래소의 누적 주식 수익 데이터를 구하지 못하면 선정 과정의 일관성이 무너질 우려가 있었다. 지리적으로 넓게 분포된 조사 집단을 설정하는 것보다 한정된 범위 안에서 비교 연구를 하는 것이 배경상의 '잡음(유사한 기업, 산업, 규모, 연혁 등등)'을 제거해주고, 우리의 연구 결과의 근본적인 성격에 훨씬 더 큰 확신을 준다. 그럼에도, 나는 우리의 연구 결과가 어느 지역에서나 유용할 것으로 생각한다. 우리 연구 대상이었던 회사들은 상당수 전 지구적 기업으로서, 어디서 사업을 하든 똑같은 개념을 적용하고 있다. 또, 나는 우리가 발견한 것들 중 많은 부분, 예컨대 단계5의 리더십과 플라이휠은 다른 문화권의 사람들보다 오히려 미국인들이 더 수용하기 어려울 것이라고 생각한다.

Q 하이테크 기업들은 왜 연구 기업 집단에 하나도 등장하지 않나?

대부분의 첨단기술 회사들은 '좋은 회사에서 위대한 회사로' 패턴을 보일 만큼 오래되지 않아서 고려 대상에서 제외되었다. 우리는 연구 대상 기업 선정시 최소 30년의 역사를 조건으로 했다(15년간의 좋은 성과에 뒤이은 15년간의 큰 성과). 30년 이상의 역사를 가진 첨단기술 회사들 중에는 우리가 찾고 있던 '좋은 회사에서 위대한 회사로'의 특수한 패턴을 보이는 회사가 단 하나도 없었다. 예를 들어, 인텔은 그저 좋은 정도의 실적을 보인 15년의 기간이 없었다. 인텔은 늘 큰 회사였다. 10년이나 20년 뒤에 이 연구가 되풀이된다면, 하이테크 회사들이 리스트에 포함될 거라고 충분히 예상할 수 있다.

Q 이미 큰 회사들에 '좋은 회사에서 위대한 회사로'는 어떻게 적용되나?

나는 그들이 '좋은 회사에서 위대한 회사로'와 '창업에서 수성까지' 둘 다를 활용하여 스스로 왜 큰 회사가 되었는지를 보다 잘 이해하고, 그럼으로써 적합한 일들을 계속할 수 있게 되기를 바란다. 내가 좋아하는 교수인 스탠퍼드 경영대학원의 로버트 버글먼Robert Burgelman은 몇 해 전에 내게 이런 가르침을 주셨다. "완전한 실패 외에 사업과 인생에서의 단 하나 가장 큰 위험은 자기가 처음에 왜 성공하는지 그 이유를 분명하게 모르고 성공하는 것이다."

Q 좋은 회사에서 위대한 회사로 도약한 기업들 중 일부가 겪고 있는 최근의 어려움에 대해서는 어떻게 설명할 것인가?

제아무리 위대한 회사라 할지라도 모든 회사는 어려운 시기를 맞는다. 영속하는 위대한 회사들 중에도 완벽하게 오점 없는 기록을 가진 회사는 없다. 그들은 모두 올라갔다 내려갔다 한다. 중요한 요소는 어려움의 부재가 아니라, 다시 튀어 올라와 더 강해지는 능력이다.

게다가, 어떤 회사건 연구 결과 모두를 실천하지 않으면, 결국엔 미끄러져 떨어진다. 회사를 크게 만드는 것은 고립된 어떤 한 변수가 아니다. 회사를 크게 만드는 것은 일관되게, 그리고 시간을 초월하여 통합된 하나의 패키지로 함께 움직이는 그 모든 조각들의 조합이다. 두 가지 사례가 이 점을 분명히 해준다.

우려되는 한 사례는 질레트다. 질레트는 18년간 특출한 실적,

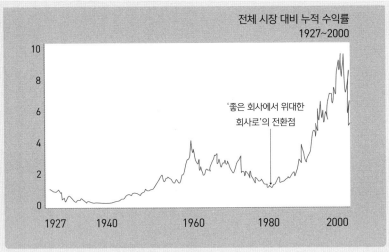

전체 시장 대비 누적 수익률
1927~2000

'좋은 회사에서 위대한
회사로'의 전환점

1980년에서 1998년까지 시장의 9배가 넘는 실적을 내다가 1999년에 비틀거렸다. 우리는 이 어려움의 주된 원인이 자신의 고슴도치 콘셉트의 세 원 안에 정확하게 부합하는 사업을 고수하는 면에서 질레트가 규율을 좀더 엄격하게 유지하지 못한 데 있다고 믿는다. 더 크게 우려되는 것은 질레트가 회사 밖에서 카리스마 있는 CEO를 들여와 재정비를 할 필요가 있다는 산업 분석가들의 아우성이다. 질레트가 만일 단계4의 리더를 영입한다면, 질레트가 영속하는 위대한 회사로 우뚝 설 가능성은 상당히 떨어질 것이다.

또 하나 근심스러운 사례는 뉴코어다. 뉴코어는 1994년 시장의 14배에 달하는 실적으로 정점에 올라섰다가 켄 아이버슨의 퇴임 후 경영상의 혼란을 겪으며 적지 않게 추락했다. 아이버슨이 뽑은 후계자는 짧은 기간밖에 일하지 못하고, 추악한 임원실 싸움의 와중에 축출당했다. 이사회 쿠데타의 주역 중 하나는 〈샬롯 뉴스 앤드 업저버Charlotte

News and Observer〉(1999년 6월 11일, D1쪽)에서 아이버슨이 만년에 단계 5의 리더의 특성을 잃고 자기 중심적인 단계4의 리더에 가까운 특성들을 보이기 시작했다고 지적했다. 그는 "전성기 때의 켄은 거인이었지만, 그는 이 회사를 자신과 더불어 무덤 속으로 가져가려고 했다"고 말했다. 아이버슨은 다른 이야기를 하면서, 진짜 문제는 뉴코어를 그 고슴도치 콘셉트 밖으로 다변화하려는 현 경영진의 욕망이라고 주장한다. 〈샬롯 뉴스 앤드 업저버〉는 "아이버슨은 뉴코어가 처음에 사업을 집중시켜 철강 제조 회사가 된 것은 다변화의 수렁으로부터 빠져나오기 위한 것이었다고 말하며 고개만 설레설레 젓는다"고 쓰고 있다. 단계5의 리더십의 상실이든, 고슴도치 콘셉트로부터의 이탈이든, 또는 둘 다든 간에 위대한 회사로서의 뉴코어의 미래는 이 글을 쓰고 있는 지금 불확실한 상태다.

그런 말들이 들리긴 하지만, 좋은 회사에서 위대한 회사로 도약한 기업들이 대부분 지금 이 글을 쓰고 있는 순간에도 여전히 잘나가고 있다는 것은 주목할 만하다. 11개 회사 중 7개는 전환일로부터 지금까지 20년 이상 비범한 실적을 내왔고, 특출한 성과를 낸 기간의 집단 전체의 중앙값은 24년이다. 어떤 기준으로 보더라도 이는 놀라운 성적이다.

Q 담배를 파는데도 어떻게 필립 모리스를 '위대한' 회사의 반열에 포함시키는가?

아마 필립 모리스만큼 반감을 일으키는 회사는 없을 것이다. 담배에 대해서는 논란이 많고 담배 회사가 진정 위대한 회사로 여겨질 수 있다 하더라도 소송 위협이나 사회적 제재가 줄곧 늘어나는 점을 감안한다면, 어떤 담배 회사가 오래도록 살아남을 수 있을까 하는 의 구심이 생긴다.

모순적이게도, 필립 모리스는 전환일 이래 남다른 실적을 34년간이나 지속하여 가장 긴 기록을 세웠으며, 두 연구('좋은 회사에서 위대한 회사로'와 '창업에서 수성까지') 모두에 진입한 유일한 회사다. 이 실적은 단지 중독된 고객들에게 팔리는 마진 높은 제품을 취급하는 산업에 종사한 결과가 아니다. 필립 모리스는 그 직접 비교 기업인 R. J. 레이놀즈를 포함한 다른 모든 담배 회사들을 날려버렸다. 그러나 필립 모리스가 미래를 보장받자면, 사회와 담배의 관계 및 담배 산업에 대한 사회적 인식에 관한 냉혹한 사실들을 정면으로 직시해야 할 것이다. 대중은 담배업계의 모든 회사들이 사람들을 속이는 조직적인 활동에도 가담했다고 믿는다. 그게 공정하건 아니건 간에, 사람들은, 특히 미국 사람들은 많은 죄를 용서할 수는 있지만, 사기당하고 있다는 느낌을 잊거나 용서하진 않을 것이다.

담배 산업에 대한 한 사람의 개인 감정이 어떻든 간에(연구팀 내에서도 감정의 폭이 넓었고 매우 열띤 논쟁이 벌어지기도 했다) 필립 모리스가 '좋은 회사에서 위대한 회사로'와 '창업에서 수성까지' 둘 다에 들어간 것은 의미심장한 교훈을 주었다. 그것은 내게 실적과 관련 있는 것은 회사의 가치 내용이 아니라, 그게 무엇이든 그 가치를 지탱하는 확신의 강도라는 것을 가르쳐주었다. 이것은 내가 곧이곧대로 받아들이기 어려운 발견들 중 하나지만, 데이터로 완벽하게 뒷받침되고 있다(이 주제에 관한 더 깊은 논의로는 《성공하는 기업들의 8가지 습관》 제3장을 보라).

Q 한 회사가 고슴도치 콘셉트를 가지면서, 동시에 매우 다양한 사업 명세를 가질 수 있는가?

우리의 연구는 사업이 고도로 다변화된 회사와 복합 기업은 지속적인 큰 성과를 내기가 힘들다는 것을 강력하게 시사하고 있다. 이에 대한 한 가지 분명한 예외는 GE인데, 우리는 GE가 그 기업 선단을 통일시키는 매우 기묘한 고슴도치 콘셉트를 갖고 있다는 점을 밝힘으로써 이 사례를 설명할 수 있다.

GE가 세계의 어떤 회사보다도 잘할 수 있는 일이 무엇일까? 일급 경영자들을 기르는 일이다. 우리의 견해로는 이것이야말로 GE 고슴도치 콘셉트의 본질이다. 그리고 GE의 경제 기준은 무엇일까? 최고 4분위 경영진의 능력당 수익이다. 이런 식으로 생각해보자. 당신에게 몇백만 달러의 수익을 올릴 수 있는 두 가지 사업 기회가 있다. 그러나 그 사업들 중 하나가 그 수익을 얻기 위해 다른 사업에 비해 3배나 많은 최고 4분위 경영진의 능력을 소진시킨다고 가정해보자. 경영진의 능력을 덜 소진시키는 사업이 고슴도치 콘셉트에 부합하고 다른 사업은 부합하지 않을 것이다.

마지막으로, GE가 다른 무엇보다도 자부하는 것은 무엇일까? 세계 최고의 경영자 집단을 보유하고 있다는 것이다. 이것이야말로 그들의 진정한 열정이다. 백열전구보다도, 제트 엔진보다도, 텔레비전 프로그램 제작보다도 더한 열정이다. 곰곰이 생각해보면, GE의 고슴도치 콘셉트는 회사로 하여금 다양한 사업들을 운영하면서도 세 원이 겹치는 부분에 정확하게 힘을 집중시키는 것을 가능케 한다.

Q 좋은 회사에서 위대한 회사로의 전환에서 이사회의 역할은 무엇인가?

첫째, 이사회는 단계5의 리더를 뽑는 데 핵심 역할을 수행한다. 최근에 카리스마 있는 CEO들, 특히 '록 스타' 같은 유형의 명사들에 매혹되는 이사회의 범람은 회사의 장기 건강에 가장 치명적인 추세로 꼽을 수 있다. 이사들은 스스로가 단계5의 리더의 특성들에 친숙해지면서 그런 리더들을 책임 있는 자리들에 앉혀야만 한다. 둘째, 기업의 이사회는 주식 가치와 주식 가격을 구별할 줄 알아야 한다. 이사회는 어느 한 시점에 회사의 주식을 소유하는 다수의 사람들, 즉 주식 단기 보유자들에게 책임을 질 필요가 없다. 주식 장기 보유자들을 위해 가치를 축적해주는 큰 회사를 만드는 일에 정력을 집중해야 한다. 5~10년 단위보다 더 짧은 기간에 맞추어 주식을 관리하는 것은 가격과 가치를 혼동시키는 일인 동시에, 주식 장기 보유자들에게 무책임한 행동이다.

좋은 회사에서 위대한 회사로의 도약에서 이사회의 역할에 대한 탁월한 고찰로, 나는 리타 리카도 캠벌Rita Ricardo-Campbell의 저서인 《적대적 인수 물리치기Resisting Hostile Takeovers》를 추천한다. 리카도 캠벌은 콜먼 모클러 시대의 질레트 이사로서, 책임 있는 이사회가 가격 대 가치의 어렵고 복잡한 문제와 어떻게 씨름했는지를 상세하게 설명하고 있다.

Q 활력 넘치는 세계의 젊고 뜨끈뜨끈한 하이테크 회사들도 단계5의 리더를 가질 수 있나?

내 대답은 두 단어, 즉 존 모그리지John Morgridge다. 모그리지는 악전고투하고 있던, 캘리포니아만 연안의 한 작은 기업을 1990년대의 큰 기술 회사로 전환시킨 CEO다. 젠체하지도 않고 잘 알려지지도 않은 이 사람은 플라이휠을 계속 돌리다가는 조용히 뒤로 물러나 회사를 다음 세대의 리더에게 넘겨주었다. 당신이 존 모그리지라는 이름을 들어본 적이 있을까 싶지만, 아마 그 회사 이름은 들어보았을 것이다. 회사의 이름은 시스코 시스템즈Cisco Systems다.

Q 뛰어난 인재가 부족한 시대에 어떻게 '사람 먼저' 원칙을 실천할 수 있을까?

첫째, 조직의 최고위층 자리는 적임자를 찾기 전까지는 비워둔다는 규율을 절대적으로 지켜야 한다. 좋은 회사에서 위대한 회사로의 여행에서 당신이 취할 수 있는 행보 중 그 무엇보다도 해로운 것은 부적합한 인물을 요직에 앉히는 것이다. 둘째, 사람의 성격에 더 초점을 두고 전문 지식에는 비중을 덜 두어 '적합한 사람'의 정의를 넓혀라. 기술은 터득하고 지식은 습득할 수 있지만, 조직에 적합한 인물이 되는 데 필수적인 성격적 특성은 배울 수 없다. 셋째(이것이 핵심이다), 경제적으로 어려운 시기를 이용하여 큰 인물들을 채용하라. 그 사람에게 맡길 특별한 직무가 떠오르지 않아도 상관없다.

이 글을 쓰기 일 년 전만 해도, 거의 모든 사람들이 달아오른 기술 회사나 인터넷 회사에서 일급 인재를 빼내 오기가 어렵다고 탄식했다. 이제 거품은 꺼져버렸고, 수만 명의 인재들이 거리로 내던져졌다. 단계5의 리더들은 지금을 20년 만에 찾아온 절호의 기회로 볼 것이다. 시장이나 기술을 얻을 기회가 아니라 사람을 얻을 기회로 말이다. 그들은 이 시기를 이용하여 최고의 인재들을 최대한 많이 채용한 다음, 그들과 함께 무엇을 할지 생각할 것이다.

Q 학술 연구소나 정부 기관처럼 부적합한 사람들을 버스에서 내리게 하기가 어려운 조직에서는, 어떻게 '적합한 사람을 버스에 태우고 부적합한 사람을 버스에서 내리게 한다'는 원칙을 실천할 수 있을까?

똑같은 기본 개념이 적용되지만, 달성하기까지는 시간이 더 오래 걸린다. 예를 들어, 한 유망한 의학교가 1960년대와 1970년대에 좋은 조직에서 큰 조직으로의 전환을 일구어냈다. 학장이 교수진 전원을 교체했지만, 그러기까지는 20년이 걸렸다. 그는 종신 재직권이 있는 교수들을 해임할 수는 없었으나, 기회가 닿을 때마다 적임자를 채용하면서 부적합한 사람들이 점점 불편함을 느껴 마침내 사임하거나 다른 곳으로 떠나기로 마음먹는 분위기를 착실하게 조성해갈 수 있었다. 또한, 심의위원회 장치를 활용할 수도 있다(제5장을 보라). 심의위원 자리를 전부 적합한 사람들로 채우고 다른 사람들은 그냥 무시하라. 물론 여전히 부적합한 사람들을 함께 데리고 갈 수밖에 없겠지만, 심의위원에 끼워 주지 않음으로써 그들을 사실상 버스의 뒷좌석에 묶어둘 수 있다.

Q 나는 작은 회사를 경영하는 창업자인데, 이 개념들이 나에겐 어떻게 적용되나?

그대로 적용된다. 초창기의 작은 회사들에서 '좋은 회사에서 위대한 회사로' 개념을 적용한 경우를 논한 제9장을 보라.

Q 나는 CEO가 아니다. 나는 이 연구 결과들을 갖고서 무엇을 할 수 있나?

많은 일을 할 수 있다. 내가 줄 수 있는 최선의 답은, 제9장 끝의 고등학교 크로스컨트리 팀 코치 이야기를 다시 읽어보라는 것이다.

Q 어디서, 어떻게 시작해야 하나?

첫째, 이 연구 결과 모두와 친숙해져라. 어떤 발견도 그것 하나만으로는 큰 조직을 만들어내지 못하고, 연구 결과 모두가 통합된 하나의 패키지로서 함께 작동하게 해야 한다는 것을 잊지 마라. 그런 다음 '사람 먼저'로부터 시작하여 중요한 모든 요소들을 두루 훑어가며, 이 체계 전체를 순서대로 실행하라. 그와 동시에, 단계5의 리더십을 목표로 당신 스스로를 계발하는 일에 부단히 노력하라. 나는 이 책을 우리가 회사들에서 관찰한 것들과 일치하는 순서대로 구성해놓았다. 이 책의 구성 자체가 로드맵이다. 좋은 조직에서 위대한 조직으로 나아가는 당신의 여행에 최고의 행운이 깃들기를 빈다.

좋은 회사에서 위대한 회사로
도약한 기업의 선정 과정

연구팀 멤버인 피터 밴 젠드린이 선정 기준 작성 작업과 그 기준을
적용하여, 좋은 회사에서 위대한 회사로 도약한 기업들을 찾아내는
'죽음의 행진 같은 재무 분석' 작업을 주관했다.

좋은 회사에서 위대한 회사로 도약한 기업의 선정 기준

1. 회사가 전환 시점을 기준으로 그 이전에는 '좋은' 실적의 패턴을
   보이다가, 그 이후에는 '위대한' 실적을 올린다. '위대한' 실적이
   란 전환점 이후 15년(T+15) 동안 전체 시장의 최소 3배의 총 누적
   주식 수익을 올리는 것으로 정의한다. '좋은' 실적이란 전환점 이
   전 15년 동안 전체 시장의 1.25배를 넘지 않는 총 누적 주식 수익
   을 내는 것으로 정의한다. 덧붙여서, 전환점 이후 15년간의 누적
   주식 수익률을 전환점 이전 15년간의 누적 주식 수익률로 나눈
   값이 반드시 3을 넘어야 한다.
2. '좋은 회사에서 위대한 회사로'의 실적 패턴은 업종 전체가 아니
   라 한 회사의 추이라야 한다. 다시 말해서, 회사가 시장만이 아니
   라 회사가 속한 산업과 비교해서도 탁월한 실적을 보여야 한다.
3. 전환 시점에서, 회사는 창업 회사가 아니라 사업을 한창 진행 중
   이던 기존 회사여야 한다. '기존 회사'는 전환점 이전에 최소 25년

간 사업을 해온 회사로 정의한다. 덧붙여서, 당시에도 회사의 주식이 공개 거래되고 있어서 전환점 이전 최소 10년간의 주식 수익 데이터를 구할 수 있어야 한다.

4. 전환 시점이 1985년 이전이어서 전환의 지속성을 평가하기에 충분한 자료가 있어야 한다. 1985년 이후에 일어난 '좋은 회사에서 위대한 회사로'의 전환도 도약에 성공한 사례일 수는 있다. 그러나 그 경우, 우리가 이 연구를 마칠 때까지 15년간의 전체 시장 대비 누적 수익률을 계산할 수가 없었다.

5. 전환 연도가 언제이든, 회사는 대상 기업으로 선정되어 연구의 다음 단계로 넘어갈 때까지 사업을 진행 중인 분명한 독립 회사여야 한다. 이 기준을 충족시키자면, 회사가 1996년에 간행된 1995년도 '포춘 500' 랭킹에 올라 있어야 한다.

6. 마지막으로, 선정 시점에 회사가 여전히 상승 추세를 보이고 있어야 한다. 1996년 이전에 T+15가 종료된 회사라 하더라도, 전환 시점부터 1996년까지의 시장 대비 누적 주식률의 기울기가 T+15 동안에 기준 1을 충족시키는 데 필요한 3/15의 기울기와 같거나 더 커야 한다.

선정 과정

우리는 점점 더 엄격한 선별 과정을 거쳐 대상 기업들을 찾아냈다. 선별 과정에는 다음과 같은 네 단계의 분석이 동원되었다.

심사 1: 회사의 전체 모집단에서 1,435개 기업으로

우리는 〈포춘〉의 리스트가 처음 등장한 1965년까지 거슬러 올라가서, 〈포춘〉의 공개 거대 기업 랭킹에 오른 미국 회사들의 리스트를 토대로 탐색을 시작하기로 했다. 최초 리스트는 1965, 1975, 1985, 1995년도 리스트에 오른 모든 회사들로 구성되었다. 사람들은 대부분 이 랭킹을 '포춘 500'으로 알고 있지만, 〈포춘〉이 수시로 리스트의 크기와 형식을 바꾸는 바람에, 리스트에 오른 회사의 전체 숫자가 많게는 1,000개에 이르기도 한다. 〈포춘〉의 거대 기업 랭킹은 우리 분석의 시초 집단으로서 두 가지 중요한 장점을 갖고 있었다. 첫째로, 상당한 규모의 회사들만 리스트에 올라 있다(연간 총수입을 기준으로 하여 리스트에 진입한다). 따라서 〈포춘〉 랭킹의 거의 모든 회사들이 전환 시점에 사업을 한창 진행 중인 기존 기업이어야 한다는 우리의 기준에 부합했다. 둘째로, 〈포춘〉 랭킹의 모든 기업은 공개 거래되므로, 그 주식 수익 데이터를 보다 엄격한 선별과 분석의 토대로 삼을 수 있다. 회계 방식과 발표 기준을 통일할 필요가 없는 개인 소유 기업들은 실적을 직접 비교할 기회를 제공해주지 않는다.

대상 기업 집단을 〈포춘〉 랭킹으로 제한하는 것은 한 가지 명백한 단점이 있다. 우리의 분석이 미국에 기반을 둔 회사들로 한정된다는 것이다. 그러나 우리는 누적 주식 수익 데이터라는 공통 보고 기준을 가진 미국의 공개 거래 기업만을 대상으로 함으로써 얻을 수 있는 엄격한 선정 과정의 장점이 국제적인 데이터 집단의 장점을 능가한다고 결론지었다.

심사 2: 1,435개 회사에서 126개 회사로

원래 다음 단계는 시카고 대학 증권가격 연구소CRSP의 데이터를 활용하여 좋은 회사에서 위대한 회사로 도약한 기업들을 최종 선정하는 일이었다. 그러나 우선은 회사의 수를 다루기 쉬운 크기로 줄이

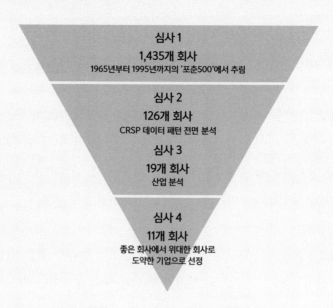

심사 1
1,435개 회사
1965년부터 1995년까지의 '포춘500'에서 추림

심사 2
126개 회사
CRSP 데이터 패턴 전면 분석

심사 3
19개 회사
산업 분석

심사 4
11개 회사
좋은 회사에서 위대한 회사로
도약한 기업으로 선정

'좋은 회사에서 위대한 회사로 도약한 기업' 선정에 쓰인 선별 과정

는 방안이 필요했다. 우리는 〈포춘〉의 수익률 데이터를 활용하여 후보군을 줄였다. 〈포춘〉은 1965년 이후의 랭킹에 오른 각각의 회사에 대해 투자자들의 10년간 수익을 계산해 알려준다. 이 데이터를 써서 회사 수를 1,435개에서 126개로 줄였다. 우리는 1985~1995, 1975~1995, 1965~1995년의 구간에서 평균 수익을 꽤 능가하는 실적을 보인 회사들을 선별하는 동시에 평균 정도나 평균 미만의 수익을 보이다가 평균을 넘는 수익 패턴을 보이는 회사들을 찾았다. 구체적으로는, 126개 회사가 다음 검사 중 하나를 통과해 선별되었다.

검사 1 | 1985~1995 기간의 투자자 연간 총수익 누계가 같은 기간 〈포춘〉 산업 서비스 리스트의 투자자 연평균 수익 누계를 30% 이상

상회하며(즉, 총수익이 평균 수익을 1.3배 이상 상회하며), 동시에 그전 20년 동안(1965~1985)에는 평균 이하의 실적을 보였다.

검사 2 | 1975~1995 기간의 투자자 연간 총수익 누계가 같은 기간 〈포춘〉 산업 서비스 리스트의 기간 투자자 연평균 수익 누계를 30% 이상 상회하며(즉, 총수익이 평균 수익을 1.3배 이상 상회하며), 동시에 그전 10년 동안(1965~1975)에는 평균 이하의 실적을 보였다.

검사 3 | 1965~1995년의 투자자 연간 총수익 누계가 같은 기간 〈포춘〉 산업 서비스 리스트의 투자자 연평균 수익 누계를 30% 이상 상회했다(즉, 총수익이 평균 수익을 1.3배 이상 상회했다). 〈포춘〉의 리스트에는 1965년 이전의 10년간 수익이 올라 있지 않으므로, 30년 동안 최고의 실적을 보인 10개 회사 모두를 최초 집단에 포함시키기로 했다.

검사 4 | 1970년 이후에 설립된 회사로, 1985~1995 또는 1975~1995 기간의 투자자 총수익이 같은 기간 〈포춘〉 산업 서비스 리스트의 투자자 평균 수익을 30% 이상 상회하지만(즉, 총수익이 평균 수익을 1.3배 이상 상회하지만), 그전 기간 〈포춘〉 리스트의 데이터 부재로 말미암아 위 기준을 충족시키지 못했다. 이를 통해 우리는 최근 연간에 훌륭한 실적을 냈으나 그전에는 〈포춘〉 리스트에 오르지 못한 모든 회사들을 면밀히 고찰할 수 있었다. 또한 1970년 선별 기준은 우리에게 전환 회사로 인정받기에는 역사가 너무 짧은 모든 회사를 찾아내 고려 대상에서 제외할 수 있게 해주었다.

심사 3: 126개 회사에서 19개 회사로

시카고 대학 증권가격 연구소CRSP의 연구 데이터베이스를 기초로 각 후보 회사의 전체 시장 대비 누적 주식 수익률을 분석해 '좋은 회사에서 위대한 회사로'의 주식 수익 패턴을 조사했다. 심사 3의 제외 기준 어느 하나에라도 해당하는 회사는 이 단계에서 탈락했다.

=========== 심사 3의 제외 기준 ===========

다음 제외 기준의 어느 하나에라도 해당하는 회사는 이 단계에서 모두 탈락했다. 심사 3의 제외 기준에 쓰인 용어들은 다음과 같다.

T 연도: 실적이 상승 추세를 보이기 시작한 시점으로 확인한 해. 실제 주식 수익이 가시적인 상승 추세를 보인 시기를 기준으로 한 '전환 연도'.

X 기간: T 연도 직전에 시장에 비해 '좋은' 실적을 낸 것으로 관찰된 기간.

Y 기간: T 연도 직후 시장을 훨씬 상회하는 실적을 낸 기간.

심사 3 제외 기준 #1	회사가 CRSP 데이터가 포괄하는 전 기간에 걸쳐 시장에 비해 지속적인 상승 추세를 보인다. X 기간이 없다.
심사 3 제외 기준 #2	회사가 시장과 비슷한 실적을 내다가 차츰 미미한 상승세를 보인다. 돌파의 실적을 내는 방향으로 향하는 뚜렷한 전환이 없다.
심사 3 제외 기준 #3	회사가 전환을 보이긴 하나, X 기간이 10년이 못 된다. 다시 말해서, 전환 이전의 평균 실적에 관한 데이터가 중대한 전환을 입증해보일 만큼 충분하지 못하다. 어떤 경우에는, 전환 연도 이전 X 기간의 실적이 충분할 것도 같지만, X 기간 동안에 주식이 나스닥이나 뉴욕증권거래소(NYSE), 아메리카증권거래소(AMEX)에서 거래되었다. 그래서 우리의 데이터가 X 기간을 입증해보일 만큼 거슬러 올라갈 수가 없었다.

심사 3 제외 기준 #4	회사가 시장에 비해 끔찍한 실적에서 평균 실적으로의 전환을 보인다. 다시 말해서, 회사가 전체 시장 대비 하향 추세에서 벗어나 시장에 평행한 궤적을 그리는 성격의 전환은 제외했다.
심사 3 제외 기준 #5	회사가 전환을 보이긴 하나, 그 시점이 1985년 이후였다. 1985년 이후에 일어난 좋은 회사에서 위대한 회사로의 전환 사례도 '좋은 회사에서 위대한 회사로'의 후보 자격이 충분할 수는 있다. 그러나 우리가 이 연구를 마칠 때까지, 15년 동안의 전체 시장 대비 누적 수익률이 3:1의 기준을 충족시키는지 확인할 수가 없었다.
심사 3 제외 기준 #6	회사가 실적이 점점 향상되는 전환을 보이긴 하나, 실적의 상승이 지속적이지가 못하다. 처음엔 상승하다가, 연구 대상 기업을 선정할 때까지 시장과 같거나 시장에 뒤지는 실적을 보인다.
심사 3 제외 기준 #7	회사가 들쑥날쑥한 수익 패턴을 보여(크게 상승했다가 곤두박질치곤 하여) X 기간, Y 기간, T 연도가 뚜렷하지 않다.
심사 3 제외 기준 #8	1975년 이전의 완전한 CRSP 데이터를 구할 수 없어, 10년이라는 X 기간의 검증이 불가능하다.
심사 3 제외 기준 #9	전환 패턴이 보이긴 하나, X 기간 이전에 매우 탁월한 실적을 보인 기간이 있어서, 회사가 좋거나 평범한 회사에서 위대한 회사로 도약한 기업이라기보다는 일시적으로 어려움에 빠져 있던 큰 회사라는 증거가 충분하다. 월트 디즈니가 그 전형적인 예다.
심사 3 제외 기준 #10	심사 3 최종 분석 시점까지 회사가 인수 또는 합병되어 독립 회사로서의 자격을 잃는다.
심사 3 제외 기준 #11	회사가 부드러운 전환을 보이나 시장의 3배라는 기준에 미치지 못한다.

심사 2에서 선별된 기업	심사 3의 결과
1. AFLAC 사	탈락 (기준 3)
2. AMP 사	탈락 (기준 6)
3. 애보트 연구소	통과 (심사 4 분석으로)
4. 앨버트슨 사	탈락 (기준 1)
5. 앨코 스탠더드 사	탈락 (기준 3)
6. 앨리게니 텔레딘 사	탈락 (기준 6)
7. ALLTEL 사	탈락 (기준 2)
8. 아메리칸 익스프레스 사	탈락 (기준 6, 7)
9. 아메리칸 스토어즈 사	탈락 (기준 6)
10. 안호이저 부시 컴퍼니즈 사	탈락 (기준 2)
11. 어플라이드 머티리얼즈 사	탈락 (기준 5)
12. 아셔 데이니얼즈 미드랜드 사	탈락 (기준 6)
13. 오토매틱 데이터 프로세싱	탈락 (기준 1)
14. BANC ONE 사	탈락 (기준 6)
15. 뱅크 오브 뉴욕 사	탈락 (기준 2)
16. 바넷 뱅크스	탈락 (기준 3, 6)
17. 버크셔 해서웨이 사	탈락 (기준 1)
18. 보잉 사	탈락 (기준 1)
19. 브라우닝 페리스 인더스트리즈	탈락 (기준 3)
20. 캠벌 수프 사	탈락 (기준 2)
21. 카디널 헬스	탈락 (기준 8)
22. 크라이슬러	탈락 (기준 6)
23. 서킷 시티 스토어즈 사	통과 (심사 4 분석으로)
24. 코카콜라 사	통과 (심사 4 분석으로)
25. 콜게이트 팔몰리브 사	탈락 (기준 11)
26. 코메리카 사	탈락 (기준 3)
27. 컴퓨터 어소시에이츠	탈락 (기준 8)
28. 컴퓨터 사이언시스 사	탈락 (기준 6, 7)
29. 콘아그라 사	탈락 (기준 3)
30. 콘세코	탈락 (기준 8)
31. CPC 인터내셔널 (지금의 베스트푸즈)	통과 (심사 4 분석으로)
32. CSX	탈락 (기준 8)
33. 딘 푸즈 사	탈락 (기준 7)
34. 딜러즈	탈락 (기준 6)
35. 도버 사	탈락 (기준 3, 6)
36. 듀폰	탈락 (기준 11)
37. 엔절하드 사	탈락 (기준 2)

38. FMC 사	탈락 (기준 7)
39. 페드럴 내셔널 모트게이지 사	통과 (심사 4 분석으로)
40. 퍼스트 인터스테이트 뱅코프	탈락 (기준 2)
41. 퍼스트 유니언 사	탈락 (기준 3, 6)
42. 플리트 파이낸셜 그룹 사	탈락 (기준 6)
43. 플리트우드 엔터프라이지즈 사	탈락 (기준 7)
44. 포스터 휠러 사	탈락 (기준 6)
45. GPU 사	탈락 (기준 2)
46. 더 갭 사	통과 (심사 8)
47. GEICO	탈락 (기준 10)
48. 제너럴 다이내믹스 사	탈락 (기준 7)
49. 제너럴 일렉트릭 사	통과 (심사 5,11)
50. 제너럴 밀즈 사	통과 (심사 4 분석으로)
51. 제너럴 레 사	탈락 (기준 2)
52. 자이언트 푸즈 사	탈락 (기준 6)
53. 질레트 사	통과 (심사 4 분석으로)
54. 골든 웨스트 파이낸셜 사	탈락 (기준 3)
55. 해즈브로 사	탈락 (기준 6)
56. 하인츠, H. J. 사	통과 (심사 4 분석으로)
57. 허시 푸즈 사	통과 (심사 4 분석으로)
58. 휴렛 패커드 사	탈락 (기준 7)
59. 휴머나 사	탈락 (기준 3, 6)
60. 일리노이 툴 워크스 사	탈락 (기준 2)
61. 인텔 사	탈락 (기준 1)
62. 존슨 & 존슨	탈락 (기준 6, 7)
63. 존슨 컨트롤즈 사	탈락 (기준 6)
64. 켈로그 사	탈락 (기준 1)
65. 켈리 서비시즈 사	통과 (심사 4 분석으로)
66. 케이코프	탈락 (기준 3)
67. 킴벌리 클라크 사	통과 (심사 4 분석으로)
68. 크로거 사	통과 (심사 4 분석으로)
69. 엘리 릴리 앤 컴퍼니	탈락 (기준 2)
70. 로이우스 사	탈락 (기준 3, 6)
71. 로럴 사	탈락 (기준 7)
72. 로위스 컴퍼니즈 사	탈락 (기준 2)
73. MCI 커뮤니케이션즈 사	통과 (심사 7)
74. 맵코 사	탈락 (기준 3, 6)
75. 마스코 사	탈락 (기준 3, 6)
76. 마텔	통과 (심사 3, 6)
77. 맥도날드 사	통과 (심사 7)

78. 멜빌	탈락 (기준 10)
79. 머크 & 컴퍼니 사	탈락 (기준 1)
80. 모빌 사	탈락 (기준 2)
81. 몬샌토 사	탈락 (기준 4, 5)
82. 모토로라 사	탈락 (기준 1)
83. 뉴엘 사	탈락 (기준 3, 6)
84. 나이키 사	탈락 (기준 1, 7)
85. 노웨스트 사	탈락 (기준 5)
86. 뉴코어 사	통과 (심사 4 분석으로)
87. 올슨 사	탈락 (기준 1, 7)
88. 오언스 코닝	탈락 (기준 2)
89. PACCAR 사	탈락 (기준 2)
90. 퍼시피케어 헬스 시스템즈	탈락 (기준 8)
91. 펩시코 사	통과 (심사 4 분석으로)
92. 화이자 사	탈락 (기준 1)
93. 펠프스 도지 사	탈락 (기준 2)
94. 필립 모리스 컴퍼니즈 사	통과 (심사 4 분석으로)
95. 피트니 보즈 사	통과 (심사 4 분석으로)
96. 프록터 & 갬블 사	탈락 (기준 2, 5)
97. 프로그레시브 사	탈락 (기준 1, 3)
98. 레이시온 사	탈락 (기준 6)
99. 리복	탈락 (기준 8)
100. 리퍼블릭 뉴욕	탈락 (기준 3, 6)
101. 록웰 인터내셔널 사	탈락 (기준 3, 6)
102. SCI 시스템즈 사	탈락 (기준 7)
103. SAFECO 사	탈락 (기준 2)
104. 사라 리 사	통과 (심사 4 분석으로)
105. 셰링 플라우 사	탈락 (기준 7)
106. 서비스마스터 사	탈락 (기준 7)
107. 쇼 인더스트리즈 사	탈락 (기준 3, 6)
108. 소노코 프로덕츠 사	탈락 (기준 3, 6)
109. 사우스웨스트 에어라인즈 사	탈락 (기준 1)
110. 스테이트 스트리트 보스턴 사	탈락 (기준 3)
111. 선트러스트 뱅크스	탈락 (기준 8)
112. SYSCO 사	탈락 (기준 3, 6)
113. 탠디 사	탈락 (기준 6)
114. 텔레커뮤니케이션즈 사	탈락 (기준 3, 6)
115. 터너 브로드캐스팅	탈락 (기준 8)
116. 티코 인터내셔널 사	탈락 (기준 2, 6)
117. 타이슨 푸즈 사	탈락 (기준 1, 3)

118. 유니언 카바이드 사	탈락 (기준 6)
119. U. S. 뱅코프	탈락 (기준 2)
120. VF 사	탈락 (기준 6)
121. 월마트 스토어즈 사	탈락 (기준 1)
122. 월그린즈 사	통과 (심사 4 분석으로)
123. 월트 디즈니	탈락 (기준 9)
124. 워너 램버트 사	탈락 (기준 6, 7)
125. 웰스 파고 & 컴퍼니	통과 (심사 4 분석으로)
126. 윈 딕시 스토어즈 사	탈락 (기준 7)

심사 4: 19개 회사에서 11개 '좋은 회사에서 위대한 회사로 도약한' 기업으로

우리가 찾으려는 것은 전환을 이룬 회사이지 전환을 이룬 산업이 아니었다. 알맞은 때에 알맞은 업종에 있었던 것만으로는 연구 대상 회사의 자격을 갖출 수 없었다. 산업의 전환을 기업의 전환과 구별하기 위해, 우리는 남은 19개 회사에 대해 CRSP 분석을 반복하기로 했다. 이번에는 전체 주식시장이 아니라 업종별 지수 대비 분석이었다. 그리하여 회사가 속한 산업과 비교해서도 여전히 전환 추세를 보이는 회사들만이 최종 연구 집단으로 뽑히게 된다.

남은 19개 회사 각각에 대해서, 우리는 다시 시간을 거슬러 올라가 S&P의 업종 분류 기준에 따라 전환 시점(5년 이내)의 업종별 회사 리스트를 만들었다. 그런 다음 그 업종 내 모든 회사들의 CRSP 주식 수익 데이터를 확보했다. 회사가 여러 업종에 걸친 사업을 벌이고 있을 경우에는, 두 가지 별개의 업종 테스트를 거쳤다. 그러고 나서 우리는 전환 기업 후보들의 누적 수익 대비 업종별 누적 주식 수익 지수를 만들었다. 우리는 이를 활용하여, 회사가 속한 업종과 비교하여 전환 패턴을 보이지 않는 회사들을 찾아내 연구에서 제외할 수 있었다.

우리는 산업 분석을 통해 8개 회사를 제외했다. 사라 리, 하인츠, 허시, 켈로그, CPC, 제너럴 밀즈는 1980년 무렵 전체 주식시장에 비해 극적인 상승 추세를 보였지만, 식품 산업에 비해서는 뚜렷한 전환 추세를 보이지 못했다. 코카콜라와 펩시코는 1960년과 1980년 무렵에 연달아 전체 주식시장에 비해 극적인 상승 추세를 보였지만, 둘 다 음료 산업에 비해서는 뚜렷한 전환 추세를 보이지 못했다. 그리하여 결국 심사 1에서 4까지를 모두 통과한 11개 회사만을 연구 대상 기업으로 삼았다.*

• 연구 대상 기업을 처음 선정할 당시, 서킷 시티, 패니 메이, 웰스 파고가 15년간의 누적 주식 데이터를 채우지 못하고 있었다. 우리는 그들이 T+15 연한을 다 채울 때까지 데이터를 계속 주시하면서, '15년간 시장의 3배'라는 기준을 충족시키는지 확인했다. 세 회사 모두 기준을 충족시켜 연구 대상 기업에 포함되었다.

직접 비교 기업 선정

직접 비교 기업 선정 과정

직접 비교 분석의 목적은 '역사를 거슬러 올라가는 제어 실험'에 최대한 가까운 것을 만들어내는 것이다. 아이디어는 단순하다. 전환 시점에 좋은 회사에서 위대한 회사로 도약한 각 기업과 나이도 거의 같고 기회도 유사했으며 업종도 비슷하고 성공 이력도 닮았던 회사들을 찾아내 직접 비교 분석함으로써, 좋은 회사에서 위대한 회사로의 전환을 설명해주는 변수들을 찾아낼 수 있다는 것이다. 목표는 좋은 회사에서 위대한 회사로 도약한 기업들처럼 할 수도 있었지만 그러지 못한 회사들을 찾아낸 다음, 무엇이 달랐는지 묻는 것이었다.

우리는 다음 6가지 기준을 적용하면서, 도약에 성공한 각 기업의 명백한 비교 기업 후보들을 체계적으로 수집하여 점수를 매겼다.

사업 부합성 | 전환 시점에, 비교 기업 후보가 좋은 회사에서 위대한 회사로 도약한 기업과 비슷한 상품과 서비스를 갖고 있었다.

규모 부합성 | 전환 시점에, 비교 기업 후보가 좋은 회사에서 위대한 회사로 도약한 기업과 기본 규모가 같았다. 전환 당시 비교 기업 후보의 총수입을 도약에 성공한 기업의 총수입으로 나눈 비율을 바탕

으로 일관된 득점 행렬을 적용했다.

연륜 부합성 | 비교 기업 후보가 좋은 회사에서 위대한 회사로 도약한 기업과 같은 시기에 설립되었다. 도약에 성공한 기업들과 비교 기업 후보의 연륜 비를 바탕으로 일관된 득점 행렬을 적용했다.

주식 동향 부합성 | 전환 시점에 이를 때까지 비교 기업 후보의 시장 대비 누적 주식 수익률이 좋은 회사에서 위대한 회사로 도약한 기업의 패턴을 엇비슷하게 따라가다가, 전환점부터 두 회사의 궤도가 갈라져 도약에 성공한 기업이 비교 기업 후보를 앞지른다.

전통적인 검사 | 전환 시점에, 비교 기업 후보가 좋은 회사에서 위대한 회사로 도약한 기업보다 더 성공하고 있었다. 규모도 크고 수익도 많았으며, 시장에서의 지위도 높고 평판도 좋았다. 이것은 중요한 검사로서, 도약 성공 기업들이 더 불리한 입장이었음을 보여준다.

외관 타당성 | 다음 두 가지 요인을 고려한다. ① 연구 대상 기업 선정시 비교 기업 후보가 유사한 업종에 있다. ② 연구 대상 기업 선정시 비교 기업 후보가 도약 성공 기업보다 덜 성공했다.

외관 타당성과 전통적인 검사는 다음과 같이 함께 작용한다. 전통적인 검사는 비교 기업이 도약 성공 기업의 전환 연도에는 도약 성공 기업보다 더 우월했고, 연구 대상 기업 선정시에는 도약 성공 기업보다 미약했음을 확인해준다. 우리는 비교 기업 후보 하나하나에 대해 위 6개 기준을 각각 적용해 1부터 4까지의 점수를 매겼다.

4 = 비교 기업 후보가 기준에 매우 잘 부합한다. 쟁점이나 수식어가 전혀 없다.

3 = 비교 기업 후보가 기준에 꽤 잘 부합한다. 4점을 주지 못하게 하는 사소한 쟁점이나 수식어가 있다.

2 = 비교 기업 후보가 기준에 썩 잘 부합하지 않는다. 큰 쟁점과 우려가 있다.

1 = 비교 기업 후보가 기준에 부합하지 않는다.

다음 표는 도약에 성공한 기업들 각각에 상응하는 비교 기업 후보들이 6개 기준에서 얻은 평균 점수를 보여준다. 리스트의 꼭대기에 나오는 비교 기업 후보가 직접 비교 기업으로 선정되었다.

뉴코어

비교 기업 후보들	평균 점수
베들레헴 스틸 코퍼레이션	3.00
인랜드 스틸 인더스트리즈 사 *	3.00
USX	2.92
내셔널 스틸 코퍼레이션	2.60
플로리다 스틸	2.50
노스웨스턴 스틸 앤드 와이어 사	2.40
더 인터레이크 코퍼레이션	2.00
앨리게니 텔레딘	1.83
리퍼블릭 스틸 코퍼레이션	1.75
라이크스 코퍼레이션	1.60
휠링	1.50

* 인랜드는 연륜 부합성 범주에서만 더 높은 점수를 얻었다. 베들레헴 스틸은 전통적인 검사와 외관 타당성에서 더 높은 점수를 얻었다. 그래서 동점자 중 베들레헴을 선정했다.

서킷 시티

비교 기업 후보들	평균 점수
실로	3.40
탠디	3.25
베스트 바이	1.83

애보트

비교 기업 후보들	평균 점수
업존	4.00
리처드슨 메릴	3.25
G. D. 설 & 컴퍼니	3.00
스털링 드러그즈	2.83
셰링 플라우	2.70
브리스틀 메이어즈	2.67
노위치	2.67
파크–데이비스	2.40
스미스클라인 비첨	2.33
화이저	2.33
워너 램버트	2.17

월그린즈

비교 기업 후보들	평균 점수
에커드	3.42
레브코 D. S. 사	2.67
라이트 에이드 코퍼레이션	2.17

웰스 파고

비교 기업 후보들	평균 점수
뱅크 오브 아메리카	3.33
퍼스트 시카고	3.17
네이션스뱅크	3.17
멜론	3.00
콘티넨털 일리노이	3.00
뱅크 오브 보스턴	2.83
퍼스트 인터스테이트	2.25
노웨스트	2.17
퍼스트 펜실베이니아	2.00
인터퍼스트	1.75

질레트

비교 기업 후보들	평균 점수
워너 램버트	2.67
애번	2.50
프록터 & 갬블	2.33
유니레버	2.33
인터내셔널 플레이버즈 & 프래그런시즈	2.33
레블론	2.33
더 클로록스 컴퍼니	2.33
콜게이트 팔몰리브	2.25
치즈버러 폰즈	2.00
빅	1.50
앨버토 컬버	1.50
아메리칸 세이프티 레이저	1.50
퓨렉스 코퍼레이션	1.00
파베르제	1.00

크로거

비교 기업 후보들	평균 점수
A&P	3.17
세이프웨이	2.58
윈 딕시	2.50
아메리칸 스토어즈	2.42
자이언트 푸즈 사	2.33
주얼	2.25
앨버트슨즈	2.08
푸드 페어	1.50
그랜드 유니언	1.00

킴벌리 클라크

비교 기업 후보들	평균 점수
스콧 페이퍼 사 *	3.50
더 미드 코퍼레이션	3.50
크라운 젤러배치	3.25
세인트 레지스 페이퍼 사	3.13
인터내셔널 페이퍼	2.92
유니언 캠프 코퍼레이션	2.67
조지아 퍼시픽	2.50
더 웨스트바코 코퍼레이션	2.50

* 스콧 페이퍼가 선정된 것은 전환이 진행될 당시 킴벌리 클라크의 직접적인 경쟁자였기 때문이다.

패니 메이

비교 기업 후보들	평균 점수
그레이트 웨스턴 파이낸셜 사	2.83
샐리 메이	2.67
프레디 맥	2.50
H. F. 아먼슨 & 컴퍼니	2.33
하우스홀드 인터내셔널	2.33
콘티넨털 뱅코프	2.20
퍼스트 차터	1.60

피트니 보즈

비교 기업 후보들	평균 점수
어드레서그래프 멀티그래프	3.42
버로스 (지금의 유니시스)	2.83
스미스 코로나	2.58
제록스	2.33
NCR	2.25
IBM	2.00
컨트롤 데이터	1.33

필립 모리스

비교 기업 후보들	평균 점수
R. J. 레이놀즈 담배	3.50
아메리칸 담배	3.40
리겟 그룹 사	3.25
로릴러드 인더스트리즈	3.20

지속 실패 비교 기업

지속 실패 비교 기업	상승 기간 *	상승 기간의 시장 대비 누적 주식 수익률	다음 10년간의 시장 대비 누적 주식 수익률**
버로스	10.08	13.76	0.21
크라이슬러	5.67	10.54	0.69
해리스	6.42	6.63	0.16
해즈브로	6.33	35.00	0.63
러버메이드	10.83	6.97	0.31***
텔레딘	9.42	17.95	0.22
중앙값	7.92	12.15	0.26
지속 실패 기업 평균	8.125	15.14	0.37
비슷한 기간의 도약 성공 기업 평균		4.91****	2.02*****

* 상승 전환 시점부터 지속 실패 비교 기업이 시장에 비해 다시 뒤지기 시작하는 상승 정점까지의 햇수다.

** 시장 대비 수익률이 1.0보다 작다는 것은 시장에 비해 주가가 떨어진다는 뜻이다. 예를 들어 수익률이 0.20이라면, 당신이 그 회사에 투자한 1달러가 같은 기간 전체 시장에 투자한 1달러보다 80% 낮은 수익을 가져다준다.

*** 러버메이드의 데이터는 정점에 도달한 후 7.7년간의 수치다. 그 시점에 회사가 인수된다.

**** 다음과 같이 계산해서 나온 수치다. 도약 성공 기업 각각에 대해서 상승 전환 시점부터 8.125년간(8.125년은 지속 실패 비교 기업의 평균 상승 기간)의 시장 대비 누적 수익률을 계산한 다음, T+8.125 시점에서 11개 도약 성공 기업 전체의 평균값을 계산한다(전환일에 시장과 회사에 각각 1달러씩을 넣은 다음 T+8.125 시점에 빼낸다).

***** 도약 성공 기업 각각에 대해서 T+8.125 시점에서 T+18.125 시점까지의 시장 대비 누적 수익률을 계산한 다음, T+18.125 시점에서 11개 도약 성공 기업 전체의 평균값을 구한다(T+8.125 시점에 시장과 회사에 각각 1달러씩을 넣은 다음 T+18.125 시점에 빼낸다). 회사에 관한 데이터가 T+18.125 이전 시점에서 끝나는 경우에는, 얻을 수 있는 마지막 구간까지의 데이터를 이용하여 평균값을 구한다. 웰스 파고의 경우에는 1998년 노웨스트와 합병하기 전까지의 데이터만을 썼다.

다음 도표는 지속 실패 비교 기업의 전형적인 패턴을 보여준다.

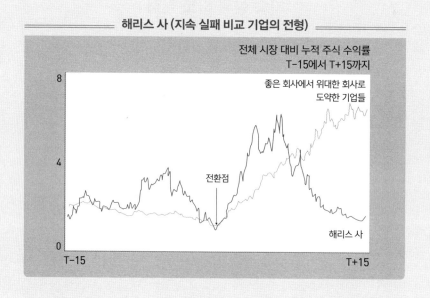

좋은 기업을 넘어 위대한 기업으로

연구 단계 개관

28개 기업을 선정한 뒤(도약 성공 기업 11개, 직접 비교 기업 11개, 지속 실패 비교 기업 6개), 연구팀은 다음과 같은 단계를 밟으며 분석을 실시했다.

기업에 관한 자료 입력

각각의 기업에 대해서, 팀의 한 멤버가 회사에 관한 기사와 출판된 자료들을 찾아 모았다. 다음과 같은 것들이다.

1. 〈포브스〉〈포춘〉〈비즈니스위크〉〈월스트리트저널〉〈네이션즈비즈니스〉〈뉴욕타임스〉〈U.S.뉴스〉〈뉴리퍼블릭〉〈하버드 비즈니스리뷰〉〈이코노미스트〉 등의 폭넓은 자료원과 특정 산업이나 주제에 관해 자료원들로부터 얻은, 회사의 전 역사에 걸쳐 회사에 관해 발표된 모든 주요 기사들.
2. 회사로부터 직접 얻은 자료들, 특히 책, 기사, 경영진의 연설문, 사내 출판물, 연차 보고서, 그 밖의 회사 자료들.
3. 회사나 외부 관찰자가 출간한, 산업이나 회사, 그 리더들에 관한 책들.

4. 경영학교의 사례 연구나 산업 분석들.

5.《미국의 비즈니스 리더 인명 사전 Biographical Dictionary of American Business Leaders》《전세계 기업 역사 사전 International Dictionary of Company Histories》《후버의 기업 핸드북 Hoover's Handbook of Companies》《미국 산업 발달사 Development of American Industries》등, 경영과 산업에 대한 참고 자료들.

6. 특히 전환 기간의 연차 보고서, 경영 보고서, 그 밖의 회사에 관한 입수 가능한 자료들.

그런 다음 각각의 회사에 대해서, 그 모든 정보를 회사 창립에서 오늘에 이르기까지 연대순으로 정리해가며 다음 범주에 따라 체계적으로 입력했다.

입력 범주 1

조직과 제도: 조직 체계, 정책과 절차, 시스템, 상벌과 인센티브, 소유 구조 등 '경성' 항목들.

입력 범주 2

사회적 요인: 사풍, 인사 정책과 관행, 규범, 의식, 신화와 전설, 집단 역학 group dynamics, 경영 스타일 등 '연성' 항목들.

입력 범주 3

사업 전략, 전략 수립 과정: 기업 전략의 일차 요소. 전략을 세우는 과정. 중요한 인수합병도 이에 포함된다.

입력 범주 4

시장, 경쟁사, 환경: 회사의 경쟁 및 외부 환경과 관련된 중요한 측면들. 주요 경쟁사, 경쟁사의 의미심장한 활동, 시장의 중요한 변화, 국가적 또는 국제적인 대사건, 정부의 규제, 산업 구조상의 문제, 기술의 극적인 변화, 그 밖의 관련 항목들. 회사와 월스트리트의 관계에 관한 데이터도 포함된다.

입력 범주 5

리더십: 핵심 임원, CEO, 회장, 이사진. 리더십 승계에 관한 흥미로운 데이터, 리더십 스타일 등등.

입력 범주 6

상품과 서비스: 회사의 역사 전반에 걸친 중요한 제품과 서비스.

입력 범주 7

물리적 환경과 위치: 회사가 물리적 공간을 다루는 방식의 중요한 측면들. 공장과 사무실의 배치, 새로운 시설 등. 회사 핵심 부분의 지리적 위치에 관한 중요한 결정들도 두루 포함된다.

입력 범주 8

기술 활용: 회사가 기술을 활용하는 방식. 정보 기술, 최첨단 공정과 장비, 앞선 직무 배치, 그 밖의 관련 항목들.

입력 범주 9

비전: 핵심 가치와 목적, BHAG들. 이런 변수들이 있었나? 있었다면, 어떻게 대두하게 되었나? 회사가 역사상 특정한 시점에 다른 회사는 갖고 있지 못한 그것들을 가지고 있었나? 그것들은 무슨 역할을 했나? 회사가 강력한 가치와 목적을 갖고 있었을 경우, 그 상태로 유지되었나 아니면 희석되었나?

입력 범주 10A(직접 비교 기업들만)

상응하는 도약 성공 기업의 전환기에 펼쳐진 변화/전환 활동: 상응하는 도약 성공 기업의 전환일 전후 각 10년 동안에 회사를 변화시키고 전환을 자극하기 위해 행한 중요한 시도들.

입력 범주 10B(지속 실패 비교 기업들만)

전환 시도기: '전환 시도기' 10년 전부터 전환 시도기까지 회사에서 시행한 중요한 변화/전환 방안과 그 지원 활동들.

입력 범주 11(지속 실패 비교 기업들만)

전환 이후의 쇠퇴: 전환 시도기 이후 10년 동안 회사의 전환 지속에 악영향을 끼친 것으로 여겨지는 주요 요인들.

재무 제표 분석

우리는 총 980년분(28개 기업에 평균 35년씩)의 데이터에서 재무상의 변수들을 두루 조사하며, 각각의 회사에 대해 폭넓은 재무 분석을 실시했다. 조수입raw income과 대차대조표 데이터를 수집하여 전환 이전과 이후 기간의 다음 변수들을 조사하는 일이었다.

▶ 명목상 및 실질(인플레이션을 감안한) 달러로 표시된 총매출액

▶ 매출 증가율

▶ 이익 증가율

▶ 이익 마진

▶ 매출 수익률

▶ 명목상 및 실질 달러로 표시된 종업원당 매출액

▶ 명목상 및 실질 달러로 표시된 종업원당 수익

▶ PP&E(토지, 공장, 설비)

▶ 배당금 지불률

▶ 매출액 대비 판매, 일반, 관리비 비율

▶ 매출액 대비 연구개발비 비율

▶ 수금 기간

▶ 재고 회전율

▶ 자본 수익률

▶ 자기자본 대비 부채 비율

▶ 자기자본 대비 장기 부채 비율

▶ 매출액 대비 이자 비용 비율

- ▶ 최고 주가 대 주당 소득
- ▶ 최저 주가 대 주당 소득
- ▶ 평균 주가 대 주당 소득

경영진 인터뷰

우리는 전환기에 임원으로 일하고 있던 사람들을 중심으로, 고위 경영진과 이사진들에 대해 인터뷰를 실시했다. 우리는 인터뷰를 모두 녹취한 다음 그 데이터를 종합하여 내용을 분석했다.

회사별 인터뷰 횟수

회사	점수
뉴코어	7
서킷 시티	8
애보트	8
월그린즈	8
웰스 파고	9
질레트	6
크로거	6
킴벌리 클라크	7
패니 메이	10
피트니 보즈	9
필립 모리스	6
총계	84

인터뷰 설문

- ▶ 당신과 회사의 관계를 간단하게 개관해주십시오(근무 연도와 주요 직책 등).

▶ 전환 10년 전부터 전환 10년 후까지의 기간에 실적의 상승 추세에 기여하거나 실적 상승을 유발한 5대 요인이 무엇이었다고 보십니까?

▶ 그렇다면 그 5대 요인 하나하나로 돌아가서, 그 요인들이 전환에 미친 전반적인 중요도에 따라 총 100점의 점수를 할당해주십시오(다섯 요인의 점수 합계가 100점입니다).

▶ 2대 요인 또는 3대 요인을 자세히 설명해주십시오. 그 요인들을 입증해 보일 만한 특별한 사례들을 이야기해주실 수 있습니까?

▶ 회사가 이 기간 중에 중대한 변화나 전환에 착수한다는 의식적인 결정을 내렸습니까?

▶ (의식적인 결정을 내린 경우) 잘 돌이켜 보건대, 회사를 전환으로 인도하는 중요한 결정을 내리기 시작한 때는 언제였습니까(대략 몇 년도)?

▶ (의식적인 결정을 내린 경우) 중대한 전환에 착수키로 한 결정에 불을 댕긴 것은 무엇이었습니까?

▶ 중요한 결정들을 내리고 전환기의 핵심 전략들을 개발하는 과정은 어떠했습니까? 회사가 어떤 결정을 내렸는지가 아니라 어떻게 해서 그런 결정을 내리게 됐는지를 이야기해주십시오.

▶ 중요한 결정들을 내리는 과정에 외부의 자문단이나 고문이 있었다면, 그들의 역할은 무엇이었습니까?

▶ 결정을 내릴 당시 그에 대해 어느 정도의 확신을 갖고 있었습니까? 결과가 나오기 전에 확신을 가진 정도를 1에서 10까지의 점수로 매겨주십시오(10은 그것이 성공 확률이 매우 높은 아주 훌륭한 결정이라고 굳게 믿었다는 뜻이고, 1은 그 결정에 자신이 전혀 없었다는 뜻입니다. 주사위 굴리기만큼이나 위험스러운 결정인 셈이지요).

▶ (6 이상의 확신을 가진 경우) 그 결정에 그런 확신을 준 것은 무엇이었습니까?

▶ 회사는 그 결정에 따른 책임감과 연합alignment을 어떻게 확보했습니까?

▶ 그 일이 어떻게 일어났는지 구체적인 사례를 이야기해줄 수 있습니까?

▶ 전환기에 시도한 일 중에서 잘되지 않은 일은 무엇이었습니까?

▶ 장기간의 변화를 꾀하며 미래에 투자하는 동안, 회사는 월스트리트의 단기 압력을 어떻게 다루었습니까?

▶ 많은 회사들이 변화 프로그램과 방안들을 실행하지만, 그 노력이 지속적인 성과를 일구어내진 못합니다. 도약 성공 기업들의 전환의 남다른 측면 중 하나는 그 전환이 단기간의 상승에 그치지 않고 지속되었다는 것입니다. 우리는 이것을 비범하다고 봅니다. 도약 성공 기업을 남다르게 만든 것은 무엇일까요? 처음 몇 년간을 넘어 지속적인 전환을 일구어낸 주된 요인들은 무엇이었습니까?

▶ 우리는 도약 성공 기업을 비교 기업(도약 성공 기업의 전환 시점에 그 회사와 같은 업종에 있었지만 그 회사와 달리 현저하고 지속적인 실적 변화를 보여주지 못한 기업)과 견주어보게 됩니다. 도약 성공 기업이 이런 전환을 이룰 수 있게 한 남다른 차이는 무엇일까요? 다른 회사들도 당신들이 해낸 일을 할 수는 있었지만 그러지 못했습니다. 그들이 그러지 못한 이유는 무엇이라고 생각하십니까?

▶ 당신이 직접 겪거나 관찰한 일 중에서 좋은 회사에서 위대한 회사로의 도약의 본질을 잘 보여주는 특출하게 강력한 사례나 사건 하나가 있나요?

▶ 우리의 인터뷰 상대로 강력하게 추천해주실 만한 분을 알려주십시오.

  – 전환기나 그 이후에 경영진 내부에 있던 사람

  – 외부 이사진이나 그 밖의 중요한 외부 인사

▶ 우리가 당연히 질문했어야 하는데 하지 않은 것이 있습니까?

특수 분석 단위

우리는 일련의 특수 단위 분석에 착수했다. 이 단위들은 도약 성공 기업들과 비교 기업들 간의 중요한 변수들을 체계적으로 비교하고 (가능한 경우에는) 수량화해 '좋은 회사에서 위대한 회사로' 문제를 조명하도록 고안되었다.

인수와 기업분할

이 분석 단위는 좋은 회사에서 위대한 회사로의 전환에서의 인수와 기업분할의 역할을 이해하기 위한 것이었다.

목표

1. 도약 성공 기업들의 전환 이전기와 전환 이후기 사이에 인수와 기업분할의 양적 차이가 있는가? 있다면, 어떤 차이인가?
2. 인수와 기업분할 면에서 도약 성공 기업들은 직접 비교 기업들과 어떤 차이를 보이는가?
3. 인수와 기업분할 면에서 도약 성공 기업들은 지속 실패 비교 기업들과 어떤 차이를 보이는가?

　이 분석을 위해서 우리는 각각의 회사에 대해 1년 단위의 데이터베이스를 만들었다.

1. 그해의 인수 기업 리스트와 그들의 재무 상태
2. 그해의 총 인수 기업 수

3. 그해의 모든 인수 기업의 총 합산 규모

4. 그해의 기업분할 리스트와 그들의 재무 상태

5. 그해의 분할 기업 총 수

6. 그해의 모든 분할 기업의 총 합산 규모

이 데이터를 이용하여 우리는 8가지 중요한 분석을 했다.

1. 도약 성공 기업들: 전환 이전과 전환 이후

2. 도약 성공 기업들 대 비교 기업들: 전환 이전과 전환 이후

3. 전환 지속 실패 기업들: 전환 이전과 전환 이후 각 10년간

4. 전환 이전과 전환 이후 각 10년간의 요약 분석: 도약 성공 기업
   대 직접 비교 기업 대 지속 실패 비교 기업

5. 도약 성공 기업들: 전환일에서 현재까지

6. 도약 성공 기업들 대 비교 기업들: 전환일에서 1998년까지

7. 지속 실패 비교 기업들: 전환일에서 1998년까지. 전환일부터
   1998년까지 도약 성공 기업들에 대해 한 것과 똑같은 분석.

8. 전환일에서 1998년까지의 요약: 도약 성공 기업 대 직접 비교 기
   업 대 지속 실패 비교 기업

덧붙여서, 이 분석은 인수와 기업분할의 양적 측면을 살피면서 다
음과 같은 문제를 검토한다.

1. 전반적인 인수 전략

2. 전반적인 인수 기업 통합 전략

3. 중요한 인수 각각의 궁극적인 성공

4. 전반적인 인수 전략의 궁극적인 성공

업종별 실적 분석

이 분석에서는 회사의 실적과 산업의 실적을 비교 검토했다. 분석 목적은 회사가 전환 당시 아주 매력적인 업종에 있었는지를 확인하는 것이었다. 우리는 각각의 산업 대 회사의 실적을 수량화한 스프레드시트를 만들어 둘 사이의 관계를 확인했다.

우리는 각각의 도약 성공 기업이 속한 업종을, 그 전환 연도에서 1995년까지의 기간에 《스탠더드 & 푸어스 애널리스트 핸드북》 (《S&P 애널리스트 핸드북》)에 올라 있는 다른 모든 업종들과 비교했다. 우리가 밟은 절차는 다음과 같다.

1. 도약 성공 기업 각각에 대해서, 그 전환 연도에서 1995년까지 《S&P 애널리스트 핸드북》에 열거된 모든 업종을 확인한다.

2. 이 업종들 각각에 대해, 당해 기업 전환 연도에서 1995년까지의 총수익을 이용하여 전환 연도에서 1995년까지의 총수익의 비율 변화를 알아낸다.

3. 이 기간의 비율 변화에 따라 업종별 순위를 매긴다.

경영진 교체 분석

이 분석 단위에서는 기업 역사의 중대한 전환기에 회사들의 경영팀이 어느 정도 바뀌었는지를 검토했다.

우리는 《무디스 기업 정보 보고》를 이용하여, 도약 성공 기업 대

비교 기업의 경영진 교체율을 계산해냈다.

- ▶ 전환 이전 10년간의 평균 이직률
- ▶ 전환 이후 10년간의 평균 이직률
- ▶ 전환 이전 10년간의 평균 참여율
- ▶ 전환 이후 10년간의 평균 참여율
- ▶ 전환 이전 10년간의 평균 총교체율
- ▶ 전환 이후 10년간의 평균 총교체율
- ▶ 1998년까지의 같은 분석 반복

목표

1. 도약 성공 기업들의 전환 이전기와 전환 이후기 사이에 경영진의 교체나 연속성에 양적 차이가 있다면, 그것은 무엇인가?
2. 경영진의 교체나 연속성 면에서 도약 성공 기업들은 직접 비교 기업들과 어떤 차이를 보이는가?
3. 경영진의 교체나 연속성 면에서 도약 성공 기업들은 지속 실패 비교 기업들과 어떤 차이를 보이는가?

CEO 분석

우리는 총 56명의 CEO를 조사했다. 세 기업군 모두(도약 성공 기업, 직접 비교 기업, 지속 실패 비교 기업)의 전환기 중 CEO 각 집단에 대해서, 다음과 같은 수량적 검토를 했다.

1. 경영 스타일

2. 집행 책임자

3. 개인 생활

4. CEO로서 가장 우선시하는 다섯 가지

   그와 동시에 도약 성공 기업, 직접 비교 기업, 지속 실패 비교 기업 각각에 대해서, CEO의 배경과 재임기간을 조사했다. 전환 연도 10년 전에 CEO 자리에 있던 사람들로부터 시작하여 1997년까지의 CEO를 두루 훑으며, 우리는 다음과 같은 사실들을 알아보았다.

1. 그 CEO가 외부에서 영입되어 곧장 CEO 역할을 맡았는지(다시 말해서, CEO로 채용되었는지) 여부

2. CEO가 되기 전에 그 회사에 근무한 연한

3. CEO가 될 당시의 나이

4. CEO 재임기간의 시작 연도와 최종 연도

5. CEO 직책을 맡고 있던 기간

6. CEO가 되기 직전에 맡고 있던 책임

7. 그 사람이 CEO로 뽑힌 요인(왜 CEO로 뽑혔는지)

8. 교육(특히 연구 분야와 법학, 경영 등의 학위)

9. 회사에 합류하기 이전의 직장 경험과 그 밖의 경력

경영진의 보수

이 단위에서는 연구 대상 기업 전체의 경영진의 보수를 조사했다. 28개 회사 모두의 전환 시점 10년 전부터 1998년까지의 데이터를 수집하여 폭넓은 분석을 실시했다.

1. 전환 연도의 순자산 대비 전 임원과 이사의 급료 + 보너스 총액의 비율

2. 전환 연도의 순자산 대비 CEO의 현찰 보수 총액 비율

3. 전환 연도의 순자산 대비 CEO의 급료 + 보너스 비율

4. 전환 연도의 순자산 대비 CEO의 급료 + 보너스 및 최고위 임원 4명의 급료 + 보너스 평균값 비율과 전환 연도 + 10년의 같은 비율의 차

5. 전환 연도의 순자산 대비 전 임원과 이사의 급료 + 보너스 평균값 비율

6. 전환 연도의 전 임원과 이사의 급료 + 보너스 총액

7. 전환 연도의 매출액 대비 전 임원과 이사의 급료 + 보너스 총액 비율

8. 전환 연도의 자산 대비 전 임원과 이사의 급료 + 보너스 총액 비율

9. 전환 연도의 순자산 대비 최고위 임원 4명의 현찰 보수 총액 비율

10. 전환 연도의 순자산 대비 최고위 임원 4명의 급료 + 보너스 비율

11. 전환 연도의 전 임원과 이사의 급료 + 보너스 평균값

12. 순수입 대비 CEO의 급료 + 보너스 비율

13. CEO와 최고위 임원 4명의 급료 + 보너스 평균값의 차이

14. 매출액 대비 CEO와 최고위 임원 4명의 급료 + 보너스 평균값 비율의 차이

15. 순수입 대비 CEO와 최고위 임원 4명의 급료 + 보너스 평균값

비율의 차이

16. 전환 연도의 매출액 대비 전 임원과 이사의 급료 + 보너스 평균 값 비율

17. 전환 연도의 순수입 대비 전 임원과 이사의 급료 + 보너스 평균 값 비율

18. 전환 연도의 순수입 대비 전 임원과 이사의 급료 + 보너스 총액 비율

19. 전환 연도의 순수입 대비 CEO의 현찰 보수 총액 비율

20. 전환 연도의 순자산 대비 매년 CEO에게 양도된 주식의 가치

21. 전환 연도의 매출액 대비 매년 최고위 임원 4명에게 양도된 주식의 가치

22. 전환 연도의 자산 대비 매년 CEO에게 양도된 주식의 가치

23. 전환 연도의 순자산 대비 매년 최고위 임원 4명에게 양도된 주식의 가치

24. 전환 + 10년도의 매출액 대비 CEO의 급료 + 보너스 비율

25. 전환 + 10년도의 매출액 대비 최고위 임원의 급료 + 보너스 비율

목표

1. 도약 성공 기업들의 전환 이전기와 전환 이후기 사이에 경영진의 보수에 양적 차이가 있는가? 있다면, 어떤 차이인가?

2. 경영진의 보수 면에서 도약 성공 기업들은 직접 비교 기업들과 어떤 차이를 보이는가?

3. 경영진의 보수 면에서 도약 성공 기업들은 지속 실패 비교 기업

들과 어떤 차이를 보이는가?

해고의 역할

이 단위에서는 도약 성공 기업들, 직접 비교 기업들, 지속 실패 비교 기업들을 두루 조사하면서, 회사의 실적을 향상시키고자 해고를 중요한 의식적인 전술로 삼은 증거를 찾아보았다. 우리는 다음 항목들을 조사했다.

1. 전환 10년 전부터 1998년까지의 매년 총 고용인 수
2. 전환일 10년 전부터 10년 후까지 사이에 회사의 실적을 향상시키고자 해고를 중요한 전술로 삼은 증거
3. 해고가 시행된 경우에는 해고된 사람들의 수와 전 종업원에서 차지하는 비율을 계산한다.

기업 소유권 분석

이 분석의 포인트는 도약 성공 기업과 직접 비교 기업의 기업 소유에 어떤 차이가 있는지 알아보는 것이었다. 우리는 다음 항목을 조사했다.

1. 대주주나 그 집단의 존재
2. 소유권의 분산 정도
3. 임원 지분의 정도

미디어의 과대 선전 분석

이 단위에서는 도약 성공 기업들, 비교 기업들, 지속 실패 비교 기업들을 둘러싼 '매체들의 과대 선전' 정도를 살펴보았다. 전환일 10년 전부터 10년 후까지의 기간에 대해서, 다음과 같은 것들을 조사했다.

1. 전환 이전 10년과 전환 이후 10년, 그리고 20년 전 기간의 총 기사 수

2. 전환 이전 10년과 전환 이후 10년, 그리고 20년 전 기간의 그 회사에 관한 전체 '특집'기사 수

3. 전환 이전 10년과 전환 이후 10년, 그리고 20년 전 기간에 그 회사가 '전환', '반등', '선회', '변신' 도중에 있다고 분명하게 이야기한 기사의 전체 수

4. 전환 이전 10년과 전환 이후 10년, 그리고 20년 전 기간의 '매우 긍정적인' 기사와 '중립적인' 기사(조금 부정적인 기사부터 조금 긍정적인 기사까지), '매우 부정적인' 기사의 수

기술 분석

이 단위에서는 주로 임원진과의 인터뷰와 글로 쓰인 자료원들을 근거로 기술의 역할을 조사했다.

1. 기술의 선구적인 응용들
2. 기술의 타이밍
3. 특정 기술의 선택 기준과 활용
4. 비교 기업 쇠퇴시의 기술의 역할

비교 분석 체계

마지막으로 위의 분석들에 덧붙여서, 우리는 프로젝트를 수행하는 과정에서 많은 비교 분석 체계를 실행했다. 위의 분석들보다는 비교적 덜 상세하지만, 예외 없이 연구 증거들로부터 도출된 것이었다. 다음과 같은 것들이다.

1. 대담한 기업 행동의 활용
2. 진화적인 기업 과정 대 혁명적인 기업 과정
3. 임원 계급 대 평등주의
4. 한때는 큰 회사였던 비교 기업의 몰락 원인
5. 세 원의 분석과 핵심 가치 및 목적과의 부합성
6. 돌파 이전 축적 과정의 길이
7. 고슴도치 콘셉트와 돌파일의 타이밍
8. 핵심 사업 대 고슴도치 콘셉트 분석
9. 기업 승계 분석과 후계자의 성공률
10. 한때는 큰 회사였던 비교 기업들의 몰락시 리더십의 역할

내부 CEO 대 외부 CEO

다음 표는 각 회사의 내부 CEO와 외부 CEO의 총수總數를 보여준다. 도약 성공 기업에 대해서는, 전환일 10년 전부터 1998년까지의 CEO 모두를 조사했다. 직접 비교 기업의 경우에는, 상응하는 도약 성공 기업의 전환일을 기준으로 똑같은 분석을 했다. 지속 실패 비교 기업의 경우에는, 그 회사의 전환 시도일 10년 전부터 1998년까지의 기간을 적용했다. 외부자로서 1년 이하 기간 회사에 머무른 CEO도 모두 숫자에 포함시켰다.

도약 성공 기업	CEO 수	외부 CEO 수	외부 CEO 비율
애보트	6	0	0%
서킷 시티	3	0	0%
패니 메이	4	2	50%
질레트	3	0	0%
킴벌리 클라크	4	0	0%
크로거	4	0	0%
뉴코어	2	0	0%
필립 모리스	6	0	0%
피트니 보즈	4	0	0%
월그린즈	3	0	0%
웰스 파고	3	0	0%
계	42	2	4.76%

직접 비교 기업	CEO 수	외부 CEO 수	외부 CEO 비율
업존	6	2	33%
실로	6	4	67%
그레이트 웨스턴	3	0	0%
워너 램버트	5	1	20%
스콧 페이퍼	5	1	20%
A&P	7	2	29%
베들레헴 스틸	6	0	0%
R. J. 레이놀즈	9	3	33%
어드레서그래프	10	7	70%
에커드	3	0	0%
뱅크 오브 아메리카	5	0	0%
계	65	20	30.77%

지속 실패 비교 기업	CEO 수	외부 CEO 수	외부 CEO 비율
버로스	6	2	33%
크라이슬러	4	3	75%
해리스	5	0	0%
해즈브로	3	0	0%
러버메이드	4	1	25%
텔레딘	3	0	0%
계	25	6	24%
비교 기업 총계	90	26	28.89%

	총 CEO 수	총 외부 CEO 수	외부 CEO 비율	비교 기업 대 도약 성공 기업 비
도약 성공 기업	42	2	4.76%	
직접 비교 기업	65	20	30.77%	6.46
지속 실패 비교 기업	25	6	24.00%	5.04
비교 기업 총계	90	26	28.89%	6.07

	회사 수	외부 CEO 영입 회사 수	외부 CEO 영입 회사 비율	비교 기업 대 도약 성공 기업 비
도약 성공 기업	11	1	9.09%	
직접 비교 기업	11	7	63.64%	7.00
지속 실패 비교 기업	6	3	50.00%	5.50
비교 기업 총계	17	10	58.82%	6.47

산업 순위 분석

우리는 각각의 도약 성공 기업의 업종을 그 전환 연도부터 1995년까지의 기간에 《스탠더드 & 푸어스 애널리스트 핸드북》에 오른 다른 모든 업종들과 비교해보았다. 우리가 밟은 절차는 다음과 같다.

1. 도약 성공 기업 각각에 대해서, 전환 연도부터 1995년까지 《S&P 애널리스트 핸드북》에 등재된 모든 업종을 알아낸다.
2. 각각의 업종에 대해서, 당해 기업의 전환 연도에서 1995년까지의 총수익을 이용하여 해당 기간의 총수익의 백분율 변화를 알아낸다.
3. 이 기간의 백분율 변화에 따라 업종별 등급을 매긴다.

다음 표는 어떤 회사가 도약하기 위해서 꼭 최고의 실적을 올리는 업종에 있어야 할 필요는 없음을 보여준다.

전환 연도에서 1995년까지 각 기업의 업종별 실적

회사	계산 기간	등재된 업종 수	회사의 대표 업종	대표 업종의 순위	업종의 백분위
뉴코어	1975~1995	71	철강	70	99%
서킷 시티	1982~1995	80	전문 소매	17	21%
애보트	1974~1995	70	의료 제품	28	40%
월그린즈	1975~1995	71	소매 약국	13	18%
웰스 파고	1983~1995	84	대형 지역 은행	64	76%
질레트	1980~1995	76	미용 기구	19	25%
크로거	1973~1995	66	식품 소매점 체인	12	19%
킴벌리 클라크	1972~1995	64	가정 용품	18	28%
패니 메이	1984~1995	90	S&L*	69	77%
피트니 보즈	1974~1995	70	컴퓨터 시스템	68	97%
필립 모리스	1972~1995**	57	담배	2	4%

* 저축 대출업(S&L)을 패니 메이의 대표 업종으로 간주했다.

** 필립 모리스의 데이터 기산점을 1972년으로 한 것은 그 이전의 S&P 데이터를 구할 수 없었기 때문이다.

비교 기업들의 파멸의 올가미 행위

직접 비교 기업

A&P

A&P는 늘 한 방에 문제들을 해결할 방안을 찾아 이 전략, 저 전략 기웃거리며 갈팡질팡했다. 신나는 자동차 경주대회를 열고, 프로그램을 발진시키고, 유행을 좇고, CEO를 해임하고, CEO를 채용하고, 다시 CEO를 해임하곤 했다. 회사의 쇠퇴기에 A&P를 다룬 기사들은 "변화의 나팔을 불다", "거인 잠깨우기", "A&P 새로 만들기", "큰 기대" 등의 제목을 달고 있었다. 기대는 결코 실현되지 않았다![1]

어드레서그래프

핵심 사업이 기울면서 "하늘이 무너져요" 공황 상태에 빠져들었다. 이색적인 '기업의 전면 회춘'을 시도하며, IBM, 제록스, 코닥이 버티고 있는 사무 자동화 분야에 뛰어들었다. 이것이 실패하자, 다음 CEO는 사무 자동 분야에서 철수하며 '전략적 선회'를 기도했다. 그런 다음 "수술 도중에 갑자기 수술실에서 사라져버리는 뇌신경 외과의처럼" 그 CEO는 일 년도 채 못 돼서 사임해버렸다. 다음 CEO는 또 한 차례

'180도 선회'하여 옵셋 인쇄에 뛰어들었다. 그게 실패하면서 회사는 큰 돈을 날린다. 1984년까지 6년 동안에 4명의 CEO를 거쳤다. 나중에 회사는 한 번이 아니라 두 번 파산했다.[2]

뱅크 오브 아메리카

탈규제 조치에 대응하여 반동적인 혁신을 단행했다. ATM과 기술 경쟁에서 밀린 뒤, 비용이 많이 드는 사세 회복 프로그램에 뛰어들었다. 캘리포니아에서 밀린 다음, 격차를 줄이기 위한 요란한 프로그램에 착수했다. "집단 감수성 훈련 그룹을 동원하는 기업 변신 전문가들을 고용하여 뱅크 오브 아메리카판 마오쩌둥의 문화혁명을 이뤄내고자" 했고, '사기 진작식 경영법'의 제도화를 시도했다. 갈팡질팡하다 찰스 슈왑Charles Schwab을 사들였고, 문화 충돌이 일어나자 그것을 되팔았다. 좌충우돌하다 시큐리티 퍼시픽Security Pacific을 사들여 웰스 파고의 크로커 합병을 모방하고자 했다. 인수가 실패로 돌아가면서 수백억 달러가 날아갔다.[3]

베들레헴 스틸

사업 다변화를 꾀하다가 다시 철강에 집중하고, 다시 다변화를 꾀하다가 철강으로 되돌아오며 계속 갈팡질팡했다. 기술과 현대화에서 뒤진 다음, 사세를 만회하고자 요란한 프로그램에 착수했다. 경영진이 노동조합에 반대하고, 이어서 노동조합이 경영진에 맞서고, 다시 경영진이 노조에 대응하고, 다시 노조가 경영진과 맞붙는 일이 되풀이되었다. 그러는 사이, 외국 경쟁사들과 뉴코어가 밑바닥으로부터 파고들어 시장 점유율을 잠식했다.[4]

에커드

길을 잡아 주는 어떤 고슴도치 콘셉트도 없이 성장만을 추구하여 연관성 없는 기업 인수를 하다가 파멸의 고리로 빠져들었다. 캔디 회사도 사들이고, 백화점 체인, 보안 서비스업체, 식품 서비스 공급업체도 인수했다. 최대의 재앙은 아메리칸 홈비디오를 사들인 일이었다. 3,100만 달러를 날린 다음, 장부 가격에도 못 미치는 7,200만 달러를 받고서 그 회사를 매각했다. 에커드는 이후 사세를 회복하지 못하고 편법 매각 절차에 들어갔다가 나중에 J. C. 페니에 인수되었다.[5]

그레이트 웨스턴 파이낸셜

프로그램에 일관성이 없었다. 이쪽으로 갔다가는(은행 비슷한 모습을 보이다가는), 다른 쪽으로 방향을 틀곤 했다(사업이 다변화된 회사처럼 행동하곤 했다). 리스 사업과 조립식 주택 사업에 열을 올리다가는 다시 은행업과 금융에 집중했다. "당신들이 우릴 은행이라 부르건, 저축 대출 조합 또는 얼룩말이라 부르건 간에 상관없습니다." CEO의 개인 비전에 따라 단결을 이루었으나, 그가 물러난 뒤 그레이트 웨스턴은 그 거북하고 일관성 없는 모델 밑에서 우왕좌왕하다가 그에 대한 대응으로 구조조정에 빠져들었고 마침내 워싱턴 뮤추얼에 매각되었다.[6]

R. J. 레이놀즈

RJR은 미끄러지기 시작하던 차에 자사가 금연 세력들의 포위공격을 받고 있는 걸 깨닫고는, 그에 대한 대응으로 시랜드 인수 같은 분별없는 인수에 뛰어들었다. 회사는 시랜드를 사들여 20억 달러 이상

을 퍼부어가며 사업을 정상화하려고 애쓰다가는(그 사이에 담배 공장
은 투자 부족으로 무너져내리고 있었다), 5년 뒤 큰 손해를 보고 팔아 넘겼
다. 새로운 CEO가 등장할 때마다 새로운 전략을 펼쳤다. 나중에 담
배업계의 넘버원 자리를 필립 모리스에게 내준 뒤, RJR은 회사를 일
으켜 세우기보다는 경영진이 부자가 되는 데 주된 목적을 두고서 편
법적인 인수합병에 몰두했다.[7]

스콧 페이퍼

핵심 사업이 프록터 & 갬블과 킴벌리 클라크의 공격을 받으면서,
그에 대한 대응으로 사업 다변화에 뛰어들었다. 새 CEO가 등장할
때마다 새 길과 새 방향, 새로운 비전을 취했다. 1980년대 말엽 스콧
은 요란한 나팔 소리와 함께 급진적인 변신 작업에 착수했지만, 자
신이 무엇에서 세계 최고가 될 수 있는가 하는 물음의 답을 찾지 못
했다. 그러다가 구조조정 열풍에 빠져들었다. '사슬톱 앨'로 알려진
앨 던랩을 채용했는데, 그는 단칼에 41%의 노동자를 해고한 다음
회사를 팔아넘겼다.[8]

실로

시드니 쿠퍼가 죽은 뒤 진공 상태가 되었다. 다음 세대의 리더는 성
장을 위한 성장을 추구했다. 서킷 시티가 지역 단위로 유통 센터를
세우고 주변의 모든 도시에 가게를 내는 사이, 실로는 불합리하게
이 도시에서 저 도시로 뛰어다니며 여기저기에 가게를 하나씩 내면
서, 지역 차원의 규모의 경제도 전혀 끌어낼 수 없고 체계도 전혀 없
는, 가게들이 뒤범벅으로 엉켜 있는 상태를 만들어냈다. 일관된 개

넘이나 배치 원칙을 고수하지 않았다. 실로는 시클롭스에 인수되었고, 시클롭스는 다시 딕슨즈에 인수되었다. 경영진은 새 소유주에게 해고당했다.[9]

업존

미래를 팔고("미래는 결코 현재보다 더 밝아 보이지 않았다") 신제품의 잠재력을 과대 포장해 선전하는 패턴으로 빠져들었다. 그러나 결과는 선전에 미치지 못했다. 업존의 주식은 변덕스럽게 올라갔다 내려갔다를 반복하는 투기성 주식이 되어, 빈번하게 거래되긴 했으나 알찬 성과를 내진 못했다. 나중에, 회사는 마치 라스베가스의 도박꾼처럼 로게인 대머리 치료제 같은 '구세주 제품들'에다 칩을 던졌다. 핼리콘 등의 제품 문제가 끊이질 않으면서 진폭이 더욱 커졌다. 결국에는 구조조정병에 걸려 파머샤에 합병되었다.[10]

워너 램버트

소비재에서 의약품, 건강 산업까지 계속 왔다갔다 갈팡질팡하다가, 그와 동시에 한 사업으로 돌아갔다가는 다시 다른 사업으로 옮겨 가곤 했다. 새로 취임한 CEO마다 새로운 비전과 새로운 구조조정을 들고 나와서는, 전임자가 쌓아 놓은 추진력을 정지시키고 플라이휠을 다른 방향으로 돌리기 시작했다. 대담한 인수로 돌파에 불을 지피려 했지만, 실패하고 수억 달러의 돈만 날렸다. 일관성 없는 프로그램들을 여러 해 끌고 가다가, 결국에는 화이자의 팔 안에 쓰러지며 독립 회사로서의 파란만장한 생애를 마감했다.[11]

지속 실패 비교 기업

버로스

상승기의 버로스의 CEO, '명석한 욕쟁이'는 철저한 전면 리엔지니어링을 이끌었다. 비용 삭감은 사기 문제를 낳았고, 그것은 다시 훌륭한 인재를 잃는 결과를 가져왔다. 그는 또한 나약한 후계자를 뽑았다. 그가 실패하고 다시 '명석하고 성마르고 매우 공격적인' CEO가 취임했다. 새 CEO는 전임자를 욕하며 새로운 방침을 세웠다. 또한 차례 광범한 재편 작업이 진행되면서 일거에 400명의 간부가 회사를 떴다. 포스터가 벽을 장식하며 새 프로그램을 선전해댔다. 다시 구조조정이 펼쳐졌다. 이어서 또 다른 CEO가 취임하고, 또 한 차례의 구조조정이 진행되고, 또 다시 새로운 방침이 나왔다. 회사는 더욱 쪼그라들고, 또 다른 CEO가 취임했다.[12]

크라이슬러

5년간의 눈부신 실적 뒤에 쇠퇴가 시작되고 위기가 왔다. "심장병을 앓는 많은 환자들처럼, 우리는 얼마 전의 응급 수술로 겨우 살아났다가 결국 건강하지 못한 옛날로 되돌아가고 말았다"고 한 임원은 말했다. 이탈리아 스포츠카와 공동 제트기 사업, 방위 산업 등에 관심을 분산시켰다. 1990년대에 두 번째 전환을 이루며 소생했지만, 결국 다임러에 매각되었다.[13]

해리스

고슴도치 콘셉트를 머리에 담고 있던 한 CEO와 더불어 상승 곡선을 밟았다. 그는 초기 플라이휠 효과를 만들어냈지만, 자신의 집행팀에 이 개념을 불어넣지 못했다. 나중에 그가 물러난 뒤, 경영진은 고슴도치 콘셉트를 성장 만능의 주문으로 대체했다. 사무 자동화 분야에 불쑥 손을 댔다가 큰 손해를 보았고, 이어서 그 뒤에도 연관성 없는 일련의 기업 인수에 손을 뻗쳤다. '거품을 팔고 알찬 성과는 내진 못하는' 증후군에 빠져들었다. 플라이휠은 삐걱거리며 멈춰 섰다.[14]

해즈브로

해즈브로는 거의 제대로 성공할 뻔한 유일한 비교 기업이다. 회사는 '지아이 조' 같은 고전적인 장난감 브랜드를 되살린다는 고슴도치 콘셉트를 일관되게 추구하여 눈부신 성과를 쌓았다. 불행히도, 그 최초 전환의 주역이 젊은 나이에 예기치 않게 죽었다. 그의 후계자는 단계5의 리더가 아니라 단계3의 리더(역량 있는 관리자)에 가까웠다. 플라이휠의 속도가 느려졌다. CEO는 구조조정으로 대응했고, 결국에는 추진력을 다시 쌓으려고 외부 인사를 들여왔다.[15]

러버메이드

일찍이 축적 단계를 건너뛴 회사가 하나 있으니, 바로 러버메이드다. 그 전환 CEO는 "회사의 완벽한 구조조정, 정말 극적이고 잊을 수 없는 과업"에 착수했다. 성장, 심지어는 플라이휠의 장기 추진력을 희생시킬 수도 있는 성장이 주문되었다. CEO가 물러났을 때, 체계적인 고슴도치 콘셉트에 의해서 인도되는 강력한 팀이 아니라

CEO 자신이 플라이휠의 주된 동력이었다는 게 분명해졌다. 플라이휠의 속도는 느려지고, 회사는 구조조정병과 성과도 없이 미래를 파는 병에 걸렸다. 러버메이드는 겨우 5년 만에 〈포춘〉의 가장 감탄스런 일류 회사에서 뉴엘에 인수당하는 신세로 전락했다.[16]

텔레딘

텔레딘은 '스핑크스'로 알려진 천재적인 한 인간, 헨리 싱글턴과 함께 흥하고 함께 망했다. 회사의 고슴도치 콘셉트는 사실상 "헨리의 두뇌를 따르라"였다. 싱글턴은 전자공학에서 귀금속 분야에 이르는 백여 개의 인수 기업을 감독했다. 문제는 그가 물러나면서 그의 두뇌를 함께 가져갔을 때 발생했다. 텔레딘은 하강 나선을 긋다가 결국 앨리게니와 합병됐다.[17]

인수 기업 분석 요약

	도약 성공 기업 대 비교 기업 *		
회사	연구 기간 중 총 인수 기업 수	연구 기간 중 총 분할 기업 수	인수 전략 전반의 성공률
애보트	21	5	+2
업존	25	7	판정 불가
서킷 시티	1	0	+3
실로	4	0	−1
패니 메이	0	0	+3
그레이트 웨스턴	21	3	−1
질레트	39	20	+3
워너 램버트	32	14	−1
킴벌리 클라크	22	18	+2
스콧 페이퍼	18	24	−2
크로거	11	9	+2
A&P	14	4	−3
뉴코어	2	3	+3
베들레헴 스틸	10	23	−3
필립 모리스	55	19	+1
R. J. 레이놀즈	36	29	−3
피트니 보즈	17	8	+1
어드레서그래프	19	9	−3
월그린즈	11	8	+3
에커드	22	9	−1
웰스 파고	17	6	+3
뱅크 오브 아메리카	22	13	+1
버로스	22	7	−2
크라이슬러	14	15	−1
해리스	42	7	−1

회사	연구 기간 중 총 인수 기업 수	연구 기간 중 총 분할 기업 수	인수 전략 전반의 성공률
해즈브로	14	0	+1
러버메이드	20	5	+3
텔레딘	85	3	−2

* 이 표를 만들기 위해서, 우리는 우선 전환 10년 전부터 1998년까지 각 회사가 인수한 기업의 총수를 알아냈다. 그런 다음 재무 분석과 질적 분석상의 랭킹을 토대로 각각의 인수에 대해 −3부터 +3가지의 점수를 매기고, 이 점수들을 갖고서 평균 점수를 구했다. 업존의 경우에는, 철저한 분석을 하기에 충분한 데이터를 구할 수가 없어서 점수를 매기지 않았다.

감사의 글

이 책을 '짐 콜린스 지음'이라고 하는 건 잘못된 표현이다. 다른 사람들의 커다란 기여가 없었더라면 이 책은 나오지 못했을 것이다.

목록의 맨 위에는 연구팀 멤버들이 있다. 프로젝트에 헌신하는 비범한 사람들을 만나게 된 것은 정말 축복이었다. 그들은 각기 이 프로젝트의 일정 부문을 맡아 총 15,000시간 동안 작업했으며, 작업의 질 면에서도 그들이 소신껏 마련한 기준에 맞추기 위해 오히려 내가 노력해야 할 만큼 높은 수준을 보여주었다. 나는 팀원들이 열심히 일하는 모습을 사진으로 찍어두었다. 그들은 내 어깨 너머로 문서를 살피며 내게 책임감을 느끼게 하고, 나로 하여금 자신들이 설정한 기준에 맞으면서 자신들의 노고와 기여에 값하는 원고를 쓰도록 자극하며 이 작업에 몇 달씩(일부는 몇 년씩)을 헌신했다. 나는 이 작품이 그들의 인정을 받을 수 있기를 바란다. 혹 그 기준에 미치지 못하는 부분이 있다면 그것은 전적으로 내 책임이다.

콜로라도 대학 경영대학원의 데니스 녹Denis B. Nock에게도 고마움을 표하고 싶다. 그는 연구팀에 합류할 최상의 팀원들을 찾아 모으는 일을 도와주었다. 적합한 팀원들을 버스에 태우는 일이 프로젝트를 성공시키는 가장 중요한 작업이었는데, 데니스가 이 대단한 친구들을 버스에 가득 실어주는 중요한 일을 혼자서 해낸 것이다. 콜로라도 대학에서는 윌리엄 화이트 경영도서관William M. White Business Library의 캐롤 크리스먼과 헌신적인 직원들에게 신세를 졌다. 그들은 연구팀원들과 함께 끈기 있게 일하면서 온갖 종류의 진기한 정보들을 찾아주었다. 덧붙여 베티 그레브, 리넷 레이커, 디나 매케이, 마사 조사니, 진 휄런에게 고마움을 전하고 싶다.

나는 특히 많은 시간을 들여 초고를 읽고 더 손봐야 할 부분이 뭔지 냉정하게 지적해 준 수많은 평자들에게 빚을 졌다. 속을 바짝바짝 태우는 (그리고 예외 없이 도움이 되는) 피드백을 통해 그들은 이 프로젝트의 잠재력에 대한 나의 믿음을 줄곧 강화시켜주었다. 솔직함과 통찰력을 보여준 많은 이들에게 감사드린다. 그들의 이름은 다음과 같다.

커크 아놀드, R. 웨인 보스, 나탈리아 체르니 로카, 폴 M. 코헨, 니콜 투미 데이비스, 앤드루 페니먼, 크리스토퍼 포먼, 윌리엄 C. 개리어크, 테리 골드, 에드 그린버그, 마사 그린버그, 웨인 H. 그로스, 조지 H. 하겐, 베키 홀, 리즈 헤론, 존 G. 힐, 앤 H. 주드, 로브 카우프만, 조 케네디, 키스 케네디, 버치 커즈너, 앨런 카제이, 앤 냅, 베티나 코스키, 켄 크레치머, 바버라 B. 로턴, 카일 레프코프, 케빈 메이니, 빌 밀러, 조지프 P. 모디카, 토머스 W. 모리스, 로버트 무를릭, 존 T. 머이저, 피터 노즐러, 앤토니아 오저로프, 제리 피터슨, 짐 레이드, 제임스 J. 로브, 존 로저스, 케빈 러먼, 히더 레이놀즈 사가, 빅터 샌비도, 메이슨 D. 슈마허, 제프리 L. 세글린, 시나 시맨토브, 오린 스미스, 피터 스토드해머, 릭 스털링, 테드 스톨버그, 제프 타, 진 테일러, 킴 홀링스워스 테일러, 톰 티어니, 존 비테일, 댄 워드럽, 마크 H. 월리스, 데이비드 L. 위더로, 앤서니 R. 유.

좋은 회사에서 위대한 회사로 도약한 기업들의 변화 과정에서 중요한 역할을 수행한 경영진들의 참여를 얻을 수 있었던 것은 우리에게 크나큰 행운이었다. 그들은 한 시간에서 두 시간에 이르는 인터뷰와 후속 대화 중에 줄곧 이어진 우리의 질문에 끈기 있게 대답해주었다. 그들이 이룬 업적의 정수가 이 책에 잘 담겨 있으면 하는 바람이다. 진실로 그들은 미국 비즈니스계의 알려지지 않은 영웅들이다. 바로 이 사람들이다.

로버트 애더스, 윌리엄 F. 앨딩어 3세, 리처드 J. 애퍼트, 찰스 J. 애쇼어 2세, 딕 오처, H. 데이비드 에이콕, 제임스 D. 번드, 더글러스 M. 비비, 로저 E. 버크, 마크 C. 브레슬로스키, 엘리 브로드, 찰스 S. 브라운, 월터 브러카트, 버논 A. 브루너, 제임스 E. 캠벌, 프레드 캐닝, 조지프 J. 시스코, 리처드 쿨리, 마이클 J. 크리텔리, 조지프 F. 컬먼 3세, 존 A. 도허티, 더글러스 D. 드리스데일, 라일 에버링엄, 메러디스 B. 피셔, 폴 N. 프루이트, 앤드리어스 젬블러, 밀턴 L. 글래스, 제임스 G. 그로스클로스, 잭 그룬트호퍼, 조지 B. 하비, 제임스 헤링, 제임스 D. 래버첵, 진 D. 호프먼, J. 티모시 하워드, 찰스 D. 헌터, F. 케니스 아이버슨, 제임스 A. 존슨, L. 대니얼 존트, 로버트 L. 조스, 아서 주어겐스, 윌리엄 E. 켈비, 린다 K. 나이트, 글렌 S. 크레이스, 로버트 J. 레빈, 에드먼드 와티스 리틀필드, 데이비드 O. 맥스웰, 해미시 맥스웰,

엘런 멀로, 하이먼 메이어스, 아제이 밀러, 존 N. D. 무디, 데이비드 나세프, 프랭크 뉴먼, 아서 C. 닐슨, 더윈 필립스, 마빈 A. 폴먼, 윌리엄 D. 프랫, 프레드 퍼듀, 마이클 J. 퀴글리, 조지 래스먼, 칼 E. 라이하르트, 대니얼 M. 렉싱어, 빌 리버스, 데니스 로니, 프랜시스 C. 루니 2세, 웨인 R. 샌더스, 로버트 A. 쇼엘론, 버나드 H. 셈러, 새뮤얼 시즐, 토머스 F. 스켈리, 조지프 P. 스티글리치, 조지프 F. 털리, 글렌 S. 우트 2세, 에드워드 빌라누에바, 찰스 R. 월그린 2세, 찰스 R. 월그린 3세, 윌리엄 H. 웨브, 조지 와이스먼, 블레어 화이트, 윌리엄 윌슨, 앨런 L. 워츨, 윌리엄 E. 지어든.

여러 회사의 수많은 사람들이 인터뷰를 잡아주고 중요한 자료와 정보를 제공해주며 우리 연구에 큰 도움을 주었다. 그중에서도 특히 애보트 연구소의 캐더린 배빙턴과 데이비드 A. 볼드윈과 앤 파히 위드먼, 서킷 시티의 앤 M. 콜리어, 패니 메이의 존 P. 디퀄로, 질레트의 데이비드 A. 포시와 대니얼 M. 프리지, 킴벌리 클라크의 일을 돕고 다윈 스미스에 대한 식견을 보여준 티나 배리, 킴벌리 클라크의 리사 크로치와 앤지 매코이, 크로거의 잭 코넷, 뉴코어의 테리 S. 리센비와 코넬리아 웰즈, 필립 모리스의 스티븐 C. 패리시와 티모시 A. 솜폴스키, 피트니 보즈의 셰릴 Y. 배틀즈와 다이애나 L. 루소, 월그린즈의 토머스 L. 매모서와 로리 L. 메이어, 웰스 파고의 나오미 S. 이시다의 이름을 적어두고 싶다.

그리고 웰스 파고의 문을 여는 걸 도와준 다이앤 콤파뇨 밀러, 필립 모리스와의 접촉을 도와준 샤론 L. 워츨, 서킷 시티에 대한 통찰을 보여주고 자신의 원고를 흔쾌히 쓸 수 있게 해준 칼 M. 브로어, 서킷 시티의 일을 돕고 식견을 보여준 제임스 G. 클로슨, 휴렛 패커드 사 문서보관소의 일을 도와준 캐런 루이스, 부지런히 일하며 최신 데이터를 이용할 수 있게 해준 증권가격 연구소의 트레이시 러슬과 그 동료들, 유용한 지침을 준 버지니아 A. 스미스, 궂은 일들을 책임져준 닉 사가, 식견과 지혜를 나눠준 마빈 브레슬러, 기계장치의 개념을 이해할 수 있도록 지속적으로 도와주고 있는 브루스 울퍼트, 부지런히 교정을 봐준 루스 앤 베이글리, 탁월한 두뇌를 접할 수 있게 해준 제프리 T. 러프티그 박사, 복잡한 문제를 단순하게 풀어 이용할 수 있는 능력을 보태준 윌리엄 브리그스 교수, 귀중한 가르침을 준 짐 스톡데일 장군, 매킨지 살롱을 열어 이 프로젝트에 불을 댕기는 영감을 준 제니퍼 퍼터닉, 최초의 불꽃을 일으켜준 빌 미헌에게 특별한 고마움을 전한다.

또 특별히 이름을 기록해두고 싶은 사람들이 있는데, 바로 내 연구의 동료이자 조언자인 제리 포라스Jerry I. Porras, 뛰어난 능력을 가진 그래픽 전문가 제임스 로브James J. Robb, 출판계의 내 믿음직한 대리인이자 동료 협회원인 피터 긴스버그Peter Ginsberg, 요술을 일으키곤 하는 리사 베르코비츠Lisa Berkowitz, 이 프로젝트를 알게 된 이래 이 책의 가치를 진심으로 믿고 열심히 지원해준 에이드리언 자크하임Adrian Zackheim이다.

마지막으로 나는 조앤 에른스트에게 깊이 감사한다. 조앤과 결혼한 것은 내게 대단한 행운이었다. 결혼한 지 20년이 된 지금까지도, 아내는 조금은 신경질적인 내 성격과 이런 종류의 프로젝트에 푹 빠져버리곤 하는 내 성벽을 계속 참아주고 있다. 아내는 내게 가장 도움이 되는 비평가일 뿐 아니라, 가장 이해심 깊고 가장 끈기 있는 후원자이기도 하다.

인생의 궁극적인 성공이란 당신의 배우자가 해가 갈수록 당신을 더욱 좋아하고 존경하는 것이다. 그런 점에서 다른 어느 누구보다도 조앤이 성공하는 만큼 내가 성공했으면 한다.

제1장 좋은 것은 위대한 것의 적

1. Beryl Markham, *West with the Night*(San Francisco: North Point Press, 1983), 25.
2. 이 책의 주식 수익 계산에는 시카고 대학 증권가격 연구소CRSP의 데이터를 이용했다.

⟨주요 정의⟩

· 월간 총수익: 개개의 증권에 대해, 재투자되는 배당금을 포함하여 정해진 달에 주주에게 돌아가는 총수익

· 누적 주식 수익: t1과 t2 사이에 개개의 증권에 투자된 Y달러의 가치 총액. 쓰이는 공식은 Y달러×(1+월간 총수익 @ m1)×(1+월간 총수익 @ m2)×⋯(1+월간 총수익 @ t2)이다. 여기서 m1 = t1 다음 첫째 달의 말, m2 = t1 다음 둘째 달의 말 등등이다.

· 전체 주식시장('전체 시장' 또는 간단히 '시장'이라고도 부름): NYSE/AMEX/나스닥의 가중치를 감안한 수익. 이들 거래소에서 거래된 모든 회사의 시장 가치 총액(재투자된 배당금 포함)으로 결정되는데, 회사의 주식 시가 총액을 시장의 시가 총액으로 나눈 값에 따라 가중치가 부여된다.

· 시장 대비 누적 주식 수익률: 일정한 시간이 끝나는 시점에, 회사에 투자한 Y달러의 누적 주식을 전체 주식시장에 투자한 Y달러의 누적 주식으로 나누어 나오는 비율. 여기서 Y달러는 같은 날짜에 회사와 시장에 함께 투자된다.

· 전환일(좋은 회사에서 위대한 회사로 도약한 기업의): 도약 성공 기업의 정확한 전환일은 회사의 실적(전체 주식시장 대비 누적 주식 수익으로 표현되는 실적)이 일정 기간 시장에 못 미치는 실적을 보이다가 마침내 상승하여 다시는 이 점 아래로 떨어지지 않는 날짜다.

3. GE와 전체 시장에 대해서, 시카고 대학 증권가격 연구소의 데이터를 이용하여 1984년 12월 31일부터 1999년 12월 31일까지의 누적 수익을 계산했다.

배당금은 모두 재투자하고, 주식 분할시에는 정산했다.

4. 14쪽의 도표는 다음과 같은 방법으로 만들어졌다.

1) 좋은 회사에서 위대한 회사로 도약한 기업 각각에 대해서, 전환일-15년에 1달러를 투자한다. 그와 동시에 전체 시장에도 1달러를 투자한다. 도약 성공 기업과 전체 시장에 대해서, 전환일-15년에 투자한 1달러의 전환일 +15년까지의 누적 주식 수익을 계산한다. CRSP 데이터를 이용할 수 없는 경우에는(대개 회사가 아직 공개 거래되고 있지 않거나 합병되거나 인수된 경우), 회사 수익 대신 시장 수익을 쓴다.

2) 좋은 회사에서 위대한 회사로 도약한 기업 각각에 대해서, t-15에서 t+15까지의 전체 시장 대비 누적 주식 수익률을 계산하여 '누적 수익률' 곡선을 만들어낸다.

3) 이 도약 성공 기업 각각의 '누적 수익률 곡선'을 전환일에 누적 주식 수익률이 정확하게 1이 되도록 이동시킨다. 이렇게 하면 모든 도약 성공 기업의 전환일이 공통 기준점(시간 t)으로 옮겨진다. 이 작업 과정은 t-15에서 t+15까지의 (단계 2에서 계산한) 각 달의 모든 도약 성공 기업의 시장 대비 누적 수익률을 정확히 전환일에 계산한 누적 주식 수익률 값으로 나누어가는 것이다.

4) 이 이동된 수익률을 이용하여 t-15에서 t+15까지의 각 달의 도약 성공 기업 전체의 시장 대비 평균 누적 주식 수익률을 계산한다. 다시 말해서, 11개 기업 전체의 t-15에서의 단계 3의 수치의 평균값을 계산한 다음, 11개 기업 전체의 t-15+1개월의 평균값을 계산하고, 이어서 t-15+2개월의 값을 계산하고, 이런 식으로 360개월 모두의 값을 계산해가는 것이다. 이렇게 하면 도약 성공 기업군의 통합된 시장 대비 누적 수익률 곡선이 만들어진다.

5) 직접 비교 기업 각각에 대해서 위의 단계 1)~3)을 반복한다. 이 경우 직접 비교 기업에 대해서는 각각 상응하는 도약 성공 기업의 날짜를 함께 쓴다.

6) 직접 비교 기업들을 한 집단으로 삼아 위의 단계 4)를 반복한다.

7) 이 도표는 t를 시장 대비 수익률이 1.0으로 설정되는 공통 기준점으로 삼았을 때, t-15에서 t+15까지의 도약 성공 기업군 대 비교 기업군의 시장 대비 누적 수익률 추이를 보여준다.

17쪽의 도표는 다음과 같은 방법으로 만들어졌다.

1) 좋은 회사에서 위대한 회사로 도약한 기업 각각에 대해서, 1964년 12월

31일(우리 연구 대상 기업 중 첫 번째 전환이 이루어진 날)에 1달러를 투자한다.

2) 도약 성공 기업 각각에 대해서, 전환일이 속한 달까지는 시장 수익률로 누적 주식 수익을 계산한 다음, 그 이후로는 도약 성공 기업의 수익률을 적용한다. CRSP 데이터가 없는 경우에는(대개 회사가 아직 공개 거래되고 있지 않거나 합병되거나 인수된 경우), 회사의 수익률 대신 시장 수익률을 쓴다.

3) 1964년 12월 31일부터 1999년 12월 31일까지의 각 달에 대해서, 11개 회사 모두의 누적 수익을 더한 다음 11로 나눈다. 이러면 기업군 전체에 투자한 1달러의 누적 주식 수익이 얻어진다.

4) 전체 시장에 1964년 12월 31일 1달러를 투자하여 1999년 12월 31일까지 계속 가져온다.

5) 직접 비교 기업 각각에 대해서 단계 1)~3)을 반복한다. 이 경우, 상응하는 도약 성공 기업의 전환일까지는 시장 수익률을 적용한다.*

6) 이 도표는 시장 대 비교 기업군 대 도약 성공 기업군의, 1964년 12월 31일에 투자한 1달러의 2000년까지의 가치 추이를 보여 준다.

제2장 단계5의 리더십

1. David McCullough, *Truman*(New York: Simon&Schuster, 1992), 564.

2. Robert Spector, based on research and a manuscript by William W. Wicks, *Shared Values: A History of Kimberly-Clark*(Connecticut: Greenwich Publishing Group, 1997), 101.

3. "Darwin Smith May Have Done Too Good a Job," *Business Week*, August 1, 1988, 57; "Rae Takes On the Paper Industry's Tough Lone Wolf," *Globe and Mail*, July 20, 1991; "Former CEO of K-C Dies," *Dallas Morning News*, December 27, 1995, ID.

4. Research Interview #5-E, page 26.

5. Research Interview #5-E, page 26.

6. "Darwin Smith May Have Done Too Good a Job," *Business Week*, Au-

---

* RJR의 경우에는 1989년 5월 31일부터 1999년 12월 31일까지 시장 수익률을 쓴다. 회사가 편법적인 인수합병 절차에 들어가 RJR과 내비스코로 나뉘어 등장하기 때문이다.

gust 1, 1988, 57.

7. "Darwin Smith May Have Done Too Good a Job," *Business Week*, August 1, 1988, 57; "Kimberly-Clark Bets, Wins on Innovation," *Wall street Journal*, November 22, 1991, A5; "Darwin E. Smith, 69, Executive Who Remade a Paper Company," *New York Times*, December 28, 1995, B9; Robert Spector, based on research and a manuscript by William W. Wicks, *Shared Values; A History of Kimberly-Clark*(Commecticut: Greenwich Publishing Group, 1997), 101.

8. Robert Spector, based on research and a manuscript by William W. Wicks, *Shared Values: A History of Kimberly-Clark*(Connecticut: Greenwich Publishing Group, 1997), 112.

9. *International Directory of Company Histories*, vol. 3(Chicago: St. James Press, 1991), 40; "Kimberly-Clark-Aiming for the Consumer," *Financial World*, April 1, 1970, 15.

10. Robert Spector, based on research and a manuscript by William W. wicks, *Shared values: a History of Kimberly-Clark*(Connecticut: Greenwich Publishing Group, 1997), 106, 112; "Darwin E. Smith, 69, Executive Who Remade a Paper Company," *New York Times*, December 28, 1995, B9; "Former CEO of K-C Dies," *Dallas Morning News*, December 27, 1995, ID; Research Interview #5-E, page 6; "Paper Tiger: How Kimberly-Clark Wraps Its Bottom Line in Disposable Huggies," *Wall street Journal*, July 23, 1987, 1.

11. "The Battle of the Bottoms," *Forbes*, March 24, 1997, 98.

12. "The Battle of the Bottoms," *Forbes*, March 24, 1997, 98.

13. Robert Spector, based on research and a manuscript by William W. Wicks, *Shared Values: A History of Kimberly-Clark*(Connecticut: Greenwich Publishing Group, 1997), 10.

14. Shelby Foote, *The Civil War: A Narrative: Red River to Appo-mattox-*(New York: Random House, 1975), 1040; James M. Mcpherson, Battle *Cry of Freedom: The Civil War Era*(New York: Ballantine Books, 1989), 854.

15. Gordon Mckibben, *Cutting Edge: Gillette's Journey to Global Leader-*

ship(Boston: Harvard Business school Press, 1998), 14.

16. Company "Chronology," Gillette corporate typescript, 1995; Gordon McKibben, *Cutting Edge: Gillette's Journey to Global Leadership*(Boston: Harvard Business School Press, 1998), 198, 199; Rita Ricardo-Campbell, Resisting Hostile Takeovers: The Case of Gillette(Connecticut: Praeger Publishers, 1997), 153.

17. Gordon McKibben, *Cutting Edge: Gillette's Journey to Global Leadership*(Boston: Harvard Business School Press, 1998), 159.

18. Rita Ricardo-Campbell, *Resisting Hostile Takeovers: The Case of Gillette*(Connecticut: Praeger Publishers, 1997).

19. 2000년 여름, 질레트 CEO와 저자의 대화. "우리는 센서와 마하3에 15억 달러 가까운 돈을 투자했습니다. 회사가 인수되었을 경우 이 프로젝트들이 폐기됐을 거라고 우린 믿습니다."

20. Gordon McKibben, *Cutting Edge: Gillette's Journey to Global Leadership*(Boston: Harvard Business School Press, 1998), 158. CRSP 데이터를 이용하여 계산했다.

21. Gordon McKibben, *Cutting Edge: Gillette's Journey to Global Leadership*(Boston: Harvard Business School Press, 1998), 254.

22. "Maxwell Relinquishes Rights to $5.5 Million Final Retirement Payment," *PR Newswire*, January 21, 1992; $5.5 million Declined by Ex-Offcial," *Washington Post*, January 22, 1992, F1.

23. "Iacocca's Last Stand," *Fortune*, April 20, 1992, 63.

24. "Sincere Tyranny," *Forbes*, January 28, 1985, 54.

25. "Managing: Leaders of Corporate Change," *Fortune*, December 14, 1992, 104.

26. "Chairman Quits Post," *New York Times*, November 17, 1992, D5; "Rubbermaid's Sad Succession Tale," *New York Times*, July 5, 1987, C1.

27. "Is Rubbermaid Reacting Too Late?" *New York Times*, December 22, 1996, A1.

28. Research Interview #7-D, page 17.

29. Chris Jones and Duane Duffy, "Media Hype Analysis"(unpublished), *Good to Great research project*, summers 1998, 1999.

30. "Did CEO Dunlap Save Scott Paper – or Just Pretty It Up? The Shredder," *Business Week*, January 15, 1996.

31. "Did CEO Dunlap Save Scott Paper – or Just pretty It Up? The Shredder,' *Business Week*, January 15, 1996; "Chain saw A1 to the Rescue?" *Forbes*, August 26, 1996; "After the Fall," *Across the Board*, April 1996, 28-33; "Only the Paranoid Survive," *Worth Online*, October 1996; Albert J. Dunlap with Bob Andelman, *Mean Business: How I Save Bad Companies and Make Good Companies Great*(New York: Fireside, 1997), 20.

32. Albert J. Dunlap with Bob Andelman, *Mean Business: How I Save Bad Companies and Make Good Companies Great*(New York: Fireside, 1997), 132.

33. 카리스마가 있는 CEO가 결국 회사의 부채가 된 사례는 그레이트 웨스턴, 워너 램버트, 스콧 페이퍼, 베들레헴 스틸, R. J. 레이놀즈, 어드레서그래 프 멀티그래프, 에커드, 뱅크 오브 아메리카, 크라이슬러, 러버메이드, 텔레 딘이다.

34. "President Iacocca," *Wall street Journal*, July 28, 1982, 1; "Iacocca Hands Over the Keys to Chrysler," *Investor's Business Daily*, January 4, 1993, 1.

35. "Iacocca Hands Over the Keys to Chrysler," *Investor's Business Daily*, January 4, 1993, 1.

36. "How Chrysler Filled Detroit's Biggest Shoes," *Wall street Journal*, September 7, 1994, B1.

37. "Why Certain Stocks," *wall street Journal*, April 13, 1995, A1; "Chrysler's New plan: Sell cars," *Fortune*, June 26, 1995, 19.

38. "Will Success Spoil Chrysler?" *Fortune*, January 10, 1994; "Company of the Year: Chrysler has the Hot Cars. More Important, It Has a Smart, Disciplined Management Team," *Forbes*, January 13, 1997, 82; "Daimler-Benz Will Acqurie Chrysler in $36 Billion Deal That Will

Reshape Industry," *New York Times*, May 7, 1998, A6.

39. Research Interview #1-A, page 3; Research Interview #1-G, page 35; "A Drugmaker's Return to Health," *Business Week*, April 26, 1976, 38; Herman Kogan, *The Long White Line: The Story of Abbott Laboratories*(New York: Random House, 1963), 249.

40. The Upjohn Company, *International Direstory of Company Histories*, 707; "The Medicine Men of Kalamazoo," *Fortune*, July 1959, 106.

41. Leigh Wilbanks, "CEO Analysis Unit"(unpublished), *Good to Great* research project, summer 1998.

42. 시카고 대학 증권가격 연구소 데이터. 배당금은 모두 재투자하고 주식 분할시에는 정산했다.

43. Research Interview #10-D, page 9~10.

44. Herman Kogan and Rick Kogan, *Pharmacist to the Nation* (Deerfield, Ill.: Walgreens Company, 1989), 236; Research Interview #10-F, page 3.

45. Research Interview #2-G, page 10.

46. 시카고 대학 증권가격 연구소 데이터. 배당금은 모두 재투자하고 주식 분할시에는 정산했다.

47. Research Interview #2-G, page 16.

48. Research Interview #7-H, page 12.

49. Research Interview #8-A, page 4~5, 9, 10.

50. Joseph F. Cullman 3d, *I'm a Lucky Guy*(Joseph F. Cullman 3d, 1998), 1.

51. "Searching for Profits at Bethlehem," *New York Times*, December 25, 1983, C1.

52. "Steel Man Ken Iverson," *Inc.*, April 1, 1986, 40.

53. Jeffrey L. Rodengen, *The Legend of the Nucor Corportion*(Fort Lauderdale, Fla.: Write Stuff Enterprises, 1997), 71.

54. Joseph F. Cullman 3d, *I'm a Lucky Guy*(Joseph F. Cullman 3d, 1998).

55. Gordon McKbben, *Cutting Edge: Gillette's Journey to Global Leadership*(Boston: Harvard Business School Press, 1998), 78~79.

1. Tom Wolfe, *The Electric Kool-Aid Acid Test*(New York: Bantam, 1999), 83.

2. Warren Buffett, *The Essays of Warren Buffett: Lessons for Corporate America*, selected, arranged, and introduced by Lawrence A. Cunninghan, Benjamin N. Cardozo School of Law, Yeshiva University, 1998), 97.

3. Research Interview #11-B, page 5.

4. Duane Duffy, "Industry Analysis Unit"(unpublished), *Good to Great* research project, summer 1998, CRSP financial data analysis.

5. Research Interview #11-H, page 5; "A Banker Even Keynes Might Love," *Forbes*, July 2, 1984, 40.

6. Research interview #11-F, pages 1~2, 5.

7. Research interview #11-H, pages 15, 20.

8. Gary Hector, *Breaking the Bank: The Decline of BankAmerica*(Little, Brown&Company, 1988), 145.

9. "Big Quarterly Deficit Stuns BankAmerica," *Wall street Journal*, July 18, 1985, A1.

10. Gary Hector, Breaking the Bank: the Decline of BankAmerica(Little, Brown&Company, 1988), 73, 143; "Big Quarterly Deficit Stuns Bank-America," *Wall street Journal*, July 18, 1985, A1; "Autocrat Tom Clausen," *Wall street Journal*, October 17, 1986, 1; 2000년 7~8월, 뱅크 오브 아메리카의 전직 임원 둘과 짐 콜린스와의 대화에서 거듭 확인되었다.

11. "Combat Banking," *Wall street Journal*, October 2, 1989, A1.

12. Research Interview #3-I, page 7.

13. Research Interview #3-I, pages 3~14.

14. Research Interview #3-I, page 7.

15. Research Interview #3-I, pages 3, 15.

16. Research Interview #3-A, page 13.

17. Research Interview #3-D, page 6.

18. "Eckerd Ad Message: Tailored to Fit," *Chainstore Age Executive*, May

1988, 242; "Heard on the Street" *Wall street Journal*, January 21, 1964, B25; "Jack Eckerd Resigns as Chief Executive," *Wall street Journal*, July 24, 1974, 17; "J.C. Penney Gets Eckerd Shares," *Wall street Journal*, December 18, 1996, B10; "J.C. Penney Has Seen the Future," *Kiplinger's Personal Finance Magazine*, February 1, 1997, 28.

19. Research Interview #10 – E, page 16.

20. "Tuning In," *Forbes*, April 13, 1981, 96; "Video Follies," *Forbes*, November 5, 1984, 43; Research Interview #10 – F, page 10.

21. "The *Forbes* Four Hundred," *Forbes*, October 17, 1994, 200.

22. *International Directory of Company Histories*, vol. 10(Chicago: St. James Press, 1995), 520.

23. *International Directory of Company Histories*, vol. 10(Chicago: St. James Press, 1995); "Making Big Waves with Small Fish," *Business Week*, December 30, 1967, 36.

24. "The Sphinx Speaks," *Forbes*, February 20, 1978, 33.

25. "The Singular Henry Singleton," *Forbes* July 9, 1979, 45.

26. Scott Jones, "Executive Compensation Analysis Unit"(unpublished), *Good to Great* research project, summer 1999.

27. Jim Collins, "Summary Changes in Compensation Analysis, Summary Notes #5"(unpublished), *Good to Great* research project, summer 1999.

28. "Nucor Gets Loan," *Wall street Journal*, March 3, 1972, 11; "Nucor's Big-Buck Incentives," *Business Week*, September 21, 1981, 42.

29. "A New Philosophy," *Winston-Salem Journal*, March 21, 1993; "Changing the Rules of the Game," *Planning Review*, September/October 1993, 9.

30. "How Nucor Crawfordsville Works," *Iron Age New Steel*, December 1995, 36-52.

31. "A New Philosophy," *Winston-Salem Journal*, March 21, 1993.

32. "Nucor Gets Loan," *Wall street Journal*, March 3, 1972, B11.

33. Research Interview #9-F, page 29.

34. Joseph F. Cullman 3d, *I'm a Lucky Guy*(Joseph F. Cullman 3d, 1998), 82.

35. "Bold Banker: Wells Fargo Takeover of Crocker Is Yielding Profit but Some Pain," *Wall street Journal*, August 5, 1986, A1.

36. "Bold Banker: Wells Fargo Takeover of Crocker Is Yielding Profit but Some Pain," *Wall street Journal*, August 5, 1986, A1.

37. Research Interview #11 −G, page 10; Research Interview #11 −A, page 29; Research Interview #11-F, page 11; "Bold Banker: Wells fargo Takeover of Croker Is Yielding Profit but Some Pain," *Wall street Journal*, August 5, 1986, A1.

38. "Boot Camp for Bankers," *Forbes*, July 23, 1990, 273.

39. Research Interview #11-H, page 10~11.

40. Chris Jones and Duane Duffy, "Layoffs Analysis"(unpublished), *Good to Great* research project, summers 1998 and 1999.

41. "wells Buys Crocker in Biggest U.S. Bank Merger," *American Banker*, February 10, 1986, 39; "Wall Fargo Takeover of Crocker Is Yielding Profit but Some Pain," *Wall street Journal*, August 5, 1986, A1; "A California Bank That Is Anything but Laid Back," *Business Week*, April 2, 1990, 95.

42. Chris Jones and Duane Duffy, "Layoffs Analysis"(unpublished), *Good to Great* research project, summers 1998 and 1999.

43. Research Interview #2-A, pages 1, 11.

44. "Industry Fragmentation Spells Opportunity for Appliance Rstailer," *Investment Dealers's Digest*, October 12, 1971, 23.

45. "Circuit City: Paying Close Attention to Its People," *Consumer Electronics*, June 1988, 36.

46. Research Interview #2-D, pages 1~2.

47. "Dixons Makes $384 Million U.S. Bid," *Financial Times*, February 18, 1987, 1; "UK Electronics Chain Maps US strategy; Dixons Moving to Acquirs Silo," *HFD — he Weekly Home Furnishing Newspaper*, March 2, 1987; "Dixons Tightens Grip on silo," *HFD—the Weekly Home Furnishing Newspaper*, February 3, 1992, 77.

48. Eric Hagen, "Executive Churn Analysis"(unpublished), *Good to Great*

research project, summer 1999.

49. "Gillette: The Patient Honing of Gillette," *Forbes*, Febuary 16, 1981, 83-87.

50. "When Marketing Takes Over at R. J. Reynolds," *Business Week*, November 13, 1978, 82; "Tar Wars," *Forbes*, November 10, 1980, 190; Bryan Burrough and John Helyar, *Barbarians at the Gate*(New York: Harper-Collins, 1991), 51.

51. Research Interview #8-D, page 7.

52. "The George Weissman Road Show," *Forbes*, November 10, 1980, 179.

53. Joseph F. Cullman 3d, *I'm a Lucky Guy*(Joseph F. Cullman 3d, 1998), 120.

54. Research Interview #5-B, page 8.

55. Research Interview #5-A, page 7.

56. "How Do Tobacco Executives Live with Themselves?" *New York Times Magazine*, March 20, 1994, 40.

57. Research Interview #8-B, page 5.

58. Gordon McKibben, *Cutting Edge: Gillette's Journey to Global Leadership*(Boston: Harvard business School Press, 1998), 256.

59. Joseph F. Cullman 3d, *I'm a Lucky Guy*(Joseph F. Cullman 3d, 1998), 149.

60. Research Interview #5-A, page 10.

제4장 냉혹한 사실을 직시하라, 그러나 믿음은 잊지 마라

1. Winston S. Churchill, *The Hinge of Fate*(Boston: Houghton Mifflin, 1950), 61.

2. "Hermit Kingdom," *Wall street Journal*, December 12, 1958, A1; William I. Walsh, *The Rise and Decline of the Great Atlantic and Pacific Tea Company*(New Jersey: Lyle Stuart, Inc., 1986), 74. 월시의 진술에 따르면, A&P 는 1950년 매출액이 32억 달러로 세계 최대의 개인 소유 기업이자 최대의 소매 사업체였다. 매출액 규모가 U. S. 스틸과 스탠더드 오일을 능가했고, 모든 업종의 기업을 통틀어서도 총매출액 규모가 제너럴 모터스에 이어 두 번째 가는 회사였다.

3. "Hermit Kingdom," *Wall street Journal*, December 12, 1958, A1.

4. "We Should Have Moved a Lot Sooner," *Forbes*, May 15, 1976, 99.

5. William I. Walsh, *The rise and Decline of the Great Atlantic and Pacific Tea Company*(Lyle Stuart, Inc., 1986), 78-80; *Fortune*, March 1963, 105.

6. "We should Have Moved a Lot Sonner," *Forbes*, May 15, 1976, 99; "A&P's Ploy: Cutting Prices to Turn a Profit," *Business Week*, May 20, 1972, 76; *Fortune*, March 1963, 105.

7. "Ailing A&P," *Wall street Journal*, April 21, 1964, A1.

8. William I. Walsh, *The rise and Decline of the Great Atlantic and Pacific Tea Company*(Lyle Stuart, Inc., 1986), 103-105.

9. "A&P's Ploy: Cutting Prices to Turn a Profit," *Business Week*, May 20, 1972, 76; "A&P's "Price War' Bites Broadly and Deeply," *Business Week*, September 30, 1972, 56; "Banking Against A&P," *Time*, December 11, 1972, 108; "How A&P Got Creamed," *Fortune*, January 1973, 103; "A&P Counts the Cost of Its Pyrrhic Victory," *Business Week*, April 28, 1973, 117.

10. "Stumbling Giant," *Wall street Journal*, January 10, 1978, A1.

11. "Shifting Gears: A&P's Price-Cutting Didn't Create Kroger's Problems..." *Forbes*, November 1, 1972, 29; "Superstores May Suit Customers to a T-shirt or a T-bone," *Wall street Journal*, March 13, 1973, A1; "Plain and Fancy: Supermarket Boutiques Spur Kroger's Gains," *Barron's*, May 25, 1981, 37; "250,000 Unpaid Consultant," *Forbes*, September 14, 1981, 147.

12. Research Interview #6-C, page 6.

13. "Kroger and Fred Meyer Merge to Create No. 1 U.S. Grocery Biz," *Discount Store News*, May 3, 1999, 1.

14. "Trouble Stalks the Asiles at A&P," *Business Week*, September 23, 1991, 60.

15. "Pitney Browes' Pep," *Financial World*, April 11, 1962, 22; "No Middle Ground," *Forbes*, January 1, 1961, 75.

16. *Moody's Industrial Manual 2000*.

17. "Roy Ash Is Having Fun at Addressogrief-Multigrief," *Fortune*, Feb-

ruary 27, 1978, 46; "How Roy Ash Got Burned," *Fortune*, April 6, 1981, 71.

18. "Up From the Ashes," *Forbers*, April 16, 1979, 104; "AM International: The Cash Bind That Threatens a Turnaround," *Business Week*, August 18, 1980, 118; "Ash Forced out of Two AM Posts," *New York Tmes*, February 24, 1981, D1.

19. "Why Ash Was Ousted at AM International," *Business Week*, March 9, 1981, 32; "Roy Ash Resigns under Fire," *Fortune*, March 23, 1981, 16; "How Roy Ash Got Burned," *Fortune*, April 6, 1981, 71; "Up from the Ashes," *Forbes*, April 16, 1979, 104; "AM Files Chapter 11," *New York Times*, April 15, 1982, D1.

20. "When Technology Was Not Enough," *Business Week*, January 25; 1982, 62; "How Roy Ash Got Burned," *Fortune*, April 6, 1981, 71; "AM International: The Cash Bind That Threatens a Turnarund," *Business Week*, August 18, 1980, 118.

21. "When Technology Was Not Enough," *Business Week*, January 25, 1982, 62; "AM's Brightest years Now Dim Memories," *New York Times*, April 15, 1982, D1.

22. "How Roy Ash Got Burned," *Fortune*, April 6, 1981, 71; "High-Technology Dream Turns into a Nighmare," *Financial Times*, March 2, 1982, 17.

23. "AM International: The Cash Bind That Threatens a Turnaround," *Business Week*, August 18, 1980, 118; "The Unflappable Roy Ash," *Forbes*, December 8, 1980, 38.

24. "AM International: The Cash Bind That Threatens a Turnaround," *Business Week*, August 18, 1980, 118; "Ash Forced Out of Two AM Posts," *New York Times*, February 24, 1981, D1; "When Technology Was Not Enough," *Business Week*, January 25, 1982, 62.

25. Research Interview #9-G, page 12.

26. Research Interview #9-E, page 11.

27. Research Interview #9-C, page 17.

28. Research Interview #9-G, page 12.

29. Research Interview #9-I, page 12.

30. Research Interview #9-C, page 20; #9-I, pages 21~22; #9-D, page 11.

31. Winston S. Churchill, *The Grand Alliance*(Boston: Houghton Mifflin, 1950), 371.

32. 처칠은 이 특별 부서를 만들어 거기에다 많은 무게를 실어주었다. 마틴 길버트Martin Gilbert에 따르면, 처칠은 중요한 결정을 내리기 전에 민간인 린드먼Lindemenn 교수가 책임자로 있던 이 통계부에 자주 문의했다. 그는 탄약 생산이나 수입품과 선박 손실, 항공기 손실, 항공기 생산 같은 중요한 사안들에 대해 "사실을 점검하라"고 그들에게 직접 그리고 지속적으로 요구했다. *Martin Gillbert, The Churchill War Papers*, vol. 2(New York: W. W. Norton, 1995), xvii.

33. Winston S. Churchill, *The Gathering Storm*(Boston: Houghton Mifflin, 1948), 667.

34. Research Interview #2-G, page 16.

35. "Man of Steel: Correnti Hopes to Take Nucor to No. 1," *Business Journal-Charlotte*, September 19, 1994, 3.

36. Standard & Poor's Industry survey database, Metals: Industrial, Iron and Steel, January 18, 2001, Leo J. Larkin, metals analyst.

37. Research Interview #7-C, page 13.

38. Research Interview #7-E, page 7; Jeffrey L. Rodengen, *The Legend of Nucor*(Fort lauderdale, Fla.: Write Stuff, 1997), 45.

39. Jeffrey L. Rodengen, *The Legend of Nucor*(Fort Lauderdale, Fla.: Write Stuff, 1997), 39.

40. Research Interview #7-A, page 3.

41. Joseph F. Cullman 3d, *I'm a Lucky Guy*(Joseph F. Cullman 3d, 1998), 144; Richard Kluger, *Ashes to Ashed*(New York: Alfred A. Knopf. 1996), 485; "Beverage Management: Risky—but Straigh Up 7UP," *Forbes*, April 12, 1982, 208; Coke Peppers 7UP and Pepsi," *Advertising Age*, February 24, 1986, 2, 86.

42. Joseph F. Cullman 3d, *I'm a Lucky Guy*(Joseph F. Cullman 3d, 1998), 147.

43. John Strohmeyer, *Crisis in Bethlehem*(Pittsburgh: University of Pittsburgh Press, 1986), 72-73; "The Labors of Trautlein," *Forbes*, February 15, 1981, 36; "Bethlehem's Thin Slab Yawn," *American Metal Market*, November 17, 1989, 4; "Bethlehem Museum," National Public Radio transcript, July 5, 1998.

44. "Upjohn: Safety of Upjohn's Oral Antidiabetic Drug Doubted in Study; Firm Disputes Finding," *Wall street Journal*, May 21, 1970, A6; "Upjohn; A Bitter Pill for Upjohn Shareholders(Drug Company Involved in Antibiotic Controversy)," *Financial World*, January 23, 1974, 28; "Upjohn: The Upjohn Company: Presentation by R. T. Parfet, Jr., Chairman of the Board and Chief Executive Officer, and L.C. Hoff, Vice President and General Manager, Pharmaceutical Division, to the Security Analysts of San Francisco, September 11, 1975," *Wall Street Transcript*, October 13, 1975, 41648-41650; "Upjohn: Hair-Raising Happenings at Upjohn(Testing a Cure for Baldness, the Company Squirms at the Unwelcome Clamor)," *Fortune*, April 6, 1981, 67-69; "Upjohn: FDA Says Upjohn Exaggerated Claims on Drug's Value in Treating Baldness," *Wall street Journal*, June 18, 1986, A6; "Upjohn: Riptide: Can Upjohn Manage Its Way out of a Produst Gap? If Not, It Could Be Swept into the Industry Merger Wave," *Financial World*, September 5, 1989, 26-28; "Upjohn: The Corporation: Strategies: Will This Formula Cure What Ails Upjohn? As the Sharks Circle, It's Spending Big on R&D and Marketing," *Business Week*, September 18, 1989, 65; "Upjohn: Technology and Medicine: Upjohn Sleep Drug Being Investigated for Safety by FDA," *Wall street Journal*, September 20, 1984, B4; "Upjohn: Medicine: Halcion Takes Another Hit: Tainted Data Played a Key Role in FDA Approval," *Newsweek*, February 17, 1992, 58; "Upjohn: Medicine: Fueling the Fire over Halcion: Upjohn's Own Staff Has Raised Safety Concerns," *Newsweek*, May 25, 1992, 84; "Upjohn: Top of the News: Successions: At Upjohn, a Grim Changing of the Guard: Ley Smith Inherits the Problem-Plagued Drugmaker at

a Critical Juncture," *Business Week*, May 3, 1993, 36.

45. Research Interview #11-B, page 7.

46. "No-Longer-So-Great Scott," *Forbes*, August 1, 1972, 25.

47. "Scott Paper Back on Its Feet," *Forbes*, December 15, 1976, 69-70.

48. "Scott Isn't Lumbering Anymore," *Fortune*, September 30, 1985, 48-55.

49. "Scott Paper: Back on the Attack," *Financial World*, August 1, 1979, 22-23; "A Paper Tiger Grows Claws," *Business Week*, August 23, 1969, 100-102; "Outlook for 1970 Year-End Statement," *Paper Trade Journal*, December 22, 1969, 33; "Profits Peak for Scott Paper," *Financial World*, April 22, 1970, 13, 28; "No-Langer-So-Great Scott," *Forbes*, August 1, 1972, 25.

50. Research Interview #5-F, page 2.

51. Research Interview #5-E, page 22.

52. Research Interview #6-A, page 19.

53. Ann Kaiser Stearns, *Coming Back: Rebuilding Lives after Crisis and Loss*(New York: Ballantine, 1998), 294. 스턴스는 자신의 저서에서 이 연구의 발견들에 관한 이야기를 하고 있는데, 그것이 스톡데일 패러독스의 효과를 이해하는 데 과학적인 근거를 제공해준다고 우린 믿는다. 우리는 또한 미하이 칙센트미하이Mihaly Csikszentmihaly의 저서에도 영향을 받았다. 미하이는 자신의 저서《몰입Flow》(한울림, 2004)에서 행복의 본질에 대해 깊이 있게 탐구하면서, 밀라노 대학의 파우스토 마시미니Fausto Massimini 교수의 연구를 예로 들어가며 명백한 비극의 전환 잠재력에 대해 논한다. 이 연구에서 몇몇 신체 마비자와 심각한 핸디캡이 있는 사람들은 자신들의 개인적 비극이 실제로는 긍정적인 경험으로 전화되는 결과를 낳아 자신들로 하여금 보다 충만한 삶을 살 수 있게 했다고 주장했다(Mihaly Csikszentmihalyi, *Flow* (New York: HarperPerennial, 1990), 192-193.]. 이 주제에 관한 또 하나의 견해로,《생존력The Survivor Personality》(RHK, 2012)을 쓴 앨 시버트Al Siebert 박사의 저서도 보라.

54. 패니 메이는 담보대출에 대해 9.3%의 이자를 받았지만, 자신들이 진 단기 채무에 대해서는 14.63%의 이자를 물어야 했다. "David Maxwell Takes

Over Troubled Fannie Mae," *Washington Post*, May 21, 1981; "Fannine Mae Searches for Higher Ground," *Fortune*, July 13, 1981, 110.

55. "Fannie Mae Searches for Higher Ground," *Fortune*, July 13, 1981, 110.

56. "Fannie Mae Searches for Higher Ground," *Fortune*, July 13, 1981, 110.

57. Conversation with David Maxwell, November 14, 1997.

58. Tim Brooks and Earle Marsh, *The Complete Directory of Primetime Networks and Cable TV Shows*(New York: Ballantine, 1999), 929.

59. Jim and Sybil Stockdale, *In Love and War*(Maryland: Naval Institute Press, 1990); *Stockdale Triumphs*, video presentation—1994 stanford Alumni Association(Stanford, Calif.).

제5장 고슴도치 콘셉트

1. 플라톤은《플라톤》(343B; *Plato: The Protagoras and Meno Translated by W.K.C.Guthrie*(New York and London: Penguin Classics, 1956), 77.)에서 이 간결한 인용구를 델피의 필경사들의 말로 돌리고 있다.

2. Isaiah Berlin, *The Hedgehog and the Fox*(Chicago: Elephant Paperbacks, 1993).

3. Conversation with Marvin Bressler, October 2000.

4. Research Interview #10-F, page 3.

5. Research Interview #10-D, page 22.

6. "Convenience with a Difference," *Forbes*, June 11, 1990.

7. Walgreens Annual Report 1998, 16.

8. "Turning In," *Forbes*, April 13, 1981, 96.

9. "Tandy Agrees to Buy Assets of Eckerd Unit," *Wall street Journal*, July 5, 1985, A4.

10. *Moody's Industrial Subsidiary List*(Mergent FIS, 2000).

11. Lawrence A. Cunningham and Warren E. Buffett, *The Essays of Warren Buffett: Lessons for Corporate America*(Connungham Group, Benjamin

N. Cardozo School of Law, Yeshiva University 1998), 98.

12. Warren Buffett's Favorite Banker," *Forbes*, October 18, 1993, 46.

13. "Well Fargo Targets Southern California," *American Banker*, July 10, 1987, 1; "Wells Fargo to Cut Overseas Activities to Boost Its Profit," *Wall street Journal*, May 3, 1985, A32; "Wells Fargo Trims Its Sails," *American Banker*, May 3, 1985, 2; "A Banker Even Keynes Might Love," *Forbes*, July 2, 1984, 42.

14. "BankAmerica Launches Probe," *Wall street Journal*, January 28, 1985, A27; "More Than Mortages Ails BankAmerica," *Fortune*, April 1, 1985, 50; "Big Quarterly Deficit Stuns BankAmerica," *Wall street Journal*, July 18, 1985, A1; "Sam Armacost's Sea of Troubles," Banker, September 1, 1985, 18.

15. Research Interview #11-H, pages 5, 13.

16. Research Interview #11-F, pages 5, 11.

17. "Boot Camp for Bankers," *Forbes*, July 23, 1990, 273.

18. "Hospital Suppliers Strike Back," *New York Times*, March 31, 1985, C1; *The Abbott Almanac: 100 Year of Commitment to Quality Health Care*(Elmsford, N. Y.: Benjamin Company), 1987, 170, 210; "Abbott: Profiting from Products That Cut Costs," *Business Week*, June 18, 1984, 56; "In Medical Testing, Abbott Is the Name of the Game," *Business Week*, June 1, 1987, 90.

19. "Riptide: Can Upjohn Manage Its Way out of a Product Gap?" *Financial World*, September 5, 1989, 26; "Upjohn; The Corporation: Strategies: Will This Formula Cure What Ails Upjohn? As the Sharks Circle, Its Spending Big on R&D and Marketing," *Business Week*, September 18, 1989, 65.

20. "Riptide: Can Upjohn Manage Its Way out of a Product Gap?" *Financial World*, September 5, 1989, 26.

21. "Upjohn: Mergers: Upjohn Finally Makes It to the Big Leagues: How CEO Zabriskie Engineered the Pharmacia Merger," *Business Week*, September 4, 1995, 35.

22. 1960 and 1961 Abbott Annual Reports.

23. "Hasbro May Alter Bid to Appease Tonka Holders," *London Financial Times*, April 16, 1991, 26; "Tonka Says Yes to Hasbro," *London Financial Times*, April 19, 1991, 30.

24. "Tobacco: Profit Despite Attacks," *New York Times*, January 25, 1979, D1.

25. James C. Collins and Jerry I. Porras, *Built to last* (New York: HarperCollins, 1997), 86.

26. Bryan Burrough and John Helyar, *Barbarians at the Gate* (New York: HarperCollins, 1991).

27. Research Interview #5-A, page 13.

28. "An Iconoclast in a Cutthroat World," *Chief Executive*, March 1996.

29. "Gillette Holds Its Edge by Endlessly Searching for a Better Shave," *Wall street Journal*, December 10, 1992, A1.

30. Research Interview #3-G, page 7.

31. 성장에 집착하는 경향을 보인 비교 기업들은 뱅크 오브 아메리카, 어드레서그래프 멀티그래프, 에커드, 그레이트 웨스턴 파이낸셜, 실로, 업존, 워너 램버트, 버로스, 크라이슬러, 해리스, 러버메이드, 텔레딘이다.

32. The *Wall Street Transcript*: Corporate Critics Confidential: Saving and Loan Industry," *Wall street Journal*, June 12, 1989, 93, 903.

33. "How Playing It Safe Worked for Great Western," *Business Week*, September 7, 1987, 70.

34. "The *Wall Street Transcript*: Rsmarks by James F. Montgomery to the Boston Security Analysts Society, October 8, 1985," *Wall Street Transcript*, December 23, 1985, 80245.

35. 칼 실리그Carl Seelig에게 보낸 편지에서 아인슈타인은 이렇게 쓰고 있다. "특수상대성 개념의 구상과 그 발표 사이에는 5~6주가 걸렸습니다. 그러나 그 날을 그 개념의 생일로 보는 건 그다지 적절하지 않을 겁니다. 그 논거와 구성 요소들은 여러 해 전부터 준비되고 있었으니까요…." 1952년에 생클랜드R. S. Shankland에게 보낸 편지에서, 아인슈타인은 특수상대성 이론에 대해 어림잡아 "10년간을 연구해 왔다"고 말했다. Ronald W. Clark,

Einstein: The Life and Times(New York and Cleveland: The World Publishing Company, 1971), 74-85, 120.

제6장 규율의 문화

1. Viktor E. Frankl, *Man's Search for Meaning*(New York: Touchstone Books, 1984), 134.

2. Hoover's Online, *www.hoovers.com.*

3. Research Interview #1-E, page 11.

4. Bernard H. Semler, *Putting It All Together*(autobiography, draft version, 1998), 66.

5. Bernard H. Semler, "Measuring Operating Performance," 1. Article sent to the research team directly from Mr. Semler.

6. Research Interview #1-E, page 3.

7. "How 'Dr.' Ledder Cured Abbot Labs: Abbott Labs Was a Sick Company..." *Forbes*, August 1, 1975, 26; "Abbott Shapes Up," *Chemical Week*, October 20, 1976, 20; "Abbott Labs: Adding Hospital Supplies to Bolster Drug Operations," *Business Week*, July 23, 1979, 177; "Earnings Per Share for First Nine Months of 1980," *PR Newswire*, September 17, 1980; "Robert A. Schoellhorn Report on Company at Annual Shareholders Meeting," *Business Wire*, April 13, 1984; "Abbott: profiting from Products That Cut Costs," *Business Week*, June 18, 1984, 56.

8. Research Interview #1-G, page 23.

9. Research Interview #2-E, page 1.

10. Research Interview #2-F, page 3.

11. "Managing: Carl E. Reichardt, Chairman, Wells Fargo & Co.," *Fortune*, February 27, 1989, 42.

12. Research Interview #11-H, page 5, 9.

13. "Bold Banker: Wells Fargo Takeover of Crocker Is Yielding Profit but Some Pain," *Wall street Journal*, August 5, 1986, A1.

14. Research Interview #11-H, page 5, 9, 16.

15. Research Interview #11-H, page 5, 9.

16. Research Interview #11-H, page 10.

17. "Managing: Carl E. Reichardt, Chairman, Wells Fargo & Co.," *Fortune*, February 27, 1989, 42; "A Banker Even Keynes Might Love," *Forbes*, July 2, 1984, 40; "Bold Banker: Wells Fargo Takeover of Crocker Is Yielding Profit but Some Pain," *Wall street Journal*, August 5, 1986, A1.

18. Gary Hector, *Breking the Bank: The Decline of BankAmerica*(Little, Brown & Company, 1988), 72.

19. Author experience in the early 1980s.

20. "Asset or Liability?" *Barron's* October 20, 1986, 13; "BankAmerica Reports a Small Profit," *Wall street Journal*, January 22, 1988, C4.

21. "Another Bout of Anxiety over Bank of America," *Business Week*, August 19, 1985, 33.

22. "Things Are Adding Up Again at Burroughs," *Business Week*, March 11, 1967, 192; "Anatomy of a Turnaround," *Forbes*, November 1, 1968, 25; "How Ray MacDonald's Growth Theory Created IBM's Toughest Competitor," *Fortune*, January 1977, 94.

23. "Things Are Adding Up Again at Burroughs," *Business Week*, March 11, 1967, 192; "The Burroughs Syndrome," *Business Week*, November 12, 1979, 82.

24. "The Burroughs Syndrome," *Business Week*, November 12, 1979, 82.

25. "Rubbermaid: TWST Names Award Winners Home Products: TWST Names Stanley C. Gault, Chairman and CEO, Rubbermaid Inc., for Gold Award, Home Products," *Wall Street Transcript*, April 18, 1988, 89116.

26. "Rubbermaid: Features: Marketing: The Billion-Dollar Dustpan," *Industry Week*, August 1, 1988, 46; "Quality of Products," *Fortune*, January 29, 1990, 42.

27. "Rubbermaid: Rubbermaid's Impact: New Stick Items Plentiful as Vendors 'Spruce Up' Household Cleaning Utensils," *Housewares*, Jan-

uary 1, 1990, 78.

28. "Chrysler's Next Generation," *Business Week*, December 19, 1988, 52.

29. Lee Iacocca with William Novak, *Iacocca: An Autobiography*(New York: Bantam, 1984), 161.

30. Lee Iacocca with William Novak, *Iacocca: An Autobiography*(New York: Bantam, 1984), 162, 163, 170, 199.

31. Lee Iacocca with William Novak, *Iacocca: An Autobiography*(New York: Bantam, 1984), 196.

32. "Iacocca Hands Over the Keys to Chrysler," *Investor's Business Daily*, January 4, 1993, 1.

33. "Mea Culpa," *Wall street Journal*, September 17, 1990, A1.

34. "Chrysler to Buy Aircraft Maker," *Wall street Journal*, June 20, 1985, A12.

35. "How Chrysler's $30,000 Sports Car Got Sideswiped," *Business Week*, January 23, 1989, 68.

36. "The Game's Not Over," *Forbes*, April 30, 1990, 76.

37. "Into a skid," The Economist, June 16, 1990, 70; "After the Departure," *Fortune*, July 2, 1990, 55; "Can Iacocca Fix Chrysler Again?" *Fortune*, April 8, 1991, 50.

38. Robert A. Lutz, *Guts: The Seven Laws of Business That Made Chrysler the World's Hottest Car Company*(New York: John Wiley & Sons, Inc., 1998), 27.

39. "The Studied Gamble of Pitney Bowes," *Dun's Review*, February 1967, 30.

40. "Tough Choice," *Forbes*, May 15, 1965, 18.

41. "Tough Choice," *Forbes*, May 15, 1965, 18.

42. "Tough Choice," *Forbes*, May 15, 1965, 18.

43. "Fancy Footwork: Manager's Handbook," *Sales and Marketing Management*, July 1994, 41.

44. "Pitney Bowes: Jumping Ahead by Going High Tech," *Fortune*, October 19, 1992, 113; "Changes in Tax Law and Its Effects on Leasing

Equipment," *Advantage*, July 1988, 28.

45. "Old-Line Selling for New Smokes Wins for Reynolds," *Business Week* February 20, 1960, 74; *International Directory of Company Histories*(Chocago: St. James Press, 1991), 410.

46. "Voyage into the Unknown," *Forbes*, December 1, 1971, 30; Bryan Burrough and John Helyar, *Barbarians at the Gate*(New York: Harper-Collins, 1991), 51.

47. "Voyage into the Unknown," *Forbes*, December 1, 1971, 30; Bryan Burrough and John Helyar, *Barbarians at the Gate*(New York: Harper-Collins, 1991), 51.

48. "When Marketing Takes Over at R. J. Reynolds," *Business Week*, November 13, 1978, 82; "Voyage into the Unknown," *Forbes*, December 1, 1971, 30. RJR은 1969년에 매클린을 매입했고, 그 뒤 일 년도 채 못 돼서 아민오일을 사들였다. 위의 인용 기사("When Marketing Takes…")는 1978년 RJR이 그전에 쏟아 부은 15억 달러에다 덧붙여 5억 8,000만 달러를 더 투입했다고 쓰고 있다. 따라서, 약 10년 동안에 시랜드에다 20억 달러 이상의 돈을 퍼부은 것이다. 1979년《무디스》보고서에 따르면, 1978년의 주식 순 평가액은 26억 5,790만 달러였다.

49. Bryan Burrough and John Helyar, *Barbarians at the Gate*(New York: HarperCollins, 1991), 62; "Cigarette Conglomerate," *Financial World*, February 5, 1969, 4; "New Fields for Reynolds Tobacco," *Financial World*, May 6, 1970, 13; "The Two-Tier Market Still Lives..." *Forbes*, March 1, 1974, 25; "R.J. Reynolds Stops a Slide in Market Share," *Business Week*, January 26, 1976, 92.

50. "Voyage into the Unknown," *Forbes*, December 1, 1971, 36.

51. Ken Iverson, *Plain Talk*(New York: John Wiley & Sons, 1998), 54-59.

52. "The Nucor Story," page 5(document obtained from the Nucor Corporation)-chairman/vice chairman/president, vice president/general manager, departmant manager, supervisory/professional, hourly employee.

53. Richard Preston, *American Steel*(New York: Avon, 1991), 4-5.

54. Jeffrey L. Rodengen, *The Legend of Nucor Corporation*(Fort Lauderdale,

Fla.: Write Stuff, 1997), 73-74; "The Nucor Story"(Nucor Web site)/Egalitarian Benefits, August 22, 1997.

55. Research Interview #7-G, page 4.

56. "Maverick Remakes Old-Line Steel: Nucor's Ken Iverson..." *Industry Week*, January 21, 1991, 26.

57. Ken Iverson, *Plain Talk*(New York: John Wiley & Sons, 1998), 14.

58. Richard Preston, *American Steel*(New York: Avon, 1991), 5.

59. "Hot Steel and Good Common Sense," *Management Review*, August 1992, 25.

60. John Strohmeyer, *Crisis in Bethlehem*(Pittsburgh: University of Pittsburgh Press, 1986), 34.

61. John Strohmeyer, *Crisis in Bethlehem*(Pittsburgh: University of Pittsburgh Press, 1986), 30 - 35, 86.

62. *Hoover's* Online.

63. *Hoover's* Online.

64. Jeffrey L. Rodengen, *The Legend of Nucor Corporation*(Fort Lauderdale, Fla.: Write Stuff, 1997), 101.

65. "Report of Darwin E. Smith to the Stockholders and the Men and Women of Kimberly-Clark Corporation," February 28, 1972.

66. Research Interview #5-E, page 10.

67. "Rae Takes On Paper Industry's Tough Lone Wolf," *Globe and Mail*, July 20, 1991, B1.

제7장 기술 가속 페달

1. "First Inaugural Address, March 4, 1933," Gorton Carruth and Eugene Ehrlich, *The Harper Book of American Quotations*(New York: Harper & Row, 1988), 230.

2. Drugstore.com 10K report filed February 28, 2000, page 28. "We incurred net losses of $123.9 million from the period from inception through January 2, 2000. "우리는 창업 때부터 2000년 1월 2일까지의 기

간에 1억 2,390만 달러의 순손실을 입었다. 우리는 앞으로도 최소한 4년간은(어쩌면 더 길어질지도 모른다) 운영 손실과 순손실을 계속 낼 것이며, 손실률도 지금 수준보다 상당히 늘어날 것으로 믿는다. 우리는 운영 비용을 상당 부분 늘릴 생각이다. 판매 및 마케팅 사업을 확장하고, 특히 광고를 더 활발히 하고…."

3. "There's No Business Like No Business," *Industry Standard*, August 7, 2000, 43.

4. "The Reluctant Webster," *Forbes*, Octorber 18, 1999, 80.

5. "The Reluctant Webster," *Forbes*, Octorber 18, 1999, 78.

6. "Struggling drugstore.com Cuts Staff: Online Retailer Fires 60 Employees—10 Percent of Workforce," *Seattle Post-Intelligencer*, Octorber 21, 2000.

7. Drug Topics, February 3, 1997, 90; "Fleet-Footed Pharmacy," *Uplink Magazine*, a publication of Hughes Communications, Fall 1996.

8. "Walgreen – Pharmacy Chain of the year, 1990," *Drug Topics*, April 23, 1990, 12.

9. "Walgreen – Pharmacy Chain of the year, 1990," *Drug Topics*, April 23, 1990, 12.

10. "Walgreens Special Report: First in Pharmacy," *Drug Store News*, October 16, 1995, 27, 30.

11. Data taken directly from annual report and 10K reports, 1971-1999.

12. "Plain and Fancy: Supermarket Boutiques Spur Kroger's Gains," *Barron's*, May 25, 1981, 37; "There's a Lot of Life Left in the Kroger Recap," *Businss Week*, December 5, 1988, 164; "How Borrowing Bought Kroger More Than Time," *Business Week*, February 26, 1990, 71.

13. "Gillette Knows Shaving—and How to Turn Out Hot New Products," *Fortune*, October 14, 1996.

14. "Gillette: Gillette Sensor: A Case History," corporate paper, January 17, 1991, 9; "Gillette: How a $4 razor Ends Up Costing $300 Million," *Business Week*, January 29, 1990, 62.

15. "Gillette: At Gillette, Disposable Is A Dirty Word," *Business Week*, May

29, 1989, 58.

16. Research Interview #3-E, page 13.

17. Research Interview #3-E, page 13.

18. Research Interview #3-F, page 5.

19. Research Interview #3-E, page 13.

20. 당시의 유명한 과학자들은 탁월한 실험 증거들의 뒷받침을 받으며 이미 비슷한 이론들을 개발해 놓고 있었다. 수학적으로도 모순이 없었고, 상대성 이론에 대한 아인슈타인의 설명과도 거의 일치했다. 그들에게 결여된 것은 상대성 이론과 그 결과에 대한 뚜렷한 그림으로 이어지는 사고의 사슬의 실마리를 풀어갈 근본 원리에 대한 분명한 설명이었다. 스탠리 골드버그Stanley Goldberg는 자신의 저서《상대성의 이해Understanding Relativity》(Boston: Birkhauser, 1984)에서 지적한다. "로렌츠와 푸앵카레가 1904년에 만든 이론은 일 년 뒤 아인슈타인이 발표한 이론과 형식상으로는 똑같았지만, 그 이론에는 완전한 만족스러움이 없었다(324쪽)."

21. "Who Mattered and Why," *Time*, December 31, 1999, 48-58.

22. Richard Preston, *American Steel*(New York: Avon, 1991), 75.

23. Research Interview #7-E, page 2-3.

24. "Nucor Corporation: Corporate Profile," *Wall Street Corporate Reporter*, september 9-15, 1996, 19.

25. Clayton M. Christensen, *The Innovator's Dilemma*(Boston: Harvard Business School Press, 1997), 88.

26. "Daniel S. Bricklin," CIO, December 15, 1999, 140.

27. "As Easy as Lotus 1-2-3," *Computerworld*, August 30, 1999, 71.

28. "Bigger Isn't Better: The Evolution of Portables," *InfoWorld*, October 26, 1998, 8-9.

30. Thomas J. Watson Jr. and Peter, *Father, Son & Co.:* (New York: Bantam, 2001), 229.

31. Robert J. Serling, *Legend and Legacy*(New York: St. Martin Press, 1992), 126.

32. *Centennial Review*, Internal Westinghouse Document, 1986.

33. "The Rise of Personal Digital Assistants," *Systems*, September 1992,

70-72; "Users Mourn Newton," *Computerworld*, March 9, 1998, 61-64.

34. Kara Swisher, *aol.com*(New York: Random House, 1998), 64.

35. Research Interview #9-D, page 11.

36. Research Interview #5-E, page 5.

제8장 플라이휠과 파멸의 올가미

1. Quoted by Lorin Maazel, music director, New York Philharmonic, "Maazel Is to Lead Philharmonic," *New York Times*, January 30, 2001, A1.

2. "Some People Don't Like to Haggle," *Forbes*, August 27, 1984, 46.

3. Carl M. Brauer, "Circuit City Stores: Customer Satisfaction, Never Self-Satisfaction"(draft, April 1998), 6-1.

4. 좋은 회사에서 큰 회사로 도약한 기업을 다룬 총 기사 수: 전환 전 10년간 = 176건, 전환 후 10년간 = 423건. 좋은 회사에서 큰 회사로 도약한 기업을 다룬 총 특집기사 수: 전환 전 10년간 = 21건, 전환 후 10년간 = 67건.

5. Jeffrey L. Rodengen, *The Legend of Nucor*(Fort Lauderdale, Fla.: Write Stuff, 1997), 63, 70, 82.

6. Research Interview #5-B, page 5.

7. Research Interview #5-C, page 12.

8. "The Battle of the Bottoms," *Forbes*, March 24, 1997, 98.

9. Research Interview #7-A, page 3.

10. Conversation between the author and Alan Wurtzel.

11. Research Interview #1-C, page 7.

12. Research Interview #1-E, page 9.

13. Research Interview #10-F, page 7.

14. Research Interview #11-G, page 6.

15. Research Interview #4-D, page 3. 이 사례의 인터뷰 대상자들은 "회사가 그 기간 중의 어떤 시점에 중대한 변화나 전환에 착수한다는 의식적인 결정을 내렸나요?"라는 질문에 답하고 있다.

16. Research Interview #6-A, page 12.

17. Research Interview #5-A, page 7.

18. Research Interview #3-B, page 13.

19. Research Interview #9-F, page 25.

20. Research Interview #8-C, page 6.

21. John Wooden and Jack Tobin, *They Call Me Coach* (Chicago: Contemporary, 1988), 244.

22. Research Interview #3-I, page 21.

23. Research Interview #1-G, page 31; Research Interview #1-A, page 14.

24. "Upjohn: The Upjohn Company: Remarks by C. H. Ludlow, Vice President and Treasurer, and L. C. Hoff, Vice President, before the Washington Society of Investment Anglyets," February 20, 1974, *Wall Street Transcript*, March 11, 1974, 36246-36247.

25. Research Interview #6-C, page 16~17.

26. Research Interview #7-F, page 11.

27. *Fortune* 1000 rankings, from *Fortune*.com Web site, February 9, 2001.

28. "Turning W-L into a Marketing Conglomerate," *Business Week*, March 5, 1979, 60; "Warner-Lambert," *Wall Street Transcript*, January 7, 1980, 56636.

29. "Chasing after Merck," *Forbes*, November 10, 1980, 36.

30. "Warner-Lambert Company," *Wall Street Transcript*, December 21, 1981, 64122.

31. "Warner-Lambert," *Financial World*, September 5, 1989, 24.

32. "On the mend," *Barron's* January 2, 1995, 19.

33. "W-L to Acquire IMED at Cost of $465 Million," *New York Times*, June 8, 1982, D4; "W-L Plan to Buy Imed Corp. Draws Cool Reaction by Analysts Due to Cost, Timing," *Wall street Journal*, June 14, 1982, A41; "W-L to Dump Imed," *San Diego Business Journal*, December 2, 1985, 1.

34. 워너 램버트의 웹사이트는 더 이상 존재하지 않고 자동으로 화이자 사이트에 접속된다. 게다가, 그 사이트에는 워너 램버트의 주주들이 어떻게 하면 자기 주식을 화이자 주식으로 바꿀 수 있는지에 대한 정보가 실려 있다.

35. Peter F. Drucker, *Managing for the Future*(New York: Truman Talley Books/Dutton, 1992), 160.

36. "In the News," *Fortune*, July 3, 1978, 20.

37. "Harris Is Raising Its Bet on the Office of the Future," *Business Week*, July 18, 1983, 134.

38. "Harris Corp.'s Bold Strategy," *Forbes*, April 25, 1983, 96; "Harris Is Raising Its Bet on the Office of the Future," *Business Week*, July 18, 1983, 134.

39. "Merits of Harris Tie to Lanier Debated," *New York Times*, August 11, 1983, D5, plus annual financial statements drawn from *Moody's* reports.

40. "Harris Heads into the Office," *Computerworld*, October 12, 1983, 29.

제9장 위대한 회사로의 도약에서 고지 지키기까지

1. Michael Ray and Rochelle Myers, *Creativity in Business*(New York: Doubleday & Company, 1986), 113.

2. Hoover's Online and Standard & Poor's Corporation Records, January 2001.

3. Sam Walton with John Huey, *Sam Walton: Made in America*(New York: Doubleday & Company, 1992), 35.

4. Sandra S. Vance and Roy V. scott, *Wal-Mart: A History of Sam walton's Retail Phenomenon*(New York: Twayne, 1994) 169-171; Bob Ortega, *In Sam We Trust*(New York: Times Books, 1998).

5. Research done for the *Built to Last* study; original sources courtesy of Hewlett-Packard Company Archives.

6. Research done for the *Built to Last* study; original sources courtesy of Hewlett-Packard Company Archives.

7. Letter from Bernard M. Oliver to IEEE Awards Board, May 23, 1972, courtesy of Hewlett-Packard Company Archives.

8. "Packard Style," *Palo Alto Daily News*, March 27, 1996, 10.

9. '데이비드와 루실 패커드 재단'의 에이미 체임벌린Amy Chamberlain에 따르면, 그 액수가 기금 수령 일자 기준으로 56억 2,000만 달러였다.

10. James C. Collins and Jerry I. Porras, *Built to Last*(New York: Harper Collins, 1997), 1.

11. David Packard, Commencement Speech, Colorado College, June 1, 1964, courtesy of Hewlett-Packard Company Archives.

12. Merck & Company, Management Guide, Corporate Policy Statement, February 3, 1989, courtesy of Merck & Company; Georage W. Merck, "An Essential Partnership—the Chemical Industry and Medicine," speech presented to the Division of Medicinal Chemistry, American Chemical Society, April 22, 1935; 1991 Merck & Company Annual Report, inside cover; David Bollier and Kirk O. Hansen, Merck & Co. (A-D), Business Enterprise Trust Case, No 90-013. case D, 3.

13. George W. Merck, Speech at the Medical College of Virginia at Richmond, December 1, 1950, courtesy of Merck & Company Archives.

14. Richard Schickel, *The Disney Version*(New York: Simon & Schuster, 1968), 310.

15. Harold Mansfield, *Vision: A Saga of the Sky*(New York: Madison Publishing Associates, 1986), 167-201.

16. Robert J. Serling, *Legend and Legacy*(New York: St. Martin's Press), 79.

17. Robert J. Serling, *Legend and Legacy*(New York: St. Martin's Press), 20-22, 132.

18. "보잉은 어떻게 승부를 걸어 이겼는가"(*Audacity*, Winter 1993, 52)와 로버트 설링Robert J. Serling에 따르면, 프로젝트에는 1,500만에서 1,600만 달러 사이의 비용이 들어갔다. 우리는 1947~1951년 간의 보잉의 수입 명세서와 대차 대조표에서 1,500만 달러라는 숫자를 확인했다.

19. Robert J. Serling, *Legend and Legacy*(New York: St. Martin's Press), 159, 323, 400-405, 409.

20. Standard & Poor's Industry Surveys: Aerospace and Defense, February 15, 2001, Robert E. Friedman, CPA, Aerospace and Defense Analyst. 《후버스 온라인Hoover's Online》에 따르면, 보잉은 1999년에도 이 업종에서 에어버스의 2배에 달하는 총수입을 올렸다.

1. "Hermit Kingdom," *Wall street Journal*, December 12, 1958, A6; "Remodeling the A&P," *Business Week*, March 23, 1963, 36; "Ailing A&P," *Wall street Journal*, April 21, 1964, A6; "New men for A&P's Top Rungs," *Business Week*, June 20, 1964, 32; "A&P Reorganization Is Announced; More Takes Effect February 24," *Wall street Journal*, January 15, 1969, A4; "A&P—Awakening the Giant," *Financial World*, February 25, 1970, 5; "Great Expectations," *Barron's*, January 19, 1970, 5; "Renewing A&P," *Business Week*, February 20, 1971, 68; "How A&P Got Creamed," *Fortune*, January 1973, 103; "A&P Goes outside Ranks for First Time, Picks Scott to Assume Eventual Command," *Wall street Journal*, December 11, 1974, A8.

2. "IBM's New Copier," *Business Week*, March 22, 1976, 52; "Addressograph Gets Ash and $2.7 Million," *Business Week*, October 4, 1976, 31; "How to Nip Away at the Xerox Market," *Business Week*, November 8, 1976, 68; "Roy Ash's Challenge," *Newsweek*, December 13, 1976, 90; "Roy Ash Is Having Fun at Addressogrief-Multigrief," *Frotune*, February 27, 1978, 46; "Coup at AM; Roy Ash Resigns Under Fire," *Time*, March 23, 1981, 71; "Curious Tale of Mr. Black," *London Financial Times*, February 27, 1982, 28; "AM Files Chapter 11 Petition," *New York Times*, April 15, 1982, D1.

3. Gary Hector, *Breaking the Bank: The Decline of BankAmerica* (Little, Brown & Company, 1988); "At BankAmerica A New Regime Strives to Reverse Declines," *Wall street Journal*, May 20, 1982, A1; "The Cost to Armacost," *Economist*, Febeuary 16, 1985, 76; "Bank of America Rushes into the Information Age," *Business Week*, April 15, 1985, 110; "Sam Armacost's Sea of Troubles," *Banker*, September 1, 1985, 1; "Schwab Joins the Ranks of Bank of America Dropouts," *Business Week*, August 25, 1986, 37; "Add Security Pacific to Bank of America," *Wall street Journal*, August 13, 1991, A1; "BankAmerica Finds It Got a Lot of Woe," *Wall street Journal*, July 22, 1993, A1.

4. John Strohmeyer, *Crisis in Bethlehem*(Pittsburgh: University of Pittsburgh Press, 1994); "Berhlehem Steel," *Wall street Journal*, May 13, 1977, A4; "Bethlehem Sets New Pay Reduction," *Wall street Journal*, January 21, 1983, A5; "Bethlehem to Ask Probe," *Wall street Journal*, January 24, 1984, A2; "Making Retirees Share the Pain," *Business Week*, April 16, 1984, 50; "Bethlehem plans Further Cuts," *Wall street Journal*, January 15, 1985, A2; "Is Bethlehem Investing in a Future It Doesn't Have?" *Business Week*, July 8, 1985, 56; "Bethlehem Exits Freight Car Building," *Journal of Commerce*, November 1, 1991, B2; "Faded Glory," *Forbes*, March 16, 1992, 40.

5. "Tandy Agrees to Buy Assets of Eckerd Unit," *Wall street Journal*, July 5, 1985, A4; "Diversification Appeals," *Chain Store Age Executive*, August 1, 1979, 81; "Video Follies," *Forbes*, November 5, 1984, 43-45; "Jack Eckerd Holders Will Receive All Cash in a $1.2 Billion Buyout," *Wall street Journal*, April 21, 1986, A31; "J.C. Penney Gets Eckerd Shares," *Wall street Journal*, December 18, 1996, B10.

6. "Great Western: Great Weatern Financial Corporation: Remarks by James F. Montgomery, President, to the Security Analysts of San Francisco, March 8, 1977," Wall street Trancript, April 25, 1977, 46873-46874; "Great Western: Great western Financial Corporation: Remarks by James F. montgomery, Chairman and President, to the Security Analysts of San Francisco, November 9, 1981," *Wall Street Transcript*, December 21, 1981, 64131-64132; "Great Western: Great Western Financial Corporation (GWF): Remarks by James F. Montgomery, Chairman and Chief Executive Officer, to the Los Angeles Society of Financial Analysts, september 11, 1984," *Wall Street Transcript*, October 22, 1984, 75659-75660; "Great Western: The Corporation: Strategies: How Playing It Safe Worked for Great Western: It Waited until Regulations Eased to Go on a Buying Spree," *Business Week*, September 7, 1987, 70; "Great Western: Corporate Focus: Great Western Financial Seeks to Chart a Fresh Course: No. 2 U.S. Thrift Faces Burden of Soured Home

Loans, Bloated Overhead," *Wall street Journal*, May 17, 1993, B4.

7. Bryan Burrough and John Helyar, *Barbarians at the Gate*(New Tork: HarperCollins, 1991); "Cigarette Conglomerate," *Financial World*, February 5, 1969, 4; "Voyage into the Unkown," *Forbes*, December 1, 1971, 30; "When Marketing Takes Over at R. J. Reynolds," *Business Week*, November 13, 1978, 82.

8. "A Paper Tiger Grows Claws," *Business Week*, August 23, 1969, 100-102; "No-Longer-So-Great Scott," *Forbes*, August 1, 1972, 25; "Now an Outsider Will Run Scott Paper," *Business Week*, April 23, 1979, 39, 42; "Scott a Paper Tiger," *Advertising Age*, November 3, 1980, 96; "Scott Paper's New Chief," *Business Week*, November 30, 1981, 62; "Scott Isn't Lumbering Anymore," *Fortune*, September 30, 1985, 48-55; "Bermuda Triangle," *Forbes*, January 6, 1992, 284; "Al Dunlap: An Insder's View," Navigator, December 1997; "Did CEO Dunlap Save Scott Paper—or Just Pretty It Up? The Shredder," *Business Week*, January 15, 1996.

9. "Silo, Discount Appliance Chain, Enjoys Payoff from Hard Sell," *Barron's*, March 29, 1971, 35; "An Appliance Dealer with Real Clout," *Business Week*, November 6, 1971, 76; "Cyclops Acquires Silo," *Wall street Journal*, October 16, 1979, A5; "Dixons Makes $384 Million U.S. Bid," *London Financial Times*, February 18, 1987, 1; "Silo-Dixons Power: How Far Can It Reach?" *Consumer Electronics*, November 1988, 14; "Dixons Strategic Move into Los Angeles Area," *London Financial Times*, November 12, 1989, 10; "Shake-up at Silo," *Discount Store News*, March 4, 1991, 1; "Dixons Tightens Grip on Silo," *HFD—the Weekly Home Furnishings Newpaper*, February 3, 1992, 77.

10. "Upjohn: Two Upjohn Antibiotics Barred from Sale; FDA-Drug Company Confrontation Is Seen," *Wall street Journal*, May 15, 1969, A38; "Upjohn: Tweedle Dee: Upjohn Can't Ever Seem to Do Quite as Well in Ethical Drugs as Tweedle Dum, Its Corporate Lookalike, Eli Lilly, Which Is No Great Shakes Either," *Forbes*, March 1, 1970, 65-66; "Upjohn: Two Upjohn Drugs Linked to Thirty-two Deaths Needn't

Be Banned, FDA Aide Testifies," *Wall street Journal*, January 30, 1975, A14; "Upjohn: Hair-Raising Happenings at Upjohn(Testing a Cure for Baldness, the Company Squirms at the Unwelcome Clamor)," *Fortune*, April 6, 1981, 67-69; "Upjohn: R&D Scoreboard: Drugs," *Business Week*, June 22, 1987, 145; "Upjohn: Upjohn's Stock Falls on Study's Claim Its AntiBaldness Drug Has Side Effects," *Wall street Journal*, February 9, 1988, A2; "Upjohn: Law: Upjohn Settles Liability Suit over Halcion Sleeping Pill," *Wall street Journal*, August 12, 1991, B2.

11. "Gillette President S. K. Hensley Resigns to Accept Presidency of Warner-Lambert," *Wall Street Jounal*, June 21, 1967, A32; "Say Little, Do Much," *Forbes*, December 1, 1974, 52; "After the Diversification That Failed," *Business Week*, February 28, 1977, 58; "Turning W-L into a Marketing Conglomerate," *Business Week*, March 5, 1979, 60; "Hagan Outlines Strategic Plan," *PR Newswire*, October 29, 1980; "Beating the Japanese in Japan," *Forbes*, April 27, 1981, 44; "W-L: Reversing Direction to Correct Neglect," *Business Week*, June 15, 1981, 65; "Hagan Outlines Strategic Actions," *PR Newswire*, December 2, 1981; "Hagan Announces IMED Purchase," *PR Newswire*, June 7, 1982; "Hagan Defends IMED Purchase," *PR Newswire*, July 12, 1982; "Did W-L Make a $468 Million Mistake?" *Business Week*, November 21, 1983, 123; "The Succession at Warner-Lambert," *Business Week*, September 17, 1984, 52.

12. "Things Are Adding Up Again at Burroughs," *Business Week*, March 11, 1967, 192; "How Ray MacDonald's Growth Theory Created IBM's Toughest Competitor," *Fortune*, January 1977, 94; "A Tough 'Street Kid' Steps in at Burroughs," *Business Week*, October 29, 1979, 50; "Will a Shake-up Revive Burroughs?" *Business Week*, May 4, 1981, 53; "Can Burroughs Catch Up Again?" *Forbes*, March 28, 1983, 78.

13. Robert A. Lutz, *Guts: The Seven Laws of Business That Made Chrysler the World's Hottest Car Company*(New york: John Wiley & Sons, 1998), 27; "President Iacocca," *Wall street Journal*, June 28, 1982, A1; "Is There

Life after Iacocca?" *Forbes*, April 8, 1985, 75; "Lee Iacocca's Time of Trouble," *Fortune*, March 14, 1988, 79; "Can Iacocca Fix Chrysler Again?" *Fortune*, April 8, 1991, 50; "After Lee," *The Economist*, March 21, 1992, 70; "How Chrysler Filled Detroit's Biggest Shoes," *Wall street Journal*, September 7, 1994, B1; "Daimler-Benz Will Acquire Chrysler in $36 Billion Deal That Will Reshape Industry," *New York Times*, May 7, 1998, A6.

14. "Harris-Intertype, Radiation Inc. Directors Approve Merger Pact Valued at $39 Million," *Wall street Journal*, April 3, 1967, 30; "Critical Mass?" *Forbes*, April 15, 1976, 86; "Technology Transfer's Master," *Business Week*, October 10, 1977, 120; "Harris Corp.'s Bold Strategy," *Forbes*, April 25, 1983, 96; "Harris Is Raising Its Bet on the Office of the Future," *Business Week*, July 18, 1983, 134; "Harris Corp.'s Remarkable Metamorphosis," *Forbes*, May 26, 1980, 45; "Harris Corp. Elects Hartley to Added Post of Chief," *Wall street Journal*, April 1, 1986, A45; "New Harris President Prefers Growth to Dawnsizing," UPI, April 23, 1993.

15. "Hasbro: On a Roll: Toymaker Hasbro Continues String of 25% Yearly Growth," *Barron's* July 19, 1982, 40; "Hasbro: Hasbro Toys Find Profits in Tradition," *Wall street Journal*, December 12, 1983, A29; "Hasbro: News: Hasbro Gets Its Guns: Stephen Hassenfeld's Loading Up for Battle," *Industry Week*, April 30, 1984, 17-18; "Hasbro: Silver: A Play on Toys: Hasbro Bradley's Hassenfeld," *Financial World*, April 16, 1985, 29; "Hasbro: Merry Christmas: It Has Already Come for Hasbro, Biggest U.S. Toymaker," *Barron's* December 23, 1985, 34; "Hasbro: The Corporation: Strategies: How Hasbro Became King of the Toymakers: With $1.2 Billion in Sales and $99 Million in Profits, It Is Now No. 1 Worldwide," *Business Week*, September 22, 1986, 90-92; "Hasbro: Marketing: Toys: It's Kid Brother's Turn to Keep Hasbro Hot: Alan Hassenfeld Must Fill Big shoes at the Toymaker," *Business Week*, June 26, 1989, 152-153.

16. "Rubbermaid: Sincere Tyranny(Why Has Stanley Gault Spent the Last Four years Moving and Shaking at Rubbermaid? It Was a Case of Serious Problem Masked by Cheery Numbers)," *Forbes*, January 28, 1985, 54-55; "Rubbermaid: Rubbermaid Emerges a 'Clear' Winner; Food Storage Containers," *Chain Store Age—General Merchandise Trends*, October 1986, 67; "Why the Bounce at Rubbermaid? The Company Sells Humdrum Goods in a Mature Market, and Most of Its Competitors Undercut Its Prices. But It Has Doubled Sales and Tripled Earnungs in the Past Six Years," *Fortune*, April 13, 1987, 77-78; "Rubbermaid: America's Most Admired Company," *Fortune*, Feburary 7, 1994, 50-54; "Rubbermaid: From the Most Admired to Just Acquired: How Rubbermaid Managed to Fail," *Fortune*, November 23, 1998, 32-33.

17. "Henry Singleton's Singular Conglomerate," *Forbes*, May 1, 1976, 38; "Two Ph.D.'s Turn Teledyne into a Cash Machine," *Business Week*, November 22, 1976, 133; "The Sphinx Speaks," *Forbes*, February 20, 1978, 33; "Teledyne's Winning Roster," *Forbes*, August 17, 1981, 35; "Parting with Henry Singleton: Such Sweet Sorrow for Teledyne?" *Business Week*, April 9, 1990, 81; "Teledyne to Pay $17.5 Million to Settle U.S. Criminal Charges," *Washington Post*, October 6, 1992, D6; "Teledyne Struggles to Recapture Magic of Yesterday," *Wall street Journal*, November 22, 1993, B4; "Richard Simmons to Share Spotlight at Allegheny Teledyne, Sees 'Good' Fit," *Wall street Journal*, April 3, 1996, B8.